编辑学
在新中国茁壮成长

第二辑

邵益文 —— 著

中国书籍出版社
China Book Press

图书在版编目（CIP）数据

编辑学在新中国茁壮成长. 第二辑 / 邵益文著. --
北京：中国书籍出版社，2020.7
　　ISBN 978-7-5068-7555-4

　　Ⅰ.①编… Ⅱ.①邵… Ⅲ.①编辑学—中国—文集
Ⅳ.①G232-53

中国版本图书馆CIP数据核字（2019）第257481号

编辑学在新中国茁壮成长：第二辑

邵益文　著

责任编辑	叶晨露　尹　浩
责任印制	孙马飞　马　芝
封面设计	闽江文化
出版发行	中国书籍出版社
地　　址	北京市丰台区三路居路97号（邮编：100073）
电　　话	（010）52257143（总编室）　　（010）52257140（发行部）
电子邮箱	eo@chinabp.com.cn
经　　销	全国新华书店
印　　刷	河北省三河市顺兴印务有限公司
开　　本	787毫米×1092毫米　1/16
总 字 数	1580千字
印　　张	30.5
版　　次	2020年7月第1版　　2020年7月第1次印刷
书　　号	ISBN 978-7-5068-7555-4
总 定 价	580.00元（全四辑）

目　录

认识市场特性　掌握市场规律

一、出版大发展中的思索

改革开放十多年来，我国出版界在邓小平同志建设有中国特色社会主义理论的指引下，解放思想，实事求是，坚持党的基本路线，坚持为经济建设服务，不断深化改革，为我国出版事业创造了极好的机遇，取得了很快很大的发展。1993 年与 1978 年相比，图书品种由 14987 种上升到 97606 种，印数由 37.59 亿册（张）上升到 64.09 亿册（张）；杂志由 930 种上升到 6810 种，印数也由 7.62 亿册上升到 24.31 亿册。在这个时期里，我们出版了像《中国大百科全书》《中国美术全集》《汉语大词典》和《汉语大字典》等许多在国内外获得很高声誉的传世之作。15 年改革开放，尤其是党的十四大提出建立社会主义市场经济体制，为出版工作带来了勃勃的生机，使我国出版事业无论在事业规模、设备更新、技术手段现代化和队伍建设方面，都实现了新的飞跃，已经成为世界上少数几个出版大国之一，举世瞩目。这是新中国出版史上从来没有过的，它开创了中国出版史上新的纪元，也为出版事业的更大发展开辟了广阔的天地。当然也出现了一些曾经或正在引起人们注意的情况和问题，有的还相当突出。

在大发展的进程中，要没有一点问题是不可能的。从 80 年代初开始，改革大潮迭起，在前进道路上新情况和新问题不断出现。再早的不说，就说 1985 年，先是裸体画、裸体挂历上市，接着又有所谓"法制文学"出笼，这些"作品"详细地描写犯罪经过，实际上是"犯罪文学""教唆文学"。到了 1986 年，不仅非法出版物抬头，以宣传性知识为名的性感图书，也一起又一起地发生。1986 到 1987 年，淫秽、色情作品的问题突出起来。差不多同时，宣传资产阶级自由化思想的图书也逐渐增多。以协作为名，买卖书号的活动日趋频繁。80年代的最后几年，淫秽、色情读物，包括所谓"人体艺术"等画片画册，屡见不鲜，宣扬封建迷信的图书，也公然出笼。再说90年代的头4年，"人体艺术"、淫秽色情图书，胡编乱造地描写党和国家领导人的生活，包括所谓"揭内幕""透秘闻"、谈"轶事"的书刊以及宣传封建迷信的图书，等等，轮番上市，宣传资产阶级自由化观点和有政治错误的图书，也不止一次地出现。

上述问题，虽然都得到出版领导机关的及时制止、纠正，做了必要的处理，保证了我国出版事业的健康发展。但是，不能认为，只要一处理就能一劳永逸。灰色、黄色、黑色的东西顽强地表现自己，不会轻易销声匿迹。正如当前仍然存在某些情况和问题一样。

那么，当前比较突出的问题是什么呢？

1. 高品位、高质量的图书少，低品位、低质量的图书多。这几年，我们确实出了不少品位和质量都很高的书，有的还为生产、科技和文化教育事业的发展作出了很大的贡献，在国内外都有很大影响，应该充分肯定。但是，也有不少图书，品位和质量都很低，还有一些坏书，包括政治倾向不好的书。总起来看，在整个图书品种中，低品位、低格调图书，所占的比例相当大。图书品位和质量的提高，已成为出版工作中关键的关键。

2. 非法出版物猖獗，买卖书号曾经严重地危害了出版事业的健康发展，成为出版界受到社会舆论指责的一个突出问题。低品位的读物所以增多，黄色、淫秽的图书，宣传封建迷信和传播资产阶级自由化思想的读物，所以能够迅速出笼，除了非法出版以外，许多就是通过买卖书号这个渠道出来的。它使一些不法书商轻易地获得出版权，借以获利，如鱼得水。非法出版中还有一个"盗版"问题，目前正日益猖獗起来。特别是买卖书号被取缔之后，非法出版商很可能搞"盗版"活动，把经济效益好的正式出版物拿出印刷，掠夺出版发行部门本来可以获得的正当收入。实际上是一种明目张胆的盗窃、抢劫行动，与盗窃、抢夺他人财物并无本质上的区别，理应按刑法规定的盗窃、抢夺罪量刑判罪，印刷者也视同同谋犯论处。坚决打击非法出版物，取缔"盗版"，禁止买卖书号的非法行为已成为当前出版管理中坚持党的出版方向的重要问题。

3. 一般图书订货下降，新华书店营业面积萎缩和个体书摊增多。近二三年来，新华书店出租店面，或者转向经营其他商品的，比比皆是，使书店正常的售书活动受到严重影响；而另一方面，是大街小巷的个体书摊大量涌现，在那里自由自在地销售低级庸俗、封建迷信、色情、淫秽、不堪入耳的黄色、灰色甚至黑色的书刊。主渠道萎缩转向，甚至通过租赁，把阵地拱手让给别人，给了不法书商以可乘之机。他们大搞低品位、不健康的东西，兴风作浪，扰乱图书市场。主渠道能不能扩大一般图书的销售，保证图书市场的健康、有序的发展，已成为当前整个出版事业顺利发展的"瓶颈"。

总之，提高图书的质量和品位，扩大一般图书的销售，已成为保证整个出版业进一步向前发展所必须解决的问题。

其他问题也许还有，但是这些问题特别值得注意；矛盾当然不少，但这些矛盾不容忽视。

现在我们要提出的问题是：为什么10多年来，这样一些问题会反反复复地出现，高一阵、低一阵，此起彼伏，屡禁不止，连绵不绝，有的还愈演愈烈。这究竟是什么原因？值得认真思索。

二、曾经或正在引起人们注意的那些问题，其原因是什么

原因可能很多，首先，从思想方面说，是社会主义初级阶段，国际国内意识形态里两种思想、两种文化的斗争在出版工作中的反映，这是当前思想文化领域具有共性的问题，不仅仅在出版工作中是这样。其次，从经济方面说，大体有三种情况。（1）是我们的社会主义市场经济体制，

还刚刚开始建立，正在孕育之中，还没有达到法制化、有序化、规范化的程度。市场的作用还没有得到充分的发挥，管理、监督机制也没有配套。（2）是市场本身有消极的一面，就是它的自发性、盲目性和滞后性，如果宏观调控一时里不能跟上，就可能出现这样那样的问题。（3）是对于出版界的某些人来说，既有"向钱看"的思想作祟，又有一个对社会主义市场经济条件下出版工作性质的认识问题。

三、如何认识市场和社会主义市场经济条件下的出版工作

对于出版工作的性质，党和国家早有明确的规定，社会主义的出版工作，是重要的意识形态工作，是宣传教育工作，是科学文化工作，它是为最广大的人民群众和社会主义现代化建设服务的。要十分重视出版物影响精神世界和指导实践活动的效果。具有重大历史意义的党的十四大，在提出建立社会主义市场经济体制的同时，又指明了社会主义物质文明和精神文明两手都要抓，两手都要硬方针，强调了精神文明建设包括出版工作的重要任务，是更有效地为经济建设和改革开放提供精神动力、智力支持、舆论环境和思想保证。这说明社会主义市场经济条件下的出版工作仍然是意识形态工作，要把社会效益放在首位，要毫不犹豫地坚持正确的舆论导向。任何否定、忽视出版工作的意识形态性质，忽视社会效益和舆论导向的认识和做法，都是不符合党的十四大精神的，是与邓小平同志建设有中国特色社会主义的理论相悖的。

但是，有的同志不是这样认识，或者在实践上证明他们不是这样认识出版工作的。这些同志认为，搞市场经济了，就要以市场为导向，就要一味迎合市场。为了多赚钱，可以不问社会效益，不讲社会主义精神文明建设的要求。有的说，市场的天平是衡量我们出版工作好坏的唯一标准，市场是评估编辑学识、能力的根本尺度。就是要一切以市场为转移，凡是市场上需要的、卖得俏的，出版社就得满足，书店就应该供应。有

的还进一步把读者和市场等同起来。他们说，没有市场的书刊就是没有读者的书刊，是没有生命力的。书刊出版不迎合市场的需求，也就是不适应读者的需求。在他们看来，市场需要就是读者需要，而且只要读者需要，不管是正当需要，还是不正当需要，都应该迎合。这里有三个问题，需要加以分析。

1. 市场需要是不是就是读者需要，两者之间能不能划等号。照理说，读者需要是图书市场的基础，市场应该反映读者的需求。但是，在市场经济条件下，市场应该反映读者需求是一回事，市场能不能正确反映读者的需求那是另一回事。因为市场在反映读者需求的时候，已经注入了利润的因素，因而它往往比较多地反映利润率高的商品的需要，容易忽视群众对利润率低的商品的需要。这样，就不能正确地、如实地反映群众的要求。再说，市场有时可以被垄断，可以被操纵。在这种情况下，它所反映的，往往不完全是读者的需要，而是某些书商的需要。正如目前，有些好书，经营者因利薄不愿销售，订数上不来，读者买不到；而另一些低品位的书，因有利可图，却可以大量推销。

2. 读者的需要是多方面的，市场能不能确切地反映这种需要，不是一个简单的问题。首先，读者有不同的类型，不同的文化层次，不同的兴趣爱好。其次，读者的需要有明显的，也有比较潜在的，有眼前的，也有长远的，有即兴需要，也有根本需要。再次读者还有正当的需要和不正当的需要，这些都要求广泛深入地调查和认真细致地分析，才能去伪存真，获得比较接近真实的状况。可见，要掌握读者需要并不容易，要把读者的需要正确地反映到市场上去，更不容易。如果再带上某种主观因素，那就更难满足读者的真正需求了。比如说，低档劣质图书，充斥书摊，琳琅满目，我们不能说不是一种图书市场。但这种图书市场究竟反映了多少读者的真实需要，那只有天知道了。

3. 出版工作负有宣传教育的任务，作为传播思想文化的手段，还有坚持正确导向的要求。这决不是书摊上什么好销，我们就出什么所能解决的。也不能把"读者当作上帝来崇拜"，须知菩萨也是人造的。

综上所述，市场需要和读者需要，决不能划等号。我们要观察市场的动向，但重要的是引导市场，就是要掌握读者的真正需要，引导和支持读者的正当需要，给读者以正确的导向。

社会主义市场经济在我国还是一个新的事物，特别是社会主义市场经济条件下的出版体制、文化体制、教育体制，还有待逐步形成，许多思想、理论上的问题还有待探讨。有一些同志，在认识上产生这样那样的看法，甚至发生一些误解或错觉，或者在实践上犯这样那样的错误，都是难免的，可以理解的。但是，对这一类问题，我们应该有一个标准，不能公说公有理，婆说婆有理，各执一端。这个标准是什么，就是党的基本路线，邓小平同志建设有中国特色社会主义的理论。具体说来，就是党的出版方针，就是为人民服务、为社会主义服务，就是为改革开放和经济建设提供精神动力、智力支持、舆论环境和思想保证。任何出版物，凡是符合这个路线、方针、原则的，应该予以肯定；凡是有悖于这个路线、方针、原则的，就应该加以否定。包括那些生活用书、消闲读物，也不能散布不健康的东西。文艺读物更要以宣传党的路线，激励人民团结奋斗、振奋精神为己任，不能堕落到去搞那些黄色、灰色的东西。出版工作归根到底，要以科学的理论武装人，以正确的舆论引导人，以高尚的精神塑造人，以优秀的作品鼓舞人，不断培养和造就一代又一代"四有"新人，为建设有中国特色社会主义的伟大事业服务。

四、做好社会主义市场经济条件下的出版工作要坚持些什么

现在我们已经有了邓小平同志关于建设有中国特色社会主义的理论，这是我们各项工作的指导思想，当然也是我们做好出版工作的指导思想和有力武器，又有了15年改革开放的实践经验，我们应该而且有可能研究一些规律性的东西，这是我们出版界的一个重大课题，需要花大

力气进行研究。我们要研究市场经济的一般规律，要研究社会主义市场经济的固有规律，更要研究社会主义市场经济条件下出版工作的特殊规律，为出版繁荣服务。

从上面谈到的情况中，我们是不是应该坚持这样几点。

1. 繁荣出版事业与坚持"扫黄""打非"相结合。在社会主义市场经济条件下，我国的出版事业应该得到不断的繁荣，而且也可以得到繁荣，正像近 10 多年来出版发展的实践所证明的那样。但另一方面也要看到，在社会主义市场经济条件下，有的人可能出于对市场经济的误解，或者为了某种个人或小集团的利益，把出版当作单纯牟取暴利的工具，出笼一些不健康的东西，甚至出版一些坏书，也是一种客观存在。为此，要确保图书市场的健康繁荣，坚持正确的舆论导向，必须坚持周期性的"扫黄""打非"工作。这种周期，可长可短，要从各个不同时期的实际情况出发。但是必须长期坚持，毫不放松，决不手软。房子是要天天打扫的，只有这样才能保持它的整洁。图书市场也需要天天清理，看来这是符合社会主义市场经济条件下出版发展的实际的。

2. 开放搞活，发挥市场作用必须与加强宏观调控、加强微观管理相结合。在社会主义市场经济条件下，通过深化出版改革，积极发挥市场作用是理所当然的。目前，为实现政企分开，行政机关的许多权力已经下放，为出版工作进一步开放搞活创造了条件。但是历史的经验告诉我们，往往容易"一放就乱"。正如 1993 年初，行政机关下放了选题审批权限以后，在短短的四个月内，有 18 家出版社出版了 30 种人体摄影画册，引起读者的强烈批评，认为这些画册是"只要人体，不要艺术"；是有关的出版发行单位"财迷心窍，唯利是图"。结果被停售封存，有的还被处以罚款。为了真正做到放而不乱，在充分发挥市场作用的同时，出版领导机关要加强宏观调控，及时掌握出版动向，做好出书的总体规划，通过各种法规和政策（包括理论研究），加以正确的引导，指导并监督出版社、书店加强管理工作。出版社和书店更要自觉坚持社会主义方向，贯彻出版方针，积极加强管理，严格自律，真正把社会效益放在首位，保证多出多卖好书，不出不卖坏书，不出不卖不健康的读物。这也是近几年出版发展实际告诉我们的一种客观要求。

3. 深化出版改革必须和加强全行业的出版理论研究相结合。出版改革是一件新事，也是一件很复杂的事情，历史上没有现成的经验，也不能照搬外国的做法，甚至不能套用我国经济改革的许多具体举措，必须根据中国出版工作的实际情况，逐步进行。10多年来，在出版改革上，我们是"摸着石头过河"，不断前进的。在这种形势下，加强出版理论研究，就显得十分必要。出版理论研究有两个方面：一方面是基础理论研究，即出版学、编辑学、图书发行学等的研究，这里先不说它。另一方面是应用研究，即实际工作中重大问题的研究。这要靠全行业广大从业人员一起来做，也就是要开展群众性的出版理论研究。这方面，10多年来，我们讨论过许多重要问题，诸如，出版社的性质问题，图书的商品属性问题，在出版工作中正确对待价值规律和精神生产规律的问题，编辑的地位、作用和职业道德问题，出版社的专业分工问题，图书发行体制改革问题，出版的经济政策问题，社会效益和经济效益问题，坚持社会主义出版方针、深化出版改革问题，等等。尽管这些讨论发展很不平衡，有的不够深透。但是，它是从实际中提出问题，使各种不同的意见开展争鸣，为出版改革制造了舆论，消除了一些思想障碍；对实际工作中的一些问题，在一定程度上也起到了明确是非、提高思想认识的作用；对于提高出版的学术水平，加强出版队伍的思想建设，提高广大从业人员执行党的出版方针自觉性，促进出版事业的繁荣，有一定的实际意义。实践证明：群众性的出版理论研究是为深化出版改革鸣锣开道，排除干扰，总结经验，进行自我教育的必要手段，有利于所有参与者互相取长补短，改进工作。再说，听听不同的意见，可以开阔视野，避免坐井观天，囿于一端，犯这种那种片面性。说白了，实际上是自我教育，是培训干部、提高思想认识的过程，是一场不断学习邓小平同志建设有中国特色社会主义的理论，并且用它来指导出版实际的学习活动。有时虽然要花点钱，但这是一件好事，而且是千金难买的好事。

最后，我想应该强调，计划经济和市场经济都是手段，都是为社会主义现代化建设服务的。由前者向后者过渡，建立社会主义市场经济体制，是我国经济体制改革的大事，出版工作当然要按照社会主义市场经济体制的需要，建立起与之相适应的出版体制。但体制的适应，并不是笼统地要求出书也简单地迎合市场，这是有区别的。出书也要面向市场，但同时要引导市场，这种面向不是消极的，是积极的。所以，首先要了解市场，认识市场，进而才能掌握社会主义市场经济的客观规律，并且运用这种客观规律，来为我国社会主义物质文明和精神文明建设服务，这也就是引导市场。就是说，我们不仅仅是消极地面向市场，一切以市场为导向，被市场牵着鼻子走。反过来，应该由我们来引导图书市场，使图书市场为发展出版事业服务，为贯彻党的出版方针服务，为传播和积累社会主义文化服务，为培养"四有"新人服务，为我国社会主义现代化建设服务。而落实 1994 年全国新闻出版局长会议精神，实现出版工作从总量增长型向质量效益型转移，就是达到这些根本目的的最重要的保证。

1994 年 1 月 28 日

为李荣生著《编辑学探索与思考》序

看到李荣生同志的《编辑学探索与思考》的校样，我很高兴，编辑学花坛中的一枝新葩，又将在松花江畔盛开，这是一件很有意义的事。不知为什么，每当看到一本编辑学或出版科研书问世的时候，都激起我内心一阵阵的激动。我深感我们的事业在不断前进；我们的理论在不断成熟；感到自己浑身充满了力量，一切困难和挫折都变得那么微不足道。

李荣生同志从80年代初期开始就投身于编辑学研究，现在回想起来，那时真是"十来个人，七八条枪"，和现在相比，已不可同日而语了。事业发展了，更使人回想起早期的参与者。他们的创造精神、探索毅力、不怕别人议论讥笑的无畏风格，始终是人们学习的榜样。

收入这本书的文章，是10年来陆续写成的，其中一部分，我过去曾经拜读过，今天有机会来重新学习，感到分外亲切，从读者角度说，我对它的兴趣也不减当年。

李荣生同志的论文中有不少创见，在我的印象中，在编辑学的论文作者中，他是最早把中介性作为编辑活动的特征来提出的，他也是最早把编辑管理列入编辑学框架，作为整体结构中的一个组成部分来提出的。类似的创见肯定还有，恕我无法一一加以列举。

李荣生同志的论著，一开头就非常明确，目的在于构筑编辑学学科的理论体系，即使研究编辑过程，也是从理论上加以论证和分析，有别于一些同志研究编辑学主要是从选题、组稿、审读、加工等具体过程进行充分论述的做法，这也是他独到的一面。他把编辑学研究的主要任务之一，明确为揭示编辑活动的基本规律，即编辑工作的内部规律和外部规律，我认为这是很有价值的，许多编辑学的研究者，也正是这样做的。他强调了编辑学是一门独立的学科，又指出可以吸收、借鉴其他学科的研究成果和研究方法，"也可以尝试引进系统论、信息论、控制论等新方法，但要掌握两条原则，即：第一，任何新方法都必须在马克思主义世界观和方法论的指导下加以运用；第二，新方法的引进尚须适应编辑学研究的实际需要。"他的这个观点，在今天，或今后，都具有重要的现实意义。

李荣生同志对"编辑与社会发展"问题的论述，指出："编辑活动是在一定的生产关系中产生的"，"社会生产力的发展水平制约着编辑事业的发展水平"，并且说明了政治制度、政治思想对编辑事业的影响，以及重大政治事件对编辑事业的发展所产生的巨大而又急剧的影响。总之，他把编辑事业放在整个社会历史环境中来考察的做法，无疑是辩证唯物主义和历史唯物主义在编辑学研究中的运用，也是我们研究编辑学必须遵循的基本原则。

李荣生同志对鲁迅编辑活动、编辑思想、编辑道德和编辑工作作风的研究，给人以很多的启示。解剖历史上一个一个著名的编辑家和一部一部重要的著作，是我们编辑学研究的重要任务和思想渊源，也是研究编辑学的同行必须要做的基础工作之一。

重温李荣生同志的论著，使我得到很多启迪，可惜限于时间，我不能一一加以介绍，这项工作只好留到以后来做了。

从全国来说，编辑学研究目前正方兴未艾，经常有新著问世。这是因为我们首先有一批出版界的老同志，他们孜孜以求，努力探讨。有的年逾古稀，仍不甘寂寞，不惜余力，上下求索，有的已经出版了几本专著，有的正准备出版第二、第三本著作，实在令人敬佩；同时，我们还有一批高等学校的同志，如李荣生同志等，他们深入几个学科，互相比较、互相借鉴，使编辑学的理论体系更加丰满，更具有现代学科的特色；再者，出版界和教育界的一批中青年同志，正在奋起直追，逐步成为我们队伍中的骨干力量。除此以外，我们还有一批为编辑学学科建设奔波的积极分子，他们或者是热心人，或者是专业刊物的干将。这些人不为名、不为利，不怕苦、不怕累，任劳任怨，积极推进编辑学研究的发展，只要能使编辑学理论有点滴的进步，即使一时不为某些人所理解，也在所不惜。我们应该衷心地感谢他们。我们有这样一支队伍，又何愁编辑学学科不能较快地建立起来。

目前编辑学研究的形势是很好的，成就也是大家所公认的。但也应该清醒地看到，目前的成果，离学科的完全建立还有相当的距离，后面的路还很长，需要我们做更大的努力。

最后，我还想借此机会，感谢热心出版编辑学著作的出版社，它们在有些出版者眼睛只盯着"孔方兄"，对不赚钱的书稿不屑于一顾的时候，不声不响地出版出版类专业图书，它们明知出版这样的书要亏本，但仍然乐于去做，这种境界是值得钦佩的，这种做法是应该提倡和褒扬的。

祝李荣生同志在编辑学研究方面取得更大的成就。

1994 年 2 月

《绥化师专学报》1994 年第 2 期；《出版学编辑学漫议》P226，河南教育出版社 1995 年 9 月版

加强出版理论研究　深化出版改革

党的十一届三中全会以来，随着我国出版事业的大发展，我国出版理论的研究也有了长足的进步。到 1993 年全国已有专门论述出版理论的著作几百部，论文几千篇，有了两个专业出版社和 10 多个出版类刊物，并且建立了专门从事出版理论研究的出版科学研究所和学术团体。这种出版理论研究的发展势头，在世界各国都是罕见的。

为什么改革开放，特别是出版改革，会促进我国出版理论研究的大发展？我的理解是：出版生产同时包含了精神生产和物质生产两个过程，它既要讲究社会效益，又不能不问经济效益。它所涉及的问题，远远地超过单一生产过程的行业，所以加强出版理论研究，就变得十分必要。尤其在当前，我国正处于计划经济向社会主义市场经济过渡，加速建立适应健全发展的、规范化的社会主义市场经济体制的出版体制的关键时刻，加强全行业群众性的出版理论研究，加速队伍的思想理论建设，就显得更加重要了。

理论是指导实践的，没有理论指导的行动，是盲目的行动，为了使出版改革顺利发展，我们必须进一步加强全行业的群众性的出版理论研究。出版理论研究是一项实践性很强的工作，实际工作中的情况是千变万化的，何况出版学作为一门学科，现在还远没有形成。所以这项工作不是一两个"秀才"所能完成的。要把出版理论研究活动当做加强出版队伍自身建设的重要手段，每个专业工作者都要到实际中去，把理论和实际真正结合起来，开展广泛而深入的调查研究，实事求是地研究工作中发生的各种问题，并且从理论上加以探讨、总结，才能达到科研为实际工作、为出版改革服务的目的。

实践证明，我们有些单位、有些地区，比较重视出版理论研究，而且真正能够做到理论和实践相结合，用理论指导自己的实践。这些单位和地区的出版工作，就发展得比较顺利，没有出什么问题，或者说没有出什么大问题。反过来说，这几年来，出这种那种问题比较多、问题比较大的单位和地区，恰恰是那些不重视出版理论研究，根本没有人管这项工作，或者是理论研究工作走偏了方向，理论不结合实际的地方。这不能不说是一个"巧合"。有人认为，有的单位和地区，七八年、十几年也没有抓出版理论研究，照样没有出什么坏书，名声也过得去，因而得出不搞出版理论研究也"不碍事"的结论。其实这种看法是要不得的。这样的地区和单位不是也有出了问题，而且是出大问题的吗？事实上，不加强出版理论研究，不注重出版队伍的思想建设，要想不出问题是很困难的。而等到一旦出了问题，就来不及了。这正好说明：不是不要紧，而是很要紧。由此，我们似乎可以悟出这样一条，出版理论研究在平时也许是不起眼、可抓可不抓的事，有的还把它当做额外负担，有时其他工作一忙，就顾不上了。经验告诉我们，这种情况不能认为是正常的。须知，搞出版理论研究，实际上是总结经验，明确实际工作中的是非长短，使之上升为理论，用以指导实际工作；同时，又是与各方面交流认识、交流观点的好机会，尽管学术讨论可以不必做结论，但对每个参与者来说，可以广听博闻、集思广益、开阔视野，是一种极好的自我教育，是一种有效的培训干部的好形式。说到底，这是一场不断学习邓小平同志建设有中国特色社会主义的理论，并且用它来指导出版实际的学习活动。

总之，抓一抓出版理论研究，只有好处，没有坏处，它可以少出问题或不出问题，决不会因为搞了出版理论研究反而出了问题。反过来说，不搞出版理论研究，有时出了问题、犯了错误，还不知道毛病出在哪里。特别是在今天深化出版改革，正在建立适应社会主义市场经济体制的出版体制的时候，有许多新的情况和问题，更加需要重视和加强出版理论研究，取得理论的指导，才能少犯片面性，少出错误，保证我国社会主义出版事业健康发展，不断繁荣，登上新的台阶。

1994 年 2 月

山西《新闻出版交流》1994 年第 2 期；《出版学编辑学漫议》P265，河南教育出版社 1995 年 9 月版

敬悼子野同志

1993 年年底，子野同志病危，我去协和医院探视。当时，我心情沉重，一方面觉得不想发生的事情可能很快发生，另一方面又不能愁眉苦脸地去看他，还不得不装作"若无其事"的样子，和往常一样。一进病房，发现他很瘦，不由一惊。向他问安以后，他拉着我的手说："我没事，挺好的，你们很忙，不用来看我。"并且谈到出版研究、编校质量……特护劝他不要多说话，并以目光向我示意。我当然不再吭声，可他还是说个不停，我几次劝他少说话，也不起作用。我为他在重病中仍不忘提高图书质量、出版研究、队伍培训而深受感动。后来，书法家协会谢云同志在门外候见，我就不得不向他告辞。此后，听说他的病情比较稳定，以为大概可以闯过这一关了。不久得知他与世长辞的噩耗，仍不能不使人感到突然，想不到这次一别，竟成永诀，令人悲痛。

1984 年初，我接手《当代中国丛书》出版事业卷编委办的工作，子野同志是这部书的主编，多次聆听他的意见。他从延安的出版事业谈起，谈到改革开放，40 多年的事，在他脑子里可以说得一清二楚。后来，中国出版发行科学研究所筹建，我也不止一次向他请教。他说，要搞就要搞好，中国有三千多年出版的历史，近现代又有革命的、进步的、反动的出版业，有许多经验可以总结，有搞头。现在有一批老同志退下来了，他们有经验、有时间，这支力量要好好运用。他的教导，言简意赅，把出版研究的方向、方法，包括依靠对象，都说得明明白白了。

1992 年，中国编辑学会成立，拟请子野同志当名誉会长。筹备组讨论，由刘杲同志先给他写信，然后我再登门拜访，并请他在成立大会上讲话。对这两件事他都积极支持。我马上组织有关同志给他起草讲话稿送去。他对稿子做了很大的修改补充，着重讲了两个问题：一、编辑工作不是可有可无。他用 1954 年人民出版社重排郭沫若同志的《中国古代社会研究》一书的编辑工作受到郭老的赞许；周振甫同志为钱锺书先生的《谈艺录》当责任编辑受到作者的表扬这两件事，生动有力地说明了编辑工作不但非有不可，而且十分重要。他说："像郭沫若、钱锺书这样的大学者都如此重视编辑工作，其余的作家谁能不承认编辑的作用。"二、他着重批驳了"编辑无学"论。他说："新闻学已成定论，早就存在了，而编辑工作不比新闻工作简单，为什么不能成为一门学问？应当说编辑的学问很多……怎能无学呢？"他又说："鲁迅曾对赵家璧说过：编辑工作大有学问。因此，成立编辑学会很有必要。"他同时叮嘱我们，要加强宣传自己，抓紧培训队伍，特别强调要加强研究工作。他说："研究工作一是要总结 40 年来的经验与教训；二是要结合实际工作，探讨当前的一些迫切问题，首先是在社会主义市场经济条件下出版工作究竟应当如何进行改革。"子野同志的谆谆教导，不光是做编辑学会工作的人，也是我们广大编辑出版工作者应该牢记不忘的。

子野同志是我国出版界、翻译界的前辈，他平易近人，没有架子。认识他的人都亲切地称他为"子野""子野同志"。他是学识丰富的长者，是许多人心目中的权威，但他总是勉励后进，希望别人成功，即使学术观点不同，也不抱成见。他是党龄很长的老党员，在出版界担任过重要的领导工作，但他从不盛气凌人。1984 年，我曾有幸和他在一个党支部过组织生活，那时，他已年近七十，仍以一个普通党员的身份，坚持参加支部活动。记得有次为发展一个新党员，一些同志流露出和他意见相左的情绪。他觉察到了，当即表示：可不急于下结论，听听其他支部意见再说。一个领导干部、老党员，能这样对待不同意见，实在是令人起敬和难忘的。

子野同志走了，我们失去了一位值得尊敬的导师，是中国出版界、文化界的一个重大损失。但他的教导、他的道德风范，将永远激励我们前进！

安息吧！子野同志，我为您祈求冥福。

1994 年 3 月

《出版科学》1994 年第 2 期；《出版学编辑学漫议》P195，河南教育出版社 1995 年 9 月版

玩书有罪

　　书是人类智慧的记录，社会文明的宝库，历史发展的轨迹。著书立说，立言也。立言以醒世，高雅中之高雅事也。"一言以兴邦，一言以丧邦"，治国安邦，大事中之大事也。"半部《论语》治天下""一本《共产党宣言》改变了人类的命运"。说到底，人类的历史车轮，不是被书推动，就是被书滞后，尽管书还要通过人才能起这种作用。但是，人的作用，有时候也是由书来"导"的。书的地位和作用，由此可知。

　　不知从什么时候开始，社会上书的品种多了，书的地位却低了；书价上涨了，书的文化品位却下跌了；书的印装质量提高了，书的精神质量却下降了；书的外表美化了，书的内容丑化了。当然，不是所有的都这样，好书、高质量、高品位的书，着实不少，是很有价值的。但格调不高，文化品位甚低，质量很差，包括黄色、灰色甚至黑色的图书，充斥街头巷尾，我们对此切不可听之任之，等闲视之。不然，对不起国家、民族、人民，对不起子孙后代。该管不管，将何以对社会，何以对后人。

　　书是读者的精神食粮。精神食粮总要有一点精神，如果没有一点精神，也就不成其为精神食粮。粮食当然是要能充饥的，有助于发育的，馊的、霉的、烂的粮食，吃了以后，轻则生病，重则送命，食之何益？精神食粮亦然，如果出的是不良读物，有什么必要去绞作者、编者的脑汁，有什么必要去浪费纸张油墨和印装力量，有什么权利去浪费读者的宝贵时间。

　　现在有的人讲"潇洒"，什么都要"潇洒"一下，玩一玩。曾见陕西一个刊物上，刊登过署名孔明的一篇文章，题曰"玩书"，说现在有人讲究"玩"，玩麻将、玩扑克、玩卡拉 OK、玩保龄球、玩股票、玩房地产。总之什么都玩，什么都可以玩，甚至已经发展到"玩书"，因为"玩书"比玩麻将更文明，比玩股票更高雅，显得更加"潇洒"，还可以"流芳百世"。

书怎么玩，无非胡编乱造，东抄西剽，剪剪贴贴，拼拼凑凑，改头换面，改名换姓，你说《荒山女侠》，我说《女侠荒山》。最后，署名"作者"，挂上"主编"，既有名又有利。结果，潇洒是潇洒了，却坑了读者。

玩书者，据说有作者、有编辑、有干部、有教师。总之，都在人类灵魂工程师之列。看来，这些工程师的灵魂，先需要修理一番。否则，用他们的灵魂去塑造别人的灵魂，就太可怕了。可见玩书者有罪！

书要出来，都要通过编辑，所以编辑不能瞎当，编辑不可小看自己的工作。从自然法则说，今天活着的都是今人，和死者相比，都是后人。后人怎么看前人、前代，今人怎么看夏、商、周，直至明清。最方便最直接的就是看几本书，从《封神榜》中，我们看谁是谁非，看当时的时代精神；从《三国演义》，我们看魏蜀吴；从《水浒传》，我们看宋朝；从《红楼梦》，我们看清朝。尽管是小说，明知是虚构，但可给人以直观形象。今天我们当编辑的，给后人应该留下一个什么形象，让后人怎样看我们这个时代的中国，看当今社会的形象，这就看今天的编辑编出什么样的书了。可见书玩不得。

谁说编辑是一个不起眼的角色，他的责任可不小哩！

1994 年 3 月

《出版学编辑学漫议》P147，河南教育出版社 1995 年 9 月版；《一切为了读者》P260，首都师范大学出版社 2010 年 7 月版

第四届全国编辑学理论研讨会开幕词

今天，来自全国各地出版界和教育界的学者、专家 50 余人，聚会在我们民族文化摇篮——黄河之滨的郑州，来讨论编辑学的基本理论，是一件很有意义的事。全国性的编辑学研讨会，我们至少已经开过三次。第一次是 1987 年中国出版科学研究所在乌鲁木齐召开的。第二次是 1987 年由河南大学、河南省版协、河南省社联在郑州联合召开的。第三次是 1990 年由中国出版科学研究所和湖南省出版工作者协会在衡阳联合召开的。以上这些会议，对编辑学研究都起到了宣传、推动和促进的作用。今天，我们再一次在这里开会，研讨编辑学的理论问题，它对今后我国编辑学研究的发展必将起到重大的推动作用。

我们这次会议，是由河南省新闻出版局、河南省出版工作者协会和中国编辑学会联合召开的。会议的目的是：回顾前一段编辑学研究的状况、探讨编辑学的理论原理、研究社会主义市场经济条件下编辑工作新的形势和新特点，以及今后编辑学研究的方向、重点，编辑学学科建设中着重要解决的一些问题，特别要重视中国社会主义出版编辑活动的研究。

10 多年来，在出版界、教育界和其他文化学术界同志的努力下，编辑学研究取得了一定的进展。总的说来，我们已经经过 80 年代初的呼吁提倡阶段、80 年代中有学无学的讨论阶段，以及由此肇始的研究热潮，取得了引人瞩目的成就。目前已建立了全国性的学会，出版了一批专著，发表了数以千计的论文，有了一些开展学术研究的阵地。编辑学的研究对象、研究范围已经基本明确，许多基本概念正在界定，理论原理正在阐发，作为一门新学科的早期形态已初具轮廓，编辑学现在已不再是一门十足的潜科学了，它已经得到社会的承认，在国外也有一定的影响。"中国人在研究编辑学"，已经成为一种社会信息、学坛佳话，在国际上流传。

应该说，编辑学的 10 年初创，已经取得很大的成就，这是各界同好共同奋斗的结果。这里，我们应该看到积极投身编辑学研究的除了出版界的同志以外，高校的同志已是一支不可缺少、不可忽视的力量，没有他们的投入，编辑学研究要取得今天的成果是难以想象的；发展的趋势也告诉我们，他们的作用将会越来越大。今后的任务，仍然是以建立具有现代科学形态的编辑学为目标，在现有基础上，密切联系实际，进一步深入研究理论原理，探索理论体系，建立概念系统，研究与邻近学科的关系，并且重视方法论的研究，不断提高编辑学的研究水平和著述的学术质量，进一步推动学科建设向科学化、现代化迈进。

为了达到这个目标，首先，我们要坚持以马克思列宁主义、毛泽东思想、邓小平同志建设有中国特色社会主义的理论为指导，这是我们观察、处理一切问题的根本的立场、观点和方法，也是我们研究编辑学的根本指导思想和理论武器。

重视中国社会主义出版编辑活动的研究，这是摆在我们面前的重大课题。当前，我国正面临着加快改革开放、建立社会主义市场经济体制的新时期，出版工作也正在向优质高效转移，新的形势既给我国出版发展提供了极好机遇，也向我们提出了新的挑战。我国出版事业在取得新的发展的同时，也遇到了许多过去在计划经济条件下很少遇到或并不突显的新问题和新情况。如，作为社会主义的精神产品生产，必须以社会效益为最高准则的根本目的和市场经济以追求利润为主要目标两者之间的矛盾。邓小平同志明确指出，思想文化教育卫生部门，都要以社会效益为一切活动的最高准则，它们所属的企业也要以社会效益为最高准则。江泽民同志指出，坚持把社会效益放在首位的前提下，实现社会效益和经济效益有机统一。随着社会主义市场经济的发展，精神产品的生产流通同市场运行一般规律的联系愈益紧密。确实也有经济效益的问题。经济效益好，有助于宣传文化事业的发展。同时也要看到，精神产品又具有不同于物质产品的特殊属性，它的价值实现形式更重要地表现在社会效益上。有些精神产品，直接经济收益可能不大，但对推动社会生产力的发展和社会全面进步的作用很大。我们在宣传文化工作中要始终把社会效益作为最高准则，当经济效益同社会效益发生矛盾时，自觉服从社会效益。这些指示已经在理论上和指导思想上作出了明确的回答，如何把它贯彻到实际工作中去，这是政策研究、学术探讨和广大实际工作者需要回答的问题。出版编辑工作中的问题，当然还有。总之，我们一定要遵循理论联系实际的原则，按照社会主义出版工作的根本目的，学习邓小平同志建设有中国特色社会主义的理论，坚持为人民服务、为社会主义服务的方向，研究新的情况、回答新的问题，使编辑学的学科建设始终符合不断发展的编辑实践的需要，具有鲜明的时代特色，牢固地建立在现代科学的基础之上。

编辑学所以能在中国萌芽并发展起来，用日本著名学者清水英夫先生的话说："这是与中国悠久的文字文化传统分不开的。"为了编辑学学科建设的进一步发展，我们不仅不能忘记历史，而且要大力弘扬优良的历史传统。我国的编辑出版工作的历史悠久，历代编辑家为我们留下了无比丰富的优良传统。在新时期，我们研究编辑学既要大胆吸收各国优秀的学术思想、先进经验和科学方法，又要大胆地弘扬我国的优良传统。目前，我们在吸收外国的学术思想、经验和方法方面，由于语言、习惯和文化传统的不同，往往容易碰到一些困难，这个需要努力克服；同时，我们在弘扬优良传统方面，也由于存在这样那样的认识问题和思想方法问题而显得非常薄弱，这种状况也必须改变。如果我们的编辑学不吸取现代科学的成就，就会落后于时代；如果中国创建的编辑学没有弘扬中国历代编辑家的优良传统，那么，这种编辑学即使形成，也将失去中国的传统特色。因为离开了丰富的历史经验和现实经验，就不可能具有强大的生命力。

因此，我们要建立的和正在逐步形成的编辑学，应该是时代精神和优良传统的紧密结合。

我们要研究现代科技条件下，编辑劳动的新特点及其对学科建设的意义。目前，编辑出版活动的电子化、计算机化，正在以惊人的速度飞跃发展，这迫使编辑劳动手段的迅速现代化。各种电子出版物，诸如音像、激光、缩微、计算机磁盘、光盘等都是现代科技与编辑劳动相结合的产物，稿件的排版、审处、加工修改、校对等传统的编辑过程，已经或正在发生改革，编辑在编辑过程中脑力劳动和体力劳动的结合，正在加强，著述、编辑、排版、校对，正在向一体化的模式发展。这种发展将对编辑工作产生什么样的影响，对编辑学学科建设有什么样的意义，这是我们必须研究的新的课题。

坚持百花齐放、百家争鸣的方针，这是我们发展理论、学术、繁荣文学艺术的根本方针，邓小平同志在党的十一届三中全会后，明确指出："无论如何，思想理论问题的研究和讨论，一定要坚决执行'百花齐放，百家争鸣'的方针……不允许有丝毫的动摇。"[1]今年1月，江泽民同志《在全国宣传思想工作会议上的讲话》也强调指出："精神产品的生产是一项非常复杂的劳动，需要专家、学者和文艺工作者发挥个人的创造精神。我们应该尊重和爱护他们的辛勤劳动，坚持解放思想、实事求是，坚持'双百'方针，努力形成一种鼓励探索和创造的良好环境和气氛。在学术研究上提倡不同观点和学派的自由讨论，在艺术创作上提倡不同形式和风格的自由发展"。[2]编辑学研究，自从开展以来，众说纷纭，也呈现了百花齐放的形势。一个新学科的形成，如果没有百花齐放，那根本就不可能有任何发展。实际上争论是存在的，往往见之于会上、刊物上和有关的专著、文集当中。经验告诉我们，前几年有些问题的研究所以能趋向深入，正是因为开展了争鸣。所以，今后，要进一步有计划地对一些基本理论和重要观点开展学术争鸣。这项工作不仅学会要做，各省各地和有关的报刊也可以一起来做。这是提高编辑学研究水平和著述质量不

---

① 《邓小平文选》第 2 卷第 169 页。
② 《人民日报》1994.3.7。

可缺少的一条重要途径，也是达到这个目的的基本保证。

青年是国家的未来，也是我们学科建设的未来，我们要发动更多的青年来参与编辑学的研究，让他们在学科建设中发挥更大的作用。

社会主义市场经济体制的建立，出版业计算机化和电子出版业的发展，10 多年来编辑学学科建设过程中本身提出的许多问题，都要求我们作出回答，要求编辑学有进一步的发展。我们应该抓紧这个极好的时机，让编辑学研究进一步向纵深发展，在 20 世纪的最后几年里，使编辑学学科建设出现新的飞跃。

1994 年 7 月 5 日

《出版学编辑学漫议》P265，河南教育出版社 1995 年 9 月版

向某报记者介绍当前编辑学研究的一些情况

编辑学是一门新学科，我国 80 年代初开始兴起，发展很快。现在粗略估计，发表论文在 1000 篇以上、著作 200 种左右，其中书名有"编辑学"三字的，目前有 31 种。

日本称编辑学为编辑论，是出版学中的一章。苏联叫编辑课。关于出版方面的第一部图书学论著，是 1774 年奥地利米·丹尼斯的《书志学和图书学纲要》。讲出版工作最多的是 19 世纪初英国小赫特·斯密斯·贝利的《图书出版的科学与艺术》，这是国际上第一本把出版工作和学术联系起来的书，此书现在中国有 4 个版本。另一本是英国斯坦利·安文的《出版概论》，原名是《出版实况》，日本译为《出版概论》，我国从日本翻译过来，也叫此名，此书在西方被称为"出版圣经"，已被修改重版 19 次，20 多个国家有译本。这些书讲的都还是图书的生产经营，编辑活动只是其中的一个环节。所以，这些书实际讲的是出版业务。苏联习惯地把编辑出版叫做"编辑出版的理论和实践"，但也没提出编辑学、出版学。这个词，据说德国很早就有，但它的内涵是报刊学或新闻学，并不是探讨以书籍出版为中心的学问。1972 年日本学者清水英夫著《现代出版学》，是世界上以"出版学"作为书名的第一本书。这里需要说明一点的是，在我国编辑学研究起步的时候，有些青年学生很热情地到图书馆查阅外文原版书，把书名上有编辑业务、编辑论、编辑工作研究等书都当作"编辑学"，有的人没有很好地核对，也曾说过美国在 80 年代甚至 70 年代就出过以"编辑学"命名的书，这是讹传。

后来，有专家考证，"编辑学"一词是中国提出来的。最早是人民大学郑兴东将苏联专家的《书刊编辑课教育大纲》翻译成《书刊编辑学教育大纲》。这样，编辑学三个字就在中国出现了。

编辑学究竟研究什么？编辑学是研究编辑活动的理论和实践的科学。它着重研究编辑活动的性质、任务和基本原理。

概括出"编辑活动"这一概念，曾经历了好几年功夫。早期称为"编辑工作""编辑业务"，也有人叫"编辑过程"，后来，我们提出"编辑活动"这个概念，并且得到多数研究者的认同，这应该是一个进步。所以现在研究编辑学，就是研究编辑活动的性质、功能和发展规律、编辑活动与社会生活的联系，特别是编者、作者、读者之间的联系，同时具体研究新闻、出版、广播、影视等文化领域的编辑实践过程、编辑工作的一般原理和特殊要求，以及编辑的组织、编辑的队伍、编辑的管理等课题。

作为一门新学科，编辑学正在发展中。编辑是个历史的概念，编辑的形态、工作范围，历史上有个演变的过程。今后也还会不断演变，如计算机在编辑工作中的应用，电子出版物的出现，编辑工作的范围、形态不可能一成不变的。

编辑活动一般可以追溯到春秋时的孔子，也有人追溯得更早。有人说有了雕版才有编辑工作，这又推迟了很多年。但多数人还是认为孔子是我国第一个有名的编辑家。孔子整理六经的活动，是为教育服务的，但当时的编辑思想比较清楚：①重教化。宗旨是重视礼教，主张"述而不作""不语怪力乱神""思无邪""乐而不淫"等。②重学术。中国以孔子为代表的编辑家们大都是学问家。③重选择。主要是为了重视礼教、弘扬自己的学术观点，对已有的资料进行选择。选择从古代起就是编辑活动的重要内容。④重体例。孔子整理六经很讲究体例，这些传统做法对后世编辑工作影响很大。⑤重校勘。

孔子之后，吕不韦编《吕氏春秋》，他把自己的门客组织起来，要写新的，不要老一套，而且什么观点都可以，然后编在一起，这是新的做法。

到刘向父子时，编辑工作已经很全面了。这些都是编、著、校合一的，是编辑活动的最初形态。

后来纸张发明，导致复制量大增，以后发明雕版印刷，编辑活动愈加完备。晋以后，纸本流行，出书量增加，但当时多为政府组织，编者都是官员。五代后，雕版逐步普及，对出版业推动很大，除官刻外，私刻、坊刻大大增加，虽然规模不大，但数量不少。一直到明清，外国传教士把西方印刷术传入中国，出现了现代的出版工作，也开始逐步把编辑工作和著作分离开来。但现在由于电子化、计算机化的发展，以后编辑工作和著作工作很可能又会向一体化发展，编辑的脑力劳动和体力劳动的结合会加强，编辑不光是拿笔修修改改，还要打字，编辑活动的形态也可能有新发展。

近现代机器印刷兴起后，编辑活动的领域和规模有了很大发展。我国近现代出现了张元济、邹韬奋等一些著名的编辑家，他们继承了古代编辑工作的优秀传统，同时又提供了新的思想和新的经验，开创了现代编辑形式。倡明教育、开发民智，是张元济的编辑宗旨；传播西学、沟通中西，同时重视读者，为读者服务，是邹韬奋编辑思想的鲜明特点。

自20世纪80年代初提出了赋予编辑学以现代科学形态这个目标以来，这十几年发展很快。

编辑活动的特性包括创造性、选择性、思想性和政治倾向性，这些多数人的看法是一致的。

也有一些看法并不一致，如中介性。中介性这个词最早是从传播学中引进的，赞成者认为它表现在两个方面，一方面，编辑活动研究精神产品生产和物质生产两个过程的联系，作者原稿只有经过编辑才能化为一定的物质载体向社会传播；另一方面，编辑活动又是联系作者和读者的中介，把读者需要的反映给作者，把作者作品推荐给读者，编辑充当两者之间的桥梁和纽带。编者、作者、读者的关系是编辑活动中的基本社会关系，编辑人员的全部活动都是围绕这些活动来开展的。所以，认为中介性应是编辑活动的特性。但是，也有人不赞成这种看法，理由是编辑学不同于传播学，它的主要功能，不在于中介，而在于选择，这些需要靠今后的学术研究来解决。

如创造性，表现在编辑工作的各个环节上。选题是编辑人员创造性构思的产物，以优化、创新为目标，建立在对社会和读者需要上和对有关的文化学术领域的历史和现状进行分析的基础上。选题的开拓靠编辑自己的文化素质、科学预见和辩证的思想方法。好的选题在精神生产中起到导向性作用，可带来巨大的社会效益，同时又有相应的经济效益。好选题应在学术上、思想上有所突破，有所创新，要有鲜明的时代性，是一种高度智慧的产物，它是编辑创造性的首要表现。组稿、审稿要求编辑人员有敏感的观察力和很精确的选择能力，要有能够物色合适的作者、正确把握稿件价值的能力，也是一种创造性劳动。创造性还表现在加工及装帧设计上，经过加工，才能使作品精益求精，经过装帧设计，可以体现出版社的个性和特色。从社会文化构建的角度看，编辑劳动的创造性更明显。即使是看起来很简单的工作，如编务、答读者来信等也都可以是创造性劳动。

编辑活动的社会功能可以分几个方面来说，今天没有时间了，今后再向你汇报。谢谢。

1994 年 7 月 20 日

《出版学编辑学漫议》P271，河南教育出版社 1995 年 9 月版

一汪清水　满目鱼虾

——读山西《新闻出版交流》有感

这个星期天休息两天，碰上牙痛。俗语说："牙痛不是病，痛起来要你的命。"怎么去痛，实在成了一个不大不小的问题。顺手抓了一摞杂志来翻翻，忽然看到一位记者的采访记，《〈无尽的哀思〉采访始末》，这是邓颖超同志逝世当天记者在医院里的采访纪实，文章不长，但感人至深，令人泪流满面，也忘记了牙痛。再看封面，原来是山西同志寄给我的《新闻出版交流》（以下简称《交流》）。

这几年，许多省的新闻出版局，创办了自己的刊物，有不少是办得比较好的，《交流》就是其中很有特色的一种，这是我本来就有的印象。今天，偶然接触到的感受，引起了我更大的兴趣。于是，把近两年能找到的《交流》，都拿出来阅读，结果使我得到许多意想不到的收获，这主要是因为它发表了许多好文章，从而创造了自己的风格，塑造了鲜明的特色。

这是一本指导性与知识性兼备的刊物。翻开每一期杂志，你会感到它首先强调的是对新闻出版、文化工作、精神生产的指导性。从政治上、思想上来说，每期刊物是和非的界限，正确和错误的标准，十分明确，对不同时期发生过的带有倾向性的问题，诸如文化品位、图书质量以及少数从业人员的拜金主义倾向等，都及时加以论述，提倡什么，反对什么，一目了然。如《加强对外宣传　正确报道中国形象》《报刊审读要捕捉时代新视点》《关键在于解放思想》《书报刊管理要把握9个关键》《新闻出版工作要有鲜明的党性》等，都从理论和实践的结合上，给人以启迪，这对新闻出版工作者来说，我以为是应该具有的一种基本观念或职业意识。

学术性和实用性并重。拿起《交流》，明眼人一看就知道这是一个指导性很强，非常重视舆论导向的刊物。但是，你如果细细读一读，就可以体会到它是富有学术性又很讲究实用性的，这两者在这里往往统一于同一期刊物或同一篇文章中，如《韬奋的杂家观》《编辑工作要求细心而广学》《文化商品论》和《苦辣甜酸自品尝》等，都是通过具体的人和事来写的，并通过论人叙事表明自己的学术观点，或者在介绍别人观点时，表达了自己的见解。通篇没有生硬的说教。这比起那些从理论到理论，从概念到概念的学术报告，更能说明问题，且具有很强的实用性，可读性也因而增加。

经验性与资料性同在。《交流》的视野广阔，它不限于新闻出版的某一方面，而是从新闻到出版，从采访、选题到编、校、印、销、装帧、书评，甚至各色人物，从国际形势到图书馆，到古代出版家辞典，无所不纳。但是所有这些都立足于新闻出版，九九归源，不离本行。也正因为这样，它向读者提供了新闻出版工作各个方面、各个环节许多生动具体的经验和丰富的有价值的资料，如《切忌浮躁》《心系田野》《解放战争时期香港进步刊物概况》《置换封面引起的风波》等，都给人以很大的启迪，提供了有用的资料。

当然，在加快建立社会主义市场经济体制的条件下，如何认识新闻出版工作的特点和规律，如何正确对待前进中出现的新情况和新问题，有不同看法是不可避免的，应该加强研讨，《交流》已经注意做这方面的工作，是合适的，今后还可以进一步加强。

看着《交流》，我联想到童年兴奋的一幕。我的老家在农村，北濒杭州湾，小时候，每当退潮，就跟着大孩子去"拾海"，在一些海沟和水潭里，往往看到一汪清水，满目鱼虾，清晰照人，生动活泼，它既如鱼缸里的观赏鱼，同时又不能不庆幸自己的丰收。今天，阅读《交流》，既给人明确的导向，又有那么多见解、知识和资料，我的脑海里突然闪现出幼年"拾海"的情景。是的，《交流》同样使我感到清晰和丰收。

　　愿《交流》越办越好。

1994 年 8 月

《出版学编辑学漫议》P243，河南教育出版社 1995 年 9 月版

1994 年全国编辑学理论研讨会观点综述

一、这次会议的主题

回顾前 10 年编辑学研究的状况，探讨编辑学的理论原理，研究社会主义市场经济条件下编辑工作新的形势和特点，以及今后编辑学研究的方向和重点，等等。

二、观点综述

1. 10 年回顾：会议充分肯定 10 多年来我国编辑学研究的显著成就。一致认为：从 80 年代初到现在编辑学研究经历了从无到有的草创阶段，作为一门新兴学科已经取得社会的承认。今后要在现有基础上，不断提高研究水平和论文、著作的质量，使编辑学成为真正具有中国特色社会主义和现代科学形态的新兴学科。有人认为，编辑学作为一门学科的地位，是在 80 年代奠定的，其主要标志有三：一、不仅出现了大批编辑论文，而且出版了一批以"编辑学"命名的书籍；二、成立了负有专门研究编辑学任务的全国性机构——中国出版科学研究所；三、胡乔木同志建议在大学试办编辑学专业。这三个标志，应该说都具有划时代的意义。它们分别为编辑学的研究与发展，从出版、组织、规划、学科建设、人才培养等方面，创造了条件，开拓了道路。也有人认为：编辑学研究目前已发表了数以千计的论文，出版了 30 多本专著。它的研究对象、研究范围已基本明确，许多基本概念正在争鸣和界定，理论原理正在阐发和论证，作为一门新兴学科的早期形态已初具轮廓，编辑学不仅在国内得到社会的承认，在国外也有一定的影响。刘杲认为：我们编辑学研究所以能够取得一些进展，首先是由于我们努力执行了邓小平同志始终坚持的解放思想、实事求是的思想路线。他说，编辑学研究从根本上讲，是编辑实践经验的理论概括，又用于指导编辑实践活动的开拓创新。因此，编辑学研究应当十分重视编辑实践的具体经验和编辑实践的理论需求。这是编辑学研究能够保持旺盛生命力的关键所在。

2. 关于编辑概念问题。这个问题在编辑学界争论已久，众说纷纭。现将与会人员中几种不同看法，整理归纳如下。刘光裕等认为：编辑是在利用传播工具的活动中，以满足社会精神文化需要为目的、致力于在作者和读者间建立传播关系，把印刷和发行作为自己后续工作的一种社会文化活动。王振铎等认为：编辑是对外载知识的智力加工……包括对知识的审选、修订、组稿等。认为人类的编辑活动，是缔造社会文化的活动。他还提出了编辑学的三条原理，即：文化缔构原理；符号建模原理；信息传播原理。他认为一切编辑活动大体上都是以这三条原理为基础的。这三条原理可以说概括了编辑活动的基本规律。任定华认为：编辑是信息、知识有序化、载体化与社会化的学术业务。他认为编辑离不开信息、知识，信息、知识的传播与交流，积累与储存，也离不开编辑。无论是什么层次、性质、类别、学科的信息、知识，也不管编辑概念发生多大变化，信息、知识的内涵有多大发展，编辑和信息、知识的精神从属关系也是无法改变的。冯国祥认为，为了适应以图书形式进行传播的需要，要对现实存在的已用文字凝结而成的著述和可能凝结起来的著述进行构思，根据图书生产者实现其生产经营目的的标准，进行选择、修整和组装，这就是图书编辑工作。笔者认为这些看法颇有新意，也倾向于这样一种看法，即认为：编辑是一种以一定的文字、音像材料为基础，进行创意、选择、设计、加工、美化等综合性阶段性的精神生产过程，使之符合制作物质载体的标准，达到宣传思想、传播知识、交流信息、陶冶情操、积累文化等目的的智力劳动。同时认为，编辑这个概念是一个历史性概念。随着生产的发展，编辑这个概念的内涵和外延，也会随之发生演变，绝不是一成不变的。

3. 关于编辑与出版的关系。就编辑活动与著作活动的区别与联系问题，也开展了热烈的讨论。宋应离等认为：有书籍就有编辑活动。王华良等倾向于有出版（指雕版甚至活版）才有编辑活动。张如法等认为：编辑活动是文化创造的一种方式，凡是有文化创造的地方就有编辑活动。阙道隆等认为：编辑活动与书籍同时产生，有书籍就有编辑活动。编辑是一个不断发展的概念，古代编著合一，编者往往也是作者，现代编辑活动才和著作活动完全分离开来。许多同志概括编辑的特征是：以他人原稿或文献资料为对象，进行策划、组织、选择、加工等工作，为出版或播放准备条件。现代高新科技带来精神产品载体、复制方式、传播手段的多样化，编辑活动也已从出版行业扩展到广播、影视等多种文化领域。除了国家机关、教育科研单位编辑出版有关出版物以外，现在越来越多的企业也开始介入编辑出版活动，它们编印精美的宣传信息资料，向公众传播。这是新的发展。

三、关于编辑学研究的主攻方向、重点问题

刘杲提出要重视中国社会主义出版编辑活动的研究。他认为今后编辑学和编辑理论研究的重点和主攻方向，应以有中国特色社会主义的出版编辑理论作为研究重点和主攻方向，在研究中要坚持理论联系实际的原则，努力回答现实生活中提出的理论问题和实际问题，为多出好书、繁荣社会主义出版事业服务，为社会主义精神文明建设和物质文明建设服务。适合于各种载体的编辑学理论，也应该研究，可以鼓励有兴趣、有条件的同志加以开拓和研讨。

四、关于学科建设问题

研讨会认为，编辑学的学科建设是一项长期的基本任务，应该予以

重视。在今后一段时期内，理论建设的根本目标，是逐步形成比较成熟的出版编辑学的理论体系。只有这样，才能真正解决编辑有学无学的问题，也才能更好地发挥理论指导实践的作用。有的认为：今后的学科建设应该仍然以建立具现代科学形态的编辑学为目标，在现有基础上，密切联系实际，进一步总结和深入研究理论原理，探索理论体系，建立概念系统，研究与相关学科的关系，并且要重视方法论的研究。也有人认为，我们研究编辑学既要大胆吸收现代科学的成果，包括各国的优秀学术思想、先进经验和科学方法，又要大胆弘扬我国的优良传统，做到优良传统和时代精神的结合。

与会者认为，这次研讨会畅所欲言，交流了观点，开展了争鸣，提出了研究重点和主攻方向，明确了学科建设的任务和目标，对今后我国的编辑学研究，必将产生重要的影响。

1994 年 8 月

《出版学编辑学漫议》P276，河南教育出版社 1995 年 9 月版

努力发展我国编辑学理论

10 多年来，在出版界、教育界和其他文化学术界同志的努力下，编辑学研究取得了一定的进展。总的说来，我们已经经过 80 年代初的呼吁提倡阶段、80 年代中有学无学的讨论阶段，以及由此肇始的研究热潮，取得了引人瞩目的成就。目前已建立了全国性的学会，出版了一批专著，发表了数以千计的论文，有了一些开展学术研究的阵地。编辑学的研究对象、研究范围已经基本明确，许多基本概念正在界定，理论原理正在阐发，作为一门新学科的早期形态已初具轮廓。编辑学现在已不再是一门十足的潜科学了，它已经得到社会的承认，在国外也有一定的影响。编辑学的 10 年初创，已经取得很大的成就，这是各界同好共同奋斗的结果。积极投身编辑学研究的除了出版界的同志以外，高校的同志已是一支不可缺少、不可忽视的力量，没有他们的投入，编辑学研究要取得今天的成果是难以想象的；发展的趋势也告诉我们，他们的作用将会越来越大。今后的任务，仍然是以建立具有现代科学形态的编辑学为目标，在现有基础上，密切联系实际，进一步深入研究理论原理，探索理论体系，建立概念系统，研究与邻近学科的关系，并且重视方法论的研究，不断提高编辑学的研究水平和著述的学术质量，进一步推动学科建设向科学化、现代化迈进。

为了达到这个目标，首先，我们要坚持以马克思列宁主义、毛泽东思想、邓小平同志建设有中国特色社会主义的理论为指导，这是我们观察、处理一切问题的根本立场观点和方法，也是我们研究编辑学的根本指导思想和理论武器。

重视中国社会主义出版编辑活动的研究，是摆在我们面前的重大课题。当前，我国正面临着加快改革开放、建立社会主义市场经济体制的新时期，出版工作也正在向优质高效转移，新的形势既给我国出版发展提供了极好机遇，也向我们提出了新的挑战。我国出版事业在取得新发展的同时，也遇到了许多过去在计划经济条件下很少遇到或并不突显的新问题和新情况。如，作为社会主义的精神产品生产，必须以社会效益为最高准则的根本目的和市场经济以追求利润为主要目标两者之间的矛盾。邓小平同志明确指出，思想文化教育卫生部门，都要以社会效益为一切活动的唯一准则，它们所属的企业也要以社会效益为最高准则。江泽民同志说："坚持把社会效益放在首位，在这个基本前提下实现经济效益和社会效益的统一。随着社会主义市场经济的发展，精神产品的生产流通同市场运行一般规律的联系愈益紧密，确实也有经济效益的问题。经济效益好，有助于宣传文化事业的发展。同时也要看到，精神产品又具有不同于物质产品的特殊属性，它的价值实现形式更重要地表现在社会效益上。有些精神产品，直接经济收益可能不大，但对推动社会生产力的发展和社会全面进步的作用很大。我们在宣传文化工作中要始终把社会效益作为最高准则，当经济效益同社会效益发生矛盾时，自觉服从社会效益。"这些指示已经在理论上和指导思想上作出了明确的回答，如何把它贯彻到实际工作中去，这是政策研究、学术探讨和广大实际工作者需要回答的问题。

编辑学能在中国萌芽并发展起来，用日本著名学者清水英夫先生的话说："这是与中国悠久的文字文化传统分不开的。"我国的编辑出版工作历史悠久，历代编辑家为我们留下了无比丰富的优良传统。在新时期，我们研究编辑学既要大胆吸收各国优秀的学术思想、先进经验和科学方法，又要大胆地弘扬我国的优良传统。目前，我们在吸收外国的先进思想、经验和方法方面，由于语言、习惯和文化传统的不同，往往容易碰到一些困难，需要努力克服；同时，我们在弘扬优良传统方面，也由于存在这样那样的认识问题和思想方法问题而显得非常薄弱，这种状况也必须改变。如果我们的编辑学不吸取现代科学的成就，就会落后于时代；

如果中国创建的编辑学没有弘扬中国历代编辑学的优良传统，那么，这种编辑学即使形成，也将失去中国的传统特色。因为离开了丰富的历史经验和现实经验，不可能具有强大的生命力。

我们要研究现代科技条件下，编辑劳动的新特点及其对学科建设的意义。目前，编辑出版活动的电子化、计算机化，正在以惊人的速度飞跃发展，这迫使编辑劳动手段的迅速现代化。各种电子出版物，诸如音像、激光、缩微、计算机磁盘、光盘等都是现代科技与编辑劳动相结合的产物，稿件的传统编辑过程，已经或正在发生改革，编辑在编辑过程中脑力劳动和体力劳动的结合正在加强，著述、编辑、排版、校对，正在向一体化的模式发展。这种发展将对编辑工作产生什么样的意义，是我们必须研究的新课题。

坚持百花齐放、百家争鸣的方针，这是我们发展理论、学术，繁荣文学艺术的根本方针。自开展以来，众说纷纭，也呈现了百花齐放的形势。一个新学科的形成，如果没有百花齐放，那就不可能有任何发展。争论的发展，往往见之于会上、刊物上和有关的专著、文集当中。经验告诉我们，前几年有些问题的研究能趋向深入，正是因为开展了争鸣。所以，今后要进一步有计划地对一些基本理论和重要观点开展学术争鸣。这项工作不仅学会要做，各省各地和有关的报刊也可以一起来做。这是提高编辑学研究水平和著述质量不可缺少的一条重要途径，也是达到这个目的的基本保证。

青年是国家的未来，也是我们学科建设的未来。我们要发动更多的青年来参与编辑学的研究，让他们在学科建设中发挥更大的作用。

1994 年 9 月

《20 世纪中国的编辑学研究》P137，河北教育出版社 1995 年 9 月版

多出好书，坚决制止不健康书刊流传
——学习邓小平同志出版思想的一点体会

　　小平同志在建设有中国特色社会主义的理论中，对出版工作有过许多重要的论述。多出好书，坚决制止坏书和不健康读物的流传，就是其中很重要的方面。今天，在非法出版猖獗，黄色书刊在一些地方充斥于街头巷尾的时候，我们学习这些重要的指示，深感"出版"二字的真谛所在。推广、学习邓小平出版思想对于端正一些同志的出版方向，改变他们的出版价值观，提高图书的文化品位和政治、艺术质量，把这几年来深受群众欢迎的"扫黄""打非"工作进行到底，具有十分重要的现实意义；对于实现我国出版工作的健康繁荣有着重要的指导意义和推动力量。

　　精神生产要以社会效益为最高准则，这是邓小平同志的一贯主张，也是他出版思想的核心内容，是他衡量精神产品，包括出版物好坏的唯一标准。他有一句众所周知的名言，就是"思想文化教育卫生部门，都要以社会效益为一切活动的唯一准则，它们所属的企业也要以社会效益为最高准则"。[①]小平同志这个指示，说明了精神产品生产的根本性质、目的和它的全部功能，具有十分重要的理论意义和现实意义。是不是以社会效益为最高准则，本质上是一个精神产品生产应该以什么思想为指导以及为谁服务的问题，也是我们每个出版工作者两种出版价值观的根本分水岭，任何时候都不能忽视、模糊和动摇。可见，在小平同志关于精神生产的论述中，没有社会效益的精神产品（包括书刊），是排不上位置的，更不用说那种具有负效益的出版物了。正是这一点，无论何时

---

① 邓小平：《邓小平文选》，第3卷，145页，北京，人民出版社，1993。

何地，都是我们认识和处理出版工作中一切问题的根本出发点和全部实质之所在。

在社会主义市场经济条件下，图书的生产和流通不能离开市场运行，自负盈亏的出版发行部门，不能不顾经济效益。江泽民同志在讲到这个问题时说："坚持把社会效益放在首位，在这个基本前提下实现经济效益和社会效益的统一。随着社会主义市场经济的发展，精神产品的生产流通同市场运行一般规律的联系愈益紧密，确实也有经济效益问题。经济效益好，有助于宣传文化事业的发展。同时也要看到，精神产品又具有不同于物质产品的特殊性，它的价值实现形式更重要地表现在社会效益上。有些精神产品，直接经济收益可能不大，但对推动社会生产力的发展和社会全面进步的作用很大。我们在宣传文化工作中要始终把社会效益作为最高准则，当经济效益同社会效益发生矛盾时，自觉服从社会效益。"[①] 江泽民同志的这个论点，是在社会主义市场经济新发展的形势下，丰富了邓小平同志关于"两个效益"关系问题的论述，对我们广大出版工作者来说，具有重要的现实意义和理论意义。

小平同志坚持以社会效益为最高准则，十分强调要多生产好的精神产品，对出版来说，也就是要多出好书。什么是好书？他指出：出书要回答实际生活中提出的新问题。这是他一切从实际出发这个马克思主义根本立场的明确反映，也是他的编辑出版思想的一个基本内容。他说："科学社会主义在实际斗争中发展着"，要"深入研究中国实现四个现代化所遇到的新情况、新问题，并且作出有重大指导意义的答案"。为此，他在党的十一届三中全会以后不久，就明确提出"一定要赶快组织力量，定好计划，在尽可能短的时间里陆续写出并印出一批有新内容、新思想、新语言的有分量的论文、书籍、读本、教科书来，填补这个空白"。[②]

---

① 江泽民："在全国宣传思想工作会议上的讲话"（1994 年 1 月 24 日），载《人民日报》，1994 年 3 月 7 日。
② 邓小平：《邓小平文选》，第 2 卷，180 页，北京，人民出版社，1983。

这个指示的基本精神，就是编辑出版工作必须适应新形势新任务的需要，成为坚持和发展马克思主义，总结和传播思想理论、文化艺术、科学技术等的重要手段，成为党团结人民、教育人民的重要武器和基本纽带，而坚持社会效益，最根本的也就是要用有利于社会生产力的发展、有利于现代化建设的前进、有利于社会主义精神文明和物质文明建设这个标准，来衡量出版工作的是非成败和出版物的好坏。这里，小平同志对编辑出版工作者提出了新的更高的要求，也是编辑出版工作者应该担负的神圣而光荣的历史使命。为了鼓励多出好书，他说，对于确实写得好的著作，经过评审，应该由党和国家发给奖金，以便给这项看来似乎平凡实则很艰苦的工作以应有的荣誉。这里我们看到小平同志对于出好书的出版部门和编辑出版工作者，是多么的关怀和爱护，也反映了小平同志多么希望多出好书！

小平同志在强调多出好书的同时，要求坚决制止政治思想倾向不好的坏作品出笼，反对低级庸俗和不健康书刊的流传。早在 1985 年 9 月，在全国党代表会议上，他就明确地指出，思想文化界要多出好的精神产品，要坚决制止坏产品的生产、进口和流传。他在 1980 年还为此提出过严厉的批评，他说："近一两年内，通过不同渠道运进了一些黄色、下流、淫秽、丑恶的照片、影片、书刊等，败坏我们社会的风气，腐蚀我们的一些青年和干部。如果听任这种瘟疫传播，将诱使许多意志不坚定的人道德败坏、精神堕落。各级组织都要严肃地注意这个问题，采取坚决有效的措施，予以查禁、销毁，坚决不允许继续流入。"[1]1986 年 3 月他又一次告诫我们："实行开放政策必然会带来一些坏的东西，影响我们的人民。要说有风险，这是最大的风险。"[2] 他还告诉我们："乌七八糟的东西，人民是非常反感的。"我们不能放松抓这个问题。为此，他甚至大声疾呼，连一些在西方国家也认为

---

[1] 邓小平：《邓小平文选》，第 2 卷，180 页，北京，人民出版社，1983。
[2] 邓小平：《邓小平文选》，第 3 卷，156 页，北京，人民出版社，1993。

低级庸俗或有害的书籍、电影、音乐、舞蹈以及录像、录音，这几年也输入不少。这种用西方资产阶级没落文化来腐蚀青年的状况，再也不能容忍了。他一贯主张我们党的报刊、出版物和广播、电视，都要把"提高青年的社会主义觉悟，作为自己的一项经常性的、基本的任务"。为此，他十分重视社会主义的精神文明建设，一直提倡"两手都要抓，两手都要硬"。^①只抓物质文明，只有一手硬不行。邓小平同志很早就看到了有些地方一度出现的一手硬、一手软的状况，并且提出过严肃的批评，同时，又谆谆告诫全党和全国人民。早在1980年，他就指出："我们要建设的社会主义国家，不但要有高度的物质文明，而且要有高度的精神文明。"^②他说："不加强精神文明的建设，物质文明的建设也要受破坏，走弯路。"^③说明了"光靠物质条件，我们的革命和建设都不可能胜利"。^④在改革开放的新时期，在社会主义市场经济条件下，坚持把社会效益作为最高准则，坚决制止低级、庸俗、黄色甚至黑色的出版物的出版和流传，并且把它提高到"最大风险"、建设有中国特色社会主义会不会"走弯路"和"人民反感"的高度来认识，这是小平同志对马克思主义出版理论的重要贡献，也反映了他对党、国家和民族命运的高度责任感，对我们所有的出版工作者都是极好的教育。

我们一定要认真学习小平同志的出版理论，并把它真正贯彻到实际工作中去，多出好书，坚决制止坏书和不健康书刊的出版、进口和流传。积极开展"扫黄""打非"工作，按照小平同志指示，"采取坚决、有效的措施"，一有就"扫"，一出就打，坚持不懈，把这场斗争进行到底，务使它不毒害青年、祸害社会、给国家和民族抹黑。

---

① 党的十四届三中全会公报。
② 邓小平：《邓小平文选》，第2卷，367页，北京，人民出版社，1983。
③ 邓小平：《邓小平文选》，第3卷，144页，北京，人民出版社，1993。
④ 同上。

1994 年 10 月

《出版学编辑学漫议》P16，河南教育出版社 1995 年 9 月版；《一切为了读者》P50，首都师范大学出版社 2010 年 7 月版

抓住编辑学研究的大好时机

有人说，目前编辑人员正在千方百计地抓钱，大学教授也在忙着"下海"，学术研究受到冲击，哪里还有人来研究编辑学。言外之意，编辑工作被忽视，编辑学研究似乎也遭受冷落。情况真是这样吗？不。社会主义市场经济大潮掀起以后，编辑队伍中确有一些人，一时里方向不明，眼睛盯着"孔方兄"，为所欲为，有的还因此喝了几口水，但这毕竟是极少数。编辑队伍中绝大多数人还是心明眼亮，专心致志地做编辑工作，努力为读者提供优秀精神食粮的，出版工作所以有今天的健康繁荣，主要是靠他们。

其实，编辑工作被忽视，编辑学研究遭冷落，那只是某种表面现象。现在正是研究编辑学的大好时机，而且可以说是80年代初编辑学研究起步以来难得的大好时机。为什么这样说呢？

首先，因为这个时候，中国实行了改革开放，各种思潮、学说、方法，纷至沓来，作为传播渠道的编辑出版业，处身于新旧交替、中外交流的激浪之中，面临着严峻的挑战，编辑这种活动也就不可避免地要作为一门学问来加以研究。这可以说是"天时"。

其次，现在研究编辑学应该说已经有了一些基础，比如，我们已经出版了一批专著和专论。去年8月我在报上发表一篇短文，提到书名上有"编辑学"字样的书是27种。可是，时隔不到一年，已经变成了30多种，其中如云南人民出版社出版的《编辑学概览——编辑学理论观点选辑》，是很有参考价值的。此外还有《编辑社会学》《编辑思维学》等等一大批书。再比如，我们有一批富有理论修养、渊博知识和实践经验的老编辑，他们已经退居二线，或者离休退休。这些人有一个共同的体会，在工作岗位上的时候忙于事务，没有时间抓理论研究，现在一旦退下来，才意识到这个问题的重要性，有的很后悔，甚至认为是一种失职。亡羊补牢，他们感到自己有责任补上这一课。同时，一批年轻人也正在成长，去年11月在浙江富阳召开的中国编辑学会首届年会，有70余人开会，其中年轻人占了一半，这些人一般都具有大学文化水平和几年、十几年编龄，如果读一读他们的论文是很有味道的。这种情况，是近10年来全国性的编辑出版研讨会上所少见的。又比如，在编辑学研究队伍中，有一支不断崛起的生力军，那就是高校的同行们。前面提到的30多种专著，有一半就是高等学校和科研单位的教授、专家和学者们著的。更可喜的是，目前编辑学研究在高等学校，方兴未艾，正在不断高涨，队伍不断扩大，成果日益增多。为什么能够出成果，这当然不是偶然的，也许这就是"地利"吧！当然，编辑学研究不能脱离编辑工作实际，高校的学者必须和实际出版工作者结合起来，掌握他们的实际经验加以系统化理论化，而不是照搬照抄其他学科的公式和结论。从出版研究历史看，被有些人奉为出版"圣经"的《出版概论》的作者英国人斯坦利·安文，和英语世界第一本用出版科学做书名的《书籍出版的艺术和科学》的作者H. S. 贝利，就是不折不扣的第一线的出版工作者，当代日本著名的出版学者清水英夫、箕轮成男，曾经也是实际的出版工作者。编辑学、出版学本来就是一门实践性很强的科学，不接触实际出版工作的人，不要说根本写不出来，恐怕是连门道也很难摸到的。世界各国有许多出版工作者总结经验，著书立说，正是编辑学、出版学得以常青常绿的活力和源泉，是避免空谈泛论、坐而论道的根本保证。

最后，最重要的是党和政府的重视。今年年初在全国新闻出版局长会议上，新闻出版署署长于友先和其他领导同志都强调了加强出版理论建设的重要意义。我们党和政府历来都是重视出版科研的。但是，在这样重要的会议上，正式把理论建设作为深化出版改革的重要课题提出来，应该说还是第一次，确实为编辑学学科建设指明了方向，创造了良好的环境。领导的重视是任何工作成功的根本保证，这是最重要的。这也可以说是"人和"。

在大好时机，我们应该着重研究哪些问题呢？最重要的是要研究出版物的精神产品特性，研究社会效益的本质、影响人们精神世界、指导社会实践的功能和市场经济追求经济效益的根本目的之间的关系。研究社会主义市场经济条件下，出版工作的性质、任务、体制，包括出版社的领导体制；研究建立适应社会主义市场经济的出版体制，多出好书是为了贯彻出版改革促进社会生产力发展的根本目的，为建设社会主义精神文明和物质文明服务的根本要求，落实一个指导方针和四项任务；研究社会主义市场经济条件下，编辑工作的地位、作用、新的特点，以及与出版、发行、经营管理的关系；研究编辑活动及市场的关系，如何认识、掌握和运用市场规律，达到适应市场和引导市场的目的；研究社会需要，著述、编校力量和出版物文化品位、质量的关系，以及可能和合理的图书结构；研究社会主义市场经济条件下，出版管理既要大力促进优质高效的精神产品出世，又要"扫黄""打非"、抑制低质量出版物泛滥的双重任务；研究编辑的职责和现实生活中的各种编辑观；等等。当然，总的是要从实际出发，深化改革，繁荣社会主义的出版事业，是要用科学的马克思主义的立场、观点、方法，用邓小平同志建设有中国特色社会主义理论为指导使编辑学的学科建设成为时代精神和优良传统的紧密结合和正确体现。

1994 年 10 月

《出版学编辑学漫议》P165，河南教育出版社 1995 年 9 月版

掌握客观规律　促进出版繁荣
——在第九届全国出版科学学术讨论会上的讲话

　　改革开放 15 年来，我国出版事业发展迅猛，成就巨大。广大出版工作者遵照邓小平同志建设有中国特色社会主义理论的指导，坚持党的基本路线，适应了党的工作重心的转移和实现社会主义现代化的战略部署，以经济建设为中心，为实现党的总任务、总目标，为社会主义现代化建设和改革开放，提供了精神动力、智力支持、思想保证和舆论环境，作出了有成效的贡献。

　　在这 15 年中，出版工作宣传和传播了马克思列宁主义、毛泽东思想和邓小平同志建设有中国特色的社会主义理论，团结教育广大人民群众，为坚持和发展马克思主义作出了应有的努力。完成了《中国大百科全书》《中国美术全集》《汉语大词典》和《汉语大字典》等一系列具有历史意义的重大出版工程，为弘扬和积累中华文化、人类文明，做了与我国历史上任何一次重大文化积累工程相比都毫不逊色的工作。发展了国际交流、加强了国际出版合作，进一步开拓了国际图书市场。在技术上，发明了计算机中文排字，开始告别铅字，在印刷上发明直接彩印，并且相当迅速地发展了电子出版物的实际开发和应用能力，是进行技术革命取得很大成就的 15 年。是开展出版科研、加强出版专业教育，告别师傅带徒弟的老的培训方式，开拓性地进行出版理论研究和出版教育的 15 年。这个时期也是社会主义市场经济从无到有，不断发展，使出版事业大为活跃的 15 年，它在整个中国出版史上，应该占有极为重要的地位。

　　历史的发展，使当前中国的出版事业正面临着一个转折点。首先是我国的经济体制正由计划经济体制向社会主义市场经济体制转变，同时，我国的出版事业正在从原来的总量增长型向质量效益型转移，这种转移是历史性、战略性的，它要求出版改革进一步深化，建立起适应社会主义市场经济体制，符合社会主义精神建设的需要，体现出版自身发展规律要求的新的出版体制，坚持以邓小平同志建设有中国特色社会主义理论为指针，落实以科学的理论武装人，以正确的舆论引导人，以高尚的精神塑造人，以优秀的作品鼓舞人的任务。这表明社会对出版事业提出了更高的要求。

但是，另一方面，摆在中国出版工作者面前的是大量的新情况和新问题。这些问题，数量之多，性质之严重，令人吃惊。一些犯罪分子抱团结伙，形成网络，有的触犯刑律被判处徒刑，个别的还被处以死刑。这种状况，也是建国以来所罕见的。

从一些地区的调查情况看，涉及这些问题的人员中，大体有三种情况：一是极少数蓄意破坏的犯罪分子，他们往往犯有前科，或对现状不满，敢于以身试法；二是一小部分人利用社会主义市场经济发展不健全或原有的消极面，不择手段，乘机捞钱；三是绝大部分人是对社会主义市场经济体制不认识、不适应，或者认识不够，适应性不强，有的甚至还用计划经济体制的眼光去看待市场经济体制下发生的情况和问题。从整个出版队伍情况看，对社会主义市场经济体制也只能说处于既认识、适应，又不认识、不适应；或者这些方面认识、适应，那些方面不认识、不适应，总的来说，还不是充分认识，能够自觉适应的状态。

究竟应该如何认识社会主义市场经济条件下的出版体制，这里有几点可以研究。

一、什么是市场经济？市场经济是商品经济发展的一种具体形式，也是一种经济体制，简单说是一种资源配置方式，资本主义社会可以用，社会主义社会也可以用。所以，它本身不姓"资"也不姓"社"。它和计划经济的不同在于：自主经营，自负盈亏；有很强的竞争性；并以间接手段进行宏观调控。它和计划经济比起来具有远为活跃的特性和极为广泛的活动领域。它的基本规律是价值规律（在价值规律发生作用的过程中，还会有竞争规律和供求规律起作用）。它的基本目的是追求利润，基本功能就是自动配置资源，具体说来，就是哪里能获取利润，哪里的利润大，资源配置就自然而然地往那里倾斜，因而具有很大的自发性和盲目性。由于竞争规律的作用，它还会发生排他性和不同程度的垄断性。

二、出版是什么？出版虽然同时兼有精神生产和物质生产的统一的生产过程和流通过程。但它主要是精神生产。精神生产有自己的客观规律，出版也有自己的客观规律。出版作为精神生产的基本规律，就是以社会效益为最高准则。换句话说，出版，特别是社会主义出版的本质、基本功能、根本目的，首先在于追求社会效益。也就是邓小平同志在建设有中国特色社会主义理论中所主张的，精神生产应该以社会效益为"唯一准则"和"最高准则"。在社会效益和经济效益发生矛盾的时候，经济效益要服从社会效益。

这就是说，市场经济体制包括社会主义市场经济体制与出版，尤其是社会主义出版，两者不同的目的、功能和发展规律是存在着矛盾的。在这种情况下，出版工作者如何既坚持精神生产的根本目的，发挥它影响人们的精神世界，指导社会实践的基本功能，又适应市场经济的发展规律，确实是一门很大的学问。

两种根本目的、两种不同规律的矛盾是客观存在的，但对立可以在一定条件下统一，矛盾可以在一定条件下转化。所以，在出版实践中，两者相一致的情况也是经常出现的，关键在于改善我们的外部环境，改进我们的内部运作，促进对立统一、矛盾转化，及时抓住这种相一致的情况，就是出版适应市场经济的广阔道路。如何做到这一点，这就需要：

1. 要充分认识市场经济，包括社会主义市场经济的根本目的、基本规律和它的基本功能。要认识它是比计划经济体制远为活跃的经济体制，便于搞活出版经营，但同时它又有很大的自发性和盲目性。认识得越深刻、越透彻，便越有利于促进出版的繁荣和发展，越能争取主动。不去认识，或不充分认识这一点，就可能为出版业带来麻烦，出现这样那样的被动局面。出版一旦被经济利益所驱动，让追求利润来主宰出版，就难免走偏方向。因此，必须建立相应的出版机制，保证多出好书，杜绝坏书。什么是保证多出好书的出版机制，就是基于对出版内外环境的科学认识，并在其运作过程中起激励或制约作用的调控手段，诸如法规、制度和其他因素。它应该是对价值规律和精神生产规律的深刻认识，并把两者结合起来，这就是我们要建立的出版机制，也就是多出好书、杜绝坏书和少出平庸书的机制。

2. 出版管理需要大大加强，从中央到地方要建立起具有更大职权的出版行政管理机构，以适应社会主义市场经济条件下出版事业发展的需要。我们现在的出版管理机构，是过去计划经济体制下建立并沿袭下来的，与现在社会主义市场经济的发展状况已经很不适应。过去只要管好300多家出版社，几百个定点印刷厂和2000多个县以上的书店就可以了。现在不同了，非法出版商远比正式出版社多，个、集体书店、书摊，大大超过新华书店门市部，乡镇企业的印刷厂多如牛毛。广东某一个县就有一二百个，超过定点印刷厂不知多少倍。这样大的任务，以现有行政机构的职权很难管起来，也很难管好。尤其是它下面的"腿脚"不全，省一级的出版行政机关能管好省会就不错了，地市一级有出版行政机关的省，为数不多，更不要说县了，有人形容这种状况是高位截瘫，非常符合实际。我们现在出版管理上有时出现被动局面，机构及其管理权限不适应实际需要，是一个很重要的原因。

3. 出版队伍的培训，必须大大加强。我们现在的出版队伍，总的说来是一支好的队伍。但也存在不少问题。首先，他们中的多数人，对市场经济，特别是社会主义市场经济条件下的出版怎么做，还缺乏必要的思想准备和足够的思想认识。其次，新陈代谢，这几年许多熟悉出版的行家里手，逐步退出出版的实际工作岗位，大批新手陆续上岗，这些人有的来自学校，有的从其他行业包括原来根本不接触文化教育事业的岗位上转入出版行业。他们对社会主义出版工作的基本知识缺乏了解。

更重要的是我们还应该看到在社会主义市场经济条件下，出版队伍中的少数人，受到拜金主义、享乐主义和极端个人主义思潮的影响，法制观念不强，职业道德意识薄弱，把出版工作当做一种单纯的商业活动看待，有时竟以牺牲社会效益为代价来谋求经济效益，有的为了赚钱置法规纪律于不顾。为利所动，结果是迷失方向。

这一切说明，出版队伍的培训，显得格外重要，又非常迫切。只有把我们的出版队伍培养成为一支能够自觉坚持正确方向，有必要的政治理论、专业知识和业务技能，法制观念强，组织性纪律性好，职业道德高尚的队伍，才能保证多出好书，促进出版事业健康繁荣，这是一个重要的关键。反过来说，培训队伍的工作不做好，对社会主义市场经济条件下精神生产的认识问题不解决，出版不能按照客观规律去适应市场、引导市场，那么出版工作中这样那样的被动局面也不可能根本避免。因为精神生产不同于物质生产，物质生产的质量、操作过程可以量化，精神生产的质量很难量化。出版质量问题的解决主要还要依靠从业人员认识的提高。

1994 年 11 月 15 日

山西《新闻出版交流》1995 年第 2 期；《出版学编辑学漫议》P49，河南教育出版社 1995 年 9 月版

加速编辑手段现代化

新闻手段现代化的信息频频传来，自从 1988 年 8 月《经济日报》印刷厂告别铅字，代之以电脑排字以后，各地迅速推广使用。目前已有 1000 多家报纸采用电脑排版系统，预计我国报纸今后三年内将淘汰铅字；我国目前有 300 家报社、电台采用计算机远程通讯或卫星数据直播方式接受新华社电讯，结束了沿用 30 年的模写广播方式；卫星数据传版技术在报纸版面传送业务中的实际应用，取代了版面传真或纸型航寄的方法，保证了外地与本地几乎同时开印；有关方面还预计，90 年代记者有可能随身携带书本型微机在遥远的现场就地采写并发回新闻稿，编辑则可直接在终端上编采或编排报纸版面；在激光汉字彩色技术的研制、开发和应用方面也取得了创造性的成就，而且已经在国内外开始运用。发明印刷术的古代中国，在印刷技术领域中正在逐渐走入世界的先进行列。

书刊出版方面也发生了急剧的变化，铅排的比例在整个书刊印刷中日益缩小，计算机排字已占年排字总数的 1/3，不少地区已达 1/2，在一些书刊出版单位，已经完全实现了电脑排字，在今后几年的发展中也将是很快的；光盘储存技术的研究，也正在急起直追，有一些已经达到世界先进水平，在中国，大力发展电子出版物的时代将很快到来。

出版手段、印刷技术和新型出版物的迅速发展，给目前仍然以笔改稿的编辑手段，带来了巨大的压力。编辑手段现代化的问题，不能不提到议事日程上来加以考虑。事实上，现在有的作者向编辑部提供作品时，已经不是一大包一大包的稿子（过去有的是用扁担挑着原稿找编辑的），而是一个不显眼的磁盘。这说明，原有的编辑手段已经不能适应这种发展了的形势了。

现在，我们正处在新技术革命的时代，又叫做信息社会。如果说，生产力的发展，首先是生产工具的发展，生产工具是生产资料中起主要作用的因素。那么，现在新能源的开发，新技术的应用，必将极大地推动现代生产力的发展。而在开放的年代，信息，尤其是新技术信息的传播，将以自己强有力的渗透力，可能带动整个社会生产力的迅速发展，从而使社会经济得以巨大的跃进。尤其在社会主义市场经济条件下，信息瞬息万变，谁及时掌握信息，谁就可能争得市场、占领市场、引导市场。在竞争中是胜是败，信息起着极为重要的作用。书刊出版工作，本身就具有传播的功能。所以，加速编辑手段现代化的问题，不是可要可不要的问题，而是迎接新技术革命的挑战，适应社会主义市场经济的需要，实现信息手段现代化，积极发展社会生产力所必须。

技术革命的挑战，信息社会的要求，迫使我们加速编辑手段现代化，我们要有紧迫感，不能犹豫观望。当然，也不是一天两天所有的书刊编辑出版单位都能实现的。那些经济条件好一点的单位，可以快一点早一点实现；条件不具备的只能创造条件逐步进行。同时，还要注意队伍的技术培训，可以先从年轻的编辑人员开始，逐步推开。年纪大一点的也不是不能搞，78岁的老作家马识途"玩"电脑，一年就"写"出了一部60万字的作品；80岁的老作家徐迟，每天可"敲"3000~4000字，70万字的《江南小镇》和10万字的报告文学，就是他用电脑"写"成的。看起来，这个时髦，老年人也是可以赶的，因为已有先例可循。

总之，加速编辑手段现代化，是深化出版改革，发展出版能力，繁荣出版事业的题中应有之义，不能等闲视之，谁早一点在这方面下功夫，谁就可能比别人得到多10倍、100倍的报偿。因为现代化的生产工具，最新的信息，在当今新技术革命和社会生产力的发展中的作用，是不可估量的。正如现在有些资源贫乏的国家和地区，所以能够成为发达国家和举世公认的繁荣地区，难道不正是由于技术和信息在起着积极的作用吗？

《出版学编辑学漫议》P112，河南教育出版社1995年9月版

联系实际　推动编辑学研究不断前进

——在 1995 年全国编辑学理论研讨会结束时的讲话

由中国编辑学会和四川人民出版社、四川教育出版社联合举办的' 95 全国编辑学理论研讨会于今年 9 月召开，这在中国编辑学发展史上是第四次全国性的会议。

来自 15 个省市的 30 多位同志参加了会议，除了出版界的同仁以外，还有许多高等学校的专家和学者出席，也是人数比较多的一次。

这次会议主要讨论了编辑学的学科性质、任务和理论体系；编辑学在整个学科体系中所占的地位；它和临近学科的关系，以及当前学科建设中迫切需要解决的重大问题。目的是繁荣我国社会主义的出版事业。

当前，我们的国家正在经历着一场深刻的历史性的变革。我国的经济、政治、文化、科学、教育等各项事业正在飞快地前进，我们的出版事业在时代的变革中也得到了迅猛的发展，特别是全国宣传思想工作会议召开以后，出版工作的指导方针和工作思路更加明确，广大出版工作者在深化改革的同时，加大了管理的力度，使我国出版事业呈现了一派健康繁荣的局面。出版事业的发展，众多好书的出版，深刻地影响着我国经济、政治、科技、文化和教育事业的水平，促进了社会主义精神文明和物质文明的建设，为改革开放和现代化建设、为提高全民族的科学文化素质，发挥了重要的作用。同时由于社会主义市场经济体制的建立和多媒体的发展，也对编辑出版工作者提出了更新更高的要求，使我们面临着许多新的情况、新的问题和新的机遇。

10 多年来，随着我国文化科学、新闻出版事业的发展，特别是由于出版界、教育界、文化界许多专家、学者的努力，编辑学的研究也取得了长足的进步。尽管离学科的建成还有很大的距离，但和 80 年代初相比，是大大地深化了。这主要表现在：

（1）编辑学研究已经超越业务技巧的描述和工作经验的总结，而是向理论升华。理论色彩比过去浓重了，许多观点已经开始自成系统。应该说它们来自实践、源于经验，但是高于实践、高于经验，开始向条理化、科学化发展。

（2）由于论文著作的增多，在许多问题上不同见解诸说纷呈，学术争鸣也得到了进一步的发展，更重要的是我们现在已经开始研究学科定位、编辑学和其他学科的关系。这说明许多同志考虑问题深度增加了、宽度加大了，编辑学的研究正在进一步向纵深发展。

（3）我们对编辑学这门学科的认识有了发展。在研究实践中，我们更深刻地体会到：不仅要研究编辑工作的客体，研究如何对待作者、读者和原稿，研究编辑工作的外部环境和内部条件，等等。而且要研究编辑工作的主体，研究编辑工作者自己。研究编辑主体，这个问题虽然提出很早，但没有引起足够的重视，或者仅仅理解为研究编辑的学识水平、知识结构和业务能力，没有更多地理解编辑作为人类灵魂工程师的思想境界、理想情操、职业道德，他们的社会责任感和历史使命感。不然，我们就不能理解从国外到国内，为什么有的出版社严肃认真，好书迭出，信誉日隆；而有的出版社却把一堆一堆文化垃圾推向市场，严重地危害读者，影响着青少年的健康成长，使民族的发展、国家的稳定和社会的进步，与一个出版单位的经济收益尖锐地对立起来。这就给我们编辑学、出版学研究提出了一个十分严肃的课题。我们在研究编辑出版的外部条件、环境以及由此而引发的许多重要问题的时候，还应该着力研究编辑出版者应该具有的素质、学养和他们的精神世界。一个出版社的出版物品位如何、质量怎样和这个出版社编辑队伍关系太大了。须知鸡飞得再高也超不过鹰。

以出版为职业的人，钱是可以赚的。出书如果亏本的话，出版者将何以谋生？何以维持再生产？不能维持出版再生产，再好的书也出不来，出版物的作用也就发挥不了，也不能给读者以积极影响。但是，出版者赚取利润，主要靠优秀的书刊、对社会对读者有益的书刊。我认为，这也是编辑学、出版学不可缺少的内容。

编辑学是社会科学范畴内的一门应用科学，它应该成为指导编辑工作健康发展的科学；应该是编辑工作者在繁荣出版、服务读者、促进两个文明建设中进一步造就自己的科学。

从当前情况看，编辑学的学科建设迫切需要解决一些问题，就是坚持联系实际，坚持"双百"方针，抓紧研究重点，抓紧培育新人。

编辑学是一门理论性很强的应用学科，因此，在编辑学的研究中，更加需要贯彻理论和实践相结合的原则，不断总结实际工作中的丰富经验，来充实编辑学的理论体系。编辑学研究只有紧密结合实际，才能得到推动的力量，才能检验自己的科学性，才能不断前进。

第一，在现阶段，我们首先要紧密结合社会主义市场经济条件下出现的编辑工作中的新情况和新问题。出版工作自从新闻出版署提出并经中央批准的"阶段性转移"的方针深入贯彻以来，责任意识、大局意识、质量意识、精品意识，已经在编辑出版者当中逐步树立起来，受到读者欢迎的好书和传世之作越出越多，出版物的品位、质量正在改观。这都和广大编辑工作者的辛勤劳动分不开。但是另一方面，出版工作中的奇谈怪论也时有所闻，盗印已经不是个体书商的专利，堂堂的国家批准的正式出版社也不甘落后。据说有一家地方出版社也私自印制一家中央一级出版社的正式出版物。还有一家出版社出了一本作者署名可能叫"琼瑶新著"的小说，乍一看是琼瑶"新著"，实际上"琼瑶新"是个笔名。这件事不管是作者的意思，还是编者的意思，用心可谓良苦。邓小平同志说："有些混迹于艺术界、出版界、文物界的人简直成了唯利是图的商人。"这真是对这些人的极好写照。

第二，编辑学研究要紧密结合出版载体的新变化。现在新兴的出版载体不断出现，单一的纸张印刷品已经发展到纸、磁、光、电等多媒体出版，从而带来许多需要研究的问题。由于高新技术在出版行业中的应用，原有的出版范围已经起了很大的变化，传统的出版物是以纸为载体的书报刊，统称为印刷出版物。现在有以磁、胶带为媒体的音像出版物，以光盘和磁盘为媒体的电子出版物，还有以磁软盘为媒体的计算机软件出版物，另有一些专家把计算机网络传送也归到出版物名下。这就使我们的编辑学研究面临一种崭新的局面，要求我们放宽视野，去总结新的经验。这里包括一般编辑工作方法与电子出版相联系以后出现的新情况、新问题和电子出版中十分复杂的软件设计，这是需要我们刻苦学习、认真探索的。

第三，编辑学研究要紧密结合编辑队伍的实际。我前面说过，我们的编辑队伍是一支好队伍。去年中青年编辑评优，我有幸看了全部材料，许多事迹感人肺腑、令人激动不已，可见我们的编辑队伍有理想、有水平、有经验，也不乏富有奉献精神的优秀编辑，是一支能够胜任党的出版任务的、合格的队伍。但另一方面也存在一些问题，年轻编辑缺乏思想和业务的基本训练，有的没有很好地解决世界观和编辑观的问题；面对着更新更高的要求，老编辑在新时期也有个重新学习、掌握新知识的问题；另外还有一些人受到享乐主义、拜金主义和极端个人主义思想的影响，也存在一些问题。最近有一位老编辑给我来信，他说，"有人说，小学生、托儿所的娃娃，只要能找阿姨拿来挣钱的书稿便是好编辑"。他说："话虽说过头了，可实情是存在的。"关键就在能挣钱的书稿。可见，拜金主义对我们编辑出版队伍的影响之深。编辑不看稿，忙于拉广告，优化选题看利润，采用书稿看交情，审读加工看奖金。这种情况也相当普遍地存在。结果是无错不成书，错误百出是好书。大家想一想，如果谁都可以当编辑，那我们研究编辑学干什么？

刘杲会长在9月20日的信中有一段话，值得我们认真地去体会，他说："编辑学研究要坚持为建设有中国特色社会主义出版事业服务，这是正确的方向。研究活动应当各具特色，自成体系，异彩纷呈，但又都离不开这条贯穿的红线。这既是共同的目标，又是共同的尺度。"他又说："编辑学研究要面对现实。"我觉得这些话很重要，很有分量。在编辑学学科建设中，我认为，这些话将是长期起作用的东西，在今后不断的实践中，我们的理解也将愈来愈深刻。总之编辑学研究一定要紧密结合实际，回答实际工作中提出的问题。这一点我们应该提高认识，有所作为。

　　"百花齐放、百家争鸣"是繁荣文艺、学术的根本方针，也是社会主义文艺、学术得以健康发展的重要保证。编辑学研究一定要坚持和发扬"双百"方针。编辑学在我国起步只有短短的 10 多年时间，所以能够形成今天这样的局面，除了领导重视和各方面支持以外，重要的一条，就是大家在马克思主义的指导下坚持了"双百"方针，诸说纷呈，绚丽多彩。江泽民同志说："精神产品的生产是一项非常复杂的劳动，需要专家、学者和文艺工作者发挥个人的创造精神。我们应该尊重和爱护他们的辛勤劳动，坚持解放思想、实事求是，坚持'双百'方针，努力形成一种鼓励探索与创造的良好环境和气氛。在学术研究上提倡不同观点和学派的自由讨论，在艺术创作上提倡不同形式和风格的自由发展。"江泽民同志的这个指示，也是我们编辑理论和编辑学研究需要遵循的方针。我们希望开展心平气和、真正自由的讨论，让真理愈辩愈明。坚持真理，修正错误。有的看法一时统一不了，可以继续研究。我们都要彼此尊重和爱护别人的辛勤劳动，即使自己的意见得到多数人的拥护，也还要尊重少数，要善于等待，因为有时真理可能在少数人手里。如果少数人掌握真理，也要耐心等待和宣传解释；多数人接受，这也需要有过程。这里任何急躁情绪或者强加于人的想法，都无助于学术的发展。同志们：我们大家为编辑学学科建设而来，应该畅所欲言，但又要有鼓励探索和创造良好的气氛。众人拾柴火焰高，大家都作出努力，我们学科建设的目标就能逐步实现。

　　编辑学研究的重点，去年刘杲会长在河南会议上明确提出，以出版编辑学为主攻方向，也就是以书刊编辑学为研究重点。这一点，几年来我们都是这样做的，今后还要进一步以此为重点，开展理论研究。

关于培育新人的问题，这个问题要有紧迫感。编辑学、出版学的研究，需要一批有水平有经验的老编辑、老出版，这是不言而喻的，没有他们，要开展学术研究是很困难的。同时还需要一批在第一线从事实际工作的中青年参加，这既是为了便于总结新鲜经验，也为了我们的科研事业后继有人。要发现和培育新人，这方面，学会要做工作，大家也要做这个工作，以期在较短的时间内，取得一定的成效。

最后，有的同志要我谈一谈学科建设的进程问题。可惜我对这个问题缺乏研究，说不出多少道道。一般说，理想的学科建设的进程，似应先界定基本概念，明确它的性质、内涵和外延、逻辑的起点和迄点。并以基本概念为主干逐步开展，阐明它的派生概念，从而建立起学科自己的概念系统。与此同时，研究学科对象的特殊矛盾，也就是特点和规律，并且以理论的形态，反映为学科的原理原则，进而建立起学科自己的理论体系，完成学科建设的基本目标。从历史上看，这种过程，可以由集体来完成，由几代人来完成，也可以由一些有造诣有创见的专家学者来完成。即使不能取得共识，但是成一家之言，不悖于事物的客观发展规律，或者有一定的推动，也是一种创造。当然，说到底，一家之言也好，两家之言也罢，都是社会实践的产物。

但是，事与愿违，有一些学科，特别一些应用性比较强，或者涉及面比较宽的新学科，在基本概念的界定上，往往不容易取得共识，有时甚至出现几个几十个不同的界说。有关的学者从自己的界说出发，建立起概念系统和理论原理，这种状况在新闻学、采访学、社会学、文化学等都碰到过。从编辑学来说，目前的情况也是如此。我们只能请不同的研究者从自己的认识出发，尽可能听取不同意见，建立自己认为合理的概念和体系，成一家之言，并且在实践中不断检验，不断修正。

应该说明，我从来不反对讨论基本概念，也不是说不重视基本概念的界定对学科建设的重要意义。但在基本概念一时难以取得共识的情况下，怎么办？我们不能说就不要研究编辑学了。更何况，现在许多学科在基本概念没有取得一致以前，不是照样在发展前进吗？我看，先有一个百舸争流，然后才东流入海，也未尝不是一种办法。

当前，编辑学研究的环境和条件是很好的。首先是新闻出版署领导很重视出版科研工作，多次讲话、撰文希望有更多的人来做出版理论研究工作；刘杲会长也一再鼓励我们，而且发表了许多重要的见解，这对编辑学的学科建设都具有重要而深远的意义。我们应该抓住有利时机，发挥能动精神，把编辑学的学科建设进一步推向前进！

《编辑学研究文集》P105，陕西人民教育出版社 1998 年 6 月版

以天下为己任，自强不息

——首届全国中青年优秀图书编辑印象

"以天下为己任，自强不息"。这是首届全国优秀中青年图书编辑颁奖大会发出的共同心声。1994年举办的这项评奖活动，有105位中青年优秀图书编辑获奖。他们中，年龄最大的50岁，最小的26岁；编龄最长的22年，最短的5年。这些人风华正茂，锐气喜人，代表着我国当前出版工作中正在起着重要作用的一支力量，也是跨世纪的一代。他们已经开始有所成就，并且将作出更大的贡献。他们都能坚持正确的政治方向，有自己的专业、特长和不同的风格，都是有作为、有追求、有抱负的人。我有幸阅读了他们的全部事迹材料，感触颇深。他们是铁中铮铮，群中佼佼。我国出版界有这样一批人，可以预计，今后的健康繁荣是有保证的，如果他们能持之以恒的话。

这次评出的中青年优秀图书编辑的共同特点，大体上可以归纳为下列几个方面：

一、胸怀全局，志在腾飞。作为一个编辑，他们时时刻刻关怀着国家和民族的大局，想着全局的大事，惦记着改革开放的形势；工农业生产，思想理论战线的状况，想着社会需要解决什么问题，读者要求回答什么问题。然后决定主攻方向，策划出符合实际的选题。有的同志看到这几年社会风气不好，听青少年说"雷锋叔叔不在了"，就及时地提出有关宣传雷锋精神的选题，并且深入工厂、学校，收集有关的反映，然后精心组稿，就各种思想问题作出具体的有说服力的回答，使图书的印数达几十万册。有的编辑，始终围绕着经济建设为中心考虑自己的出书方向，有的发现烤烟生产中的问题已成为广大烟农的焦虑，就走访国家机关和科研单位，及时出版了有关烤烟生产的图书，被有关单位誉为"雪中送炭"。书一出来，所有烟农，户户争读，人手一册，初版 10 万册，而且一再添印，基本上普及了生产技术，改变了烤烟生产的面貌，被烟农称之为"及时雨"，"容易学，没有一句多余的话"。正当三峡工程上马下马之争激烈之时，水利电力出版社的编辑提出出版"三峡小丛书"并且精心选择内容、润色文字，为书稿中的一些具体问题，三次到外地与作者商量，使一套 8 本 38 万字的小丛书很快出版，深受读者的欢迎，获得普遍的好评。全国政协副主席万国权说：人们在三峡问题上不能取得共识，主要一个原因就是对三峡工程缺乏了解。这套小丛书比较全面地从各个不同角度论述了三峡工程建设的必要性和可能性。我相信，在促使人们对三峡工程取得共识方面会起到积极作用。这些编辑就是这样，他们积极探索两个文明建设中的"难点"，寻找在科技、学术领域中具有领先地位、可以填补空白的项目或具有权威性的见解作为选题，发现目标，穷追不舍，直至"捕获"。他们所以这样做，用他们的话来说，"要把自己的心血，凝结在共同的事业当中"。

二、出书坚持高标准、严要求和质量第一。在这些受表彰的编辑身上，他们具有的另一个共同特点，就是始终坚持出书高标准、严要求和质量第一，换一种说法是坚持"三高"，即高品位、高格调、高质量。他们总是既不迷信权威，也不轻视后学，认稿不认人，具体地严肃地对待每一本经手的书稿。做到每题不疏，每稿不怠，每字不懈，反复琢磨，精益求精，有的给自己立下"军令状"，凡经自己审读、加工的稿件，保证差错率不超过万分之一。碰到不属自己专业范围的书稿，就边学边干，勤查勤问，常常提出上百个、几百个疑问，请作者和有关专家解决。他们放下架子，不怕有的问题可能不值一提，或者被人当作笑话，而且宁可多提一个疑问，决不放过一个"差不多"，目的在于坚持质量第一，为了"出书以后少一份遗憾"。有的为了处理一本《鲁迅小说研究述评》，引文涉及 100 多本研究鲁迅的图书，仍不厌其烦地查阅 30 年代到 90 年代出版的相关图书和《鲁迅全集》，纠正了作者和抄写者的多处笔误，查证了各种版本的正误，大大减少了差错。有的审读译稿，不但从文字到标点精心加工，还对照原著逐一核校，纠正不少误译和漏译，书出版后，使译者感慨万千，给出版社领导写信说："我从未遇见过如此认真的编辑。"有的在见到样书的同时，提出了完整的、整齐的图书档案，从读者调查、选题策划直至最后签字付型，包括与作者来往的重要信件、谈话记录、电话记事，全部收集归档，即使局外人看了，也对这本书的酝酿产生经过一清二楚，充分体现了编辑对作者、读者、对出版社、对人民的高度负责精神，是完全经得起检查的。他们所以这样做，就是为了全心全意为读者服务。用他们的话来说，"要当一个让人们放心的编辑"。有一位少年儿童读物的编辑在他的自传上这样写道："过去，我曾经以书架上摆满自己责编的图书而自豪，但现在不了。只有当这些书对少年儿童的成长真正起到有益的作用，在他们的精神世界里留下一份美好的记忆，那时才值得自豪。"这里让我们体会到什么是多出好书的真正含义，什么是编辑的人生坐标。正因为他们能够做到真正为读者着想，才能坚持把高标准、严要求、质量第一的原则，贯穿在整个编辑工作的过程当中。人定胜天，他们的辛苦没有白费，他们责编或经手修改、加工的书稿，有很高的再版率，有的达到 70%~80%。广西美术出版社实用美术编辑室，只有两个人，三年多来，出书 70 种，1992 年的重版率达 100%，1993 年的重版率仍然维持在同样的水平上。原因在哪里？就是因为他们真正了解读者，因而做到不猎奇、不媚俗、不迎合读者的低级趣味，为提高图书质量始终一丝不苟，孜孜不倦。他们全部工作的"要义"，就是："为了读者，一定要注重图书的社会效益，坚持图书自身的质量。"他们这种主观努力，在客观上也就成为达到较高重版率的根本保证。有的同志说得好："实践使我懂得了当好一个编辑的重要一点，就是要学会如何去了解读者，并将党的出版方针与广大读者的要求融于一体，才能为读者提供更多更好更需要的图书，才能完成一个编辑的天职。"

三、团结广大作者，自觉抵制不正之风。编辑工作是思想文化、科学技术成果的选择传储工作，编辑的工作重在根据社会主义出版方针、准确地掌握住读者和作者的结合点。所以编辑不仅要了解读者，而且要团结作者。有人说，一个好的编辑总是把主要精力放在团结作者上面，一个成功的编辑，身后总站着一帮顶得住的作者。编辑和作者的目标是一致的，是一个战壕里的战友，是同一幢建筑物的设计工程师和施工工程师。这次受表彰的编辑中有的是着意做作者工作的模范。他们首先是千方百计地帮助作者了解读者，帮助作者提供各种资料，认真审读书稿，积极提出修改意见，努力使作者把书稿写好。他们让作者了解审稿把关不仅是出版社的事，重要的是为了读者，其实也是为了帮助作者。他们认真加工稿件，在坚持作者写作风格的条件下努力提高书稿的质量，而任何重大的改动，又都和作者商量。另一方面，也对作者工作、学习、健康等方面，给予无微不至的关怀，使作者感到编辑是他不可缺少的朋友。真正的好书，有价值的书，都是作者和编者紧密合作、共同努力的结果。事实有力地驳斥了现在不是编辑靠作者，而是作者求编辑的胡说。但是在市场经济条件下，特别是当前社会上不正风气的影响，不可能不漫延到编者和作者的关系中来，我们编辑队伍中有少数人不讲职业道德的事，也时有发现。在这种情况下，受表彰的编辑，不谋私利，自觉抵制不正之风的模范事迹，更加令人起敬。有的作者因为著作的出版，名利双收，他们觉得应该感谢默默无闻的编辑，因而给编辑送礼金、送高级衣料、送山地车，甚至送股票。对作者来说，用心不一定都不好，但却是不必要的。至于有的书商为了压低折扣，往编辑腰包里塞钱，这是另一回事。但这些都理所当然地被优秀编辑所拒绝，吉林人民出版社的编辑有一部稳赚钱出不了问题的书稿，一个书商愿意花 30 万元购买。在巨额诱惑面前，我们的编辑一笑了之。他认为：拿了别人的钱，就得上贼船，让人牵着鼻子走，日子不好过。不如粗茶淡饭，过得愉快踏实。辽宁古籍出版社的编辑也碰到过类似的事，她非但不为所动，而且坚持出版因亏本而得不到奖金的学术著作，人们称赞她"只讲服务和耕耘"，"金钱在她的心目中并不是那么重要"。这是多么难得的评语啊。

四、讲拼搏、讲奉献、一心扑在工作上。一些时候以来，有人认为，现在讲拼搏的少了，讲奉献的少了，理想淡化了，一心扑在工作上的不多了。但是这次受表彰的编辑用自己的行动否定了这种论调。为了向党成立70周年献礼，有的编辑连续奋战十几个昼夜，高烧39度，仍带病工作，下厂校对。中青社这次受表彰的编辑同志，为了书稿的及时出版，不顾前一天突患急病，住院输液，她摘下吊瓶，第二天就坐上火车到外地处理书稿。有的编辑，在工作中只讲拼搏，家里孩子小，爱人又因工作关系经常值夜班，他克服重重困难，常年奔波在外，在大山沟里一蹲就是几个月，常常靠方便面过日子。但他们认为，只要书出来对社会有用，其他都无所谓。有一位编辑同志，是家里的独生子，也是编辑室的骨干，工作当然十分紧张，不料父亲突发脑血栓住院抢救，他每晚到医院陪住，每天到单位上班。白天看不完的校样晚上看，一连四十几天，从不耽误工作。父亲逝世，办完丧事，他又投身到紧张的工作之中。他们图什么，图奖金吗？不，如果这样想，那真是以小人之心度君子之腹了。用他们的话说：如果用自己的劳动，能够换取读者的点滴长进，社会的一丝进步，就是我最大的安慰。有这样的编辑能做不好工作吗？这样的编辑能不是好编辑吗？无怪乎有人说："一个好编辑是干出来的。"这个"干"字，也就是苦干实干，积极拼搏的意思吧！

五、勤奋学习，不断提高自己。编辑工作不同于其他工作，学习是不可少的，特别是在当今信息时代，知识更新迅速，自觉学习是编辑人员生活中的重要部分。懂得这一条，他们就容易入乎其内，出乎其中。有的青年，根据老编辑的经验，一到出版社，就主动要求到校对科学习，到印刷厂劳动，到书店卖书，认真了解编印发的全过程。中国建筑工业出版社的编辑还自觉要求到描图室和建筑工地实习，增加感性认识。有的同志勤于学习，把任何空隙时间都放在读书上。陕西人民出版社的副编审每年都几次到北京组稿或者改稿，但从来没有去过香山、八达岭和十三陵，也没有看过天坛和地坛，一有空隙不是看稿就是学习。有的甘坐冷板凳，默默无闻，日复一日地埋头工作和学习。他们希望自己能融学于编，编有所成，使毕生的努力能产生出比自身更久远的精神。岳麓书社的编辑在日常工作中认真学习，勤奋治学，在主持整理和编辑出版《曾国藩全集》的工作中，潜心于曾国藩本人及其所处时代之科学研究，写出了有价值的论著，并创作了长篇历史小说《曾国藩》，成为国内外知名的曾国藩研究专家和历史小说作家，并应邀到巴黎和台北讲学。这说明，编辑不一定是学者和作家，但可以成为学者和作家，在现实生活中更是屡见不鲜，当然，也只有那些善于在编辑工作中勤于学习、积累资料、潜心研究的编辑，才有可能成为学者和作家。这些人如果继续做编辑工作，就是一般所说的学者型编辑。这不是说编辑都要去当学者和作家，他们之间只是分工的不同，只是说编辑和学者、作家之间并没有不可逾越的鸿沟。

此外，一些少数民族的编辑，为传播、发掘本民族的文化，编纂本民族的历史，普及科学知识，编写教材，推动本民族的文化教育事业，他们跋山涉水，不怕困难，做了大量工作，令人感动，他们的作为，必将在各自民族文化的发展史上留下浓重的一笔。

评优的根本目的，在于发现和造就人才。古人云：功以才成，业由才广。只有有了人才，才能建立功绩，发展事业。出版事业要繁荣，要发展，也离不开人才。我们希望这次评选，能够起到激励人才成长的作用。当然，任何优秀、先进，都是相对的，这次没有评上的不一定都比评上的差。即使评上了，也要看到社会在前进，事业在发展，今天的优秀不等于明天的优秀，只有永远向前看，始终站在历史车轮的前头，才能使自己的光荣称号不断增添光彩。

当先进不易，要保持先进更不易。最后，我想用这样两句话送给现在在我看来是前途似锦的人们：自知者为明，虚己者乐闻。这大概不算煞风景吧！

1995 年 1 月

《出版学编辑学漫议》P215，河南教育出版社 1995 年 9 月版

关键是要解决好出版观问题

　　江泽民同志最近在谈到干部队伍思想建设时强调，最根本的是要解决好世界观人生观问题，无论过去、现在和将来，这对每个干部来说都是首要问题。江泽民同志这个指示十分重要，深入学习马列主义、毛泽东思想，特别是深入学习邓小平同志建设有中国特色社会主义理论，用以武装头脑和指导各项工作，着重抓好共产主义理想、信念教育，全心全意为人民服务的宗旨教育和艰苦奋斗、勤俭节约的教育，是我们整个干部队伍思想建设的根本问题。对我们出版队伍来说，当然也不能例外。

　　解决世界观人生观问题，就是要树立辩证唯物主义和历史唯物主义的世界观和人生观，牢固地树立共产主义理想，全心全意为人民服务。这是问题的根本，只有解决了这个问题，其他问题才能迎刃而解。当然，解决世界观人生观问题，不是空洞的、抽象的，而是具体的。

　　从总的方面说，因为理想、信念、奋斗目标、宗旨是具体的现实的，它总是在人们的思想、言论、行动中表现出来。试想一个享乐主义、拜金主义、极端个人主义的人，哪里还谈得到什么共产主义理想、社会主义信念和为人民服务的宗旨呢？

　　从另一方面说，每一个干部都是和一定的具体工作相联系的，他的世界观人生观也不可能不通过他所从事的实际工作反映出来。比如一个编辑出版工作者，他的世界观人生观不可能不通过他对编辑出版工作的看法和他所从事的实际工作反映出来，也会或多或少地在他所编审的书刊中得到体现。正如有人说，一个好编辑首先要学会做人，只有有了高境界高水平的编辑，才能有高品位高水平的书刊。由此，我们可以得出出版工作者有一个出版观的问题。要做一个合格的出版工作者，要多出好书，多出精品，首要的问题是要解决好出版观（包括编辑观）的问题。

谈到出版观的问题，前些时，笔者和几位出版理论研究的积极分子曾经议论及此。大同小异的看法是认为我国出版界当前存在这样一些出版观。

一曰：意识形态出版观。即认定出版工作是一种意识形态工作，不管你自觉不自觉，搞出版工作（无论出书出报出刊出音像制品），就是搞意识形态工作，为一定的意识形态服务。

二曰：社会教育出版观。持这种观念的人，把出版工作当做教育工作，一种社会性的教育工作，搞出版工作也就是对广大读者进行思想和知识的教育，在实际工作中往往从社会需要的教育出发，从育人的角度出发，他们有很强的社会责任感和历史使命感。

三曰：文化缔构出版观。持这种观念的人，把出版工作看成是文化缔构工作，搞出版工作也就是搞文化工作。在实际工作中，他们注重出版的文化性，重视文化积累，往往从文化建设出发，着重于传统文化的整理、弘扬和当代文化科技成果的反映，把编辑出版工作作为缔造一代文化的文化建设工程。

四曰：信息传播出版观。持这种观念的人，认为出版就是传播，即信息的传播和知识的传播，出版的功能在于中介。通过出版把知识和信息介绍给读者，认为出版是大众传播渠道中的一个重要组成部分。

五曰：经济利益驱动出版观。这样说有人也许觉得太刺耳，但为经济利益驱动的不能说没有，姑且名之。持这种观点的人，是什么赚钱，就出什么，什么能赚大钱，就优先出什么。把出版当做单纯牟利的工具，甚至当做摇钱树，只要能赚足够的钱，黄的、灰的甚至黑的都可以出。反过来说，如果不赚钱，或者要亏本的东西，即使质量再高、社会效益再好，也统统"优化"掉，可谓"拔一毛而利天下不为也"。当然，在市场经济条件下，出版部门自负盈亏，完全不顾经济效益，是不现实的，也是不利于出版事业发展的。问题是不能一味追求经济效益，为了赚钱可以什么也不顾，把经济利益放在压倒一切的位置上。

　　说到出版观，当然还可以从其他角度来分析，如质量第一出版观、文责自负出版观、出版自由出版观……这些看法，有的已有许多人做过分析，尽管他们不是从出版观角度来提出问题，但论证的要点是相似或相通的，不便再老生常谈；有的目前表现得不很突出，姑且不谈；也有的从其实质来说已包含在前面所说的出版观之中，也不再另行赘述。

　　前面说的几种出版观，这样截然划分，也许不很恰当，使人感到有点绝对化，所以这样提出，只是为了分析问题方便而已。其实，在现实生活中，这些观念很可能是互相贯穿、互相融合的，可谓你中有我，我中有你，只有侧重，而不可能截然分开，这是不现实的、不科学的。但是，认为谁都没有倚轻倚重，都是那么全面，也是不现实、不科学的。

　　我们这样说，就是要说明，目前在我们出版界同行中，出版观的问题并非已经完全解决了，什么问题也没有了，不存在解决好世界观、人生观和出版观的问题了。当然谁也不会这样说，如果真的这样看问题，那是一种误解。

　　根据马克思主义辩证唯物主义世界观来研究出版观，应该是全面的、辩证的和历史的。首先应该看到出版是一种手段，出版物是一种精神产品，一种工具，它为一定的社会集团、社会利益服务，宣扬一定的意识形态，传播一定的文化知识和科学技术，整理和积累民族的优秀文化成果。它的功能在于影响人们的精神世界，指导人们的实践活动。在商品经济社会里，市场经济条件下，大多数出版物作为商品进入流通渠道，它的交换价值，往往只反映物质载体的价格，而很难体现作为精神产品的全部使用价值。有时甚至相差甚远，或者还会出现根本相悖的负效益。这种状况的造成，一是因为作为精神产品的功能，很难用一定的定价来表示；二是因为精神产品的使用价值发挥的程度和使用者的能动作用有极重要的关系；三是从根本上说又和精神产品的质量——上乘、中乘或下乘，甚至起相反的效能，有决定性的关系。这里告诉我们，出版的根本目的，在于发挥精神产品的精神力量，也就是出版的最高原则在于追求社会效果。另一方面，又告诉我们，在商品经济社会里，在社会主义市场经济条件下，出版业自负盈亏，要发展要生存，也不能不问经济效益，问题是后者必须服从前者。如果本末倒置，则将和出版的根本目的相背离。

当前，要解决出版观的问题，最重要的是要解决正确对待经济效益的问题，也就是正确对待"钱"的问题。我们有一些很好的出版社，由于不能正确对待"钱"字，大卖书号，终于受到行政处分；有的曾被公认为声誉不错的出版社，也因为被钱所诱惑，结果出了不健康的图书。还有一些老出版工作者，也因此而走上法庭的被告席，甚至被判刑。还有个别的不法书商，因为利令智昏被处以极刑。此外，我们现在有不少书，品位不高，格调低下，编校质量很差，其中有不少就是和不能正确对待经济效益有关。"扫黄""打非"揭出的许多案件，除个别系敌对分子所为外，其源多出于此。这种所谓的出版物给读者带来的后果，是可想而知的。可见，出版一旦被经济利益所驱动，实在是害莫深焉，罪莫大也。而一本书的是与非，错与对，往往取决于几行字，甚至几个字之中，可惜的是，我们现在有些编辑，整天忙于抓稿子，跑市场，算成本（这些当然也是要做的，但不能只做这些），而根本不看稿子，或者大而化之地看一下，没有把主要精力集中在稿子上，这实在是太危险了。看来，关键在于解决好出版观问题。

从出书育人的角度看，解决好出版观的问题，很有必要，似应把它当做当务之急。江泽民同志说，当前要重视引导人们"树立正确的理想、信念、世界观、人生观和价值观，反对拜金主义、享乐主义、极端个人主义，抵御资本主义和封建主义腐朽思想的侵蚀"。[1] "绝不允许'一切向钱看'的错误倾向冲击和危害社会主义精神文明建设，更不允许这种错误倾向

---

[1] 江泽民："在全国宣传思想工作会议上的讲话"（1994年1月24日），载《人民日报》，1994年3月7日。

泛滥而不受到批评和制止。"①从这里，我们也看到解决世界观、人生观，对出版工作者来说还要解决出版观问题的重要性和严肃性，决不能掉以轻心。

解决好出版观的问题，是一个重要问题。我在这篇短文中，实在是语焉不详，理也不顺，目的只是提出这个问题，抛砖引玉，以期得到读者的重视，则将超过奢望多矣。

1995 年 4 月

《出版学编辑学漫议》P149，河南教育出版社 1995 年 9 月版；《一切为了读者》P201，首都师范大学出版社 2010 年 7 月版

---

① 江泽民："在毛泽东同志诞辰一百周年纪念大会上的讲话"（1993 年 12 月 26 日），载《人民日报》，1993 年 12 月 27 日。

要全面理解和建立新时期的出版体制 ①

建立适应社会主义市场经济体制和精神文明建设的要求，又符合出版自身发展规律的出版体制，是实现出版工作"阶段性转移"战略的关键所在，是深化出版改革的基本目标，也是建设有中国特色社会主义出版事业的根本要求。这个体制的内涵是非常丰富的，它包括三方面的要求，是一个完整的整体，是全面的，缺一不可的。忽视了其中的某一个方面，这个体制就建立不起来，或者是跛足的，站不稳的，也就不能发挥应有的作用。

但是，现在我们有一些出版工作者，不是这样理解的。他们只是片面地认识出版要面向市场的一面，甚至把建立适应社会主义市场经济的出版体制看成是一种单纯的经济行为。在他们看来，出版物只要能销得出去，就是适应了市场，甚至是完成了建立社会主义市场经济的出版体制。他们有一句口头禅，卖得多、销得好，就是适应市场，就是建立了市场经济体制。在他们眼里，社会主义精神文明是一种"口号"，是一种标签，是一副松紧带。社会效益则是国家的事、上级领导的事，而出版的自身规律归根到底是由经济效益来检验的。于是，在他们那里，建立新的出版体制，就剩下了单纯的出版物适应市场这一条。从而自觉不自觉地造成出版物品位下降，质量滑坡。有的人即使是看到了这种趋势，也任其自流，无动于衷。

市场经济的基本规律是价值规律，根本的目的是追逐利润，反映到出版工作上，本能地表现为：什么能赚钱，就出什么；什么不赚钱，就不出什么。至于宣传马克思主义，积累文化，促进社会主义现代化建设，

---

① 这是作者在中国出版科学研究所学术委员会和在京特约研究员联席会议上的一次发言，收入本集时做了个别文字上的改动。

等等，似乎与他们无关。所以，建立新的出版体制，必须兼有按照社会主义市场经济规律运转的出版机制和有序化的社会主义图书市场，社会主义精神文明建设的要求，以及符合出版自身发展规律等三个方面的要素，也就是要完整地理解、全面地落实这个体制的内涵。

当前，要全面落实建立新的出版体制，首先要处理好两种关系，即出版与政治的关系，出版和精神文明建设的关系。因为，我国社会主义出版事业，是党领导的社会主义建设事业的一个组成部分，它是一种社会主义的文化事业，这一条任何时候都不可忽视。

科学社会主义从来不是自发产生的，在价值规律为主导的市场经济条件下，社会主义文化的传播和建设也是需要一定条件的。这就要处理好出版与政治的关系。首先，出版单位要严格贯彻党和政府规定的社会主义出版事业的性质、任务，坚决执行党的出版方针，要模范地遵守出版法规、纪律和各项制度，要服从政府的行政管理。不能搞上有政策，下有对策；也不能阳奉阴违，嘴上说得好，实际上另搞一套。要严于律己。总之，要坚持正确的出版导向，坚持出版为人民服务、为社会主义服务、为大局服务。要弘扬主旋律，坚持党对出版工作的领导，坚决做到《全国宣传思想工作会议》提出的"六要六不要"。对出版社来说，坚决不出有政治错误或政治倾向不好的图书，使出版社真正成为宣传社会主义思想的阵地。

同时要处理好出版与精神文明建设的关系。出版事业本来是社会主义精神文明建设的重要方面，又是社会主义物质文明建设的组成部分和重要条件。出版和社会主义的思想建设、文化建设、经济建设、政治建设，休戚相关。社会主义出版的根本任务，就是培养"四有"社会主义公民，推进两个文明建设。从本质上说，社会主义出版就是社会主义精神文明建设的一种具体体现。所以，任何一本书的编辑出版，都要考虑是否符合社会主义精神文明建设的要求，是否有利于推进社会主义精神文明建设。不能去出那种"黄书""灰书"、品位不高、质量不好的书，更不能钻政策法规不完善的空子，有意识地去打"擦边球"。总之，社会主义精神文明建设好不好，与出版有很大关系。换句话说，出版工作者在精神文明建设上负有很大的责任。因为他们同时具有建设者、宣传者和舆论监督者的三重身份。这一点，任何一个编辑出版工作者，在任何时候都不能忘记。

至于出版自身规律，目前说法不尽相同，我看最本质的要看动机与效果。所谓动机，就看是不是坚持为人民服务，为社会主义服务，为大局服务；所谓效果，就是看是不是以社会效益为最高准则，即把社会效益放在第一位，以及是不是坚持质量第一，换句话说，就是出的书是不是实现了"两个第一"的要求。简言之，就是"两为"和"双一"的原则。能够求得两个效益统一，当然最好。但是不是每一本书、每一个出版工程都能做到两者统一，有时是很困难的。所以，只能是"力争"，力争在一定的阶段里，在总体上能够实现统一。应该说，这样，就已经达到了目的了。

社会主义市场经济是一种具有很大活力，富有竞争性；同时也具有很大自发性的经济。要全面落实建立新的出版体制，必须对市场经济的特点、规律有全面的认识。既要发挥市场经济的活力，又要加强宏观调控，依法管理；同时要对编辑出版工作者加强教育，对全社会加强宣传。认真培养和建设一支有理想、有文化、有道德、守纪律的真正合格的编辑出版队伍，特别要建设一个德才兼备的出版社的领导核心，他们既要在任何时候都能辨别政治方向，又要有文化人的高素养，同时又要善于经营。这是办好一个出版社的关键。

1995 年 6 月

《出版发行研究》1995 年第 5 期；《20 世纪中国的编辑学研究》P287，河北教育出版社 2000 年 1 月版

为《出版学 编辑学漫议》的出版"写在前面"

　　收入这本小册子的拙作，大多写于最近三年，回过头来看，这些东西既无有价值的观点，也无有分量的见解，只是些事情的记录和情况的叙述。把它印出来，无非出于两点：一是适应交流的需要，当靶子，供人家批判；二是鉴于现在查找资料，尤其是查找过去的资料相当困难，所以，把它结集起来，也许可以作为一种资料备查。但是，这三年，正是我国出版体制由计划经济向社会主义市场经济转轨的头三年，也是中国编辑学会成立的头三年，这就决定了这本小册子的主要内容，集中于探索社会主义市场经济条件下出版事业的进展、成就，出现的新情况和新问题，以及尝试着如何从理论上回答这些问题，包括如何加强编辑学的学科建设等。当然，其结果是笔者自己也很不满意的。但是，衔微木以填沧海，也算是一种态度吧！

　　近几年来，要说关心的事，就是二件：

　　一是编辑学的学科建设。这方面，出版界、教育界的同仁做了许多工作。尤其是中国编辑学会成立以后，加强了对这一工作的领导。在会长刘杲先生的倡导下，去年在郑州召开的全国编辑学理论研讨会，明确了主攻方向；今年秋，又将在四川开会，集中讨论编辑学在整个科学体系中的定位问题，估计会取得新的成果。经过10多年的努力，编辑学已经崛起，今后要进一步加强学科建设。当然，这不是一年二年的事，有待于这一代人和下一代人，甚至一代一代地继续奋斗。相信学科的建成只是早一点、迟一点的事情。因为，今天谁要想彻底否定它的存在，也并不容易。毕竟现在已经不是80年代初期了。那时，说"编辑无学"是并不稀奇的。

　　二是出版学的催生。讲出版学的书在国外早已存在，但是国内还没有。1983 年 11 月，中国出版工作者协会在阳朔召开的首届出版研究年会上，上海的宋原放先生曾经提出"迫切需要建立社会主义出版学"的问题，中国出版科学研究所 1985 年 12 月在重庆召开首届全国出版科学学术讨论会上，也明确提出要"建立我国自己的出版学"。但是，10 多年过去了，迄今尚无一本以"出版学"命名的中国人写的书问世，这不能不说是一件憾事。是实践不需要出版学吗？当然不是。这几年我国出版发展的道路十分清楚地告诉我们，需要有中国自己的出版学，那么，是不是需要我们再等 10 年呢？这大概也不会罢。

出版学究竟是什么，它究竟应该包含什么？最近两年，笔者曾经看到过几个提纲，确实角度、层次，都很不相同，也听到一些不同的议论，难度当然是有的。不过，在我看来，出版的性质、任务、指导思想、方针、规律，以编辑工作为中心环节，图书销售、出版传统、出版手段现代化、国际交流与国际合作、队伍建设、出版管理等这些内容总是少不了的。也许对这些也有不同看法，或者还可以列出很多条。但是，我们不能停留在议论之中，而要付诸实施。为今之计，是要打破思想束缚，加紧开拓。希望在本世纪最后几年能有所进展。回想编辑学起步时,许多人都很积极,出版学是不是也要像它那样，发动大家动手来做，尤其要各地的出版工作者动手来做，这样可能会快一点、好一点，因为经验是在大家手里。

编辑学的学科建设也好，出版学的催生也好，当前迫切需要做的是这样几条：

一要有跨世纪的学科带头人，年龄最好在 45 岁左右，要帮助他们出成果。这对今后学科的发展，有决定性意义。对于老一代来说，一息尚存，不可稍息，这是不言而喻的。但是春去秋来，时不我待，新陈代谢，不可抗拒。培养跨世纪的学科带头人，应该是他们的重要任务之一。否则，将有愧于后人。这件工作，现在就应该做，而且要加紧做。

二要突破一些理论上的难点，分析一些实际工作中的重大问题。使学科的理论体系能够建立、获得充实，达到丰满。例如，如何认识出版规律，出版工作如何既适应市场经济的发展，又符合精神文明建设的需要和出版自身的规律，怎样正确认识和处理社会效益和经济效益的关系，怎样形成运行良好的发行体制，怎样建立合理的图书结构，怎么配置出版社的人员构成等等。从理论上得出科学的回答，使我们的出版学、编辑学真正建立在科学的基础之上。

三要努力改善出版理论研究的环境，造成一种浓厚的学术气氛，并且为科研积极分子创造一些方便的条件。这一点，讲了多年，现在有些省市和单位已有改善。但仍有一些地区和单位，解决得不理想。不少同志虽有出版理论研究的兴趣和愿望，但业务工作、行政工作太忙，根本顾不过来。他们每天一到办公室，就像门诊大夫开诊一样，忙不迭地对付一些天天重复出现的问题，甚至回到家里还有电话和来访者，根本没有时间从理论上对这些问题加以研究，取得一些规律性的认识，结果是事倍功半，落得"日计有余，岁计不足"。反之，如果能够加强出版理论研究，用马克思主义的出版理论、邓小平同志建设有中国特色的社会主义出版思想去武装出版队伍，情况应该会有所转变。

还有一点，不管是搞出版的、搞编辑的，或者有兴趣搞出版研究的，都要认真读书，注重调查研究，重视总结经验，胸中拥万卷，遇事不慌乱。这恐怕是当前具有共性的问题，也只有做到这一些，才能在做好编辑出版工作的同时，把编辑学出版学的学科建设搞好，使我国的出版事业繁荣昌盛。

最后，在当今，出版界一些人深受拜金主义影响，"不赚钱、不保本、不出书"的时候，河南教育出版社能够出版这本肯定要赔钱的小册子，我除了深表感谢之外，更加钦佩它们这种可贵的精神和品格。也感谢责任编辑为这本小册子的早日出版而付出的辛勤劳动。

1995 年 7 月

《出版学编辑学漫议》P1，河南教育出版社 1995 年 9 月版

《咬文嚼字》好！

上海编辑学会会长宋原放先生送给我三本丛刊,刊名叫《咬文嚼字》,由郝铭鉴先生主编,上海文化出版社于今年初推出。这个小32开,一个半印张的小薄本,引起了我很大的兴趣,心中有说不出的高兴。

现在谁都在那里说"无错不成书""无错不成报"。这果然是事实。但对编辑出版工作者的压力着实不小。原因当然很复杂,有主观的,也有客观的。说句实话,客观原因并不少。当然,在这里我不想把责任统统推向客观,似乎编辑出版工作者主观上无可批评,当然不是。何况批评可以变压力为动力,可以加强责任心,不是完全没有好处,这是不难理解的。但仅限于批评是不够的,还要做帮助解决问题的工作,出版领导机关抓培训,是一个重要的途径;学术团体开研讨会,是一种有见识的措施;现在,上海出版一种杂志,专门来咬文嚼字,应该说是一种实实在在解决问题的办法。

我说它好,是因为非常实用。如《"汩""汩"辨》《"采"和"彩"的区别》《"执著"还是"执着"》等,文章简短,一看就懂,一点就清。又比如说"会议"多得很,是事实,但有些人顺手一写,都叫"会议",结果是追悼会向遗体告别,都变成了"会议"?警察去抓罪犯,应该用"拘捕"还是"被捕",这种用字遣词本来不复杂,但书报上这类失误却不少见。写一篇二三百字的短文,说一说,点一点,给一些人提个醒,很有好处。

我说它好,是因为专业性很强,是专门给做文字工作的人看的。不要看它小,专业知识的含量并不小。其中不少栏目,像"寻根探源""字里乾坤""会诊纪要""正音室"等栏目,有许多短文:如《武则天错在哪里? ——"矮""射"所说》;"宰"是屠杀的意思,古时候的官为什么叫"宰相"；《脑壳为何称"天灵盖"？》；读起来既长知识，又可以解决有关字、词的写和读（音）的问题，是很有意思的。

我说它好，还因为它有很大的趣味性和可读性。一本专业性很强的杂志，既要实用，又要讲知识，还要大家愿意看，是很不容易的。但《咬文嚼字》的编者，在这方面是花了心血，下了功夫，作出了成绩的。听我周围的人说，都是喜欢看的。

我说它好，更因为刊物的编者有很强的自信。他们在第一辑提出"向我开炮"，说"在第一辑出书后二个月内（即 1995 年 1 月 1 日至 2 月 28 日，以邮戳为凭），凡第一个准确指出本辑正文中有错字或者别字者，每一个字奖一百元；准确指出本辑一级标题中有错字或者别字者，每一个字奖一千元"。这是何等的自信，何等的气魄，何等的风光！真是为编辑争了气。这里，不禁想到吕不韦为《吕氏春秋》立木城头，尝言："有能增损一字者予千金。"当时，有没有人改《吕氏春秋》，史无记载。估计吕不韦当时贵为丞相、"仲父"，权倾朝野，没有人敢去碰他。但到后来，东汉人高诱、清人毕沅都有过"校正"。可见，还是有讨论余地的。至于《咬文嚼字》，二个月后，是否有人获奖，不详。不过，即使有人获奖，也是高价买错，在目前"无错不成书""错误百出是好书"（按新闻出版署规定，差错率在万分之一以下为合格，一本一百万字的书，有一百个差错是可以谅解的）的情况下，是需要勇气的。我们的编辑，如果都能够这样，那我们书刊的编校质量就会大大改观。

有人说，"咬文嚼字"本来有讥嘲的意思，现在看，对编辑来说应该有另外的理解。是什么，就是恪尽职守的敬业精神，是高度自觉的社会责任感的反映。从这个意义上说，我不希望《咬文嚼字》短命，而要高呼，祝《咬文嚼字》长命百岁！这里的意思，并不是希望"无错不成书"的现象长期存在下去，而是说只有咬文嚼字这种精神常在，书刊的差错率才会减少、消灭。

1995 年 9 月

1995 年《编辑学刊》9 月号；《20 世纪中国的编辑学研究》P423，河北教育出版社 2000 年 1 月版

编辑出版工作者的重大历史使命

近几年来，探讨社会主义市场经济条件下编辑工作的特点和规律；分析新时期编辑工作面临的新情况和新问题；交流和推广经验，促进编辑工作与正在逐步建立的新的出版体制进一步相适应；深化出版改革，促进出版发展，多出好书，为建设社会主义精神文明和物质文明服务，一直是我国编辑出版工作者共同关心的问题。

前不久党中央召开了十四届五中全会，江泽民同志做了重要讲话，全会审议通过了《中共中央关于制定国民经济和社会发展"九五"计划和 2010 年远景目标的建议》（以下简称《建议》），李鹏同志做了关于制定《建议》的《说明》。全会文件是指导全党全国人民沿着建设有中国特色社会主义道路昂首阔步前进的纲领性文件，也是指导我们出版工作不断前进的指针。同时，今年 4 月中央"两办"以 14 号文件转发了经中央常委讨论批准的新闻出版署党组《关于进一步加强和改进出版工作的报告》，这是在建立社会主义市场经济体制和社会主义现代化建设的关键时刻，中央领导对出版工作的重视和关怀，为出版工作确定了基本思路和总的工作方针，为深化出版改革，促使出版工作的健康繁荣，制定了战略方针，作出了总体部署。这些都为我们开好会议提供了思想保证。

我国的改革开放和现代化建设已经进入新的发展阶段，今后 15 年又是承前启后，继往开来的重要时期，我们的国家将在深刻的变革当中沿着建设有中国特色社会主义道路勇往直前，走向 21 世纪。

在建设有中国特色社会主义的道路上，在整个新的历史时期，中国的编辑出版工作者正面临着前所未有的机遇和重大的历史使命。

首先，中国出版业的地位正在大大提高。全会通过的文件要求把社会主义精神文明建设提到更加突出的地位，并指出："在建立社会主市场经济体制过程中，在世界范围各种思想文化相互激荡的条件下，能否搞好社会主义精神文明建设，关系到我国社会主义的兴衰成败，关系到把一个什么样的中国带入 21 世纪。要形成有利于改革开放和社会主义现代化建设健康发展的舆论力量、价值观念、道德规范和文化条件，有力地抵御资本主义和封建主义腐朽思想的侵蚀，激发全国各族人民建设祖国的巨大热情，振奋艰苦创业精神。"指出：精神文明建设的根本任务是要培育"四有"的社会主义公民，提高全民族的思想道德素质和科学文化素质。特别要把提高青少年素质作为工作重点。全会明确指出：要加强新闻、出版、广播、电视等方面的工作。坚持一手抓繁荣，一手抓管理，促进文化市场健康发展。继承和弘扬优良传统文化，加强中外文化交流，同时注意防止腐朽思想文化的渗透。

很明显，五中全会审议通过的文件在强调突出社会主义精神文明建设地位的同时，已经把出版作为必须加强精神文明建设的重要组成部分，当然也是整个社会主义建设事业的重要组成部分，从而把出版与我国社会主义的兴衰成败，和新世纪中国应有什么样的形象联系起来。这里，五中全会已经把出版推到空前重要的地位。出版社搞得怎么样，不仅是出几本书，赚不赚钱的问题，而且关系到社会主义的兴衰成败和国家的形象问题。可见，出版的地位已经大大提高。1983 年 6 月《中共中央、国务院关于加强出版工作的决定》明确指出："社会主义现代化建设的新形势，把出版工作推到我党我国历史上前所未有的重要地位。"今天，我们对这个指示的理解，已经在实践中变得越来越具体，我们的体会已越来越深刻了。

其次，出版工作地位的提高，反映了党和国家对出版物的要求大大提高。出版地位的提高，必须以优秀的出版物作为支柱，如果没有优秀出版物，或优秀出版物不多，平庸的东西不少，那么出版的地位越高，负面效应也就越大，搞不好还会拖社会主义现代化和社会主义精神文明建设的后腿。到头来，出版社地位非但不能提高，而且会降低。把出版事业作为建设有中国特色社会主义事业的重要组成部分，作为社会主义精神文明建设的重要内容，必须要求我们的出版物要有很高的质量，要有利于社会主义精神文明建设。是不是有利于社会主义精神文明建设，已经成为衡量我们每一种出版物好坏的最重要的标准。

改革开放 10 多年来，我国出版业经历了一个大的飞跃，规模数量和出版物品种跃居世界前列，出版物的总体质量和过去相比也有很大的提高。但和实现现代化的要求相比，和实现社会主义精神文明建设的需要相比，还存在着相当的差距。中国出版业要成为建设有中国特色社会主义事业的组成部分，有成效地为两个文明建设服务，成为社会主义精神文明建设的一个重要方面，就必须在整体质量和效益上得到新的飞跃。在党的十四大和全国宣传思想工作会议精神的指引下，出版领导部门要求通过建立适应社会主义市场经济体制和精神文明建设需要，符合出版规律的管理体制和运行机制，推动整个出版业的发展，从以规模数量增长为主要特征的阶段向以优质高效为主要特征的阶段转移。"阶段性转移"的战略方针提出以来，时间不长，已经取得了明显的成效。这说明这个方针非常符合国家建设的需要，完全符合出版业的实际情况。

"阶段性转移"的实质是要促进出版的改革和发展，即深化出版体制改革，实现出版业优质高效的发展。这是和五中全会所关注的整个经济发展要实现两个有全局意义的根本转变完全相一致的。这两个转变就是经济体制从传统的计划经济体制向社会主义市场经济体制转变，经济增长方式从粗放型向集约型转变。江泽民同志说"我国现代化建设必须遵循速度和效益相统一的原则，正确处理好两者之间的关系"，并强调这是我们今后经济工作中需要认真解决的一个关键问题。它关系到全面实现我国社会主义现代化建设第二个战略目标，并向第三个战略目标迈出重大步伐，为下世纪中叶基本实现现代化奠定坚实基础的重大问题。编辑出版工作者必须把我们的出版物放到这样一个大局上来考虑。作为有 12 亿人口的大国，我们的出版要有一定的数量和规模，这是不言而喻的。首先要积极提高图书的平均印数和再版率，尤其是优秀图书的印数，更是大家所关心的。这也和"阶段性转移"的要求是一致的，"阶段性转移"的目标是，实现优质高效，真正做到出好书、出精品、出效益，使我们的出版物能够符合社会主义精神文明建设的要求，促进我国社会主义现代化的建设事业。

再次，出版工作地位的提高，对出版物要求的提高，归根到底是对每个编辑出版工作者要求的大大提高，对编辑队伍建设要求的大大提高。任何一种出版物，都是作者和编辑共同创造的，其中编辑又起着"催生"和"把关"的作用。任何一部原稿要复制成为出版物，实际上都需要得到编辑的推动、促进和认可。所以，编辑的政治素质、思想境界、文化知识结构、业务素质、作风与职业道德修养，起着重大的作用。高瞻才能远瞩，有栋有梁才能建成广厦千万。我们不能相信，一个政治方向不明、思想境界不高、文化知识不多、职业道德不佳的编辑，能够编出助人向上、催人奋进的优秀书刊来。现在图书市场上尤其是街头巷尾书摊上，色情、凶杀和封建迷信的东西随处可见，政治倾向不好的书也时有出现，那些文化品位不高、格调低下的平庸书，更是或多或少地不绝于市。至于编校质量滑坡，问题就更多一些，有一个出版社出了一本《全党要加强党性教育》的书，应该是一本品位很高的书，结果校对失误，把后面一个"党"字掉了，造成严重差错。以上问题，要说原因，除了有些出版者受到经济利益驱动，不重视图书质量以外，不能不说和编辑队伍的素质有密切关系。再说片面追求经济利益，本身就反映了这些编辑出版者认识的偏差。在市场经济条件下搞出版，要注意经济效益，无可厚非。问题是经济效益要服从社会效益，精神生产尤其如此。我们的出版物要体现社会主义精神文明建设的要求，有利于读者的教育和提高，有利于青少年的健康成长，这是一个任何时候都不可动摇的原则。李鹏同志在谈到精神文明建设时说："从现实情况看，这些年来，社会主义精神文明建设取得一定成绩，面临的问题也是严重的。一些腐朽思想在滋长蔓延，一些丑恶东西在死灰复燃，既毒害人们特别是青少年的思想，也败坏社会风气。这些问题如果不解决，势必严重影响经济发展和社会进步。"为了搞好社会主义精神文明，《建议》提出了许多重要意见，强调要坚持不懈地用邓小平同志建设有中国特色社会主义理论武装全党，教育干部和人民。树立正确的世界观、人生观和价值观，加强教育科学文化队伍建设。这真是切中要害，也完全符合编辑出版队伍的实际。

我们的编辑出版队伍总体素质是好的，在这个队伍中人才荟萃，不少人只讲耕耘，不计收获，默默地为出版事业奉献自己的心力，是令人钦佩的。但是另一方面，从出版物暴露出来的情况看，问题也不少，有的还相当严重。编辑工作说到底是一种教育工作，编辑也是人类灵魂的工程师，教育者先受教育，灵魂工程师更要有纯洁的灵魂。所以加强编辑出版队伍建设十分重要，在社会主义市场经济条件下，这个问题就显得更加突出。每一个编辑出版工作者更要自爱、自重、自律，严格地按照党和人民的要求来塑造自己。是不是具备一个合格编辑的条件，经手的出版物是不是有利于社会主义精神文明建设，不是我们个人的问题，也不是一个出版社的问题，是社会主义的兴衰成败、国家民族的形象问题。新的世纪正在向我们走来，历史赋予我们神圣的职责，我们不能犹豫，不能图侥幸，只有扎扎实实地努力工作，才能不辜负国家民族对我们的期望。

为了不辜负党和人民的委托，我们一定要认真研究编辑和编辑工作，既要研究新时期编辑工作的外部环境、内部关系，编辑工作的特点和规律，也要研究作为一个编辑究竟应该具有什么样的思想、知识、道德和业务素质。两者都是编辑理论和编辑学需要关注的问题。

中国出版走过漫长的道路，有许多成功的经验，也有不少受挫折的教训。我们要认真总结经验，探索规律，既要总结近百年来的经验，也要总结建国以来40多年的经验，更要总结改革开放10多年来的经验；我们要学习和继承优良的编辑出版传统，但要善于"察今"，不墨守成规；

我们要学习和吸取各国出版的先进经验，但要看到中国有中国的情况，不能盲目照搬西方国家的一套。我们既然下决心走建设有中国特色社会主义道路，就要勇于改革，勇于创新。对于过去形成的编辑出版工作的原则、制度和方法，要进行分析，要敢于摒弃那些已经过时的东西，也要勇于坚持那些符合客观规律，有利于两个文明建设，有利于社会主义出版业发展的原则、制度和方法。对于社会主义市场经济条件下出现的新情况和新问题，也要进行分析，既要看到市场经济的勃勃生机和巨大活力，也要看到它有盲目滞后的一面。总之，我们要在邓小平同志建设有中国特色社会主义理论的指导下，积极开拓，总结新鲜经验，掌握新时期编辑工作的特点和规律，多出好书，促进出版事业向优质高效发展，在社会主义精神文明建设中发挥应有的作用，为社会主义现代化建设服务，才能无愧于自己的历史使命。

是的，编辑是我们的职业，但不仅仅是职业，更重要的是我们的奉献，是我们在实现社会主义现代化建设中应该交出的一份试卷，祝贺大家在这场严肃的考试中都取得很好的成绩。

1995 年 9 月

《出版科学》1995 年第 4 期；《20 世纪中国的编辑学研究》P280，河北教育出版社 2000 年 1 月版

有计划有步骤地开展编辑学基本理论研究
——在 1995 年全国编辑学理论研讨会开幕时的发言

我在 80 年代末曾经提出：编辑学研究需要深化。经过最近五六年的努力，应该说已有所改观，尤其自从提出研究学科的定向定位问题以后，更有所发展，可以说比过去更深了一步。这种深化表现在三个方面。

首先，根据定向定位的要求，在当前，编辑学研究要以现代图书编辑学（包括现代杂志编辑学）为重点，这个目标更明确了，许多论著都是向这个方向发展的。讨论编辑概念、编辑活动的文章，大多也集中在编辑与图书、编辑与出版、编辑与传播的关系上；一些同志已经开始研究编辑学与邻近学科的关系，这也是解决定位问题所必需。

其次，这几年学术争鸣发展得比较快，现在已经由前几年讨论编辑学研究要不要开展？要不要研究概念？是先研究基础理论还是先研究应用技术？以及对编辑学研究中这长那短看法的讨论——这些比较抽象的程序性问题，发展到对具体的学术观点、学术问题的研究，如对编辑概念不同观点的争论，对编辑规律的不同看法的研究，对编辑学和其他学科关系问题上不同见解的讨论等等。总之，讨论的问题比较实，做到这一点是很重要的。我不是说一些务虚的程序性问题不要讨论，但真正解决问题、促进学科发展的是要讨论实实在在不同观点，这也是推进学科建设所必需。

再次，我们对编辑学必须研究编辑主体这一点，有了进一步的认识。外国的出版学一般不研究出版者主体，主要研究出版作为一种产业发展中必须具备的条件和环境、原稿复制、物化过程的特点和规律、出版手段现代化、出版自由和出版者的权利、出版与法的关系、出版经营、成本核算、书籍定价、社会购买力水平、读者的阅读能力，以及出版的国际合作等等。当然，有的也研究出版的文化性与经济性的对立，但不研究或基本不研究出版者本身。就编辑学来说，要研究编辑主体的意见，在 80 年代中期就已经有所议论，但当时没有引起重视，或者只是理解为加强业务知识、业务技能的训练。尽管有的也讲编辑的职业道德，但也只是限于遵守法律、廉洁自律，不搞不正之风；很少讲编辑的素质、编辑本身的能动作用。他们负有教育一代人的责任，对自己的职业应该具有历史的使命感，对自己的成果——出版物应该具有社会责任感。前一段时期，有些单位的出版物文化品位降低，不健康的东西不断出笼，居然"利得"心安；有的堂堂的国家出版社，堂而皇之地盗印别的出版社的图书，居然脸不红，心不跳；有的在出版领导机关明令禁止买卖书号和社会舆论的一片谴责声中，居然照卖不误；有的"马克思主义"的高调喊得震天价响，出卖书号的价格比谁都低。这种两面人在出版界虽然是极少数，但影响却是十分恶劣的。

出版社要讲经济效益，有时社会效益与经济效益有矛盾，但有一条基本原则，就是不能用不健康的东西去危害读者，而使自己的口袋鼓起来。可见，编辑学、出版学，应该研究编辑、出版者主体，研究他们应该有什么样的素质，有什么样的思想境界、职业道德和社会责任感。这里，我们是不是可以得到这样的启示：出版学应该是指导出版健康繁荣的科学，应该是出版者用优秀出版物影响读者，促进文明和进步，并在造就读者的过程中进一步造就出版者自己的科学。书刊编辑学不是一门工艺学，不是一门讲编辑技术的技术概论，而应该是体现正确的出版方向，保证出版物的指导思想和基本质量，用优秀的精神食粮引导和鼓舞读者，同时又教育自己的学科。它应该是融汇了政治学、教育学、伦理学、艺术学、经济学、社会学、文化学、传播学理论的一门独立的科学。

从这三方面看，编辑学研究是否深化了一步，请考虑。

编辑学发展到今天，是各方面积极投入，认真参与的结果，实际上也是百花齐放、百家争鸣的结果。"双百"方针和"为人民服务、为社会主义服务"的"二为"方向一样，是文化学术客观发展规律的深刻反映，是对社会主义精神产品生产的基本要求，也是发展文化学术的根本指导思想。正确地贯彻"双百"方针，是文化学术得以发展的主要保证。江泽民同志曾经说过："精神产品的生产是一项非常复杂的劳动，需要专家、学者和文艺工作者发挥个人的创造精神。我们应该尊重和爱护他们的辛勤劳动，坚持解放思想、实事求是，坚持'双百'方针，努力形成一种鼓励探索与创造的良好环境和气氛。在学术研究上提倡不同观点和学派的自由讨论，在艺术创作上提倡不同形式和风格的自由发展。"[1]江泽民同志的这个指示，对于促进我国社会主义文化学术的繁荣、艺术的发展和科学的进步，具有十分重要的意义；对于我们编辑学的研究，同样具有十分重要的指导意义。我们编辑学所以能有今天的发展，就是因为在坚持"双百"方针这一点上，大家做得比较好。比如，在编辑学研究的对象、编辑工作的性质、编辑概念、编辑史的起点、编辑规律等许多问题上，都有过争鸣，认识也有所发展。另一方面，也有不足。首先，是认识问题。如有的怕伤和气；有的认为，张长李短，争了一通，也没个结论，解决不了问题；也有的担心，一旦介入争论，就放不下，要花费很多时间去应战，受不了；等等。这类疑虑和困难，不仅编辑学有，其他学科也是经常遇到的。这里，我们要相信，在马克思主义指导下，开展学术争鸣，发展自由讨论，交流思想，取长补短，是可以使真理愈辩愈明，认识愈来愈深，只会有利于学术发展，有利于学科建设的逐步前进。其次，要注意有计划有步骤地开展讨论，力争更有计划地讨论一些问题。自从学会成立以来，我们的讨论集中在学科的定向定位问题上，许多专家、学者围绕这个问题发表了很好的意见，各地和一些专业刊物也做了许多工作，取得了一定的发展。

今后，总的要进一步加强计划性，把需要讨论的问题梳理一下，有

---

[1] 江泽民《在全国宣传思想工作会议上的讲话》.《人民日报》1994 年 3 月 7 日。

计划、有步骤地进行，特别要加强学科基本理论体系的研究，这对学科建设是有决定性意义的。从格局上，恐怕仍然是这样：一方面，学会要坚持召开一年一度的学术讨论会，有计划地讨论一些问题；另一方面，各地，尤其是编辑、出版刊物，除了积极参加学会组织的学术讨论外，也可以根据自己的情况，组织一些学术问题的讨论。许多刊物，如《新闻出版报》《编辑学刊》《编辑之友》《出版科学》《出版研究》等过去做了大量的工作，希望他们更有计划、有步骤地做好学术争鸣的工作，为学科建设作出更大贡献。同时，大家今后要积极支持各地开展学术活动，积极支持编辑、出版类刊物的工作；更希望各地的学术组织，特别是高等学校的教研工作者，也能更多地支持编辑、出版类刊物。刊物热，则学术兴；刊物冷，则学术衰。这是多少年来的共同经验，而刊物要热起来，不仅要靠编辑部、编辑人员，而且也要靠大家。

让我们携起手来，互相支持，共同努力，把编辑学的学科建设一步一步地推向前进。

1995 年 9 月

《编辑学刊》1995 年第 6 期；《20 世纪中国的编辑学研究》P141，河北教育出版社 2000 年 1 月版

面对电子出版物的挑战

　　一种新型的电子技术和出版艺术相结合的传播媒体即电子出版物，这几年发展很快。它在有的国家，即使是发达国家，三年以前还是"零的工业"，可是三年以后，已经在传媒界形成了一种不可低估的势头。

　　这种发展势头，迅猛异常，致使在新闻出版界某些人眼里，已被看成是吞噬和代替印品书报的毒蛇猛兽，谈虎色变。Inf-foTech 年初发表的报告表明：1994 年电子出版物品种发展较大，已达 11837 种，比 1993 年增长 45%。发行量上升更大，1994 年比 1993 年增长 161%，达到 9180 万部。据统计，1993 年全球生产 CD-ROM 软件为 1 亿张，年增长率为 150%。硬件增长也不小，CD-ROM 驱动器 1994 年的全球销量达到 2690 万台，比 1993 年增长 137%。其中美国 1000 万台，英国 75 万台，欧洲其他地区 150 万台。据《1994 年 TEFL 世界电子出版趋势》报导，目前，全球有电子出版商 3000 多家，其中美国 940 家，英国 381 家，法国 164 家，德国 159 家，荷兰 135 家，日本 111 家，加拿大 107 家，意大利 94 家。另据美国《出版商周刊》报导，1993 年美国电子出版物销售额比 1992 年增长 149%，达 70 亿美元，多数为团体购买。其中市民购买的为 1.72 亿美元，多数为儿童读物[1]。

　　从一些出版商经营电子出版物过程看，发展也相当快。在美国，几年以前，电子出版物还是不引人注意的东西，可是三四年下来，情况大变。如 1992、1993 两年，出版了 CD-ROM6000 种，1994 年达 3.5 万种[2]。现在大的媒体出版社年销量可达 5 万张左右，一般的平均每家销售 1 万到 1.5 万张，销售趋势还在提高，出版单位也在增加。牛津大学出版社，

---

[1] 参见杨贵山《全球电子出版物市场日趋扩大》，《中国图书商报》1995 年 4 月 17 日。
[2] 参见张维新《迎接电子出版物的春天》，《新闻出版报》1995 年 6 月 19 日。

在英国是动手比较早的一家，1990年就推出了《牛津词典》10卷本的光盘，销量年年增加；多灵金斯特莱出版社的电子出版起步也仅仅3年，开始只有3个人，目前已有120人，还购置了一座大楼，最近推出《英语词典》《科技小百科》《人体奥秘》的光盘，有声像文、动画和电影，还有用户可以自己控制的游戏，学习与娱乐兼具，适合青少年需要，销路不错[①]。据了解，目前英国电子出版物数量已达5397种，占全球总产量67%，超过了美国。在日本，1986年笔者访问岩波书店时，已见到《广辞苑》的光盘，但当时估计阅读器一时还难以普及，还不能大量发展[②]。但实际发展出人意料，1986年日本电子出版协会成立后，会员单位激增，已由原来的43个发展到目前170多个，其中40%是新闻出版单位。日本1986年出版的《12国语电子辞书》的光盘，已在世界销售2000万张以上。据1993年8月统计，电子出版物已在300多家书店上架出售。由于竞相发行，售价下降，工具书CD-ROM，每片由500美元降为50美元。一般内容的CD-ROM每片仅值5美元左右[③]。日本有人预测，多媒体光盘5年内全球销售额将达到2到4兆美元的市场。在亚洲，日、韩、新加坡、马来西亚、香港等国家和地区都计划扩大投资。有的还准备追随西方，发展计算机和电视"结婚"，力争电子出版物能深入到普通家庭。可见，电子出版物的发展已成为一种不可抗拒的必然趋势。

中国大陆电子出版起步较晚，始于80年代中期，经过10年开拓，以FD为载体的电子出版物，已取得明显成效，现在出版1000多种，发行40000多套，销售额达1000多万元。至于CD-ROM，则始于90年代，从1991年到1994年，出版近70种。1992年4月，香港喜多来有限公司与北京高电光盘公司联合成立了中国第一家专门开发制作多媒体光盘电子图书的专业公司——北京金盘电子有限公司，经过几年努力，已初

---

① 参见徐明强《电子出版物类走多远了》，《新闻出版报》1995年3月17日。
② 参见邵益文《编辑学研究在中国》，第227页，湖北教育出版社1992年版。
③ 参见张维新《迎接电子出版物的春天》，《新闻出版报》1995年6月19日。

具规模。其中有的产品，如《邮票上的中国》等，已有相当水平；另有一些电脑公司和出版社，也积极从事这方面的开发，取得了一定的成绩。从"94北京国际电子出版研讨会及展览"上看，展出单位60多家，光盘30多种、磁盘和电子书50种。但不少产品，声像利用很少，水平还不够高。

总的说来，目前我国电子出版物的发展，基本上还处在一种自发的各自为战的状态，因此影响了前一段的发展速度。从制作技术和出版规模看，也还处在起步阶段，与国际电子出版业的水平和实力相比，差距是很明显的。鉴于此，我们应当迎头赶上。当务之急，是要研究电子出版物发展的总体战略，制订全面规划，统筹安排，协调好科研、试制、生产、推广、维护和设备、线路、技术、出版、流通等各个环节、各个方面的问题，组织好有关行业的通力合作，才能较快地顺利地得到发展。

对中国发展电子出版物的思考

第一，是要统一认识，加强领导。现在有的人认为，电子出版物需要高科技、大投入、多配套，与我国目前科技水平、生产力发展不相适应，只能"慢慢来"；也有人认为，电子出版物目前在中国还缺乏市场，搞出来也没有多少销路，还不如"等一等"，等到有了市场再说；出版界也有少数人认为，发展电子出版物会争夺印品（平面）出版物的市场。这些看法、想法，都带有这样那样的片面性，或者说是对发展电子出版物的意义还缺乏认识，是不科学的，不符合时代潮流的。

大家知道，电子出版物不是一种普通的出版物，它是"信息高速公路"的一个组成部分。在当今科技发达的时代，信息就是生产力，谁掌握了信息，谁就掌握了时代前进的脉搏、掌握了科技转变为生产力的咽喉。实践表明，信息发达的国家、地区或行业，它的科技创新、技术更新就快，从而可以有力地促进生产发展，有时会比其他信息落后地区快几倍、几十倍，甚至几百倍，这就是"科学技术是第一生产力"的道理。有时，我们在信息上多花一元钱，得到的可能是几千、几万、几亿。因此，我们一定要把电子出版物的发展放到信息事业中来考虑，作为发展高科技工程的部分来考虑，把它纳入科教兴国的战略中去。早干早得益，快干快见效。"慢慢来""等一等"的想法，只会使自己处在被动、落后的局面。而中国历史上吃科技落后的苦头是够多的了。高科技需要高投入，一定要采取有力措施调整投资结构。宁愿少盖一些大楼，少搞一些高消费，也要集中资金，去解决信息现代化的问题。这对我国今后的发展来说，具有决定性的意义。

为此，必须加强领导，要有权威的部门出面作出规划，进行协调。既要改变各自为战，想搞就搞，不想搞就不搞的自流局面。要有领导有组织地开展，要调动各方面的力量，努力拼搏，真抓实干，把电子出版业抓起来，搞上去。同时又要防止信息资源流失和重复建设等浪费现象，避免过去各个印刷厂都要进电子分色机，造成重复浪费的教训。还要坚决消除由不协调带来的种种障碍。高科技要高投资，这方面有一项工程的浪费，就会带来巨大的损失，决不可掉以轻心。

第二，要整体规划，统筹安排。电子出版物的发展既是科教兴国战略的一个组成部分，就应纳入国家的信息工程当中，有计划地进行。从设备、线路到技术标准，都要有计划。既要重视硬件，又要注意软件；既要考虑物的因素，又要考虑人的因素；既要考虑原来的出版物如何转化为电子出版物，又要考虑著作权的保护，严格地依法办事；既要从国内实际情况出发，又要与国际市场接轨；既要考虑学习国外的先进经验，又要注重中国特色。总之，要有长远的打算，要有立体的考虑。如英国，在政府支持下，成立了交互式多媒体协会（BIMA）来协调出版社软硬件制造商和发行商之间的关系，同时促进国际交流和合作。因此发展就快^①。

第三，选准方向，明确重点。根据各国电子出版物发展的状况看，目前主要集中在这样五类出版物上：即工具书类（包括字典、词典、百科全书和指南性读物）、书目类、文献类（包括专题文献、文献索引及报刊摘要）、教育和娱乐类（包括寓教于乐的儿童读物）、其他类（包括统计资料、法规、地图等）。我国发展电子出版物，也要从这些方面入手。

（1）一些大出版社或有实力的出版社可开发电子出版物出版部。如百科全书出版社、辞书出版社、教育出版社、少年儿童出版社和地图出版社，都是有相当实力的出版单位，可以独营，也可以联合开办电子出版物出版部。

（2）我国绝大部分省、市、自治区，有出版总社、出版集团，它们在图书品种和经济实力方面，都有相当好的基础和条件，完全可以着手经营电子出版物，以一个省出版部门的力量，搞一个有一定规模的电子出版部，似乎是不成问题的。最近上海市11个出版、印刷单位合营，创办了上海电子出版公司，专门出版以CD-ROM为载体的电子出版物，就是一个证明。

（3）一些有兴趣搞电子出版物的电子公司，可以和有的出版社合办电子出版物出版部，双方优势互补、取长补短，相辅相成。

第四，中国现在发展电子出版物，有没有条件？回答是肯定的，不仅有条件，有的条件还是相当好的。

（1）发展电子出版物，必须有计算机。据有关部门统计，1994年我国拥有计算机200万台，到1995年底，预计达到300万台。计算机安装光盘驱动器的装机量也将由1994年的2%上升到10%。有关方面人士估计，随着我国计算机的进一步普及，计算机和光盘驱动器的价格将会

---

① 参见杨贵山《全球电子出版物市场日趋扩大》，《中国图书商报》1995年4月17日。

下降，使光盘驱动器的装机量，在今后两三年内会有大幅度增长。可见这方面的条件基本上是具备的，而且是越来越好的。更何况，目前国际上正在发展计算机和电视结合，这一着如果真正做到了，那电子出版物普及的条件，将大大改善。

（2）有没有足够的市场，也就是说光盘有没有销路。这种担心看来也是多余的。前面我们说到光盘驱动器的装机量今后将大大提高，这就意味着光盘的需求量也将大大增加。就算最近一两年进展小一点，但这种时间不会太长。再说，即使目前立即着手筹建电子出版机构，要能够大量出版光盘也需要一定时间。所以这里的"时间差"，只有不及，不会过头。根本的原因是我国有1000多所高等学校（不含成人大学），约4000个公共和科研图书馆，而且还有好几千个专业团体，它们是销售光盘出版物的基本市场。这里还没有谈到电子出版物深入到千家万户的问题。在12亿人口中，不多说，只要有1%的家庭需要光盘，这个市场就不得了，了不得了。

（3）发展电子出版物需要人才。这个问题现在看也是不难解决的。中国现代出版业的发展，开始只有一家商务印书馆，后来办出版社的人，许多都是从"商务"出来的。现在发展电子出版物，已经有了北京金盘公司，还有一些出版社开办了电子出版部，总数已近百家，这些单位，这几年已经培养了一批骨干，既可以请他们来做教员，又可以派人到他们那里学习。实在有需要，还可以到国外去学习。再加上许多高等学校还有各种专业。所以，现在人才的培训，比100年以前办新型出版社要方便得多，人才的成长也会比过去快得多。

（4）还有人担心电子出版物的选题不足。这个问题应该说是没有根据的。我国从历史到现实，出版了那么多优秀图书，这方面的条件，可以说比哪个国家都好，关键在于用心去改编，使之适合于转化为多媒体出版物。只要认真去发掘，恐怕搞几十年也是搞不完的。

可见，我国发展电子出版物的条件是不错的，在科教兴国的总战略下，随着高科技的发展，条件将越来越有利，这是毋庸置疑的。

我国发展电子出版物的速度问题

有人认为：中国是发展中国家，生产力发展水平不高，科学技术也相对落后。所以，电子出版物这种高科技工程在我国发展的速度不会很快，水平不可能很高。笔者对这种看法，持否定态度。我国发展电子出版物的速度不会很慢，相反可能会比较快，水平也会随之提高。理由是：

第一，中国是一个出版大国，已经建立了完整的出版体系。10 多年来，在改革开放大潮的推动下，出版业发展很快。当前在科教兴国战略的鼓舞下，各行各业发展科技事业的劲头很大，出版业当然不甘落后，只要善于调动各方面的积极性，就会出现你追我赶、互相竞争的局面，这样就可以加快发展的速度。

第二，从我国过去与出版有关的电子技术发展看，速度是相当快的。如计算机排字在书刊出版中的应用和推广，5 年前尚为数寥寥，现在已经深入到大大小小的每个出版社、报社和许多杂志社。仅据国家定点书刊印刷厂排字数统计：1993 年，我国书刊排字总量共为 1347174 万字，其中计算机排字数为 663345 万字，约占总数的二分之一，发展过程也不过三五年时间。如果计算机和电视结合的问题能及时开拓推广，电子出版物进入普通居民家中的问题就会大大提高。因为电视在我国已相当普及，尤其是城市的普及率，与国际上某些国家相比，也是相当高的。根据以上事实，笔者相信，电子出版物在中国的发展，也不会很慢，相反会比较快。

第三，重要的是要正确处理好"跟踪"与"创新"的问题。发展高科技，"跟踪"有的时候是需要的，但"跟踪"也带来一个问题，不能老是跟在人家后面转，所以一定要"创新"。以前搞电子分色机，就是搞"跟踪"，把人家的东西"解剖"、分析、仿制，但搞了多年都不成功。后来抛弃了原来的做法，集中在桌面出版系统上做文章，走新的路子，结果取得了重要成果。在发展电子出版物问题上，我们如果能解决好这个问题，就有可能跟上国际先进水平，从而使我们走得更快一点。

电子出版物的发展会不会吞噬或代替印品书籍

这个问题，从国内到国外，熙熙攘攘，众说纷纭，已经争论多年。这里，我们先来摘录一些西方人的议论：

《纽约时报书评》作者莎拉·莱尔说，现在有人认为自从谷登堡"使书本得以普及到平民百姓以来，书本出版业从来没有处于今日如此混乱和危险的关头……他们的竞争对手不是其他娱乐事业，而是电脑和软件公司"[1]。印第安大学电脑教授格雷戈里·罗林斯曾对一群大学出版社的人说："你们如果不是压路机一部分的话，就得成为马路的一部分。"[2]意思是你们不搞电子出版物，就会被电子出版物所取代。有人甚至认为，几个世纪以后，印品书将成为博物馆里被人参观的文物，书蛀虫也只能到动物化石中去寻找了。美国加州大学圣迭戈分校的认知学科创办人，现任苹果电脑的研究主管唐纳德·诺曼说："十年内，所有的字典大体上都会电子化了，因为电子化字更容易得到，又方便查阅。"[3]有的人还说："在学术著作和参考资料的市场上，新型传媒正有理有据地迅速取代传统书籍，这一点似乎很明显了。就以《大英百科全书》为例，该全套约值1500美元，重118磅，摆起来要占用超过4尺宽的书架位置。但同样内容的百科全书储在光盘只读存储器上"，"售价仅为99.99美元"，"重

---

[1] 参见[美]莎拉·莱尔《纽约时报书评》（The New York Time Book Review），纽约时报公司，1994年版。
[2] 参见[美]莎拉·莱尔《纽约时报书评》（The New York Time Book Review），纽约时报公司，1994年版。
[3] 参见[美]莎拉·莱尔《纽约时报书评》（The New York Time Book Review），纽约时报公司，1994年版。

量不足一盎司，可轻易放在钱包里，而且还有额外的内容"，比如你想查贝多芬，电脑屏幕上立即就出现有关的资料，还可以听到第九交响乐的一段，可以知道瓦格纳的音乐如何受贝多芬的影响，并且听到这种影响的结果 ①，等等。似乎印品书籍已经走到尽头，真的只能成为被压路机碾压的"马路"了。但是，历史和现实都不能得出这样的结论。

笔者认为：电子出版物的发展，不可能取代印品书，印品书将长期存在，并且得到相应的发展。理由是什么？可以从几方面看：

第一，现在人们把《大英百科全书》《牛津英语词典》的光盘说得如何至巧至妙，但他们都忘记了一个事实，光盘都来自印品书籍，没有118 磅重的《大英百科全书》印刷版，就没有重量不足一盎司的光盘版。迄今，人类尚没有发现不经过印刷媒体，由千百位作者直接输入光盘编纂起来的几亿字、几千万字或几百万字的光盘出版物。将来也许会有，可现在还没有。大型的、众多字数的工具书和资料书，一般说必须先有印品、印样，然后才能变成多媒体出版物。须知，输入计算机的文稿，即使开始没有经过书写，由思维或语言直接输入的，也必须出一张（反映在纸上）已变为文字稿的大样，尽管它已经告别铅字，但谁也不能不承认它是印品。

第二，人类看书的习惯是多种多样的，有坐着的，躺着的，侧卧着的，还有边走边看的；看书的环境也是十分复杂的，可以在图书馆、教室、实验室，也可以在家里、公园里、医院里、监狱里，或者在车、舟、飞机上，有的还可以游泳时看书；可以是喧嚣的闹市，也可以是需要绝对安静的场所。以上种种，是否都可以用电子驱动器和 CD-ROM 来实现，应该说有的是相当困难的，至少现在还不能完全做到。

第三，多媒体出版物和印品书报刊可以长期并存，彼此不仅不会被削弱被"碾压"，而且两者可以互相促进，各呈优势，求得发展。至少

---

① 参见 [美] 莎拉·莱尔《纽约时报书评》（The New York Time Book Review），纽约时报公司，1994 年版。

在今后几个世纪中是这样。电视的出现，许多人认为将危及印品出版物，可事实并非如此。钱锺书的小说《围城》，印出以后，虽然"热"了一下，但印量不是很大；后来电视播出了由原著改编的《围城》电视剧，这一来，该书马上得到再版、再印，印数大升，甚至还出现了盗印。美国作家米歇尔·布莱克的小说《与狼共舞》，初版时受到冷落，后来也是因为有了电影，图书的印数才得以大大增加的[①]。可见彼此之间只有互为张目、互相促进，不存在互相"碾压"的问题。

第四，印品书出版以后，除了水和火以外，一般可以随意使用。电子出版物则不然，阅读时需要动力、计算机以及其他辅助机械。一旦机械出现故障，或者常见的计算机病毒流行，必将影响人们正常的阅读。这种弊端将来可能得到改进，但目前不能说不是一个问题。

持有与笔者类似看法的出版者、专家、学者和作家，在发达国家也大有人在。

莎拉·莱尔在回答前面自己提出的问题时说："书是狡猾和适应性强的东西。它们经历过世界大战、革命、极权统治，面对其他传媒的浮沉，包括杂志、报纸、广播、电影、录像、唱片、录音带、激光唱片和电视。它们曾经屈居下风，眼看就要没落，但每一次人们预测书本要被淘汰，宣判它们死刑时，它们总能死而复生。事实上，书的生命力是那么强，在1993年，美国卖出的书比以往任何时期都要多，总值180亿美元。"[②] 美国拜伦·普雷斯多媒体公司，使读者可以在一张收录约翰·斯坦贝克的《愤怒的葡萄》的光盘只读存储器上，看到一些引起斯坦贝克创作灵感的照片，一张故事主人公乔德一家行经俄克拉荷马州的地图，以及斯坦贝克生前所识的人的录音访问。这张光盘只读存储器存有小说内文，但其他多姿多彩的新东西几乎使小说本身显得无关重要。但拜伦·普

---

① 参见邵益文《国际出版现状透视》，《编辑之友》1994年第6期。
② 参见[美]莎拉·莱尔《纽约时报书评》（The New York Time Book Review），纽约时报公司1994年版。

雷斯自己却坚持光盘只读存储器上的《愤怒的葡萄》，永远无法取代书本形式的《愤怒的葡萄》。"它不可取代坐在床上看书的经验。"他说，"光盘只读存储器和书本并行不悖。而且会使书更有吸引力。"① 旅行者公司的新大楼有电脑公司的气氛，有满脑袋新主意的职员。但在面对一个有关书籍前景的访问中，他的总裁鲍勃·斯坦说："书本是否会存在下去？我想这个问题是问错了。人类有无穷的能力，为旧媒介寻找富于想象力的用途，在几代人以后，书仍然会和我们同在。"② 阿尔特·施皮格尔曼是一个在两种传媒工作的作者。旅行者公司最近出版他那本备受好评的连环图《莫斯》的光盘只读存储器版本，该书描写纳粹对犹太人的大屠杀，其中包括一段访问作者父亲的录音（他父亲在书中占有重要地位）、从空中摄得的集中营照片，以及十多幅《莫斯》的早期草图。但施皮格尔曼说："我不认为它可以和书竞争，就像书不可以和电影或电视相提并论一样。在某种情况下，它（指光盘）是一种引人注意的做法，但它带来的体验和书不同。"③ 小说家尼科尔森·贝克说："我们已发明了一种可供人任意翻阅的奇妙的东西，它无须电力，而且不论什么情况下也很容易阅读。如果文明走向尽头，我们没有了电力，我们固然可以捧着光盘只读存储器，它有图腾的价值，但这样一来，我们就没有过去了。"④ 要引一些类似的话，还可以有很多。但它们的结论是一致的，印品书不会被打倒、被取代，更不会消失。那种认为随着光盘只读存储器的普及，若干年后，印品书只能在博物馆里作为历史文物陈列，甚至连书蛀虫也会像恐龙那样，只能到化石中去发现的想法，是没有根据的。

我们相信，人类社会将不断前进，历史将不断发展，科学将不断创新，

---

① 参见 [美] 莎拉·莱尔《纽约时报书评》（The New York Time Book Review），纽约时报公司 1994 年版。
② 同上。
③ 同上。
④ 同上。

但合乎科学的东西将不会过时。

　　1995 年 9 月

　　《出版科学》1995 年第 3 期；《20 世纪中国的编辑学研究》P370，河北教育出版社 2004 年 1 月版

一部重要的出版理论著作
——读《边春光出版文集》

在边春光逝世 5 周年纪念的日子里，《边春光出版文集》（以下简称《文集》）① 问世了。阅读《文集》，追思往事，更引发了我们对这位亲切的老领导的缅怀之情。

这本《文集》集中地编选了边春光 80 年代的文章、讲话 86 篇（《文集》中只有首篇是 60 年代的作品）。这一时期他先后任中宣部出版局局长、文化部出版局和国家出版局局长，以后又任中国出版科研所所长，这正是出版业实行以建立新的管理体制和出版社新体制为改革目标的转变时期。这样，选编的这些文章或者贯穿了对于当时出版形势的审视和估量，或者提供了出版政策酝酿和出台过程、出版业管理新体制和出版社新体制营建过程的第一手材料，使得这本《文集》较为完整地反映了出版业和出版改革发展的轨迹。可以说这是一本难得的出版改革早期的理论著作。

边春光自 50 年代以来，就一直在出版岗位上工作，对出版业中那种照搬国外的一些不适合我国国情的管理体制和管理方法感触甚深，因此他坚决主张"冲破各种因循守旧的老框框，积极而稳妥地进行一系列改革"。在出版改革中，发行体制改革起步较早。自 1982 年 6 月全国图书发行改革座谈会之后，半年多的时间里，改革取得了较快的进展。但是，进展很不平衡，一些地方"怕乱""吃大锅饭""捧铁饭碗"的思想严重阻碍着改革的发展。在这种情况下，边春光反复强调要"站在改革的前列"，"要发奋图强，做出样子，打开局面"。随着改革向前发展，

---

① 《边春光出版文集》，中国书籍出版社 1994 年 1 月出版。

出现了一些新的情况和问题。如 1984 年以来出现新武侠小说热、港台言情小说热等等，1987 年以来几度相当严重的黄潮和非法出版活动等等。面对这些新情况新问题，边春光的态度是鲜明的，既保护出版改革的成果，又总结经验继续前进。他总结和"一切向钱看"的倾向做斗争的主要经验，肯定经营体制转变对出版业的重大意义，同时又明确地指出："出版社的经营方针要服从出版方针"，"要坚持出书以社会效益为最高准则，要力求把社会效益与经济效益正确地结合起来"。在出版社实行新体制的条件下，坚持两个效益的统一，边春光认为这确实是一篇难做的文章，但又必须去做，这就要求出版工作者拿出勇气去闯出新路。《文集》反映了边春光正是这样和广大出版工作者走过了出版改革早期的一段崎岖坎坷而又胜利发展的道路。

在出版业和出版改革的进程中，边春光极其重视加强宏观管理。他强调"放开手脚改革，同时加强领导和管理"。针对有些人认为在改革开放的条件下，出版管理要放宽，加强管理就是"左"的流毒的偏颇认识，他理直气壮地指出：加强管理不是"左"，这是因为出版业作为一种社会文化工具，实现它的社会价值，历史经验表明要有正确的引导；再则出版业在新时期思想教育和文化传播的任务更为繁重，同时反对和抵制封建主义思想和资产阶级腐朽思想侵蚀的任务也更为繁重；还有出版改革的艰巨性等等。1985 年边春光总结历史经验，提出了宏观管理的主要任务，其中包含制订出版事业发展规划和设计图书"骨干工程"。在他的关心下，多年来出版事业中那些代表了当代中国文化水平的"大工程"屡屡出现。这些"骨干工作"和一大批优秀的学术著作、科学著作和通俗读物的问世，使那些对出版改革还持这样那样想不通的人们也不得不承认出版工作的重大成就。可以设想，如果没有出版初步繁荣的景象作为支撑，在当时站稳脚跟继续推进出版改革也许会困难得多。

边春光不仅对出版科研工作进行规划和指导，而且亲自参与科研工作。他的科研工作始终坚持从实际出发，服务于实际的方向。他提出，在出版形势估量中，"肯定成绩很重要，但认识工作中存在的问题，分析产生的原因，并找出解决问题的途径更为重要"。多年来他就是这样孜孜不倦地关注着出版工作的大局，并对工作中产生的问题加以分析，寻找解决问题的途径。这就给他的科研工作带来一种务实的风格。这种务实精神促使他主要经过总结实践经验的途径去深入地掌握出版工作的实质。80 年代一段期间出了一些社会效果不好甚至宣扬资产阶级自由化和有严重政治错误、社会伦理错误的图书，边春光深为忧虑，提出对于此类问题要认真研究吸取教训（见 1987 年 3 月《关于加强出版科学研究的几点意见》）。1989 年在总结北京政治风波的经验教训时，他又明确提出："在出版战线上，必须做到：坚持四项基本原则要坚定不移，坚持'二为'方针要坚定不移，坚持出书以社会效益为最高准则要坚定不移"（见《对当前的出版工作我想了十个问题》）。边春光这些关注现实情况的经验总结包含着何等发人深省的社会主义出版发展规律的内容啊！

边春光重视研究现实问题，但并不忽视系统理论和基本理论的研究。作为马克思主义的出版家，他始终把解决现实问题推动出版发展放在第一位，即把理论的现实性视为理论的最高品格。但是怎样达到系统理论呢？他说："从实际问题出发讲理论，这不但与系统化没有矛盾，而且是使理论系统化的最好方法。"边春光自己正是这样做的，80 年代后期，他自己花费不少精力做了大量的出版科研的基础工作。他是《出版知识丛书》《出版知识译丛》《出版词典》和《编辑实用百科全书》等书的主编，《文集》中的有关文章阐述了边春光关于此类基础工作在出版学科草创阶段具有特殊的重要性的观点，也体现了他为了攀登科学高峰而甘当人梯的精神。

为了怀念边春光同志，我们把《文集》翻阅多遍，深感这是一本很有分量的出版改革第一个 10 年的经验与理论的结集，是一位毕生忠诚于党的出版事业的杰出的编辑出版家留给我们的富贵的精神遗产。我们相信这本《文集》的问世，将得到广大编辑出版工作者的重视，并从中汲取智慧与力量，把边春光生前所热望的创建有中国特色社会主义出版业新体制和出版繁荣的事业推向前进。

1995 年 9 月

《中国图书评论》1995 年第 9 期；《20 世纪中国的编辑学研究》P406，河北教育出版社 2000 年 1 月版

祝第七届国际出版学研讨会圆满成功

——在马尼拉国际出版学研讨会上的发言

尊敬的菲律宾书商协会会长先生：

尊敬的来自各国的同行们：

女士们、先生们：

我和我的同事衷心感谢东道主——菲律宾书商协会会长先生的热情邀请，使我们有机会来到美丽的马尼拉，与来自各国的朋友们共同商讨我们出版业当前面临的一些重要问题；有机会互相交换看法、交流经验，以便把我们的出版工作做得更好，使我们的出版学术研究更加有声有色。

我根据会议的中心议题，写的一篇文稿——《面对电子出版物的挑战》（含中文版和英文版）已经印发给各位，请允许我不再在这里诵读全文，只是把我的一些粗浅的看法做一简单的介绍。我认为电子出版物这几年发展很快。三年以前，即使在一些发达国家还被称为"零的工业"；三年以后，已一跃而成为一种不可忽视的产业。互通联网也在迅速地开展。与国际上的发达国家相比，中国的电子出版物无论在品种数量和生产规模方面，都还处在起步的阶段，存在着相当大的差距。所以，我们一定要动员各方面的力量，加强规划，迎头赶上。我列举了一些理由，说明这种迎头赶上的可能性可以变为现实性。同时在观察当前各国发展电子出版物情况的基础上，分析了中国的有关情况，回顾了过去我国发展电子印刷技术方面的有关经验，提出了这样一种观点：中国发展电子出版物的速度不会很慢，相反，可能会相当快。这时重要的是，对于先进技术，我们不仅要引进，要"跟踪"，而且要创新。文章的最后，我认为电子出版物的发展，不会取代印品书。相反，它们会互相促进，共同繁荣，就像过去电影、电视的出现、普及，促进了印品书的繁荣一样。女士们、先生们,以上是我对拙作内容的简单介绍,欢迎有兴趣的同事去阅读全文。这里要说明,我的看法不一定对,非常希望得到大家的批评和指教。

作为中国编辑学会的一名工作人员,在这里,我想向大家介绍一下中国研究编辑学的情况。中国的编辑学研究起步于80年代初,各地都开展了一些学术活动。到目前为止,全国性的编辑学理论研讨会已开过四次。一般是每年一次。今年9月下旬,我们回去以后,马上要开第五次研讨会。着重研究编辑学的定位问题,也就是编辑学在各门学科当中究竟应该占什么样的位置,它和其他邻近学科的关系如何,以及当前学科建设中的重要问题。另一方面,编辑理论著述的形势也相当好,已发表了1000多篇论文,出版了几十本著作,其中以编辑学命名的著作就有35种,作者都是出版界的资深人员和高校的教学科研人员。这些著作发表了许多好的见解,回答了理论和实践中提出的一些重要问题,对学科建设有重要意义。10多年中,出版几十种书,说明建立编辑学具有深厚的思想基础和广泛的社会基础。至于有一些书,可能不那么成熟,或者有这样那样的不足,这是可以理解的。在一门新的学科开始创立的时候,出现这种情况并不奇怪。这一点,我们不会忽视,我们将鼓励作者不断加以改进和提高。对于不同意见,我们也表示欢迎,希望他们也写出来进行比较和讨论。

编辑学的研究,我们既然已经迈出了步子,就要努力走到底,这一代人走不完,还有下一代人,我们要一代一代走下去,直到实现我们的目标——把独立的具有现代科学形态的编辑学建立起来。我们将认真对待这件事。

在研究编辑学的过程中,我们体会到:不仅要研究编辑的工作的客体,研究如何对待作者和原稿,研究编辑工作的外部和内部环境等,而且要研究编辑工作的主体,研究编辑工作者自己。在这里,我想借这个机会就编辑学、出版学研究说明我的见解。"二战"结束以后的半个世纪以来,随着社会生产的发展,也使出版业获得了惊人的进展,如果把今天的出版业和50年前的出版业相比，简直有天壤之别。出版业的规模越来越大，出版物的品种越来越多，出版物的作用也越来越显著。书刊已经成为人类不可缺少的伙伴，并且被誉为人们的精神食粮，人类进步的阶梯。但是，另一方面，我们也不能不看到，淫秽的、危害青少年健康成长的出版物，也与日俱增。有些人为了牟利，把一堆一堆的文化垃圾推向市场，严重地危害了读者，特别是影响了青少年的健康成长，也使出版物的文化性和经济性的对立表现得非常尖锐。这就给编辑学、出版学研究提出了一个十分严肃的课题。我们在研究出版发展的外部条件、环境，以及由此而引发的许多重要问题的时候，还应该着力研究编辑、出版者主体的素质和修养。出版者在谋取必要利润的同时，还应该看到自己的责任，即出版者的社会责任感和历史使命感，出版者的职业道德以及他们应有的正直和良知。和平和社会进步，是当代世界的主题，也是出版世界的主题，我们不可忽略。

以出版为职业的人，钱是可以赚的，也是应该赚的。出书如果都亏本的话，将何以谋生？何以维持出版再生产？不能维持出版再生产，再好的书也出不来！出版物的作用也就发挥不了，也不能给读者以积极的影响。但是，出版者赚取利润，主要靠优秀的书刊，对社会对读者有益的书刊。我认为，这也是编辑学、出版学研究不可缺少的内容。

出版学是一门综合性的社会科学，它既是出版社会学、出版经济学、出版传播学，也是出版文化学、出版伦理学、出版人才学。出版学应该成为指导出版工作健康发展的科学，出版学应该是出版者在发展出版、服务读者中造就自己的科学，这是我的浅见，希望得到大家的批评。

祝各国和各地区出版业兴旺发达！

祝出版学、编辑学不断取得新的成果！

祝女士们、先生们健康愉快！

祝第七届国际出版学研讨会圆满成功！

再一次感谢东道主的盛情接待。

谢谢大家！

1995 年 9 月

《20 世纪中国的编辑学研究》P366，河北教育出版社 2000 年 1 月版

马尼拉国际出版学研讨会印象 ①

应邀赴菲律宾参加第七届国际出版学研讨会的中国代表团于 1995 年 9 月 4 日在厦门集合，对出发前的准备工作做了最后的检查，翌日上午即乘机赴马尼拉。经过约 4 个小时的飞行，午后即到达目的地。一下飞机，即受到东道国书商协会领导人的热情接待。一到宾馆，就发现日本和韩国的老朋友已先于我们抵菲，有的已经在那里游玩了两天，别后重逢，当然格外高兴。

9 月 6 日，研讨会正式开幕。这次研讨会的主题是市场经济中的图书销售、教科书出版问题和电子出版物的发展趋势，会议开得十分紧凑。研讨会结束后，我们又应邀参加菲律宾书商协会在马尼拉举办的儿童书展，获得了对菲律宾出版情况的感性认识。

一、对菲律宾出版业的印象

菲律宾是一个由 7000 多个岛屿组成的国家，受西班牙殖民统治长达 400 年之久，本世纪初成为美国的殖民地，太平洋战争期间又被日本军国主义者占领。二战结束，菲律宾取得独立后才开始发展自己的出版业。

菲律宾的图书市场大部分是教科书市场，少部分是专业图书市场。专业图书多是以英文出版，偶尔也有用地方语言出版的。所谓专业图书包括文化、历史、政治、经济、文学、艺术等类图书以及儿童读物、旅游读物、食品和烹饪读物等，和我们所说的专业图书不同。大部分出版社都集中在首都马尼拉，因为这里有 1200 万居民，是菲律宾的读者最集

---

① 本文根据我国与会者提供的初稿写成。

中的地区。马尼拉以外的出版业很不发达，甚至不少省城连一家像样的书店都没有。

出席研讨会的日本出版学会前会长箕轮成男，他在 1994、1995 年，对菲律宾的出版业做过两次比较深入的调查。他在会上宣读的论文《菲律宾图书市场的定量评估以及调查结果分析》，就是这两次调查的成果。据这篇论文提供的资料，1990 年菲律宾私人出版社出版新书 1628 种，重印书 2069 种，发行总册数 1469 万册。此外，还有政府、研究机构等出版的图书和进口的图书。菲律宾人用于购买图书的费用占国民收入的 0.428%，超过了发达国家 0.35% 的水平。但人均占有图书的数量仅为 0.66 册，远不及发达国家人均 7 ~ 8 册的水平。出现这种情况的重要原因是书价太高（与人民的购买力相比），书价高的原因则是除课本外，图书供应严重依赖进口。菲律宾人阅读的一般书籍 86% 是从发达国家进口的。

由于长期的殖民统治，西方文化已经在菲律宾成为主导，西班牙语、英语几乎成了菲律宾人的母语。他们习惯于不自觉地接受西方的文化观念，购买和阅读西方的书刊。大量英文书刊的涌入，扰乱了菲律宾的本土文化，也冲击了菲律宾的民族出版业。因为菲律宾人用英文出版书刊，无法与英美的出版公司竞争。英美的一些出版公司便乘机对菲律宾的图书市场进行掠夺性的开发。更有甚者，有些西方书商把过时的滞销书以纸张的价格卖给菲律宾的进口商，这些书的价格比一般书低 50% ~ 70%，迅速挤占了菲律宾的图书市场，成为菲律宾图书市场的一大公害。

1990 年，菲律宾为进口书刊花费了 25 亿比索，合 1 亿美元。进口的书刊中除一部分学术性书刊可作为信息资源外，有相当一部分是消闲读物。把本来很贫乏的现金储备花费在这类进口书上，实在太不值得。箕轮成男针对这种情况提出一个观点：发展中国家的出版业必须以本土语言为市场屏障。箕轮的这个观点是非常值得重视的。在经济全球化的形势下，必须坚持文化多元化，要毫不犹豫地立足于弘扬民族的文化，有选择地吸收外国优秀文化为我所用，不能让西方的文化糟粕侵占图书市场。然而菲律宾政府对语言本土化一直持怀疑态度，至今仍采取双语政策。甚至在小学教育中，算术、常识都用英语教学，只有本国语课和公民课才使用本土语言教学。看来菲律宾出版业面临的困难一时难以解决。菲律宾文化出版在发展中遇到的问题，是值得所有发展中国家警惕的。

二、关于市场经济中图书销售问题的不同观点

市场经济中的图书销售问题涉及社会制度和出版业的性质，因而讨论中意见分歧较大。日本和菲律宾的代表都提出"完全自由市场经济"的概念。所谓"完全自由市场经济"就是市场脱离政府的领导管理，完全由私营商业和企业控制；销售的基本功能是"充分利用智慧和敢于冒险，跨越时间和空间来传递、交换商品，保证给商业带来财富"。日本代表还提出自由市场经济下图书销售的特征，包括：表达和出版的自由，发行和销售的自由，完全不受国家控制。这些观点反映了西方的民主自由观和资本主义出版业以盈利为最高准则。同时它们强调建立完善的销售系统（其基本架构是：生产者—消费者；生产者—销售公司—消费者；生产者—零售商—消费者；生产者—批发商—零售商—消费者）；发挥批发商、零售商、直销的作用，追求销售的低成本、高效率和多样性。现在日本有4400多家出版社，有约100家批发商和约20000个零售书店。它们配合默契地进行低成本的销售。读者可以通过任何书店或通过直销买到需要的图书，不致发生供需脱节。日本目前图书销售存在的问题是：定购图书的交货期较长（一般为两周，而法国是24小时至48小时，德国是12小时）。图书的退货率高（35%左右），图书的文化含量降低，消闲读物和追逐时尚的书刊越来越多，甚至不良的图书、连环画、杂志、图片大量涌入图书市场，反映出完全自由市场经济的状况。

韩国出版学会会长闵丙德在《韩国的图书出版与发行》中，介绍了

韩国图书销售的情况和经验。近年来韩国出版业发展很快。1985 年出版新书 19756 种，发行 0.7847 亿册。1994 年底，韩国有出版社 10325 家，比 1985 年增长了 4 倍，有书店 5689 家。图书发行渠道主要是出版社→总发行书店→零售书店→读者；出版社→零售书店→读者；出版社→总发行书店→读者。通过以上渠道发行的图书占发行总量的 77%。现在正在建立大型的总发行组织。1995 年 3 月，成立了"汉城出版发行公司"。1995 年 6 月，又成立了"韩国出版发行中心"。还有一项关于建立 ILSAN 出版城（以信息业为中心的出版文化产业联合体）的计划也在筹划之中。这项计划实现以后，将会大大推进韩国图书发行体制现代化的进程。

三、关于韩、菲出版教科书的状况介绍

韩国与会者介绍了韩国教科书的出版情况。在韩国的图书市场中，教科书也占有很大比例。据最近的统计资料，教科书年出版总量为 1 亿册以上，一般图书年出版总量为 1.52 亿册。在一般图书中，有 55.6% 是教材辅助读物。教材和教材辅助读物所占市场份额高达 79.4%。韩国的教科书分统编教材和推荐教材。统编教材占教材总量的 80%，由两家出版社出版。推荐教材占教材总量的 20%，由 54 家出版社出版。因为教材有稳定的读者和巨额利润，出版商不断要求政府把统编教材改为推荐教材。一些出版商和教师还进一步要求废除政府领导教材出版的体制，代之以教材出版的自由体制。1994 年 1 月，韩国政府颁布了教科书出版的改革措施：将大部分统编教材改为推荐教材，改进评审教材的过程和方法，出版不用辅助教材的新型教科书。这些措施实行以后，韩国的教科书出版将转到私人出版商手中，围绕教科书出版的竞争也将更加激烈。

在图书市场中教科书占有很大的份额。1990 年，菲律宾的图书销售总额（不含进口图书）为 12.47 亿比索，其中教科书的销售总额为 8.55

亿比索，占图书销售总额的 2/3 以上。因此，教科书的出版权问题成为私人出版商关注的焦点。菲律宾与会者向研讨会提交的论文，都主张打破政府对教科书出版的垄断，把教科书的出版权交给私人出版商。其理由是：私有化是菲政府的政策，教科书出版由政府管理和私有化政策背道而驰；民主是理想的多元主义，政府垄断的单一课本政策与民主的要求相违背；政府工作人员在经营上缺乏活力，私人出版商的工作效率高，教科书的价格更便宜。经过激烈的争议，菲国会于 1995 年 6 月通过《图书出版业发展法》，终止了 20 年来政府对教科书出版的垄断，把这一任务交给私营出版商。但矛盾并未解决，只是由出版商与政府的矛盾转变为出版商之间的残酷竞争。菲 Abiva 出版公司的市场销售副总经理介绍：菲出版商目前采用的竞争策略是向学校或购书决策者提供金钱、物质或服务方面的刺激。金钱刺激包括提高折扣率，提供优厚的信贷条件，贿赂买主或购书决策人，捐赠现金资助学校等。物质引诱包括赠送礼品，提供教学设备和交通工具等。此外，还有请顾客大吃大喝，外出旅游等手段。这位副总经理担心，这种竞争将导致教科书出版业自招失败和毁灭，并对教育质量带来不利影响。

四、关于电子出版物的发展趋势问题

电子出版是继印刷出版之后的第二次出版技术革命。现代信息技术和随之出现的电子出版物正在改变出版业的面貌。电子出版物中最接近图书的是只读光盘（CD-ROM）。它用激光达到高密度存储、读取信息的目的，可录入用声、图、文字传播的多种信息；信息储存量大，保真度强，经久耐用，检索方便。只读光盘于 1985 年首次在法兰克福书市面世后发展很快。韩国尹世民教授介绍：1994 年只读光盘的销售量为 5.39 亿张，是 1993 年销量 1.65 亿张的 2.27 倍。这种惊人的增长速度，是由于只读光盘在工具书、教学读物的出版后，显示出独特的优越性。一张很小的只读光盘可记录几亿个文字、上千张彩色图片和几个小时的有声信息，而且兼具学习和娱乐的功能；因而随着个人电脑的普及，只读光盘不断占领和扩大市场。另据美国《出版商周刊》和美国信息技术公司提供的资料，1993 年全世界出版只读光盘 8000 余种，生产只读光盘驱动器 1140 万台，1994 年分别增长到 11837 种、2690 万台。至 1995 年头 4 个月，估计全世界生产只读光盘 1 万种，只读光盘驱动器 3000 万台。尹还谈到，目前美国是只读光盘的最大市场，1994 年的销量为 3.35 亿张，占世界只读光盘总销量的 62%，另有 3600 万张销往日本，占世界总销量的 6.7%，80 万张销往韩国，占世界总销量的 1.5%。但韩国的电子出版物发展也很快，年增长率超过 100%。电子出版物发展后，又带动个人电脑的发展。据估计，今年韩国国内个人电脑的销量将达到 1600 万台，可能为经营者提供 4 亿美元的利润，相当于电视机、洗衣机、电冰箱等电子工业利润的总和。不过值得注意的是：市场上 70%～80% 的只读光盘和个人电脑是用于游戏，而不是用于学习，今后要注意引导和控制，充分发展只读光盘的教育功能。

中国代表团成员 8 人，各就有关议题发表了论文。

1995 年 9 月

《编辑的心力所向》P315，贵州人民出版社 2004 年 10 月版；《一切为了读者》P217，首都师范大学出版社 2010 年 7 月版

探索新时期编辑工作的特点和规律 促进我国社会主义出版事业的健康繁荣

——中国编辑学会第二届年会侧记

中国编辑学会第二届年会是在我国"八五"规划胜利实现，社会主义市场经济体制逐步建立，现代化建设取得伟大的历史性成就的时刻召开的。这些年来，我国出版事业适应经济体制改革和现代化建设的需要，以实现以规模数量增长为主向以优质高效为主的阶段性转移为目标，已经开始着手建立新的出版管理体制和运行机制，出版物编辑质量不断提高，图书市场日益繁荣，并正在向法制化、有序化方向发展，"阶段性转移"方针已经深入人心，日见成效。在这样的形势下，年会就"阶段性转移"与编辑工作的关系，社会主义市场经济条件下编辑工作的特点和规律，创建出版社出书特色等问题，进行广泛的讨论，提高认识，对我国出版事业的健康繁荣，无疑是有益的。

一、"阶段性转移"与编辑工作的关系

一种意见认为："阶段性转移"的目标是要求优质高效，其实质是要提高图书质量，多出好书。所以从根本上说，实现"阶段性转移"就是要做好编辑工作，不做好编辑工作，"阶段性转移"就是一句空话；另一种意见认为："阶段性转移"的实质是要促进出版的改革和发展，即深化出版体制改革，实现出版业优质高效的发展。这是和党的十四届五中全会所关注的整个经济发展要实现两个有全局意义的根本转变（即经济体制从计划经济向社会主义市场经济转变和经济增长方式从粗放型向集约型转变）完全相一致的。实现"阶段性转移"，不仅要出好书、

出精品，还要出效益，这个效益就是要使我们的出版物真正能够促进社会主义精神文明建设，塑造 21 世纪国家民族的新形象，有力地抵御资本主义和封建主义腐朽思想的侵蚀，保证我国社会主义的兴旺发达。因此，对编辑工作和编辑队伍不是一个一般的要求，而是关系到我国社会主义兴衰成败的一个很高的要求。认为实现"阶段性转移"对编辑工作者来说，就是要完成我们国家以新的形象走向 21 世纪的伟大历史使命。这里，首先就是要求编辑人员能够塑造自我的形象，也就是树立正确的世界观、人生观和价值观。即所谓己不正，焉能正人。

二、关于社会主义市场经济条件下的编辑工作特点的认识

这个问题是本届年会的中心议题，争论相当激烈，概括的角度和方法也不尽相同。一种意见认为：在社会主义市场经济条件下，编辑工作面临新的形势，也面对着新的挑战，其特点是：①市场经济已经深入人心，从作者到读者以至整个社会，人们的价值观念变了。但编辑必须坚持"二为"方向、坚持社会效益第一的原则，因此编辑的社会责任不是小了，而是更大了。②在市场经济条件下，竞争加剧，要求编辑工作不断创新，也就意味着编辑要有更高的素质。③出版物的质量要求，不是低了而是高了，要求出好书、出精品，否则就会被市场所抛弃。④编辑的主导作用越来越突出。过去出书，是编辑选题，作者按自己的观点和表述方式写稿；现在，为了赢得市场，往往要求编辑像电影导演那样，指导演员，布置场景，安排镜头。⑤编辑的活动方式变了。过去的编辑主要是个人劳动，单兵作战；现在为赢得市场，从选题到内容、成本、定价、宣传、推销，许多问题都要集体讨论，才能取得各个部门的支持，才能避免亏损。⑧要适应编辑手段现代化。过去铅排，校改以后，一般不易再错；现在电脑排字，每个校次都要从头到尾细看，弄不好本来不错的，后来反而错了。

有一些与会者认为：①现在竞争无处不在，而且日益激烈，从选题、内容结构、作者、质量、周期、成本、定价，处处都存在着竞争。②编辑的经济压力加大，因为从出版社到编辑室都要完成一定的经济指标。③图书由卖方市场转变为买方市场，买书的人要求不同，都需要编辑去满足。④编辑的职责已不限于原来的选题、组稿、审稿、加工、读校等工作范围，还要参与经营和推销；不仅要管编，而且要参与印和发。

另一些与会者则认为：新时期编辑工作的特点是：①书籍从内容到形式在不断创新。②案头编辑在向"策划编辑"转化。③单纯的文化工作正向编印发转化。④埋头编书，不问经济效益正在向坚持以社会效益为最高准则，同时又讲究两个效益统一的方面转化。⑤掌握单一的专业知识正在向一专多能的方向转化。

还有一些与会者认为：新时期编辑工作的特点主要有三条，即多层次的需要、经济因素的制约和竞争的加剧。认为：①在社会主义市场经济条件下，书刊已经突破了传统的基本上属于文化人的圈子，转而需要满足多方面、多层次读者的需求；图书不仅需要文化性，而且大大加强了实用性、观赏性和消闲性，这使编辑工作的领域大为拓宽，编辑人员可以更多地从读者和市场出发，有了更广阔的用武之地。②由于价值规律的作用和出版部门自负盈亏，编辑工作往往受到经济因素和经营能力的制约。③为适应市场的需要，出版物必须具有竞争能力，从而也加剧了编辑工作的竞争性。总之，社会主义市场经济为编辑工作带来了新的机遇，也增加了新的难度，必须认真做好。

三、关于编辑工作规律的理解

一种意见认为：在社会主义市场经济条件下，编辑工作首先要遵循市场的一般规律，即价值规律；同时也要遵循由价值规律派生的竞争规律、优胜劣汰的质量规律和适应市场需要的创新规律。这是出版社求生存，求发展必须掌握的规律。

另一种意见认为：在社会主义市场经济条件下，要做好编辑工作，必须在坚持社会效益第一的同时又坚持两个效益统一的原则。编辑工作也不能不掌握这一条，否则出版社就不能生存和发展，也很难得到成功。这既是编辑工作的规律，也是出版工作的规律。

再有一种意见认为：要研究编辑工作的规律，首先要明确什么是编辑？回答是：编辑是依据一定的社会需要，设计、选择、催生、把关社会精神生产成果的创造性、加工性的精神生产活动。并且认为新时期的编辑规律，就是以社会效益为最高准则，正确处理作者和读者之间的矛盾，以求最大限度地满足读者对社会主义精神文明和物质文明生活的需要。他们认为这样概括编辑规律说明了这样三点：①说明编辑工作是以一定的指导思想为依据的精神生产活动；②说明了编辑劳动的性质、地位和作用，也说明了编辑人员在精神生产劳动中有很大的能动性；③编辑活动的根本目的是以社会效益为最高准则，是为读者服务，但也允许取得必要的经济效益。

四、关于"策划编辑"问题

"策划编辑"问题再次成为本届年会的热门话题。

一种意见认为："策划编辑"是对于传统的编辑体制的一种重大改革，这种以"策划编辑"为核心而建立的现代出版运行系统和以电脑为手段的现代编辑加工制作系统的结合，将使出版社的职能发生重大改变，出版社的效益提高，也能更好地适应市场经济的需要。他们说传统的编辑生产机制是编辑在前，然后是封面设计、图书征订、图书宣传评介等。策划机制改变了这种程序，是市场意识超前、装帧设计超前、宣传推动超前、销售活动超前，从而使图书不是被动地面向市场，而是积极地引导市场、带动市场。

一种意见认为："策划编辑"的出现和发展，将导致出版社内部机构的重组，促进管理思想和管理体制的改变，"策划编辑"受权掌握书稿的控制权，可以直接物色合适的作者，制订写作方案，甚至动员作者的力量，组织撰写，并且可以把编辑意图贯彻到编印发各个环节中去。他对所编辑书稿的最终效果负有重要责任。这样大大提高了编辑的地位和作用，也使编辑工作的中心环节体现得更加鲜明和突出。

一种意见认为："策划编辑"近年来热过一阵，各地都有一些单位试行，但它的性质、任务、职权利都不够明确，各单位做法也不一致。有的成立专门的组织，专管选题、组稿；有的实际上搞成编、印、发"一条龙"。在实践中困难很多，往往受到其他环节的制约，目前尚少成功的经验。主要因为出版社改革是一项系统工程，必须通盘考虑，仅从几个"策划编辑"入手，往往孤掌难鸣。他们认为：当前为适应社会主义市场经济发展的需要，所有编辑工作者都需要加强策划意识、公关意识、经营意识，这是一种客观的需要，应该在实践中不断总结经验，逐步完善。

也有人认为：究竟什么叫"策划编辑"，他干点儿什么事？目前理解很不一样，是否类似国外的组稿编辑？外国的组稿编辑，受雇于以盈利为目的、作者文责自负的出版商。这些人是有较高的学识水平、较多信息渠道、较强活动能力的高级编辑。他们有组稿权，但一般不过问书稿的编校工作，这些工作另有专人完成。这和我国出书必须以社会效益为最高准则，编辑必须根据出版方针、专业分工、出书计划、策划设计、选题、组稿，又要做审读和加工等案头工作，甚至参与印刷和发行，有很大不同。究竟怎么样建立具有中国特色社会主义的编辑工作体制，还需要不断地实践和创新。

五、关于编辑工作如何创造出书特色的问题

与会者认为，所谓出版社的特色，其实就是出书的特色。而出书有

无特色，关键就在于如何制定编辑方针，在于编辑如何做工作。

一种意见认为：一个出版社要创造自己的出书特色，首先要明确主攻方向，扬长避短，注意规划效应，并且要持之以恒。如有的出版社所以能成为出版计算机类图书有一定权威性的出版社，无论是初学者还是专业人员，在选择这方面的参考书、教材时，首先想到的就是这个出版社，这是因为它们长期以来，就以出版计算机图书作为主攻方向，在多年的实践中逐步形成了包括软件、硬件、语言、相关知识在内的科技图书系列，拥有几百个品种，涵盖了计算机科学的所有领域，满足了不同读者的各种需求，从而也形成了自己的特色。它们的经验：一是经过调查研究，选定主攻方向；二是在长远规划和年度选题计划中，要保证一定的实施主攻方向的选题数；三是选题、组稿要围绕主攻方向开展，不宜过于分散，一分散就形不成气候。

有人认为创造特色，不是一朝一夕之功，需要有延续性，要一代又一代人的努力。有的出版社刚刚搞出一些特点，可是社长、总编辑一换，又另搞一套，尽管好书也常有，但始终形不成自己的特色。相反，有的出版社社长、总编已换了若干届，但始终能够坚持继承经过实践检验的优势和特色，并在原有基础上加以发展，这样就能使自己的优势和特色更加鲜明。有人说，北京烤鸭、天津的狗不理包子，都不是一代人的成就。须知有时保持和发展特色比创造特色更艰难。

六、关于加快编辑手段现代化的呼吁

参加本届年会的编辑人员，无论青年、中年还是老年，普遍呼吁加快实现编辑手段现代化，有的小组还专门讨论了这个问题，理由是：

（1）认为推广电脑在编辑工作中的应用，是科技发展的大趋势，也是出版发展的大趋势。编辑主要从事文化信息的选择和加工。由于科学技术的发展，现代社会的科技文化信息急剧增加，从而大大增加了文化信息选择处理的工作量。编辑如不采用现代化手段，仍沿袭传统的作业方式，那么科技发展不但不能给编辑减轻工作负担，反而增加了繁重的劳动。如果采用现代化手段，就可以快速高效地从庞杂的文化信息中去粗存精、去伪存真，筛选出符合社会主义两个文明建设需要的信息，充分发挥编辑的作用。

（2）现在一个编辑每年的发稿字数较大，即使优选选题，有所压缩，也在300万字上下，不用现代化手段处理书稿，差错难以避免。实践中已经提出，编辑手段已经到了非革新不可的时候了。

（3）我们大多数编辑，尤其是相当一批编龄较长、经验较多的骨干编辑，由于受过去知识结构的影响，对电脑等现代化的新设备、新技术了解较少，将会对今后的工作带来困难。所以，需要尽快补上这一课。现代化的编辑手段，很快将成为现代编辑的基本功之一。不具备这一点，编辑的才能就无法施展，编辑工作就难以胜任，竞争也将化为泡影。

1995 年 10 月

《20 世纪中国的编辑学研究》P154，河北教育出版社 2000 年 1 月版

读书偶得：我国古代有关查处淫秽读物若干规定摘录

　　为配合"扫黄"，现将手头有关材料摘录于后，供有兴趣研究者参考。但要说明如下几点：1. 这份材料是很不完整的；2. 历代查处淫秽读物，不仅标准不同，而且动机不一，查处的直接原因更为复杂，不可以偏概全；3. 有关材料只是简单的摘录，来不及加以分析，也没有交待有关规定的历史背景，请原谅（摘者注）。

一、从不完全的资料看，我国规定查处淫秽读物始于元代

　　《元史·刑法志》规定："诸民间子弟不务生业，辄于城市坊镇演唱词话（讲唱文学的一种，韵散夹杂，属宋元话本小说——摘录者）教习杂戏，聚众淫谑，并禁治之。"规定，为首的"笞五十七下，为从者各减一等"，所得钱物"没官"，"仍于犯人名下征中统钞一百贯"，作为给告发人的奖赏。

　　有的材料还提到元代禁"妄撰词曲"，估计也与"淫谑"有关。

二、明代查处《剪灯新话》，可能是最早的

　　顾炎武在《日知录》中说，正统七年（1442），国子监祭酒李时勉奏："近有俗儒，假托怪异之事，饰以无根之言，如《剪灯新话》之类，不惟市井轻浮之徒，争相诵习，至于经生儒士，多舍正学不讲，日夜记忆，以资谈论。若不严禁，恐邪说异端，日新月盛，惑乱人心。乞敕礼部，行文内外衙门，及调提学校佥事御史，并按察司官，巡历去处，凡遇此等书籍，即令焚毁，有印藏及藏习者，问罪如律，庶俾人知正道，不为

邪妄所惑。"英宗从之。《剪灯新话》，作者是钱塘长史瞿佑，为明初著名的传奇小说集，颇有影响，后有人仿效，又作《剪灯余话》，《觅灯因话》，合称"三话"。其中对男欢女爱情景，颇有述及。当时的处理，除按律焚毁书籍，问罪印卖及藏习者外，对已死的作者也进行了批判，有的死后还不准进入原籍的乡贤祠享受祭奉。在当时，也是很严的了。

三、崇祯首禁《金瓶梅》

崇祯十五年（1642），有大臣奏议，《金瓶梅》"诲淫"，有碍风化。要尽行烧毁，不许隐匿。下旨"照准"。

四、清代对淫秽读物的查处更为认真，且日趋严厉

首先是顺治九年（1652）"题准"坊间书贾不许刊行琐语淫词，"违者从重究治"。

乾隆四十五年（1780）下令查禁收缴演戏的曲本，原因之一，是不乏琐语淫词。

康熙二年（1663）"议准，嗣后如有私刻琐语淫词，有乖风化者，内而科道，外而督抚，访实何书系何人编造，指名题参，交与该部议罪"。此为罪及小说作者加以刑罚之始。

康熙二十六年（1687），刑科给事中刘楷上疏称："淫词小说，犹流布坊间，有从前曾禁而公然复行者，有刻于禁后而诞妄殊甚者。臣见一二书肆刊单出凭小说，上列 150 余种，多不经之语。诲淫之书，贩卖于一二小店如此，其余尚不知几何？""此书转相传染……语尚风流"，"情流荡佚"，"人心之大蠹也"。他建议："敕部通行五城直省，责令学臣并地方官，一切淫词小说……立毁旧板，永绝根株。"康熙下旨，淫词小说，败坏风俗，"宜行禁止"。

康熙五十三年（1714）又颁布上谕，礼部复议后规定："私行造买刷印者，系官革职，军民杖一百，流三千里。卖者杖一百，徒三年，买者杖一百。看者杖一百。"

雍正二年（1724）年奏准："凡坊肆市卖一应淫词小说，在内交与都察院等衙门，转行暂属官弁严禁，务搜板书，尽行销毁。有仍行造作刻印者，系官革职，军民杖一百，流三千里，市卖者杖一百，徒三年，买者杖一百。"

乾隆沿袭旧制。即位第三年（1738）即"议准、查定例：凡坊肆市卖一切淫词小说，在内交八旗都统、察院、顺天府，在外交督抚等，转饬所属官，严行查禁，务将书板尽行销毁。有仍行造作刻印者，系官革职，军民杖一百，流三千里。市卖者杖一百，徒三年"。《书坊禁例》中称："盖淫词秽说，最为风俗人心之害。例禁綦严。但地方官奉行不力，致向存旧刻，销毁不尽，甚至收买各种，叠架盈箱，列诸市肆，租赁与人观看。若不严行禁绝，不但旧板仍然刷印，且新板接踵刊行，实非板本塞源之道。应再通告直省督抚转饬该地方官，凡民间一切淫词小说，除造作刻印，《定例》已严，均照旧遵行外。其有收存旧本，限文到三月，悉令销毁。如过期不行销毁者，照'买看例'治罪。其有开铺租赁者，照'市卖例'治罪。"

其后，类似内容，又作为《大清律例》的规定，颁布施行。

在地方官中查禁最著名的要算江苏巡抚丁日昌。他在同治七年（1868），说："淫词小说，向干例禁"，应予"力黜"。方法是将应禁的淫词小说书目，"粘单札饬"，又建议于现在的书局"附设销毁淫词小说局，略筹经费，俾可永远经理"。《劝毁淫书征信录》中还出有江苏合省绅士上学宪台，请示查禁淫书公启并设局收毁公启，由绅士联合上书表示愿意捐资设局，禁毁淫词小说。

1995 年 10 月

《出版学编辑学漫议》P294，河南教育出版社 1995 年 9 月版

出版要在服务大局中求得自身的发展①

研究跨世纪的出版发展战略，首先要看到下个世纪我们整个国家的主要奋斗目标，即2010年以前，形成比较完善的社会主义市场经济体制，到下个世纪中叶，为基本实现现代化奠定坚实的基础。为了达到这样一个奋斗目标，出版业不仅要谋求自身的发展，基本实现出版现代化；而且要为大局服务，为促进社会主义物质文明和精神文明建设服务。出版业也只有在为大局、为实现整个国家的奋斗目标过程中，才能求得自身的发展。弄清楚了这一条，也就是弄清楚了出版业的总的任务，从而也就摆正了出版在整个经济建设和社会发展中的位置。

为了实现跨世纪的战略任务，我们必须坚持小平同志提出的"解放思想，实事求是，一切从实际出发"的思想路线。比如说，电子出版物，这是今后5年、10年、15年必然要发展起来的现代化传播手段。从目前情况看，我们国家在这方面起步较晚，在国外，我们不仅远远落后于美、英、日等发达国家，而且落后于韩国、新加坡等发展中国家，在国内，我们落后于台湾，形势是咄咄逼人的。可是，我们出版界一些人，对这种形势还认识不足，有的等待观望，有的疑虑重重。落后就要挨打，你自己不搞，人家就要进来。所以我们必须有一个积极的态度，要迎头赶上。所以，我们要总体规划，统筹安排，既要考虑国内的合理布局，又要注意和国际的顺利接轨。还有，法制和管理也要跟上。这是大势所趋。实际上，电子出版物发展起来也是挺快的，大家知道，这个东西1990年在美国还被称做是"0"的工业，可是到了1994年就有了很大的发展。但是，我们也要看到，电子出版物投资大，技术、工艺要求高，有一定风

---

① 本文是作者在"首届跨世纪出版发展战略研讨会"上总结发言的一部分。

险，而且又要与我们整个国家的科技发展水平相一致，特别是和电子计算机的普及相一致才能取得市场，并不是拍拍脑袋就能搞起来的。所以，一定要做好调查研究，充分地评估市场发展状况、资金、人才、选题等各个方面的情况，才有可能顺利地发展起来。目前我们有些部门有的地方发展比较快，正是在这些方面做了许多工作，取得了成效。

中国的出版走过漫长的道路，有许多成功的经验，也有不少受挫折的教训。我们要认真总结经验，探索规律，既要总结近百年来的经验，也要总结建国以来 40 多年的经验，更要总结改革开放 10 多年来的经验。我们要学习和继承优良的编辑出版传统，但要善于"察今"，不墨守成规；对于社会主义市场经济条件下出现的新情况和新问题，也要进行分析，既要看到市场经济的勃勃生机和巨大活力，也要看到它有盲目滞后的一面。我们既然下决心走有中国特色的社会主义道路，就要勇于改革、勇于创新。对于过去形成的编辑出版工作的原则、制度和方法，要进行分析，要敢于摒弃那些已经过时的东西，也要勇于坚持那些符合客观规律，有利于两个文明建设，有利于社会主义出版发展的原则、制度和方法。

研讨跨世纪的出版发展战略，要研究与国际市场接轨，开展中外文化交流，包括中外出版交流，这是题中应有之义。这方面我们也要解放思想，采取积极的态度。我们要学习吸收各国出版工作的先进经验为我所用，这是不可动摇的。但也要看到中国有中国的情况，不能盲目照搬西方国家的一套。就说中外文化交流吧。文化交流，可以长见识，学人家的长处，但要看到所谓文化交流，就是文化渗透，历来如此。东西方的文化交流，在宋以前主要是中国文化外传，近百年来就是西方文化对东方文化的冲击、渗透。现在有人叫中西方文化冲突，有人叫中西文化融合。在文化交流中，不同的文字、语言是一种障碍，但也是抵制外国文化渗透的一种屏障。东方有一些国家，语言已经西方化，民族文化也受到摧残，就是因为没有坚持民族语言，失去了这道屏障。反过来说，近百年来，外国文化对中国的渗透，不可谓不多，但是中国的民族文化仍得以保存和发扬，这与中国文字不同于西方的文字有关，当然还有逻辑和价值观的不同。再说，我们现在的中外文化交流、出版交流，大多是我们翻译外国的东西，实际上现在西方的文化，已经不是文艺复兴时代的新兴文化，已经老化了，就连西方学者也承认现在西方文化已经停滞不前了。但是，他们认为没有什么其他文化可以代替它。实际上，他们不了解，也不想了解东方，不了解中国。我们为什么不能把中国的文化翻译成外文到国外去传播呢？我们不仅翻译人家的东西，也把我们的东西翻译出去，这才是真正的文化交流，或者说在文化对抗中进行选择。当然，要把中国书籍翻译成英文，不是一件易事，有文化背景、价值观、生活方式、思想方法和语言习惯等不同的困难。但，总得有人去做，在做的过程中逐步解决。

这些都说明，在建设有中国特色社会主义的道路上，在走向 21 世纪的整个过程中，中国的编辑出版工作者面临着前所未有的机遇和重大的历史责任。

1995 年 11 月

《20 世纪中国的编辑学研究》P291，河北教育出版社 2000 年 1 月版

编辑学研究的回顾与展望

编辑学研究在中国兴起，已经 10 多年了。10 年前后的情况，确有很大的不同，这里只就几个问题做一简单的回顾。

（1）首先是编辑学著作的出版，形势喜人。正当 1995 年辞岁之际，得悉武汉大学出版社又出版了一本《编辑学概论》，我虽未及看到新书，但喜悦之情油然而生。迄今，我国已出版了 45 本以"编辑学"做书名的书（没有写明编辑学而实际上是讲编辑学、编辑理论和实践的书还有不少，由于不好一一区分，我这里不便都列入统计）。这些书的问世，虽然可以回朔到 50 年代，但比较集中的还是在最近 10 年。当然，这些书不是完美无缺的，这样要求也不现实，何况它们之间本来就存在着许多观点的分歧和认识的差异。但这些都是第二位的。对一门新学科的拓荒之作来说，似乎不宜过于苛求，要看到它们首先是抑制了"编辑无学"的偏见。过去，有人说，你说编辑有学，拿一本来看看。现在这些书的出版，至少是对这种看法的一种回答。更重要的是这批书的问世，为编辑学的学科建设积累了经验，提供了丰富的研究资料，包括多种方法论的尝试，为编辑学理论框架的确立和知识体系的形成，奠定了坚实的基础。总之，它们走过了一门新学科建立过程中开头那一段最艰难的路程。这是肯定的，毋庸置疑的。

这些书的出版者和作者的情况，大体是这样的：

1995 年底以前出版的编辑学著作

类＼年数		1956	1982	1983	1984	1986	1987	1988	1989	1990	1991	1992	1993	1994	1995	合计
出书种数		1	1	1	1	1	2	2	7	1	7	6	4	2	9	45
出版者	出版界				1	1	2	1	4	1	5	5	1		6	27
	高校	1	1	1				1	3		2	1	3	2	3	18
作者	出版界				1	1	1	1	3		3	3			6	19
	高校	1	1	1					3	1	2	2	2	2	3	18
	综合						1	1	1		2	1	2			8
著作类别	教材性	1	1						1		1		1		4	9
	概论性		0			1	1	2	2	1	3	3	1		3	17
	研究性			1	1		1		4		3	3	2	2	2	19

注：① "作者"中"综合"部分是编辑、教研工作者兼有之。

② "著作类别"中的"教材性"、"概论性"两者很难区分，这里把不以教材为编写目的的基础知识读物作为概论性读物统计。

从这个表中，我们可以看出，编辑学研究从 80 年代后期出现高潮以后，基本上是持续发展的。90 年代初有过一阵回落，有人出于关心，曾提出先"热"后"冷"的问题。当时，我们认为总的形势是"大潮初起"，"冷"是暂时的，90 年代将出现新的高潮。事实证明，1990 年的一度回落，实际上是一个研究写作的过程，到 1991 年就开始高涨，1993—1994 年又略有下滑，到 1995 年又出现了新的高峰。应该说，90 年代的高潮已经出现，并将持续下去，其中可能略有起伏，但趋势不会改变，著作的质量也会越来越高。

（2）以几个杂志为核心的学术阵地已经基本形成。我国现在有三四份编辑类专业刊物，另有四五份报刊设有固定的编辑理论和编辑学研究的栏目，同时，还有相当多的出版类杂志和一些高校学报，不时地发表编辑学方面的论文和评述。可以说，以几个报刊为核心，一部分杂志为基干的理论阵地已经基本形成。十几年来，它们发表的学术论文、信息资料和研究评述，数以千计，这些在推动理论研究、引发研究热点、组织学术讨论、促进学科建设方面起着重大的作用。

（3）一批有影响的大学建立了编辑专业。目前，已有清华大学、北京大学、南开大学、武汉大学等 15 所高等学校开设了编辑专业，有的已经办了 10 年。专业的教师队伍数以百计，已有近千名本科毕业生、双学位制学生走上了工作岗位。有的学校还在培养适应电子出版物发展需要的人才，这些专业的开办，基本上改变了编辑工作中多少年来师徒相传、手工业式的人才培养模式。一支知识结构新型、专业知识扎实、懂得编辑基本功的青年编辑队伍正在茁壮成长。

（4）编辑学和编辑理论的研究队伍在 10 年当中有很大的发展。首先，在出版界，除了一批具有相当理论水平和富有实践经验的老同志仍然锲而不舍地从事研究工作以外，一批中青年编辑人员正在积极投入。他们思想敏锐，勇于接受新鲜事物，特别是在总结社会主义市场经济条件下的出版编辑工作的实践经验方面，有的已经取得了相当的成绩。与此同时，以编辑专业教研人员和学报编辑工作者为主体的高等学校研究编辑学的队伍正欣欣向荣地发展。我们从前列表格中可以看出，高校研究著述的力量，如果和出版界相比，基本上已经是一半对一半。这支队伍的长处是：一是教学相长，他们可以从教育实践中获得新的认识和思路；二是教育的需要，使他们不得不回答编辑学的许多基本理论问题，去思考、理清方方面面、各种各样问题的来龙去脉；三是他们和出版社的编辑人员相比，没有发稿字数和经济的压力，相对地说，可以比较集中地来研究学术问题。不足之处是他们不直接了解出版编辑的许多实际情况，有时联系实际不够紧密。但是，无论如何，这是一支重要的力量，是一支不可忽视的力量，他们过去在编辑学研究上做出了重要的贡献，今后还将继续做出重要的贡献，而且这种作用会越来越大。也许可以这样说，这支力量的进一步发展壮大，将会加快编辑学学科建设的进程；没有他们，编辑学学科的建成将会受到很大的影响。

（5）"百花齐放，百家争鸣"的形势已经形成，并且将进一步向纵深发展。数十种著作和为数众多的论文，诸说纷呈，各言其是，真是百花齐放万紫千红。这和10年以前的情况已经大不相同。回想1986年底，笔者在编辑《出版与发行》杂志时，曾为组织两篇不同观点论文的讨论，做了许多准备工作，还以"本刊特约评论员"的名义发表了"剪取东风第一枝，传运南北报春时"的评论，说："希望通过讨论，把出版科研不断引向深入；希望通过讨论、争鸣，使出版科学的春天早日到来。"10年后的今天，情况大为改观。现在在有关的会议上、报刊上，争鸣已随时可见，而且在前期的争辩中，从基本概念出发，已经形成了几种不同的看法：即分别从传播学、文化学、信息论和知识学的角度出发，来研究编辑概念和编辑学的研究对象，从而提出了不同的观点，而且各种观点正在条理化、系统化。相信不同观点的讨论和争鸣，将进一步展开。现在，报刊上各种问题的讨论，发人深省。规模不等的研讨会，包括全国性的和地方性的、综合性的和专题性的，这个门类的和那个门类的，这方面的和那方面的，此起彼伏。回想10年以前，在有些地方和单位，登一篇论文，还可能受到指责和讥嘲；开一次研讨会，也会被说成是"坐而论道""劳民伤财"。现在不同了，这些人的心态也变了，原来不赞成写文章的，现在自己也写文章了，原来反对开研讨会的，现在自己也参加会议了。为什么？因为在实践中体会到，有越来越多的问题需要探索、需要研讨、需要交流。这也说明研究编辑出版理论是顺应潮流、合乎事宜的事。那么，在这种情况下，是不是像有些人说的那样，要说的话都已经说了，该写的也已经写了，似乎理论讨论、学术争鸣已经差不多了。这种看法是片面的，不利于学科建设的。不要说目前的争鸣还只是刚刚开始，还有许多问题需要讨论，即使是在马克思主义指引下，具有现代科学形态的编辑学真正建立起来之后，"双百"方针仍然是而且永远是指导我们学科发展的基本方针。争鸣不会停顿也不应该停顿；学术讨论必将继续，而且会不断地问纵深发展。

（6）建国前编辑学专著的发展。值得一提的是去年底，一些年轻同志在查找出版史料时，在图书馆无意中发现了一本名为《编辑学》的书。它出版于1949年3月，作者是李次民教授。他从1947年秋天起在广东国民大学新闻系应聘正式讲授编辑学课程。作者曾在沪港粤桂等地从事报人生活15年，甘苦自知。他引用萨空了先生在《科学的新闻概论》一书中的话说：编辑工作"决不是任何知识分子，都能胜任的"。又说：因感有关编辑研究在目前也很少有专书，故从讲课时起，"即将历年从事新闻工作的经验，参照诸家学说，编成是书"，由广州自由出版社出版发行。为本书作"序"的卢豫冬也说："广泛的从新闻学、新闻纸、一直论到杂志，精细地包括了全般的编辑理论和技术，并加以透彻的阐释的，据我所知，这似乎还是第一本。"这本书的发现，改变了我们原来的两个看法：①它把我国有现代编辑学著作的年限，上溯了7年。原来认为50年代以前没有"编辑学"这个术语，或曰编辑学研究是本世纪下半期才开始的，现在不对了；②原来认为"编辑学"这个词是在翻译苏联倍林斯基著《书刊编辑课教学大纲》时，译作《书刊编辑学教学大纲》而来的，有人甚至认为是"歪打正着"，现在不是了，而是在1949年就正式出版有名曰《编辑学》的专著了。

（7）在国际交流方面，也有了一些开展。我国的研究者曾多次受邀参加过国际出版学术研讨会，我们也举办过由日、韩、新、马、菲等国和港台地区等专家学者参加的国际出版学研讨会，对当前国际上共同关心的出版工作中的问题，进行了有意义的讨论。我国 10 多年来的编辑出版研究，受到了国际上的关注与好评。

（8）研究工作的引导和计划有所加强。1992 年，中国编辑学会成立，先后提出了编辑学研究的定向和学科定位问题，当前又着重讨论编辑学的理论框架，而且召开了多次理论问题和实际问题的讨论会。总的说来，加强了对编辑工作和编辑学研究的引导，使研究工作有了正确的方向和必要的计划，保证了编辑学研究能够更好地向前发展。

总之，十几年的道路不是平坦的，有时甚至是困难重重的。所幸的是有党和国家的重视，出版领导机关的关怀和支持，出版界广大同仁的厚爱；所幸的是有一批愿意为编辑学学科建设努力奋斗的人，他们坚持不懈、埋头苦干、自强不息，共同创造了今天这样一个难得的局面，为今后继续拼搏创造了有利的条件。

在新世纪正在向我们走来的时候，我们环视四方，瞻前顾后，秉承着过去 10 多年来的轨迹，可以看到一个发展脉络，就是在世纪之交的年代里，编辑学的研究将持续发展，这是因为我国的出版事业在这个时期里，将进一步健康发展，走向新的繁荣，各种载体的出版物将更加丰富多彩，社会主义市场经济条件下的出版体制和运行机制将进一步建立和完善，我国出版和国际市场接轨的问题也将取得新的进展。同时文化渗透和东西方文化冲突也可能随之加剧。总之，那时候也还会出现一些新的情况和问题，机遇和挑战并存。在这种情况下，编辑学的学科建设也将在新的形势下得到充实和发展，学术论文和专著的质量将进一步提高，也许将会出现一批从不同观点出发总结 80 年代以来学术成果的作品。不仅如此，出版学的研究也将进一步热起来，甚至可能出现出版学研究的高潮。这是时代的需要，历史的必然。特别是在我国社会经济发展进入小康以后，以及到下个世纪我国社会主义现代化得到进一步发展，人民生活水平走向更加富裕的时候，人们对出版的要求将更高更多，我国出版事业也将进一步繁荣发展，出版物将更加丰富，编辑学、出版学的学术研究也将出现新的局面。

为了适应即将到来的新形势，我们要提高学术研究的水平和学术论著的质量，要扩大和加强学术研究队伍，进一步提倡和推动认真的平等的同志式的学术讨论和学术争鸣，取长补短，共同前进。要进一步发扬埋头苦干、刻苦钻研、勇攀科学高峰的大无畏精神。力争在下个世纪初，能够在编辑学理论体系建立方面，取得一个阶段性的成果。

当前，我们要加强四个方面的结合：

一要进一步加强理论和实践相结合，这是编辑学研究得以发展的根本方针和基本保证。形势在发展，出版在前进。做编辑出版理论研究工作的人，一定要善于总结历史经验和新鲜经验，要努力从实际出发。既要"知昔"，又要"察今"。才能真正提高研究水平。

二要进一步加强出版界和教育界、学术界研究工作者之间的结合。前面说过，现在出版界以外的研究力量有很大发展，他们彼此之间各有所长。理应知己知彼，互相尊重对方的研究成果，取长补短。现在看，两者的结合是非常需要的，是不可或缺的，谁也离不开谁，否则，只会对学科建设带来不利。

三要加强社科编辑研究者和科技编辑研究者之间的结合。随着社会分工越来越细，兼知社科编辑工作和科技编辑工作的研究者越来越少，所以这方面的结合就变得很重要。现在社科编辑研究者难以涉足科技编辑领域的研究，同时科技编辑研究者也很少研究编辑学的理论原理，而往往侧重于科技编辑的技术和方法方面的研究。这种状况，不利于对编辑活动普遍规律的探讨，也不利于编辑学学科建设的推进。

四要加强老中青研究者之间的结合，主要是老年和中青年之间的结合。老中青各有特点和长短，尽人皆知。一般说来，老年同志经验丰富，积学深厚，深思熟虑，老成持重，年轻同志应该向他们学习，继承和发展前人的成果，弘扬优良传统，开拓创新，造就新的业绩。反过来说，老年人也要向年轻人学习，这不仅因为他们思路敏捷，善于接受新鲜事物，更因为学无止境，更何况编辑学研究起步时间不长，基本上都在同一起步线上起跑。在社会实践飞速发展的情况下，老年人不能囿于原有的经验和成果，要多学多思，不断更新自己的认识。所以，更要虚心地向社会学习，向年轻人学习，要学孔夫子的"不耻下问"，才能随着社会的进步，不断前进。讲结合首先是要团结，互相之间决不能喜则"捧"之，恶则"棒"之。

同时，我们要进一步加强国内外的出版学术交流、吸收国外的科研成果和先进经验。在国内则要加强对编辑学的理论框架、基本原理和学界共同关心的热点问题进行多种形式的探讨，务求在编辑学的理论体系、基本原理方面取得突破性的进展。

更要积极发现和培养跨世纪研究人才，保证编辑学的学科建设后继有人，能够顺利地向前发展。

还要做好资料的积累、整理和交流工作。这个方面，一直是我们的薄弱环节，需要加强。这个工作要大家来做，尤其是编辑出版类的刊物。希望能够做出更大的贡献。

我们相信，只要各方面团结协作、努力奋进，具有现代科学形态的编辑学，早一点快一点在中国建立起来是完全可能的。

1995 年 12 月

《20 世纪中国的编辑学研究》P203，河北教育出版社 2000 年 1 月版；《中国编辑研究》（1996 年刊）P1，人教社 1997 年 7 月版

电子出版物的发展与印品书籍的前景

电子出版物的发展会不会吞噬或者代替印品书籍？这个问题，从国内到国外，熙熙攘攘，众说纷纭，已经争论多年。这里，我们先来摘录一些西方人的议论：

《纽约时报书评》作者莎拉·莱尔说，现在有人认为自从谷登堡"使书本得以普及到平民百姓以来，书本出版业从来没有处于今日如此混乱和危险的关头……他们的竞争对手不是其他娱乐事业，而是电脑和软件公司"[①]。印第安大学电脑教授格雷戈里·罗林斯曾对一群大学出版社的人说："你们如果不是压路机一部分的话，就得成为马路的一部分。"[②]意思是你不搞电子出版物，就会被电子出版物所取代。有人甚至认为，几个世纪以后，印品书将成为博物馆里被人参观的文物，书蛀虫也只能到动物化石中去寻找了。美国加州大学圣迭戈分校的认知学科创办人，现任苹果电脑的研究主管唐纳·诺曼说："十年内，所有的字典大体上都会电子化了，因为电子化字更容易得到，又方便查阅。"[③]有的人还说：在学术著作和参考资料的市场上，新型传媒正有理有据地迅速取代传统书籍，这一点似乎很明显了。以《大英百科全书》为例，该书全套定价1500美元，重118磅，摆起来要占用超过4尺宽的书架位置。但同样内容的百科全书，储在光盘只读存储器上，售价仅为99.99美元，重量不足一盎司，而且还有额外的内容。比如你想查贝多芬，电脑屏幕上立即就出现有关的资料，还可以听到第九交响乐的一段，可以知道瓦格纳的音乐如何受贝多芬的影响，并且听到这种影响的结果等等。[④]似乎印品书籍已经走到尽头，真的只能成为被压路机碾压的"马路"了。但是，历史和现实都不能得出这样的结论。

笔者认为：电子出版物的发展，不可能取代印品书，印品书将长期存在，并且得到相应的发展。理由可从几方面看。

（一）现在人们把《大英百科全书》《牛津英语词典》的光盘说得如何至巧至妙，但他们都忘记了一个事实，光盘都来自印品书籍，没有118磅重的《大英百科全书》印刷版，就没有重量不足一盎司的光盘版。迄今，人类尚没有发现不经过印刷媒体，由千百位作者直接输入光盘编纂起来的几亿字、几千万字或者几百万字的光盘出版物。将来也许会有，可现在还没有。大型的、众多字数的工具书，资料书，一般说必须先有印品、印样，然后才能变成多媒体出版物。须知，输入计算机的文稿，即使开始没有经过书写，由思维或语言直接输入的，也必须出一张（反映在纸上）已变为文字稿的大样，尽管它已经告别铅字，但谁也不能不承认它是印品。

（二）人类看书的习惯是多种多样的，或坐或躺，边走边看；看书的环境也十分复杂，可以在图书馆、教室、实验室，也可以在家里、公园里、医院里、监狱里、车、舟或飞机上，无处不可；可以是喧嚣的闹市，也可以是需要绝对安静的场所，以上种种，是否都可以用电子驱动器和CD-ROM来实现，应该说有的是相当困难的，至少现在还不能完全做到。

（三）多媒体出版物和印品书报刊可长期并存，彼此不仅不会被削弱、被"碾压"，而且两者可互相促进，各呈优势，求得发展。至少在今后几个世纪中是这样。电视的出现，许多人认为将危及印品出版物，可事实并非如此。钱锺书的小说《围城》印出后，虽然"热"了一下，但印量不是很大，后来电视播出了由原著改编的《围城》电视剧，这一来，书籍马上得到再版、再印，印数大升，甚至还出现了盗印。可见彼此间只有互为张目、互相促进，不存在互相"碾压"的问题。

（四）印品书出版以后，除了水和火以外，一般可以随意使用，电子出版物则不然，阅读时需要动力、计算机以及其他辅助机械。一旦机械出现故障，或者常见的计算机病毒流行，必将影响人们正常的阅读。这种弊端将来可能得到改进，但目前不能说不是一个问题。

持有与笔者类似看法的出版者、专家、学者和作家，在发达国家也大有人在。

　　莎拉·莱尔在回答前面自己提出的问题时说：书是狡猾和适应性强的东西。它们经历过世界大战、革命、专制统治，面对其他传媒的浮沉，包括杂志、报纸、广播、电影、录像、唱片、录音带、激光唱片和电视，它们曾经屈居下风，眼看就要没落，但每一次人们预测书本要被淘汰，宣判它们死刑时，它们总能死而复生。事实上，书的生命力是那么强，在 1993 年，美国卖出的书比以往任何时期都要多，总值 180 亿美元。⑤阿尔特·施皮格尔曼是一个在两种传媒工作的作者。旅行者公司最近出版他那本备受好评的连环图《莫斯》的光盘识读存储器版本，该书描写纳粹对犹太人的大屠杀，其中包括一段访问作者父亲的录音（他父亲在书中占有重要地位）、从空中摄得的集中营照片，以及十多幅《莫斯》的早期草图。但施皮格尔曼说："我不认为它可以和书竞争，就像书不可以和电影和电视相提并论一样。在某种情况下，它（指光盘）是一种引人注意的做法，但它带来的体验和书不同。"⑥要引述一些类似的话，还可以有很多，但它们的结论是一致的，印品书不会被打倒、被取代，更不会消失。那种认为随着光盘识读存储器的普及，若干年后，印品书只能在博物馆里作为历史文物陈列，甚至连书蛀虫也会像恐龙那样，只能到化石中去发现的想法，是没有根据的。

　　主要参考资料：①～⑥参见［美］莎拉·莱尔：《纽约时报书评》（The New York Time Book Review）纽约时报公司 1994 年版。

　　《出版与印刷》1996 年第 1 期

学习贯彻《决议》精神　加强出版科研工作

　　党的十四届六中全会的《决议》和江泽民同志在全会上的重要讲话，鼓舞着全党全国人民信心百倍地去开创世纪之交精神文明建设的新局面，也激励着广大出版工作者用优异的成绩和崭新的姿态迈向新世纪的大门。《决议》"迫切要求文化事业有一个大的提高和发展"，出版工作要"着力提高出版物的质量，多出好作品，不出坏作品……"等指示，反映了党对出版工作的战略思考。面对党和人民的殷切期望，每个出版工作者都会感到自己肩上的担子，应该如何提高自己去完成这个庄严的任务。江泽民同志最近又一次强调，政治路线决定之后，干部就是决定因素。好书出自高素质编辑之手，也证明了这一点。看来，关键在于建立一支政治强、业务精、作风好的编辑队伍。这既是各级出版领导机关、出版教育部门的事，也是每一个出版工作者、每个编辑自己的事。这里用得着《决议》中对领导干部的"四自"要求，即"自重、自省、自警、自励"。也就是说，作为一个编辑，要看到自己的地位、作用和责任，要想到取舍一篇稿子／增删一段文字、修改一篇文章的分量，它可能产生的影响，切不可掉以轻心；要经常回忆反省自己工作的成败优劣，及时总结经验，以求改进；要经常给自己敲敲警钟，大到政治上、思想上／经济上、学习上、作风上，小至日常生活上，要警惕、要防患于未然。江泽民同志在最近的一次讲话中，特别强调干部要具备基本的政治业务素质，要有理想、有方向，要有明确的宗旨，懂得正确的思想方法，严于遵纪守法，还讲了刻苦学习，勤奋敬业，具备做好本职工作的专业知识和能力。特别送给青年干部四句话："刻苦学习，勤奋工作，勇于创造，自觉奉献。"他说："人生历程中最宝贵的年华是青年和中年时期，务必要好好珍惜，切不可虚度光阴。"江泽民同志这些教导体现了党的优良传统，反映了时代的要求，语重心长，情真意切，也是一种振聋发聩的告诫，对全党全国工作是有极为重要的意义，对于我们编辑队伍建设和编辑人员的学习和工作，同样是有十分重要的现实意义。认真地学习和实践这些指示，一定会使我们的出版工作出现灿烂的新辉。

《出版发行研究》1996 年第 6 期

编辑学——一门新学科的崛起

——从 30 本编辑学著作谈起

20 世纪 80 年代，一门新的学科，在中国大地悄然崛起，并迅猛发展。这就是中国学术花坛上的一枝新葩——编辑学。

"编辑学"这个名词早在 20 世纪 50 年代已经在中国出现，但编辑学研究真正在中国兴起，还是在 80 年代初期。它是在改革开放大潮的鼓舞下，编辑工作者为了推动出版事业的迅速发展，关心自身队伍的教育和提高，在编辑业务研究已经取得相当成果的基础上发展起来的，迄今已发表论文 1000 余篇，出版有关的图书近 200 种，仅以"编辑学"命名的专著已有 30 种。这些书的出版时间大致如下：

《书刊编辑学教学大纲》　苏联 K. H. 倍林斯基著　中国人民大学出版社 1956 年 8 月出版（经专家研究，原书俄文名为《书刊编辑课教学大纲》，译成中文出版时才叫《书刊编辑学教学大纲》，所以认为"编辑学"这个词最早是在中国出现的）

《报纸编辑学》　郑兴东等著　中国人民大学出版社 1982 年 6 月出版

《编辑学论丛》　李荣生、陈汝春、高文超主编　齐齐哈尔师范学院学报编辑部 1983 年 11 月印发

《编辑学与编辑业务》　戴文葆等撰　呼和浩特"编辑学与编辑业务讲习班"1984 年 10 月编印

《实用编辑学》　阙道隆主编　中国书籍出版社 1986 年 10 月出版

《编辑学论集》　中国出版发行科学研究所科研处编　中国书籍出版社 1987 年 10 月出版

《实用编辑学概要》　俞润生编著　天津人民出版社 1987 年 12 月

出版

《编辑学概论》　朱文显、邓星盈著　四川社会科学院出版社 1988 年 3 月出版

《编辑学》　刘文峰主编　安徽人民出版社 1988 年 8 月出版

《图书编辑学概论》　高斯、洪帆主编　江苏教育出版社 1989 年 4 月出版

《编辑学概论》　肖汉森、戴志松等主编　华中师范大学出版社 1989 年 4 月出版

《编辑学论稿》　刘光裕、王华良著　山东教育出版社 1989 年 7 月出版

《书籍编辑学简论》　张玟、林克勤著　中国书籍出版社 1989 年 9 月出版

《科技编辑学概论》　王耀先主编　中国书籍出版社 1989 年 10 月出版

《编辑学通论》　王振铎、司锡明主编　河南大学出版社 1989 年 10 月出版

《新学科与编辑学》　高等学校自然科学学报研究会学术委员会等编选　成都科技大学出版社 1989 年 11 月出版

《社会科学期刊编辑学》　李学昆主编　江西人民出版社 1990 年 5 月出版

《论编辑和编辑学》　中国出版科学研究所科研办公室编　中国书籍出版社 1991 年 3 月出版

《图书编辑学概论》　钱伯城主编　上海新闻出版局职工大学编印 1991 年 3 月出版

《杂志编辑学》　徐柏容著　中国书籍出版社 1991 年 8 月出版

《学报编辑学概论》　卜庆华主编　湖南教育出版社 1991 年 10 月出版

《科技期刊编辑学导论》 任定华、曹振中、周光达主编 西安交通大学出版社 1991 年 11 月出版

《书籍编辑学》 徐柏容、杨钟贤著 黑龙江教育出版社 1991 年 12 月出版

《编辑学研究在中国》 邵益文著 湖北教育出版社 1992 年 1 月出版

《文艺编辑学》 陈景春著 天津教育出版社 1992 年 2 月出版

《编辑学基础》 方集理主编 杭州大学出版社 1992 年 8 月出版

《学术编辑学研究》 雷起荃主编 西南财经大学出版社 1992 年 10 月出版

《编辑学原理及应用》 黄幼民著 1993 年 2 月在香港出版

《图书编辑学》（新闻出版研究生系列教材之一） 李建臣主编 北京师范大学出版社 1993 年 8 月出版

《编辑学概览——编辑学理论观点选编》 朱美士主编 云南人民出版社 1993 年 10 月出版

港台学者也分别于 60 年代和 80 年代出版过杂志编辑学方面的书。

此外，还有《编辑社会学》《编辑心理学》等。至于书名上没有写明"编辑学"字样，而实际上讲编辑学或编辑理论的书，当然还有。绝不是说，没有写明"编辑学"但研究编辑理论的那些书，就不算编辑学著作，或者其中没有有关编辑学的内容；也不是说，只要写明"编辑学"的就一定是地道的编辑学，或者说，没有可以批评责难的地方，这样说是不科学的。我把书名上有"编辑学"字样的书开出来，是一种最简单最方便的区别方法，众所周知，男人就是男人，女人就是女人。这都是容易区分的，怕只怕有的人，你说他是男的，可他的发式、服式、姿势却都像女的；你说他是女的，实际上他又是男的。正是为了避免这种麻烦，我把那些即使内容大多是属于编辑学的，但它本身还羞羞答答，不敢或不屑承认的，一律未予开列，以免发生拉郎配的现象。而把那些敢于承

认自己是编辑学，敢于充当靶子的书籍，一一开列出来，供人甄审。须知，一门新学科的建立是需要勇气的。即使是一颗闪瞬即逝的流星，人们也不会忘记它曾经在眼前闪现过一丝光芒。

现在，让我们再回过来，对当前编辑学研究的态势进行讨论。由于这么多论文的发表、专著的出版，我们可以说，这些已经为编辑学的进一步研究、深化，打下了坚实的基础，由于有了这样的基础，可以想见，今后的发展也将是令人乐观的。这样说的根据是什么？

一、应该看到以上 30 本著作（且不说数以千计的论文）大都是在最近 10 年当中出版的。短短的 10 年，出版了几十本书，可见编辑学研究发展之快，也可见在中国编辑学作为一门学科形成的基础十分雄厚，条件格外有利，研究者的热情非常之高，潜力相当之大。

二、目前我们虽然还不能说编辑学学科的理论体系已经完全形成。但是，从以上这些论著中，各人提出的见解、构筑的框架来看，这种理论体系的基本框架已经开始呈现，并且日趋清晰。

为什么这样说？大家知道，一门独立的学科能不能成立，关键在于有没有特定的研究对象、独立的概念系统、独立的理论体系，而这些在现代的编辑学研究中，有的已经明朗，有的正在逐步明朗。

首先，编辑学有自己独立的研究对象，这是因为编辑工作有自己特殊的矛盾运动，并不是其他学科所能代替的。现在，对编辑学的研究对象，虽然看法不一致，如"主体客体论""过程论""规律论"等，但这些提法所涵盖的内容，都不同于其他学科。这说明编辑学有广泛的研究领域，它的研究对象的独立性是无可争辩的。

其次，编辑学有自己独立的概念系统。如编辑、编撰、选题、组稿、审读、文字加工、统稿、涂红等，这不是有的学科几个 W 所能完全说明的。编辑工作是人类精神文明的综合成果，它的复杂性，也不仅仅是个信息问题，也不仅仅是信息源、信息流、信息反馈……的问题。不同学科的概念，都有自己特定的内涵和外延，比如，有的学科有"筛选"的概念，但是，它和编辑工作中的"选编"的含义是不尽相同，它们之间也是不能代替的。勉强地把编辑学应该独立的概念系统硬塞到其他学科当中，作为其他学科的子学科或分支学科，看来是行不通的；把其他学科的概念随便挖过来，李代桃僵，也是不合适的。当然，这里并不排斥编辑学可以借鉴、吸收其他学科的成果，经过消化，来丰富和完善自己的学科体系。

再次，编辑学有自己独立的理论体系。从30本书的情况看，编辑学的整体框架已经构筑起来，它分三个层次，又有主干和分支学科。这三个层次，大体上是这样的：第一层次是编辑学或普通编辑学，也可称之为理论编辑学；第二个层次是书籍编辑学、杂志编辑学（或曰期刊编辑学）、报纸编辑学、广播编辑学……第三个层次是书籍编辑学又分为文艺读物编辑学、科技读物编辑学、教材编辑学、辞书编辑学……杂志编辑学也是这样，可以分为科技期刊编辑学、社科期刊编辑学……这三个层次，是编辑学的主干。此外，还有分支学科，如编辑心理学、编辑社会学、编辑美学、编辑人才学、比较编辑学……关于编辑史，它与编辑学主干的关系极为密切，是否应为编辑学整体框架中的一个组成部分，学界尚有不同意见。当然，有了框架，表明了这门学科所涉及的知识内容，说明它具有其他学科不能代替的独立的研究领域，是完全可以而且是应该独立的。但这还不等于理论体系的建立，理论体系的形成还需要对学科的性质、研究对象、基本概念、范畴、原理，包括它独有的客观规律，以及方法论等作出科学的阐释。这些在30本著作中已经提供了相当丰富和有用的东西，这正是编辑学理论体系的基本观点和基本框架，这是认真地读过这些书的研究者的共同感觉。

三、现在正是研究编辑学的极好时机，而且可以说是80年代初编辑学研究起步以来难得的好时机。为什么这样说呢？

首先，让我们回顾一下编辑学萌芽发展的历史。前面已经说过，编辑学研究在中国真正兴起是在80年代初。为什么编书这行当在中国少说也已经存在 2000 多年，编辑作为一门职业独立存在也已有 100 多年，但是长期以来编辑学未能兴起？尽管校雠学与现在编辑学的历史渊源不可分割，研究编辑学不能不上溯到校雠学，但几百年来，校雠学著作寥若晨星。只是到了 80 年代初，编辑学研究才突破过去校雠学的框架，以现代科学的形态和全新的面貌蓬蓬勃勃地展开起来，形成一股不可阻挡的势头。这不是偶然的。这是时代的需要，实践的呼唤。因为这个时候，中国实行了改革开放，各种思潮、学说、方法纷至沓来，作为传播渠道的编辑出版业，处身于新旧交替、中外交流的激流之中，面临着严峻的挑战，编辑这种活动也就不可避免地要作为一门学问来加以研究，而且在短短的 10 多年中形成热潮，这不是一些文人的闲情逸致，也不是好事之徒的故弄玄虚。少数人的倡导，也只是他们看到了这种时代和实践的客观需要。从根本上说，一切主张和人物的出现，都是时代造成的，编辑学研究正是如此。而现在，我们又进入了加快改革开放、建立社会主义市场经济的新时期，客观形势、社会环境的这种转变，必将对我们的编辑出版工作提出新的要求。实际工作也正是这样，出版业在取得巨大成就的同时，也出现了一些新的情况和问题，编辑的压力相当大。从另一方面说，我们又碰上了新的机遇，面临着新的挑战。你不想研究，不去解决实践中提出的问题，也不行；即使你不想研究、不去解决，也有别的人去研究、去解决。鉴于此，我认为当前正是我们研究编辑学、出版学的极好时机，这是社会环境所使然。

其次，编辑学在中国现在已经被社会所承认，从事研究工作的，早已不限于出版界，高等学校和科研部门已经积极投入，并做了大量的工作。前面提到的 30 种专著，有一半就是高等学校和科研单位的教授、专家和学者们写的。有 10 多种是高等学校出版社出版的。可见，高等学校的学者在我国编辑学研究工作中的地位和作用不容忽视。没有他们，编辑学的发展不可能如此之快，也不可能取得今天这般显著的成就。再说，1992 年 10 月，中国编辑学会的成立，在某种程度上改变了原来研究工作无计划、无组织的状况，能够更有领导、有步骤地进行，因而也可望取得更大的发展。

复次，随着国际出版学术交流的发展，编辑学在国际上的影响，正在扩大。日本和韩国的出版学研究，起步于60年代，他们的成果当然是可观的。日本出版学的结构中，有一个分支，叫编辑论，就是研究编辑工作和编辑理论的。1993年8月中国编辑学会在北京主办了"第六届国际出版学研讨会"，日、韩、菲、新、马等国和港台地区以及大陆的近90位专家学者应邀到会。此举不仅为国际出版学研究作出了贡献，也使编辑学走出国门，飞向世界。日本出版影视伦理评议会议长、日本出版学会前会长、著名学者清水英夫先生说："中国的编辑学在短时间里得到如此大的发展，使我深受感动。我认为，这是与中国悠久的文字文化传统分不开的。"日本出版学会会长箕轮成男先生也说，中国研究者们"为适应新时期社会发展的需要，继承中国出版的伟大传统，做了大量富有成效的工作，我为此深受感动"。"你们的努力，对我们日本同行有一定的影响"。韩国出版学会会长尹炯斗先生，也认为中国的编辑出版研究取得了很大的成就。

我们可以说，中国编辑学会的成立，标志着编辑学在中国已经得到社会的承认；第六届国际出版学研讨会在北京的召开，标志着中国的编辑学正在走向世界。

总之，形势是好的，时机是有利的。但要使这门新的学科完善地建立起来，我们还只能说是走了开头的几步，更多的工作还在后面。我们应该抓紧有利时机，为编辑学的学科建设添砖加瓦，按照"百花齐放，百家争鸣"的方针，开展不同学术观点的争鸣，使学科建设取得新的成就。

《编辑学纵横谈》广西教育出版社1996年8月版

第三批新出版的编辑学著作印象

1989 年底和 1992 年中，我先后写过《评我国 12 本编辑学著作》和《评我国新出版的 12 本编辑学著作》两篇短文，分别发表在 1990 年和 1992 年的《编辑学刊》上。出人意料的是受到编辑学界一些同仁的关注，也有人希望我继续做这件事。我想，他们感兴趣的主要不在于我对这些著作的评价，而是希望为他们提供一份简单的资料。正因为这样，我才腾出时间，再写第三篇文章。

一

拙作将涉及的著作共 18 本，说是第三批，是按照三篇拙文中列目而分的。从时间上看，大体是 1989 年底以前是第一批，1990 年—1992 年中算第二批，1992 年下半年起到 1995 年底是第三批。但由于见到样本的时间不同，其中难免有交错。我想这也无关紧要，但在这里做一个说明，还是需要的。

书肯定不止这几本，但有的书我久寻不得。此外，河南大学出版社宋应离社长，也酷爱收藏此类读物，有时谈起，他说好像不止这些。这和我的看法一致，即上列这些书只是部分，至多是大部分，绝非全部。既然等不齐，也找不全，我只好先就手头有的一部分说一点肤浅的印象，以求教于同行。当然更希望好事者大力收集，以求得窥全豹，才能更好地服务于同行，服务于学科建设。

读书是一件好事，一件乐事，有些兴趣对某个问题作出思考的人，更需要读书，这是常识。我在这里为大家提供一个书目，从目录学的角度看，是便于读者检索，也是一种服务。

二

说到这些书，有的我是几年以前看的，有的还是看的出版前的校样，为了写这篇短文，我又做了一番浏览。诚感获益甚多，它们从不同的角度给了我很大启示，这也是我写这篇短文的直接动因。这些书给我的印象，大体是：

《小型报纸实用编辑学》（林永仁、杨尚聘、熊庆文编著，新华出版社1992年7月出版），首先是这个书名起得很好，非常符合这本书的实际。作者是长期从事地市级机关报的编辑人员，这本书其实就是他们长期实践经验的总结。他们把报纸编辑工作定义为：一项精神生产活动，强调了办报的方向，认为一张报纸办得好不好，决定于编辑主体，在于充分发挥编辑人员自觉的能动性，强调了编辑主体意识的开拓。这本书有很强的实用性，"常识篇""操作篇""资料篇"占了本书绝大部分篇幅。许多问题，如"通讯编辑""头条编排""新闻图片编排"，都根据作者切身的经验教训，讲得很具体、实用。对于地市级小型报纸的编辑人员来说，无疑是很有用的。强调编辑主体对办报的意义这一点也有重要意义。

《编辑学基础》（方集理主编，杭州大学出版社1992年8月出版）是以讲期刊编辑工作为基本内容的基础读物。对图书编辑工作等其他形式出版物的编辑工作也有一定的参考意义。全书分"原理""工艺""成才""管理"四篇。在原理篇中，对80年代编辑学研究的成果有一定吸收。在讲编辑史方面，对中国编辑发展的分期和现代编辑活动三阶段的分法，有新意。对编辑特征、功能、编辑思维和编辑美学的阐述比较全面，既有理论色彩，又有实用意义。尤其是"管理篇"三章，对期刊编辑部管理很有参考价值。整个编辑过程是在"工艺篇"中讲的，把诸如选题、审稿、加工等一些思想性很强的环节作为工艺来讲，这一点，以前曾有人提出过不同意见。

《现代编辑学》（潘锦华、李小玲、肖星明、邹毅主编，广西民族出版社 1990 年 8 月出版），本书不仅讲了编辑概念、规律、编辑人员应该具备的素质等一些基本理论，还比较具体地涉及编辑手段现代化等问题。作者说，所以编写这本书，"旨在研究和探讨信息论、控制论、系统论、电子计算机技术和现代企业管理与编辑之间理论联系及其在编辑工作中的实际运用，开拓一个编辑学研究的新领域"。这大概就是命名为"现代编辑学"的原因。本书还对 80 年代编辑学起步时各方面提出的一些学术观点做了若干评述。

《学术编辑学研究》（雷起荃主编，西南财经大学出版社 1992 年 10 月出版）是一本研究性质的著作，同时是一本学术编辑学的基本理论读物，也有实用价值。这本书强调学术编辑的特殊性。尤其是对学术编辑学的研究对象、基本范畴、编辑活动、编辑劳动的性质、特点、功能做了相当深入的探讨。它提出了编辑学的十个基本范畴和学术编辑的基本范畴，如此系统地探讨编辑学的范围问题，在其他编辑学著作、学术论文中，还属少见，因而富有新意。它对编辑劳动的性质、特点也做了比较广泛的探讨。本书用超过一半的篇幅，探讨了编辑过程的若干问题，学术编辑的素质和管理等问题，除了从理论上加以说明之外，也有一定的实践意义。研究的方法，主要是哲学的方法。应该说，这本书的出版对编辑学理论体系的建立，具有积极的意义，是一种推动，这是应该感谢作者的。如果说有什么不足的话，那就是由于它是多人合著，其中个别提法，文字上前后不尽一致，但这并不影响这本书的价值。

《编辑学原理及应用》（黄幼民著，1993 年 2 月香港大学出版印务公司出版），本书分原理（即理论）和应用（即操作规范和操作程序）两大部分。作者是从传播学的角度来研究编辑学的，对许多问题都有论述，操作方面也讲得比较具体。他认为："大众传播学是传播学的一个门类。它所研究的对象也正是传播学的研究对象。所不同的是大众传播学注意理论研究，而编辑学却既重视理论研究，也注重编辑实践研究。""大众传播学的理论上的研究，正好打开了编辑学理论研究难以进展的羁绊"，"为编辑学理论研究注进了一股活水"。这正是本书立论的基础，从而形成了本书的特点——以大众传播学的理论来研究编辑学的理论体系。

《编辑学的文化思考》（顾荣佳、王德年、马国柱著，辽宁大学出版社 1993 年 3 月出版）是一本以若干专题论述为基础形成的编辑学学术著作，涉及范围比较广泛，内容也较丰富。作者认为：编辑活动是一种文化现象，研究编辑学就是研究文化学，或者说是从文化学的视角来研究编辑学，编辑学的实质是一种文化学。以此作为立论的前提，并以学报编辑的实践为基础，研究了编辑活动的实质、规律、编辑主体与客体的关系，提出了作者对于编辑学的研究对象、范畴和研究方法的见解。并且探讨了编辑主体与客体的哲学认同，编辑学的美学思考，编辑的社会功能等一系列问题。这里，作者告诉我们，编辑活动的存在不是孤立的，它以种种方式与各行各业不同层次的人发生着联系。因此，编辑活动与这些部门的关系就是编辑学研究过程中的泛文化现象的表现。进而说明编辑学理论体系的形成，与哲学、美学、传播学、文化学之间存在着密切的联系。这是值得编辑学研究者注意的。

《图书编辑学》（李建臣主编，北京师范大学出版社 1993 年 8 月出版）是北京师范大学新闻出版研究生系列教材之一，由一批从事编辑出版工作多年的富有实践经验和理论素养的专家集体写成。全书由总论统率，然后再按图书编辑过程中几个主要环节的基本要求和一般原则，几类图书的编辑工作以及装帧设计和编后工作。编辑出版工作现代化和音像、电子出版物等几个部分加以叙述。理论和经验、原则和要求、目的和方法、过去和未来，一般都糅在各章中展开。由于它是作为基本教材，因此强调了规范化与可操作性，比较符合编辑工作的实际需要。它还强调了图书编辑人员的基本修养，包括政治、文化、道德和业务修养，尤其是把编辑工作现代化和音像、电子出版物的编辑工作各列专章，有利于新老编辑掌握这方面的知识，这是非常必要和及时的，也是本书的一个长处。

《编辑学概览——编辑学理论观点选辑》（朱美士主编，云南人民出版社 1993 年 12 月出版）是一本学术性很强的研究性资料用书，它摘录了 80 年代初到 1990 年这个时期我国出版的有关编辑出版类专著和几家主要刊物（如《编辑学刊》《编辑之友》）发表的有关编辑学和编辑理论研究文章中提出的各种观点。然后一条一条分类编排，实际上是上述时期编辑学研究各种不同观点的总汇。全书 39 万字，是一本内容比较全面，使用比较方便的参考书。

《影视编辑学》（张晓菲著，河南大学出版社 1994 年 10 月出版）是我国第一部研究电影片、电视片编辑活动的编辑学著作。作者从宏观和微观的角度比较系统地研究了电影片、电视片生产过程中的编辑工作，认为"电影是出自剪辑台的艺术""电视是出自编辑机的艺术"。换句话说，电影片和电视片都是编辑出来的。这本书的出版对编辑学研究提出了许多新的视角。首先，它开拓了编辑活动的范围，已不再局限于印刷媒体的编辑活动，而把它推向新的媒体。过去我们一般所说的编辑活动，所面对的是抄写、印刷出版物的文字作品。现在，它指的是一部影片的制作，面对的是脚本的编剧，镜头的选择，片子素材的筛选、剪辑。其次，编辑的功能有了变化。我们原来面对的编辑活动，是指对一本书稿，若干篇文稿的选题、组稿、审读、加工等等，尽管这也是创造性劳动，但在出版以后，仍然作者是作者，编辑是编辑，编辑的劳动是辅助性、加工性的。现在不同了，他是从一部电影由脚本改编，直到编辑剪接，编辑劳动占了很大比例，实际上是由许多编辑协作而成，编辑劳动的性质已经不限于印品书刊中的辅助和加工。第三，编辑学研究对象的编辑活动的形态有了变化。在此以前，我们研究的基本上是印品书刊的文字图片编辑活动，编辑活动的对象是静态的。现在不同了，我们研究的是现代影视媒体的音像编辑活动，这种新的编辑活动是动态的有声的。这就对编辑学研究提出了新的课题，并将其推向了新的阶段。当然，这种状况迟早会出现。比如,现在有的地方已经把微机软件的编制作为编辑工作,这和传统的文稿编辑工作有很大不同，使得编辑学也不能忽视这种现实而必须去研究它。《影视编辑学》的作者只是较早地意识到这一点而且先走一步罢了。鉴于此，我认为此书的出版在编辑学研究方面是一种开拓，一种发展，从而具有重要的意义。

《编辑学探索与思考》（李荣生著，哈尔滨工业大学出版社 1994 年 2 月出版），这是一本 80 年代初我国编辑学研究起步时期的论文集。作者在当时提出的一些学术观点，如对编辑学范畴体系的看法，对编辑主客体关系的观点，认为中介性是编辑活动的特征之一，把编辑管理列入编辑学的框架等等，都是有见地的，而且是最早的或者是比较早的。作者在我国编辑学起步阶段的成就，应该得到赞许。这本书还研究了鲁迅的编辑实践和编辑思想，这也是编辑学研究中的一个重要课题。

《教育期刊编辑学》（朱世和主编，中国青年出版社 1995 年 3 月出版）是一本专业期刊编辑学，它比较全面而细致地叙述了教育期刊编辑工作的理论和实践，是丰富的实践经验的总结，是对教育期刊编辑工作规范化的一种尝试，有较强的指导性和实用性，也可以作为教材使用，对其他社科期刊也很有参考价值。

《现代杂志编辑学》（陈仁风著，中国人民大学出版社 1995 年 7 月版）这是一本探讨杂志编辑工作的一般原则和基本方法的读物，作者对期刊编辑工作各个环节的基本要求，都有明确的说明，并且用了相当多的实例来讲清楚工作中的是非好坏，对可能遇到的各种问题也做了比较具体的叙述，实用性比较强。

《图书编辑学概论（增订本）》（高斯、洪帆主编，江苏教育出版社 1995 年 8 月出版）是 1988 年版的增订本，修改增补较多，内容比初版有了很大的扩充，布局结构也更加合理，它比较客观地评估了图书的功能和图书编辑的地位和作用，是一本比较好的教材性读物。它在内容上比较成功地调整了学术性、指导性与实用性的关系，历史经验和现实经验的关系，宏观和微观的关系，在学科建设上它提出了图书编辑学作为一门现代科学的结构体系，从概念系统、结构系统、相关学科到继承与吸收，都有表述。尤其是提出了编辑学从本质论、过程论、决策论、判断论、加工论、设计论、校对论、资料工作论、组织管理、图书评论、队伍培训、编辑法学和工作方法等 13 论的学科结构体系，建立了编辑本体论的理论框架，从实际出发但又富有新意，是学科建设的一个重要进步，这种探讨的精神也是值得发扬的。

《出版学编辑学漫议》（邵益文著，河南教育出版社 1995 年 9 月出版），评述省略。

《编辑学理论研究》（刘光裕、王华良著，山东教育出版社 1995 年 9 月出版），本书在 1989 年出版的《编辑学论稿》的基础上增补而成，篇幅有了成倍的增长，观点也有很大的深化，内容如书名所示，是理论研究。尤其在编辑概念，编辑学研究的对象、范围、研究方法，以及编辑的社会本质、社会价值等方面，作者都有比较深入的思考、独到的见解。在编辑史方面，也颇有涉及。作者从自己的基本观点出发，形成了自己的理论思路，是这几年研究中出现的一本重要的学术著作。作者治学态度认真，正如他们自己所说："我俩十年辛苦，皆在于此。"笔者认为他们这种勤于思考、奋发拼搏的精神，是当前编辑学研究亟待深化的时刻需要弘扬和提倡的。

《期刊编辑学概论》（徐柏容著，辽宁教育出版社 1995 年 9 月出版）是普通高等教育编辑出版类规划教材之一，叙述相当全面。作者曾写过《杂志编辑学》，颇有影响，现在再写这本书，果然是驾轻就熟，评约有度。

《编辑学概论》（尤红斌著，百家出版社 1995 年 10 月出版），本书是在讲课的基础上写成的。作者认为"编辑学是出版学的一个分支，是研究编辑和编辑流程的科学。它探索各类出版物的编辑工作性质、特征、作用、任务和方法，研究编辑工作的规律，是一门既有理论探讨，也有实践知识的横断学科，具有很强的应用性"。正是从这个基本观点出发，本书在阐明基本理论的同时，着重讲了实际工作中的应用问题。本书叙述简要，不少内容只是提纲挈领点到为止，但对实际工作中可能遇到的问题却做了比较充分的说明，而且注意了以前的研究成果。在理论和实际的结合上有自己的特色。

《编辑学概论》（向新阳著，武汉大学出版社 1995 年 12 月出版），本书虽然是在编辑学专业第二学士学位授课讲稿的基础上写成的，但它不同于一般的编辑学教程，是一本理论色彩颇浓的学术专著。作者以编辑劳动作为编辑学的研究对象，并由此逐步展开，既讲了基本概念、基本原理，又对当前编辑学界一些争论的热点问题，表示了自己的见解。它说明了编辑劳动的含义、性质、内容、作用，它的主要矛盾和基本规律，阐述了编辑劳动者的职责、地位和应有的素养。全书内容集中、观点鲜明，颇具新意，在史论结合，理论和实际的结合上，也做得比较好，是近几年来编辑学研究领域中的一项重要成果。

在上述时间内，还有一些虽没有以"编辑学"作为书名，但实际上是讲编辑学或编辑理论的，如边春光主编的《编辑实用百科全书》（中国书籍出版社 1994 年出版），是比较重要的一本，这本书不仅对实际工作很有用处，而且对编辑学的学科建设也有重要意义。此外，还有蒋广学著《编辑通论》（南京大学出版社出版）、李海崑著《出版编辑散论》（山东教育出版社出版）等等，也颇有见解。

值得提到的是友人魏玉山，最近一个偶然的机会，在图书馆发现了一本出版于 1949 年 3 月的书，叫《编辑学》。作者李次民，是广东国民大学新闻系教授。全书 22 章，200 余页，直排，是广东国民大学新闻学系丛书之一。由自由出版社（广州市昌兴路 40 号二楼）出版。内容以讲新闻编辑业务为主，也谈到杂志编辑工作。全书除讲新闻理论，编辑人员的地位、责任、条件外，也讲到编辑理论和编辑的过程和方法。这本书的发现，把我国研究现代编辑学的历史，推前了 30 多年，是值得注意的。

三

看完这些书，感触颇深，主要有三点：

（一）在短短的三年时间里，出版了 18 种书，这首先是因为编辑工作与人们的社会生活，尤其是文化生活，关系越来越大。书报刊的内容越来越接近生活，几乎已经涉及人们生活的方方面面，更不用说还有电影电视、多媒体等精神产品越贴近生活，人们对它的需要量也越大。做编辑工作的人、关心这个行业的人也越来越多，这是首要的一条。其次是精神生产有自己的特殊性，加上发展很快，情况也相当繁杂，所以迫切需要研究。第三是编辑学经过 10 多年的研究，成果多了，学术上也有很大的发展，不同观点、不同学派的雏形已经开始萌发，要说的话也就多了，由此导致著述繁荣，是完全可以理解的，这是好事。最后，我觉得还有一条，这些作者中有相当一部分，是干了一辈子编辑工作的，几十年下来，各有各的体会，个中的甜酸苦辣滋味，只有自知。把它总结一下，留给后人，于史于论，都极有好处。加上现在有关领导部门提倡鼓励，更是重要的一条，因为归根到底，是对实际工作、对学术发展有利。

从以上情况看，编辑学研究的环境是很好的，形势也是很好的。尽管有这样那样的困难，但与以上情况、条件相比，都是第二位的。预计今后几年编辑学学科发展，将会比现在更快，这是毋庸置疑的。

（二）从这批书看，编辑学的视角比过去宽了。现在考虑的问题，也不限于书、报、刊；从考查问题的角度看，现在已经明确地提出了哲学认同、文化思考、美学思考、经济思考、法学思考……这些问题的研究，对编辑学作为一门独立学科的形成，是十分必要的。也只有在编辑学研究取得一定成果的情况下，才能提出这些问题，并且进一步来加以研究。

（三）从这批书的情况看，编辑学研究的总体水平有所提高。最明显不过的是一些增订本，确实在原有基础上有所提高。有的是整体结构上的提高，有的是学术观点的深化，更能"自圆其说"。在这批书中，有的侧重于务虚，发人深省；有的偏重于实用，但结构比较合理，便于操作。可以看出，是研究了过去已经出版的同类书之后形成的。再者，从这批书的内容上看，都多多少少地吸收了 80 年代和 90 年代初的研究成果，所以在学术水平上比过去也有了提高。

希望编辑学在世纪之交中有更大的发展，学科建设取得更大成就。

1996 年 1 月

《20 世纪中国的编辑学研究》P252，河北教育出版社 2000 年 1 月版

近期见到的若干编辑学专著浅说

　　这篇短文将涉及20本编辑学著作（含港、台出版的3本）。说是"近期见到"，大体上包括两层意思，一是这些书多数是近三四年出版的；二是有些书已经出版了好几年，但从我来说却是近一二年来才看到的。所以，用了一个比较含糊的说法。

　　这里，将我对这些著作的粗浅观感，简说如后：

　　《实用编辑学教程》，郭有声编著，辽宁科学技术出版社1993年8月出版。本书是培训在职编辑用的，内容简要。共分5章，第1章是绪论，着重讲编辑学基本概念和研究对象；第2章讲编辑工作，主要讲编辑工作的性质、任务，重点讲了编辑工作的几个主要环节；第3章讲编辑管理，包括选题管理、计划管理、质量管理、书稿档案管理，人才管理和信息管理等；第4章讲编辑人员应该知道的版权知识；第5章讲编辑和作者都应掌握的写稿基本知识。作者是一位资深编辑，曾在科技编辑培训班上多次讲课，本书正是在讲稿的基础上形成的，也是作者多年编辑实践的基本总结，并努力从理论上加以深化，对实际的编辑工作有很大的实用性和指导意义。

　　《编辑学基本原理》，赵立志著，四川大学出版社1994年12月出版。本书是一本编辑学的理论研究著作。作者参照80年代（包括90年代初）编辑学研究过程中提出的若干重要问题和一些不同观点，组构为"七论"：即"绪论"，主要是讲定义，研究对象和研究方法，"编辑主体论""编辑传播论""编辑社会论""编辑文化论""编辑人才论"等而成。在若干章节中，如编辑主体性、编辑功能等论述中发表了一些引人启迪的见解。全书理论色彩较浓，也不乏对实践经验的概括，可供编辑学研究者和编辑实际工作者参考。

《现代新闻编辑学》，蔡雯著，四川人民出版社1995年7月出版。本书系高等学校新闻传播专业基础课程教材之一。全书分4编10章。除"绪论"讲新闻编辑工作的性质和新闻编辑学研究对象，以及新闻编辑的人才素质等以外，余讲"策划""组稿"和"组版"。全书从报社的机构设置、人员分工等宏观方面谈起，直至报导策划、稿件的组织，选择审改，直到版面的编排，都有比较具体的叙述。作者认为新闻编辑学是新闻学的一个分支，是研究新闻编辑工作的规律和方法的科学。认为报纸新闻编辑、电视新闻编辑、广播新闻编辑、通讯新闻编辑，都存在共性，但同时又各有自己的个性，所以都是新闻编辑学研究的范围。但本书主要是研究（通过）文字编排为主要手段的报纸、通讯社的新闻编辑的规律和方法。本书对报纸编排工作的各个环节，做了比较详细的阐释。对报社内的采编关系做了具体的分析。在全书的框架设计、材料运用、观点论证和行文风格方面，以细腻、鲜明见长。对高校新闻学专业的学生，报社年轻编辑的培训是一本较好的教材；对自学新闻编辑工作的人来说，也是一本有用的参考书；对研究普通编辑学理论的人来说，是一种较好的研究参考材料。

《新闻编辑学》，吴飞著，杭州大学出版社1995年11月出版。本书分上编和下编共11章。上编讲理论原理，分"编辑主体论""编辑客体论""编辑符号论""编辑授体论""编辑控制"。下编讲编辑艺术，主要讲编辑的方针政策和编辑流程。这个框架，加重了编辑理论的分量，相当新颖，尤其是把符号论引入编辑学原理之中，为过去一般编辑学著作所未见，是一种创新。在编辑概念方面，作者吸收了80年代以来我国编辑学界讨论研究的某些成果，并且根据自己的教研实践做了一些分析，然后在这个基础上提出了自己的编辑定义。他认为：编辑是在大众传播这一专业活动中，为满足受众需要，使用独特的符号系统，对他人的文化成果进行组织、编选、加工整理等创造性的优化处理，使其缔构成整体的、有系统的出版物化形态。这个概括也是有新意的。

《书籍编辑学概论》，阙道隆、徐柏容、林穗芳著，辽宁教育出版社 1995 年 12 月出版。本书共 18 章。是一个具有相当规模，内容比较完备、材料比较丰富、结构相当严谨的编辑学著作。这本书的出版，标志着编辑学研究正在趋向成熟。本书的特点是：它首先明确了书籍编辑学的定性和定位。阐明了书籍编辑学的研究对象是书籍编辑活动，是一种社会文化活动，"属于意识形态领域"，"属于社会科学或人文科学"，"属于应用科学的范畴"。从而比较好地解决了书籍编辑学的学科性质、地位和功能问题。为基本概念、基本理论的阐释铺平了道路。其次，这本书用大部分篇幅，着力于阐述书籍编辑学的基本理论和基本实践，致力于建立学科的理论体系。再次，这本书在理论、知识、经验的结合上做得比较成功。它以相当丰富的材料，旁征博引，较好地做到了古今结合、中西交融，给人以新的启迪。这本书的出版，对编辑学的学科建设，无疑是一个有力的推动。

《科技书籍编辑学教程》，庞家驹主编，辽宁教育出版社 1996 年 7 月出版。本书是针对科技书籍编辑工作的特点写的。全书共分 14 章，实际上分为 3 个部分。前 3 章是讲科技书籍、科技书籍编辑工作的性质、特点、作用，编辑工作现代化和新时期对科技书籍编辑人员素养的要求，以及信息工作的意义内容和方法。中间 6 章，是根据编辑工作流程详细地叙述了科技书籍编辑工作各个环节的规范化要求，以及可能碰到的各种问题。后 5 章是讲各类科技书籍（如科技教材、科普读物、科技工具书、科技丛书套书和音像电子出版物）编辑工作不同的特性，以及实际操作中要注意的问题。本书表明了作者对科技书籍编辑工作的理性思考和丰富的实践经验，对科技书刊编辑工作有重要的指导意义。

《编辑学纵横谈》，邵益文、苏振才主编，广西教育出版社 1996 年 8 月出版。这是一本编辑学论文集。它收集了 1991 年到 1993 年间发表在报刊上的 38 篇论文（已收入辞书或其他著作的除外），是 1987 年 10 月出版的《编辑学论集》、1991 年 3 月出版的《论编辑和编辑学》两书的姐妹篇，目的在于积累资料，帮助研究者便于检索，免去到各种报刊翻阅材料的麻烦。本书编辑时，编者不仅注意收集一些老专家、学者的作品，而且重视了对中青年研究者成果的收集。

《科技编辑学通论》，司有和著，中国科学技术大学出版社 1996 年 8 月出版。本书是科技读物编辑的教材性读物，共 6 章。是作者根据自己在中国科学技术大学编辑学本科专业授课讲义编著而成。第 1 章绪论，讲科技编辑和科技编辑的基本概念、研究对象和学科体系等。第 2 至 6 章，分别为：编辑过程论、装帧艺术论、载体特征论、编辑管理论、编者素养论。各章的论述比较具体、实用，便于学习者操作。其中载体特征论一章，不及研究了各种各类的科技书籍，而且涉及科技期刊、科技报纸，还研究了非纸载体出版物的编辑工作。作者所以建立这样的体系，是因为他同意这样一种观点，附在书、报、刊乃至非纸出版物的编辑工作中有着共同的规律，可以建立共同的理论体系，如同普通物理学、普通生物学一样，这种理论体系应该称为"普通编辑学"。本书就是这一设想的尝试。大概正是基于这样一种考虑，故以《科技编辑学通论》名之。作者的这个观点，应该说是符合编辑学学科的实际的。

《编辑工作与编辑学研究》，喻建章主编，江西教育出版社 1996 年 8 月出版。这是 1996 年 10 月召开的中国编辑学第二届年会和'95 全国编辑学理论研讨会的论文选。共收编文章 70 余篇，近 32 万字。这些文章，主要包括三方面的内容：一是在社会主义市场经济条件下，如何进一步做好编辑工作，有许多是实践经验的理论升华，也有根据不同情况提出的各种见解，耐人寻味；二是关于编辑工作现代化的论述；三是有关编辑学基本概念和基本理论的探讨。许多文章有分析、有见解，有一定的理论深度。

《现代编辑学》，李海崑，刘光裕主编，山东教育出版社 1996 年 12 月出版。本书共 15 章，由一批资深编辑人员和高校研究编辑学的教授联手推出。作者坚持理论与实践相结合的原则，吸收国内编辑学研究的若干成果，紧紧依托于现代出版业和社会主义大市场，对编辑的产生与发展，编辑的社会作用与社会地位，现代编辑的特点与职业道德，编辑工作的性质、内容与程序，编辑与现代科技，编辑与图书营销，编辑与版权法规及现代编辑的管理等等，做了全面系统的论述。在编辑理论、专业知识和操作方法等方面，都做了充分的阐释。读者可以从中得到借鉴和启迪。本书最大的特点，是作者主张区分两种编辑。他认为"书刊编辑学的研究对象是出版业中被称为编辑的那个专业活动；作为著作方式的编辑属于著作活动（其概念含义并不是出版业中今天被称为编辑的那个专业活动，而是指称一种著作方式，就是收集材料、资料再做整理加工的那种著作方式），并非编辑学的研究对象"。本书正是以这个基本观点为前提而开展的。

《图书编辑学》，黄治正著，湖南出版社 1997 年 3 月出版。本书作者富有实践经验，并以紧贴社会主义市场经济条件下的出版实际为背景写成的。全书除"绪论"讲编辑学的性质、任务、研究对象和研究方法外，分为"编辑战略""编辑主体""编辑客体"和"编辑活动"等 4 编 21 章。作者认为图书编辑学的研究对象是图书编辑工作领域所特有的矛盾。研究这种矛盾，揭示编辑工作的发展规律，找出解决矛盾的理论和方法，推动图书编辑工作的健康发展，是图书编辑学的任务。因而，作者从分析当前编辑出版工作中的实际矛盾入手，开展对编辑工作的论述。作者认为："图书编辑工作的矛盾，是极为复杂的，大的区分，主要有四个方面：①编辑主体（编辑人员）未树立正确的编辑战略思想与编辑工作的矛盾；②编辑主体缺乏编辑修养与编辑工作的矛盾；③编辑主体对编辑客体（书稿、作者、其他与图书生产有关的人员和读者）缺乏正确认识与编辑工作的矛盾；④编辑主体的工作态度不端正和业务能力不强与编辑工作的矛盾。"作者进而认为："这些矛盾，归总起来，构成了图书编辑工作不完全适应社会对图书越来越高的质量要求。这是图书编辑工作的基本矛盾"，"解决这个问题的根本途径是提高图书质量"。

可见，作者认为研究图书编辑学的目的，最基本的是为提高图书质量服务的。正是从这些基本观点出发，作者对编辑工作的性质、任务、方针、政策，编辑的社会地位和作用、编辑管理，编辑的主要职责、政治修养、职业道德，图书的基本结构，图书的审美创造，直至编辑活动的各个环节（包括发稿制度、校对方法和图书宣传的原则和形式），都做了十分详尽的阐述。认真从实际出发，具有明确的目的性，使理论紧密地结合实际，是本书的最大特色。这本书的出版，也为编辑学研究进一步与实践结合，为实际工作服务，开辟了新的思路。

《编辑学理论纲要》，柴瑞海编著，内蒙古科技出版社 1997 年 3 月出版。本书共四章：第一章"绪论"，是讲编辑学的性质、对象、内容、目的、研究方法和分类特点等，是编著者对基本观点的展示；第二、三章分别论述主体和客体；第四章是讲编辑主体和客体的关系。编著者首先同意"编辑"是在利用传播工具的活动中，以满足社会精神产品需求为目的、研究并建立作者——编者——读（听、观）者传播关系的一种社会文化活动。基于这种基本认识，进而把编辑学定义为：是研究编辑主体、编辑客体及两者之间关系的科学，亦即编辑学是研究编辑的社会文化活动所特有的本质和规律的科学。然后展开论述，本书吸收了 80 年代到 90 年代初编辑学研究成果。认为编辑主体理论、编辑客体理论、编辑主体和编辑客体之间的关系等三者构成了编辑学的理论框架。编著者分析了编辑主体应具备的素养、职业道德及编辑群体内部的关系，包括群体结构的合理构建与人才的培养对编辑工作的意义；本书分析了编辑客体的基础、编辑主体和客体的关系，审视了作者、读者和编辑主体对编辑客体的不同要求，比较全面地叙述了编辑工作的性质和它的社会功能。本书归纳的编辑学研究方法比较符合当前实际，在编辑学分类方面占有比较丰富的材料，并表示了倾向性的意见，可以给人以启发。

《编辑学》，潘树广编著，苏州大学出版社 1997 年 5 月出版。本书是作者为高校新闻传播专业而写，共有 12 章，大体分三个部分：①第

1至3章，属总论部分，论述编辑学的几个基本原理和编辑应有的素质；②第4至11章为分论部分，分述报纸、图书、期刊的编辑工作；③讲编辑手段现代化问题等。作者所以要这样铺设篇章，有他自己的想法，他认为：以往新闻学专业开设编辑课程，一般只讲授报纸编辑，"报纸编辑与书刊编辑虽有各自特点，但在理论和方法上也有许多共通之处。将书、报、刊编辑结合起来讲授，有助于学生贯通理解和拓宽视野，也有利于学生适应不同岗位的工作"。本书在讲编辑学时，还把它和近缘学科文献学结合起来论述。作者的这些见解和做法，是符合学科发展规律的，应该肯定，应该得到进一步的发扬。

《编辑学原理论》，王振铎、赵运通著，中国书籍出版社1997年8月出版。《编辑学原理论》顾名思义是一本编辑学的理论著作，作者王振铎是研究生导师，也是80年代开始就介入编辑学研究这个行列的，发表过一些有见解的论文。本书提出编辑学三条基本原理，即：文化缔构原理、符号建模原理和信息传播原理。他认为："一切编辑活动大体上都是以这三条原理为基础的。这三条原理可以说概括了编辑活动的普遍规律。"各种各样的编辑活动，都是对这三个基本原理的具体运用和创造性发挥。作者认为：编辑这个概念，是对着历史的发展而发展的，很难用时间或空间的切割刀来划定，只有采用对编辑出版关系的梳理来描述，不仅适用于书籍编辑，也适用于报纸期刊等出版物的编辑。作者把三条基本规律结合在一起，形成编辑学的理论框架，在编辑学的研究领域中是一种创见。

《新闻编辑学研究》，钟立群著，人民日报出版社1997年11月出版。本书是一本新闻编辑工作的研究著作，全书概述了工作内容、工作范围和工作运行的全过程。全书内容丰富，论述精当。作者是一位富有实践经验的资深新闻工作者。曾长期从事新闻编辑工作，为新闻系研究生讲授新闻编辑学，本书正是在长期讲课的基础上形成的。作者认为：新闻编辑学的研究对象是新闻编辑工作的实践，目的是从实践经验中归纳、总结和提炼编辑工作的基本原理、基本程序和基本工作方法，进而剖析这些原理、程序和方法，用以指导实践，以求新闻编辑学理论体系和应用体系的发展。全书分三个部分，第一部分为概论，含 4 章，前 3 章从传播体系、报纸类型和编辑工作机制，探讨工作范围、条件和基础，说明编辑工作的任务、特点和运行方式。第 4 章以编辑方针为重点，讨论办报、编辑和报道的关系。第二部分 4 章，论述单篇稿件的编辑工作，包括撰写言论；论述新闻选择的标准和四项选择的理论原则和程序，以及编辑方法的具体运用等。第三部分 4 章，论述版面编辑工作，包括图片编辑、专栏编辑、新闻标题和版面设计编排。本书采用了许多实例和实物（图片），以互相比较、探讨的方法进行论述，读者可以从中得到更深刻启发。这本书的特点是对新闻编辑工作的各个方面、各个环节，从宏观到微观进行具体的研究，从而集合为整体，成为对新闻编辑工作具有重要指导意义的专著，并且建立了自己的新闻编辑学的体系。

《编辑学研究文集》，邵益文、祝国华编，陕西人民教育出版社 1998 年 6 月出版。本书是前面提到的《编辑纵横谈》的姐妹篇，共收集 1993 年至 1997 年夏秋以前发表的 43 篇文章，应该说，除了学术专著以外基本上反映了这个时期编辑学研究的大体情况。

《编辑学概览》（续编），向新阳主编，陈仲庚、袁婧副主编，高等教育出版社 1998 年出版。本书是云南人民出版社 1993 年 12 月出的《编辑学概览——编辑学理论观点选辑》的续编，它用观点摘编的形式摘录了 1991—1997 年这段时间内出版的一部分编辑学专著和发表在几个主要刊物上有关论文的一些观点，分类编排，便于检索。但由于材料收集上的困难（虽然中国编辑学会曾协助编者多方收集材料，仍有一部分材料未能收集到），加上本书篇幅有限，有的已经收集到的材料，也不能不忍痛割爱。

附：已知港台出版的编辑学著作

《杂志编辑学》，余也鲁著，香港海天书楼出版社 1965 年出版。

曾多次修订重印，1994年1月出版增订版，根据杂志编辑工作的新发展，做了较大的修改，有几章是重新写的。初版至今，陆续销售已达30余年。这是香港也是我国第一本以《杂志编辑学》命名的书，主要讲杂志编辑工作的基本理论和编辑实务。作者是香港的传播学者，曾从事新闻采访、教育和编辑工作多年，是一位富有编辑经验和理论素养的资深人员。本书共19章，第一部分1至4章，主要讲杂志编辑原理、杂志的性质、功能和发展沿革，编辑方针和编辑蓝图设计；第二部分5至14章，主要细述编辑实务，从稿件的组织、整理、标题制作、纸张、油墨的选用，直至图片和版面设计等；第三部分主要讲校对、广告、发行、著作权的保护，最后是讲编辑人员的素养等。全书多用实例和比喻来说明，生动好读，避免了一般学术著作的枯燥说教，不仅适宜于杂志编辑，对报纸和图书编辑也有重要的参考价值。对于培训编辑人才和自学编辑的人有重要的指导意义。

《新闻编辑学》，荆溪人著，台湾商务印书馆1979年10月初版，1987年10月、1994年3月、1996年8月分别出修订版，据说已印刷10次。本书是新闻工作的理论与实践相结合的产物。作者是一位长期从事新闻工作的资深人员，有相当丰富的经验。本书共分3编18章。上编4章，属于概述。先讲编辑的由来，编辑学的意义，编辑学与其他社会科学的关系和新闻编辑学的研究范围。继而讲报纸的风格，新闻编辑与报导，新闻编辑任务等；中编11章讲新闻编辑实务，从报纸版面综述、字体、栏目、编辑符号与字的辩证、原稿整理、标题制作和各类新闻的处理，图片处理、发稿、具体的版面处理，直至校对；下编3章，讲新闻编辑的新趋势，讲新闻道德和编辑自律，电脑排版和新闻编辑的展望。作者认为："编辑学是一门很古老的学问，只要有记载的史实，便需要编辑，否则，断简残史，不但容易散失，而且无法连串成一贯的思想。"他认为："编辑学是一种社会科学，它有系统的整理文字，制作标题，表达思想，引起美感，易于传播，进而为增进人类文化的一种学术。"又认为："新闻编辑学是编辑学的一部分，它研究有关新闻的处理、标题的制作、图片与新闻的关系、校对的方法与拼版、印刷的技术，是出版报纸过程中的一种重要的学术"。作者批评了编辑是"术"不是"学"的观点，他说：编辑的技术要以学理做基础，编辑的学理要有技术来实证。作者认为：书、报、刊和电子出版物的编辑工作有很多共性的东西，主张建立综合编辑学。这和我们主张建立普通编辑学的观点，是不谋而合的。

《现代杂志编辑学》，张觉明著，台湾商务出版社 1980 年出版。这是一本阐述杂志编辑学的理论、杂志编辑业务的书，也讲到中外杂志发展的历史。作者是台湾《环球经济》杂志社的编辑。全书共 17 章，可分四大块。一是简述传播学的理论，作为本书立论的根据；二是讲编辑学的基本知识，中外杂志史的演变，杂志风格及其形成，强调占有和运用资料对杂志编辑工作的重要意义；三是杂志的编辑工作，从稿件的征集到校对各个环节都阐述；四是讲纸张、印刷和装订等有关问题。作者认为：在文化史上，编辑是一门古老的学问，又是社会科学中一门新兴的科学。"编辑的本质不仅是技术，且是艺术的、科学的。"他认为："编辑学是一种社会科学，它以出版的需要、读者的阅读心理为依据，收集资料，有系统地加以鉴别、选择、分类、整理、排列、组织，制作标题，表达思想，引起美感，进而为增进人类文化的一种学术。"本书作者还重视杂志风格的造就和资料的积累与合理的使用。此书出版以后，即流入祖国大陆，80 年代后期曾在一些编辑和编辑学教研人员中流传。

介绍了前面 20 本书以后，我想说明几点：

（1）这 20 本书是经许多友人、多方帮助以后才收集到的。有的同志为收集这些书，不仅跑了路，而且花了钱，但又不肯收我寄去的钱，使我十分为难，仅在这里表示诚挚的感谢。

（2）在平日阅读时，看到有些书、文，引用过另外二三本书，但我几次从出版社查到书店，均未发现这两本书，这是什么原因，我就不清楚了。另外，台湾曾经出版过两本书（至少是两本），即：陈世琪著《英文书刊编辑学》，台北中国出版公司 1968 年出版；陈石安著《新闻编辑学》，台北长风出版社 1975 年出版，也没有见到。由此，我断定：我先后介绍的编辑学著作，虽有 60 本左右，但仍然是不全面的，希望读者、同好，如有新发现者，请不吝赐教，我将十分感谢。

（3）有些书，书名上未冠以"编辑学"字样，但显系编辑学著作，如：高斯著《编辑工作探论》，萧东发等著《年鉴学概论》，王维钧主编《现代期刊编辑论丛》，荣开明主编《期刊编辑的理论和实践》，钱文霖《科技编辑方法论》，赵航著《选题论》，张如法、杨清莲著《编辑的选择与结构》等，肯定还有其他。这些书没有一本本列目介绍，主要是为数不少，难以一一开列，如果一本本介绍，很可能丢三落四，顾此失彼，只好等有机会时，再尽可能而为之。

（4）前面提到的 20 多本书，各成篇章，知识结构、理论体系，每本书的框架设计，不尽相同，可以说各有千秋，这是这几年编辑学研究的成果，是学术进步的重要表现。有了这些框架和体系，我们就可以互相交流、取长补短，取得更完善的框架和体系。当然，话得说回来，最好的框架，最好的体系，都只能是一种阶段性的成果，只能是学术发展道路上的一种痕迹。因为学术是不断发展的，科学是不断进步的，尽管在现在看来是成功的东西，也不能堵塞真理，成为观止，而只是开辟进一步认识真理的道路，只能是攀登科学高峰的某种阶梯，我们不能满足于现在，应该继续努力，奋勇前进，去争取新的胜利。

1996 年 1 月

《20 世纪中国的编辑学研究》P263，河北教育出版社 2000 年 1 月版

探求出版价值和规律的科学

——出版学科出版物述评 ①

"出版"是一个很古老的行业，如果以借助一定的物质载体，复制原稿，并以流通公诸于众三个要素来理解"出版"的话，那么，出版的产生可以上溯到简帛时期；如果以有板为线，也可以推到雕版时期；以实物（咸通年间《金刚经》）为证，也已有 1100 余年历史。其间，谈论出版、治书之书文，间或有之。但出版没有成为一门学科，原因也许在于出版手段和社会环境的多变，它兼有精神生产和物质生产的两个生产过程；也因为长期以来，出版只是为少数人所经营，尽管它的产品是社会性的，但是它的生产规模相对是狭小的，只是在上个世纪以来才开始成为社会化的生产。世界图书出版量由 18 世纪的 200 万种发展到 19 世纪的 800 万种，就是最好的说明。从另一方面说，出版业在 19 世纪的突飞猛进，也为出版学科的建立提供了必要的条件。中国的出版虽然具有悠久的历史，但是出版科学的发端却不在中国，而是在外国，这大概和现代出版业较早在国外发展起来有关。

70 年代国外的出版学研究

据说德国很早就有专业词语"Publixitqts Wissenschaft"，直译就是"出版学"。但它的内涵却是报刊学与新闻学，并非指书籍出版学。本世纪以来，阐述出版工作，而在国际上最具影响的著作，是初版于 1926 年的英国斯坦利·昂温著《出版实况》，目的在于收到书稿以后，向作者解释出版

① 本文发表于《新闻出版交流》1996 年第 3 期，收入本集时略有补充。

是怎样进行的。他毫不迟疑地透露出版社的经济情况和数字，使人更好地了解出版商的处境，以及多数书是出版商在有限的经济实力的艰难运筹中出版的，以免毫无原因地受到作者的粗暴对待。所以，本书对出版成本、书价、市场和各种权利做了许多说明。这本书在西方被誉为"出版圣经"，到 1976 年为止，已被译成 14 种语言在各国出版。我国也在 80 年代译为《出版概论》出版，目前有两种中文版本流传。

英语世界把图书出版作为科学看待的第一本书，是 1970 年美国小赫伯特·S. 贝利著《图书出版的艺术和科学》（也有译作《书籍出版的艺术和技巧》的，目前已有"书海"版等四种中文译本）。这本书是一位出版社社长用自己 10 多年的经营体会写成的，它着重讨论了出版社的管理问题。认为每个出版社都应该有自己的风格，编辑风格、设计风格、销售风格、印制风格；而且认为管理的风格是一种内在风格，影响着其他风格的表现形式。因此，作者认为出版的艺术和科学归根到底是出版管理的艺术和科学。本书在当时作为一个出版社的管理经验是相当系统的，而且具有一定的理论色彩。

世界上第一本正式以"出版学"命名的书，是 1972 年出版的日本学者清水英夫著《现代出版学》（中译本于 1991 年出版）。这本书从"建立出版学的必要性"开始，探讨了出版学的研究对象、定义和方法。提出"出版学，简单地说，就是把'出版'作为社会现象，给予科学地研究，并使之体系化，成为一门独立的学科"。同时它从出版的大众传播、与新闻事业的关系等，讲了出版、书籍对人类的意义，分析了出版的周围环境和若干内部关系，包括法和权的研究。作者还审视了出版的历史和现实，研究了出版业的性质和特色，以及出版今后发展中的若干问题，给人以很大的启迪。作者视角广阔，并不局限于从出版来研究出版，用他自己的话来说，"尽可能地从综合的视野上来掌握和归纳出版现象"。这本书的功绩，在于它为独立的出版学科的建立，打出了第一面旗帜。尽管"出版学"迄今仍不能说是成熟的学科，但是它已经为我们在荆棘丛中开拓了一方新的天地。

以出版学命名的第二本书，是美国 J. P. 德索尔著的《出版学概说》，1976 年出版（中译本于 1988 年出版）。本书作者认为图书出版具有双重性质：一方面"图书能够影响、改变人们的思想和行为"；另一方面，"在我们这个社会里，图书完全是一种极其普通的商品"，"图书出版既是一项文化活动，又是一种经济活动"。所以这本书在立论上强调一个出版社如何处理好图书出版中的经济问题，特别是如何对待各类图书在生产、销售、储存、发运等各个环节的计划财务和经营管理问题，对出版社的经营者有一定的参考价值。这本书从一个出版社的角度来探讨出版工作中的矛盾，进而形成自己的学说，有很强的现实性。

在出版学研究领域内，还有一本值得提到的书，是日本箕轮成男著《在社会环境下的图书出版》。作者从 70 年代起曾出版过 3 本研究出版的书，1990 年把上述诸书的主要观点集中起来，写成此书，首先在韩国出版英文本。我国于 1992 年由湖南教育出版社出版中译本。这本书从宏观的角度分析各国出版发展与政治、经济、文化发展的关系，出版繁荣是生产发展到一定水平的产物，书价应该和社会消费水平相适应，出版的技术革新必须与整个社会生产发展相适应，新媒体对印刷品书的冲击、交流，以及互相促进和共同繁荣。这本书为我们研究出版学提供了另外一个广阔的视野和又一种方法，是国际出版学研究中的一本重要著作。

此外，在 70 年代国外还出版过一些书，如英国的《出版词典》，日本的《出版事典》《出版革命》，美国也出版过吉·珍妮和鲁·罗伯特合著的《出版概论》。经初步了解，有关出版的著作，各国出版了不下数百种，陆续被译成中文出版的有三四十种。可以说，70 年代是国际上出版研究著作出版比较热的时期，这是和 60 年代以来一些发达国家出现的出版繁荣分不开的。综观 70 年代世界各国的出版类著作，尽管也肯定出版是文化活动和图书是精神产品以及它的精神作用，但总的说，是立足于出版是一种商业活动、图书是一种商品这样一种基础上立论的。

就其内容来讲，主要是三个方面：一是讲出版社的经营管理的，从品种上说是多数；二是讲编辑、装帧设计、校对和销售业务的，这也占了相当大一部分；三是讲出版理论，如出版的性质、规律、法规、权利和义务的，但这一类是少数。此外，偶而也有一些人物传记和回忆录之类的出版物。这种势头一直延续到 80 年代，甚至 90 年代初，此后讲电子出版的书逐渐增多。从研究方法上讲，主要是两种：一种是讲出版社的业务工作为主，可以说是微观的；另一种是宏观的，从一国、一个地区甚至世界各出版大国着眼，来研究出版内外环境与发展趋势。应该说，这两种研究都是必要的，是有助于人们了解出版工作，熟悉出版发展的。

80 年代出版科学研究在中国的起飞

在六七十年代"文化大革命"造成的严重书荒以后，80 年代的中国出版事业得到迅猛的发展，出版科学研究也应运而起，取得了令人瞩目的成就。有人认为 80 年代是当代中国出版研究的黄金时代，不是没有一点道理的。与过去相比，确实是罕见的。

（一）编辑学的崛起

80 年代初，随着出版事业的迅速发展，出版工作日益引起社会各方面的重视。出版理论研究也随之被提到议事日程上来。1983 年在广西阳朔召开的全国第一次出版研究年会上，宋原放倡议建立社会主义出版学，并在《出版工作》杂志上撰文主张"建立出版学"。这是公开撰文的第一人。接着倪子明、萧月生也撰文认为开展出版学、编辑学研究是当务之急。在有学无学的争论中，一批研究编辑工作和编辑学的著作破土而出，据统计：80 年代出书品种在 110 种左右，而其中三分之一是属于研究编辑工作和编辑学的。最早出现的是一些资深编辑的讲稿，如《编辑学与编辑业务》《编辑知识十讲》《科技编辑工作概论》等，继之而起的由红旗出版社出版的《怎样做好编辑工作》，曾彦修、张惠卿等著《编辑工作二十讲》，阙道隆主编《实用编辑学》，中国出版发行科学研究所编《编辑学论集》，戴文葆等著《编辑工作基础知识》，王振铎主编《编辑学通论》，朱文显、邓星盈著《编辑学概论》，张玖、林克勤著《书籍编辑学简论》，王耀先主编《科技编辑学概论》，高斯、洪帆主编《图书编辑学概论》，萧汉森、戴志松主编《编辑学概论》，刘光裕、王华良著《编辑学论稿》等。这些书出版于80年代，可以说是拓荒之作。一般是在总结实践经验的基础上，使编辑工作条理化、系统化，并且不同程度地做了理论上的升华。这批书着重在这样一些问题上倾注了心力，如编辑工作的性质、地位和作用，编辑的概念，编辑学的研究对象，编辑活动的特点、规律，编辑学的框架和知识体系。尽管看法不大一致，认识也有差异，但这批书说明了自己的观点，拿出了自己心中的"编辑学"，为在社会上树立编辑学的整体形象做出了贡献；更重要的是为人们解放了思想，编辑学是可以研究的；同时，也为进一步研究编辑学提供了"活质"。

历史进入90年代，编辑学研究提出了深化的问题，推出了一批新的著作，大体上可以分为这样三类：一类是综合性的编辑学专著。诸如阙道隆、徐柏容、林穗芳合著的《图书编辑学概论》《编辑学理论研究》，王振铎的《编辑学原理论》，徐柏容的《杂志编辑学》，徐柏容、杨钟贤合著的《书籍编辑学》，钱伯诚主编的《图书编辑学概论》，张晓菲的《影视编辑学》，林永仁等编《小型报纸编辑学》等。另一类是分类编辑学。如陈景春的《文艺编辑学》、李学昆主编的《社科期刊编辑学》、庞家驹的《科技编辑学概论》、司有和的《科技编辑学通论》、朱世和主编的《教育期刊编辑学》、萧东发等著《年鉴学》等。第三类是研究编辑学与相关学科的分支学科。较有影响的如张如法的《编辑社会学》、陶同的《编辑思维学》。再一类是编辑学研究的研究，就是总结和议论编辑学研究的书。如《编辑学研究在中国》《出版学编辑学漫议》，中国出版科学研究所编的《编辑学论集》《论编辑和编辑学》（90年代还出了一些有影响的工具书，容后述）。特别是中国编辑学会的几次年会紧紧抓住在社会主义市场经济条件下编辑工作的经验和问题，从理论上加以探讨，并出版了《编辑工作和编辑学》论文选，对编辑学的理论和实践有一定的促进作用。这些书从涉及的范围来说，比80年代更加宽阔、更加具体，因为它们已经触及更多门类出版物和更多种读物的编辑工作；从内容方面来说，在一定程度上也吸收了80年代的不少研究成果，它们进一步讨论了编辑的概念，编辑学研究的对象和编辑学的基本原理，特别是回顾了80年代开展编辑学研究的情况，总结了若干经验，使研究方向和学科建设的目标、定位进一步明确。可以说，是拓宽了编辑学研究的领域，丰富了编辑学的理论体系。如果说80年代的编辑学研究是开山、是铺路；那么90年代的编辑学研究和著述，是在原来的基础上进一步拓宽道路，为学科建设迈出了新的一步，走向总目标这个漫长道路上扎实的一步。

总之，从80年代前期到90年代中期这10多年中，编辑学研究发展相当快，正因为这100多种书的出版，包括各种形式的学术活动开展，编辑学这个学科在出版界、教育界、学术界，已经引起越来越多的人们的关怀和兴趣，并且得到了社会的承认。

（二）图书发行学研究的开展

国外对图书发行的理论研究，开展得比较早。早在60年代，英国人托马斯·乔伊就写过《图书销售概论》，J.J.巴尼斯著有《图书自由贸易》，C.巴特莱著有《更佳的图书销售》等；前面提到的《出版概论》和《出版学概说》也是用大量篇幅讲图书销售工作的。在我国，图书发行理论研究工作的起步也并不晚，60年代和70年代都有一些有心人做这方面的研究，也积累了不少材料。但作为图书发行学方面著作的问世，也在80年代中期。最早的一本是新华书店总店编印的《图书发行管理学》（由郑士德等执笔），接着由罗紫初编著的《图书发行学概论》，高斯主编的《图书发行学导论》，高文龙等编的《图书进销学》，陈晓、徐春和编著的《图书发行会计学》，胡典世、练小川等编著的《图书营销学》，梁彦斌著的《读者学》，严庆茂、谢振传主编《图书发行心理学》等，总共有三四十种之多。图书发行研究由于一开始就是在新华书店总店的筹划和支持下进行的，而且有的是作为教材编印的，所以出版的图书基本上形成了一种系列，涉及图书发行的方方面面。这批书的内容大致上也可以分为三类：第一类是中华人民共和国成立以来，图书发行实践经验的总结。诸如：图书销售技巧、发行管理、储运管理、进货和门市工作、城市和乡村的发行、各类书的销售特点、图书宣传和广告等等。第二类是结合实际探讨图书发行的基本理论，探索图书发行学的研究对象、任务、规律和研究方法，重视对实际工作中一些现实矛盾的分析和基本经验总结，着重从多方面、多角度地探讨图书发行的一些基本问题。如：市场构成、供需矛盾分析和流通规律探讨、读者结构和读者心理分析等。第三类是图书发行体制改革研究。探讨社会主义图书发行的性质、方针和任务，社会主义市场经济条件下图书营销战略和营销环境，不同流通渠道的功能和利弊探索等。

图书发行学方面的著作，有这样一些明显的特点：首先是和实际工作结合得比较紧，有的就是从回答发行业务中的实际问题出发的，有较强的实用性。其次，这些书有相当一部分，一开始就是有领导、有计划地组织编写的，所以重复品种较少，而且用于培训从业人员的目的性比较明确。再次，这些书的作者大都是长期从事书店工作的从业人员，所以掌握的资料比较丰富，具有一定的说服力。

总起来说，这一批书为今后进一步研究社会主义市场经济条件下的图书发行学提供了相当有益的基础。

（三）出版学科著述的纵深发展

在我国把"出版工作"当作一门学问、一种理论、一种基础知识来加以研究，肇始于五六十年代，首先是从学习苏联的出版工作经验和研究实际工作中碰到的问题入手的。但真正写成专著出版是在 70 年代，开始都以讲出版业务知识的面目出现。如：赵晓恩的《出版业务知识》、孙家恕的《出版业务知识问答》、王鼎吉的《图书出版业务基本知识》等，大多是以出版、发行从业人员为对象的综合性读物。从 80 年代起，研究著述开始向多角度和专业化的方向辐射。除了前面谈到的编辑学和图书发行学以外，在出版管理方面，有武汉大学出版社的《出版社的经营管理》、赵晓恩的《出版企业管理概论》、习力的《出版印刷管理》；在出版经济方面有吴江江、石峰等著《中国出版业的发展与经济改革研究》，陈昕等合著的《中国图书业经济分析》，杨咸海著《出版经济学》；版权方面的有沈仁干著《版权法概论》、郑成思著《版权国际公约概论》和王骅著《版权理论与实践》；图书美学和装帧艺术方面的有《曹辛之装帧艺术》、钱君匋的《书衣集》、邱陵的《书籍装帧设计》、余秉楠的《世界书籍艺术流派》、郭振华等编的《中外装帧艺术论集》；印刷方面有郑德琛的《出版印刷概论》、王天恩编著的《出版工艺学》和《平版印刷色彩学》等等。

总起来看，这些著作分析了出版的性质、功能、出版物的属性，阐明了出版与社会、出版与经济、出版与两个文明建设、出版与法以及出版与艺术的关系，论述了出版自身所需要的社会环境、生产条件、经济政策、著作权的保障和出版权益，以及出版物的美化和印制的质量保证等，说明了出版业内部各个方面各个环节之间的关系以及自身发展的规律。它们构成了出版学科的总体框架。

值得提到的是，有关出版史方面的著述起步最早，收获颇丰。较早的有 60 年代初出版的刘国钧著《中国古代书籍史话》，嗣后有郑如斯、萧东发编著的《中国书史》，来新夏的《中国古代图书事业史》，方汉奇的《报刊史话》《中国近代报刊史》和宋应离的《中国学报简史》等等。其中，张召奎著《中国出版史概要》是为出版写史的著作中的第一本书；宋原放、李白坚著《中国出版史》则以文化发展为主线勾画了出版发展的进程而自具特色；吉少甫等著《中国出版简史》以资料比较丰富见长，姚福申的《中国编辑史》也颇有新意。在史学著作中，具有学术权威性的当推张秀民著《中国印刷史》；韩仲民著《中国编纂史稿》是一部以占有文物考古所得的丰富资料为基础的力作，它和邱陵的《书籍装帧艺术简史》都受到读者好评。中国出版史的研究，由于历史悠久、资料丰富，在国际上具有独特的影响，这一点不可忽视。此外，近10多年中，我们收集和整理出版了各种全国性和地方性的出版史料、人物传记和回忆录等共100余种，这些书的问世，都为出版科学的研究提供了丰富的资料和坚实的基础。

（四）工具书形成系列

出版类工具书的编纂出版，一直受到重视，60年代就有组织地开始做这方面的工作，70年代陆续出现一些成果，80年代曾经出现过一个热潮，90年代一些较大篇幅的工具书开始问世，迄今已出版的工具书，总数在50种以上。而且从编辑、出版、发行、印刷、校对、版权、人物，还有按图书、期刊等分类的辞典、辞书和手册，包括各种专科学词典，篇幅大小不等，真是琳琅满目、丰富多彩。有影响又具有代表性的有：

1990年出版的《中国大百科全书·新闻出版》。它是中国大百科全书的一卷，由新闻与出版两个学科组合而成。出版学科由许力以主编，它扼要地概述了学科的知识和历史，反映了学科的成就，第一次在百科全书中把出版学科分为出版学、编辑学、印刷学、图书发行学、中外出版史和外国出版业等分支。在这本书中，出版学、编辑学和图书发行学等都设有特大条目的专条。创出版科学在各国重要的综合性大百科全书中列卷之始。也开创了编辑学、出版学作为特大条目列入重要的百科全书的最早纪录。书中的出版学、编辑学、图书发行学等条目，综述了历史和现状，对学科的性质、基本概念、研究对象、范围，学科的基本内容，及其与其他学科的关系，都有明确的论述。这表明了出版学科在整个科学体系中所占的地位，也反映了我国社会和学术界对出版学、编辑学、图书发行学的承认，以及它们对这些学科研究的重视和支持。1998年，山西人民出版社出版了《中国出版百科全书》，正是在本书出版学科部分的基础上经过修订补充而成的。

1992 年底出版的由边春光主编的《出版词典》（上海辞书出版社出版），收词 5937 条，全书 140 余万字。它是总结了我国 80 年代蓬勃开展的出版理论研究的成果，发掘、研究了我国丰富的历史材料，参考了当时所能找到的世界各国的近 10 种出版词典的基础上编纂而成的。它的特点是以中小条目为主，收词全面，知识丰富，释文兼顾理论成就和实践经验的积累，力求反映当代中国的出版研究水平。由于它以悠久的中国出版历史和丰富的现实经济为依托，又努力吸收国际出版研究的学术成就，所以是目前国际上已出版的出版词典中最好的作品之一。如果把它和当前各出版大国的同类书做比较，应该说也是毫不逊色的。

由边春光主编 1994 年底出版的《编辑实用百科全书》，共 167 万字，包括了 14 个分支，1052 个条目，是近年来我国出版理论研究的又一重要收获。这是一本熔编辑与编辑工作的思想性、理论性、知识性、实用性于一炉的基本读物。它既讲了编辑工作的基本理论、基本知识和基本经验，又针对社会主义市场经济条件下编辑工作中出现的新情况和新问题，总结了新的实践经验。它既讲了历史，又讲了现实；既讲了编辑工作的特点和规律，又讲了各门类读物编辑工作的方法和技艺。这本书的出版，不仅为编辑学学科建设的奠基做了很重要的工作，而且为广大编辑人员提供了富有实用价值的专业工具书。这本书以大中条目为主，见长于理论色彩、史料资料和实践经验的总结，它无疑是当今世界上第一本以出版的中心环节编辑工作为主题的实用性百科全书。

此外，还有一些有影响的工具书，如张伯海主编《期刊工作手册》、中国高校自然科学研究会和新闻出版署编的《编辑作者常用国际标准》、新闻出版署图书司编《图书出版管理手册》、沈仁干编《国际版权手册》、唐兴汉编《出版印刷工作常用手册》等，在实际工作中起过或正在起着有益的作用。上述重要工具书都是委托有相当权威的人士主持，然后约请在这方面有研究或熟悉资料的专家、学者编写。因此，它的问世. 不仅仅是一部工具书出版，而且也是对这个时期以来研究成果的总结。同时也为今后的研究建立了新的起点。

出版无学乎？！

80 年代初，在编辑学研究刚刚起步的时候，曾有过一场编辑有学无学的争论。有人说，你说编辑有学，为什么不拿出一本书来看看。后来，有人拿出来了，而且不止一本而是几本、几十本，这样编辑无学的说法才慢慢地少了。到 90 年代中国编辑学会成立，社会承认了编辑学。当然，这不等于说从此再没有人持编辑无学的观点了，但至少公开这样说的已经很少了。但是，承认编辑有学，不等于就承认出版有学。现在因为出版科学研究在到处兴起，事实上出版也确实有许多问题，要做科学的研究。所以，现在也没有人来讨论出版有学无学的问题。但是，这不等于说，出版无学的观点就已经或基本解决了。当然不是。但这也无关大局，因为说到底，也只是一个学术争鸣的问题。其实，这种看法也没有多少根据。既然外国有出版学，为什么中国就没有或不能有出版学呢？为什么外国敢研究，中国人就不敢研究呢？既然出版的各个环节，如编辑、出版管理、图书发行、印制甚至装帧设计都有学，为什么出版倒反而无学了呢？这里，我们可以看出，中国出版学发展的道路，是从个别到一般的道路，也就是先由各个部门、各个分支学科的建立，然后才把出版科学这门综合性学科最后地建立起来。这样做，对于学科建设来说，只能是更加扎实、更加符合中国的实际。

1996 年 1 月

《新闻与出版交流》1996 年第 3 期；《中国编辑研究》1997 年刊 P379，人民教育出版社 1998 年 8 月版

对编辑学研究的重大推进

——阙道隆等著《书籍编辑学概论》读后

由阙道隆、徐柏容、林穗芳三位先生合著的《书籍编辑学概论》，最近由辽宁教育出版社出版了。这是一件令人高兴的事，这是一本值得推荐的书。

这本书在出版以前，一些出版专家和编辑学者已经对它作出了积极的评价，他们认为：这是一部具有相当规模，内容比较完备、材料丰富、结构严密的编辑学著作；作者从马克思主义的立场、观点出发，科学而严谨地为书籍编辑学确立了一套概念体系和方法系统。在界定编辑学的研究对象、研究范畴方面亦颇有见地。大的立论是正确的。

总的印象是：这部书对书籍编辑学立起了一个比较科学的理论框架，比较系统地总结了我国书籍编辑活动的历史经验和现实经验；较充分地阐述了编辑学的基本范畴和原理原则，相当详细地研究了书籍编辑工作的多种实践及其方式方法。既有一定的历史深度，又有较严谨的逻辑论证，同时还突出了对编辑实践的指导价值，撰写质量颇高。

以上专家们热情的言辞、高度的评价，使人不能不感到这本书对编辑工作和编辑学研究的意义。

我也是较早看到这本书的读者之一，读后的印象，确实是一本好书，一本有一定分量的编辑学著作。也可以说这本书的出版是对我国编辑学学科建设的重大推进，它标志着书籍编辑学的研究正在趋向成熟。

这本书首先明确了书籍编辑学的定性和定位。它从总结书籍编辑的历史经验和现实经验出发，科学地揭示了书籍编辑学应该"研究书籍编辑活动的性质、特征和社会功能，书籍编辑活动与社会的联系及其产生发展的规律，书籍编辑活动的实践过程及其原理和方法，以及书籍编辑活动的组织管理和队伍建设等问题"。从而再一次肯定了书籍编辑学的研究对象是书籍编辑活动，是一种社会文化活动，"属于意识形态领域"。而且具体地论证了"书籍编辑学在整个科学体系中应该属于社会科学或人文科学"。同时也指出：由于它产生于编辑实践，是实践经验的理论表现，因而具有很强的应用性，"属于应用科学的范畴"，当然应用科学也有自己的理论体系。这样，《书籍编辑学概论》的作者，就为书籍编辑学这门学科砌起了坚固的理论基石，从而比较好地解决了书籍编辑学的学科性质地位和功能的问题。这样，就回答了书籍编辑学的基本理论问题，并为基本概念、基本原理的阐释铺平了道路。

其次，这本书用大部分篇幅着力于阐述书籍编辑学的基本理论和基本实践，致力于建立一个新颖的新学科框架和科学的理论体系。因而在许多问题上，它总是既讲历史的演变，又讲现实状况及其发展趋势，从而突破了一般书刊编辑学主要讲编辑过程或各门类编辑工作的框架结构，详细地分析了"书籍""编辑"概念的起源、特点及其历史发展。并以专章分述了编辑工作的方针、原则、编辑构思和编辑风格等问题。即使在讲编辑工作各个环节的时候，也着重于从原理原则上加以阐述，充分说明它们在整个书籍编辑过程中的地位和作用。从而加强了这本书的理论含量。

再次，这本书的长处，还在于它是理论、经验和知识的有机结合。它资料丰富，旁征博引，比较成功地做到了古今结合、中西交融。给人以知识，给人以启迪。对一个书籍编辑来说，它既有理论的指引、经验的借鉴，也有操作上的点拨。如果你是一个初学编辑工作的人，那么这本书可以帮助你开窍和入门；如果你是一个有一定编辑经验的人，那么这本书可以帮助你总结思索，不断前进；如果你是一个有兴趣研究编辑学的人，那么这本书是一种较好的参考书，可以帮助你进一步攀登科学的高峰。

当然，这本书也有不足的地方，例如，由于是三人合著，在有些问题的阐述上难免有重复之处；有些观点也还可以进一步探讨。但瑕不掩瑜，丝毫不影响它的成功。

1996 年 6 月

《20 世纪中国的编辑学研究》P410，河北教育出版社 2000 年 1 月版

论编辑职业道德

一、各行各业都有自己的职业道德

道德是人们的一种行为规范，是识别、评价人们行为的一种尺度，也是一种精神力量。道德这种行为规范在不同的范围、不同的领域，可以有不同的层次。在现代社会生活中，人们有公共的行为尺度，这叫社会公共道德，或曰社会公德。社会生活的一个重要方面是职业活动，为了职业活动有序地进行，也需要有某种与之相适应的行为规范，这就是与一定职业相联系的职业道德，如商业道德、体育道德、新闻道德、医德等等。这正如恩格斯所说的"每个阶级,甚至每个行业都各有各的道德"。

特定的职业道德既然是从事某一职业的人共同的行为规范，也是从事这种职业的人所必需的、约定俗成的行为准则。社会主义社会的职业道德，从思想体系来说，属于共产主义道德的范畴。社会主义职业道德的基本内核，就是符合社会主义发展的需要，体现广大人民群众的根本利益，基本点就是全心全意为人民服务，为社会主义服务。离开了这个基本点，就不成其为社会主义的职业道德。

其实，讲职业道德，并非今日始，是历来就有的。如在我国唐代，著名史学家刘知几就谈到，史学家要讲史德，即写历史的人要有"秉笔直书"的品格。新闻道德在世界上大概也已讲了100年。因为新闻事业出现以后，"无冕之王"捉笔如刀，褒贬之权甚大，新闻的职业道德也就引起人们的重视了。可见，讲职业道德并非新事。

出版工作者的职业道德，也可以叫做出版伦理、出版道德。它是编辑出版工作者在长期的实践活动中形成的，是正确处理与作者、读者、同行和社会各界之间关系的行为规范，是编辑出版工作者应有的品格、思想、作风以及处理出版单位内外关系的伦理准则。

编辑工作是整个出版工作的中心环节，是出版为两个文明建设服务的主要任务和基本保证。这就说明了编辑职业道德在出版工作中的重要地位。编辑的职业道德是基于编辑工作的特点而形成的。它是自从社会分工出现了以编辑为职业的人以后就存在的。尤其是随着出版事业的发展繁荣，编辑在社会生活中的作用越来越大，因而更有必要提出编辑工作者如何正确对待社会、对待相关者的伦理问题，也是编辑人员在编辑工作中应当自觉遵守的行为规范。

二、编辑讲究职业道德的重要性

（一）当编辑的人一定要讲究职业道德。这是因为编辑工作是一种精神生产，是一项文化活动和科学活动。它的根本任务是要向读者提供优秀的出版物，也就是有质量的出版物。出版物的质量取决于作者，因为首先需要作者提供有质量的原稿。但是编辑的介入，也可以影响原稿的质量，有时也可以起决定性的作用。这是从一本书讲的，或者说是从微观讲的。从宏观讲，也就是从整个出版物面貌讲，或者说从一个出版社一定时期的出版物总体来讲，作者的书稿水平如何，当然起着决定性的作用。但更重要的是取决于编辑，因为编辑可以在众多书稿中选择，也可以通过加工提高原稿的质量，从而决定整个出版物的面貌、水平或者说是总体质量。由此可见，一个出版社能不能提供优秀出版物，既取决于作者，也取决于编辑，从一个出版社整体运转上讲，编辑的作用当尤为重要。也正因为这样，编辑就更要讲职业道德，使自己在工作中时时刻刻用一定的行为规范来约束自己，保证提供内容和形式俱佳的出版物，更好地鼓舞读者为两个文明建设作出更大的贡献。

（二）在社会主义市场经济条件下，编辑的职业道德显得更加重要。社会主义市场经济的发展，给编辑出版工作带来了机遇，增强了活力，同时也是一种巨大的冲击，致使编辑队伍中一些不明事理，或见利忘义的人，做出了一些有悖于编辑职业道德的事。诸如：出版一些品位不高、格调低下、封建迷信，甚至夹杂着一些低级下流、黄色内容的图书；把组到的能赚钱的书稿转给别的出版社，或转卖给个体书商，中饱私囊；拿到书稿，根本不看，或一目百行，浏览一遍，批个书号，就发排付印；明知书稿中文字不通、标点不清，也既不加工，又不润色；经手加工修改的稿子，要求和作者共同署名；对读者来信，尤其是对来自读者的善意批评，置之不理；还拆同行的台，盗窃别人已经组稿的选题，或者利用种种借口，或明或暗地印制兄弟单位的畅销书出售……这些人、这种行为，在编辑队伍中虽属极少数，但危害极大，如果任其发展，不但会坏了编辑队伍，坏了出版业自己，也贻害于广大读者。这种现象的发生，一个重要原因，是有人误解了价值观的转变，认为价值观的转变就是由过去讲究社会效益转变为现在只讲经济效益。因而，自觉不自觉地把单纯追求经济利益当做编辑出版的唯一目的，从而走入了误区。什么是价值观念的"转变"？就是既要按市场经济规律办事，又要坚持以社会效益为最高准则，也就是要追求优质高效，只有优质才能高效。这说明以有中国特色社会主义理论为指导，坚持"二为"方向，坚持为大局服务的社会主义编辑出版工作者的世界观、人生观与价值观从来都是一致的，它们最终都是为了实现"以科学的理论武装人，以正确的舆论引导人，以高尚的精神塑造人，以优秀的作品鼓舞人"的目的，这是编辑出版工作者的根本任务，也是编辑职业道德的基本要求。可见社会主义市场经济条件下的编辑出版工作，要不走偏方向，要为读者提供优秀的精神食粮，就更加要讲究职业道德。

（三）新世纪、新形势和新任务要求编辑必须讲求职业道德。党和国家已经作出规划，要求在下个世纪初，在未来的 15 年中，把社会主义精神文明建设放在更加突出的地位，还要求加强出版工作，让它作出更大的贡献。毫无疑问，在新的世纪里，我国的经济会有更大的发展，人民的生活水平也将有很大的提高。特别是实现了小康以后，人们经济生活水平的提高，必将对出版文化提出更新更高的要求，因而对编辑工作的要求也会越来越高，同时，在新的世纪里，随着改革开放的发展，国际贸易的增长，尤其是多媒体技术的迅速发展，计算机网络的进一步开通和信息高速公路的建立，信息和文化交流必将大幅度地增长，思想的渗透和交流、文化的交流和冲突，也将进一步加剧。在这种情况下，编辑作为精神产品的催生者和把关者，出版文化的设计者，必须把职业道德放到更加突出更加显著的地位。

以上说明，编辑要讲职业道德是职业的需要，形势的需要，也是编辑自身修养的需要。

三、编辑应该有哪些职业道德

关于编辑的职业道德，人们有多种议论，有人说五六条，有人说七八条，甚至还有说十多条的，这是因为角度和层次不同，无可厚非。但按常理说，研究编辑的职业道德，首先应该从编辑工作的特点出发。据此，最基本的应该有这样几条：

（一）坚持用稿标准，不以稿谋私。编辑的权力，主要表现在对稿件的褒贬取舍上。因此对待稿件必须按照客观标准办事，这就是原则，这就是职业道德。但实际上，有的编辑在用稿上或多或少带着人的因素，感情的因素。如关系稿、任务稿（上面安排下来的），还有观点不同、门户之见，甚至包括个人之间的恩恩怨怨……这些，往往会从取舍稿件上反映出来。有的单位明确表示"三不出"，即：赔钱的书不出、不赚钱的书不出、赚钱少的书不出。一听说作者可以包销多少万册，或者赞助多少钱，则降格以求，明知稿子不怎么样，也照出不误；一看这本书要亏本，明知稿子不错，也不愿将盈补亏，尽管在其他书上赚了不少钱，也不愿拔一毛而救活一本好书。对他们来说，出书不出书，全凭一个"钱"

字。至于什么出版方针、"两为"方向、办社宗旨，对不起，真还没有往心上想过。这种出版社说真的还不如不办，因为出质量不高的书，对读者没有什么好处；出不好的书，还会害人。在编辑工作中，完全为经济利益所驱动，这是一部分图书质量滑坡的重要原因之一，是当前相当突出的问题。所以，一个合格的编辑，讲职业道德的编辑，对待稿子一定要秉公办事，按标准取舍，排除感情因素，也不能搞"唯利论"，更不能凭作者地位高低、名望大小，或者门户亲疏、个人偏见。在审稿标准面前，应该人人平等。邹韬奋说："我对于选择文稿，不管是老前辈来的，还是幼后辈来的，不管名人来的，或是'无名英雄'来的，只需好的我都竭诚欢迎，不好的我也不顾一切地不用，在这方面，我只知道周刊的内容应该怎样才精彩，不知道什么叫情面，不知道什么叫做恩怨，不知道其他的一切。"他说到做到，对李济深、黄炎培的稿件，也坚持修改，而且退过熟人名人的稿件。这才是编辑的楷模。

（二）认真奉献，为他人做嫁衣裳。一部稿子能不能成为广大读者阅读的书。一个人、几个人的思想观点，主张学说，能不能进入大众传媒的载体，成为广大群众学习、参考、研究的材料，甚至是指导人们实践，引导群众前进的航标，关系全在于编辑。编辑把一部不成熟的稿子加工修改为成熟的作品；把一部有错误、缺点的稿子，修改成对读者有用，为社会接受的作品；把一部质量平平的稿子，经过修改、充实，使之成为一部有质量的好书；把一部影响不大的作品，经过宣传评介，使之成为一部有影响的图书。从无数投稿者中发现新人，并扶持他成为著作人，关键也在于编辑。作者写一部书稿需要用几年、十几年，编辑修改一部稿子也需要几个月、几年，编辑把自己的心血汗水融化于他人的作品，把自己的知识经验充实到作者的成果中，等到书一出版，作者声名鹊起，编辑却依然故我。书上（尤其是过去）编辑连一个名字也不署，留下的只是他的奉献。正因为这样，在中国历史上，当编辑的人大都是"无名英雄"，所以有人用唐秦韬玉的两句诗"苦恨年年压金线，为他人做嫁衣裳"来形容编辑的这种奉献精神，很有道理。编辑就是这样的人，从他的工作本质看，就是一种奉献，是一种把自己的所学所得纳入到他人成果中去的创造性劳动，这也正是社会对编辑的基本要求，也是编辑职业道德的重要内容。

（三）竭诚为读者服务，对社会负责。编书出书是给读者看的，一定要考虑读者的实际需要和可能，不从读者出发，编辑的工作也就失去了意义。所以，树立为读者服务的思想，是编辑工作的第一要旨。为读者服务，简单说，就是要想读者之所想，想读者之未想，在把握社会政治文化总体背景的前提下，找准焦点、热点、重点，编辑出精品。切实担负起引导教育的职能，以书育人，一切从读者的实际出发，还应根据特定的读者对象，设计图书的内容和形式，注重辅文的安排，保证校对质量。一段引文、一个注脚、一句古诗、一个公式，务必悉心核对，确证无误，才能放过，不要想当然，弄得书一出来就留下了无法弥补的遗憾。为读者服务的根本目的就是对社会负责，就是编辑通过自己的工作使读者真正成为有理想、有道德、有文化、有纪律的社会主义公民，并且通过读者的作为，去为两个文明建设服务，促进社会的发展。为读者服务和对社会负责是完全一致的。但是要达到这个目的，编辑一定要讲求职业道德，否则，是不可能实现的。

（四）尊重作者，真诚待人。编辑和作者的关系，是互助合作的同志关系。《中共中央、国务院关于加强出版工作的决定》中明确指出："社会主义的出版工作，是出版工作者和著译者共同的工作，他们之间的关系是同志式的互助合作关系。图书的内容是人类文明成果的综合反映，要搞好出版工作，必须依靠从事思想、理论、科学、教育、文化工作的宏大队伍。"可见编辑和作者的关系是非同寻常的。但编辑必须尊重作者。其原因，从根本上说，有三条：1. 书稿是出版工作得以进行的必不可少的基础。而稿子是作者写的，作者是精神产品的主要生产者，没有书稿，巧妇难为无米之炊，出版只好停止运转。所以编辑必须依靠作者，尊重作者。2. 出版文化是社会文化的综合反映，这种反映又是各种专业的汇总，必须要有各方面的专家，这就需要依靠各方面的作者，他们"业有专攻、学有专长"，只有特定的作者才能写出某一方面的优秀书稿来。编辑也要有专长，但他要面对许多稿子，不可能都是自己的专长，所以，也应该尊重作者。3. 我们编辑之所以尊重作者，是因为作者虽在其他领域，但他们支持出版，为繁荣出版事业服务，为编辑所从事的这个行业出力，理所当然地应该尊重他们。说到底，没有作者就没有编辑，一个好编辑应该有一批真诚相待的作者朋友，通力合作，共同为社会主义现代化建设服务。现在，有的单位，编辑和作者的关系不正常。有的编辑自视高人一等，作者反而低三下四，因为编辑不给出书，作者毫无办法。结果作者向编辑送礼，要编辑共同署名。不然，把稿子压两年，作者也不敢吭一声。这种把出书当做给作者的恩赐的态度和做法，是不尊重作者，也不符合编辑的职业道德。

（五）在同行之间，互相支持，互相帮助，这是一种起码的职业道德，应该不难理解。但实际上，现在有的人却不是这样，他们把同行看成对立的一方，到处探听别人的选题，发现有好的，抢先刊出广告，造成我比你早的局面；有的用超过别人的稿酬，把其他出版社的畅销书稿抢过来……这种状况，是和高尚的职业道德不相符的，是编辑在坚持职业道德时需要十分重视的一条。

以上五条，一孔之见，未必妥当，仅供研究。

四、法规与职业道德

法规和职业道德，都是规范人们行为的尺度，但性质和层次不同。职业道德是约定俗成的东西，靠人们自我约束和社会监督来实行的。法规是强制性的，当然也需要人们自觉遵守，因为守法是公民的义务，不遵守就是犯法违纪，是要受到法律和纪律的制裁的。如买卖书号，有人把它当做职业道德问题。其实这是违反法纪，因为政府机关曾明令禁止买卖书号。正因为这样，最近，成都出版社、山西高校联合出版社因为买卖书号被新闻出版署明令撤销。当然，违反法纪的行为，一般说来是不符合职业道德的。另一方面，不符合职业道德的行为在一般情况下，并未达到犯法的程度，也有一些看起来是合理合法的，但从职业道德来看却显得有些欠缺。如医生给患者治病，本来看一次，服点药，就可以治愈，但医生为了某种原因，开的药量不足，使病人看好几次才得以痊愈。这对医生来说，属于医德问题，但并不犯法。如有的出版社按规定购买国外的版权，把国内兄弟出版社出版多年的看家书的版权买了过来，并受到了法律的保护，是完全合法的。但它如果在购买前，对兄弟出版社连个招呼都不打，就把别人多年的图书的版权买了过去，这从职业道德上讲，似乎并不完美。有的编辑出书时"打擦边球"，当然也不犯法（犯法就不属擦边球了），但内容并不好。还有，比如一本书，据说内容并不坏，但书名极庸俗，这恐怕也属于职业道德方面的问题。

总之，编辑是搞精神生产的，职业道德对编辑来说极为重要。让职业道德不好的编辑去生产优秀的精神产品，用一个"利"字去指导出版活动，后果将是不可思议的。因此，当编辑的人应该看重职业道德，并且把它看成是自己的"职业生命"。

1996 年 6 月

《一切为了读者》P182，首都师范大学出版社 2010 年 7 月版

坚持基本规范 不断开拓创新
——在中国编辑学会第三届年会开幕式上的讲话

在改革开放、发展社会主义市场经济条件下，如何把坚持编辑工作的基本要求、基本规范和大胆探索、积极创新结合起来；把运用市场机制、增强出版活动和保证出版方向、提高出版物质量结合起来，是当前编辑理论研究中的一个重要课题。我们的目的是通过编辑理论和实践的研究，总结交流经验，提高思想、理论认识，引导广大编辑人员在社会主义市场经济条件下，加强实践锻炼，树立远大理想，勤奋敬业，不断增强知识和经验的积累，加紧基本功的训练，熟练地掌握编辑工作的基本规范，更好地具备一个优秀编辑的专业知识和工作能力，从而建立一支高素质的编辑队伍。

一

什么是基本功？就是做好编辑工作不可缺少的专业知识。什么是基本规范？就是我们长期以来，在工作中形成的基本思想、基本原则、基本制度和基本的工作方法。它们是基本经验的总结，并反映了编辑出版工作的某种客观规律，它们在实践中不断夯实基础，但不可能根本改变，所以是在工作中长期起作用的东西。正如江泽民同志在讲话中指出的："我们党是全国各族人民利益的忠实代表。不管形势和任务发生怎样的变化，党的工人阶级先锋队性质永远不能变，全心全意为人民服务的宗旨永远不能变，密切联系群众的优良传统永远不能变，从群众中来到群众中去的根本工作路线永远不能变。"编辑工作当中也有一些东西并不因经济体制的转变而改变，这就是我们所说的基本功和基本规范。

　　规范，是操作的依据、检验的准绳。它可以有不同的层次和不同的方面：可以是总体的，也可以是局部的、某一环节的。但局部的、某一环节的规范，必须依据总体的来制定，服从于总体规范的要求。违反了总体规范，局部的、某一环节的规范就失去价值；违反了局部的、某一环节的规范，也会在不同程度上对工作造成损失，严重的量变可以转化为部分质变或质变，也会对总体规范甚至全局带来危害。比如有的出版社，搞经济承包，指标落实到人，不论总编辑、副总编辑还是室主任；也不论编审、编辑或者助编，每个人都有具体的发稿字数。这样，人人都忙于完成个人的指标，复审、终审根本无法进行，但迫于制度，只好签个字就发排。这样，三审制形同虚设，实际上给废除了。结果图书质量大滑坡，甚至出了坏书，受到处理，后悔莫及。他们说，书中的问题不是看不出，而是没有时间看。这是为什么呢？起码是没有遵守审稿的规定。可见规范化这个事马虎不得。

　　再说创新，众所周知，创新就是创造发明，就是做出超过前人的成就，改进前人的成果，超越前人的水平。编辑工作需要创新，老一套不会受读者欢迎。在编辑工作中，第一个搞"十万个为什么"的是创新，第一个搞"365夜"的也是创新。至于那些搞上有政策、下有对策的，不是创新；有令不行、有禁不止的，也不是创新；千方百计卖书号，挖空心思打"擦边球"的，当然更不是创新。有人出版打麻将、看风水、算命、卜卦的书，还美其名曰"你无我有"，这当然不是创新；还有搞重复出版，甚至以稿谋私，追名逐利等等，都不是创新。只有那些忠诚党的出版事业，以满腔热情和高度负责的态度对待读者，对待工作，埋头苦干，积极进取，认真务实，在自己的岗位上比他人和前人作出优异成绩的人，才是真正体现优良传统和时代精神的创新者。他们所从事的工作才是创新。

　　我们讨论编辑工作规范化和创新问题，首先是编辑队伍建设的需要。我们编辑出版队伍是好的，但不是静止的，是在动态中前进的，在新的形势下，也会暴露出一些新的问题。这是实际工作的需要，是继续推进新闻出版工作的阶段性转移，实现新闻出版业跨世纪发展规划的需要。当前的编辑队伍建设，除了要解决政治、思想、文化、作风等素质以外，还必须提高业务素质。这方面，既要靠业务培训、靠编辑理论和编辑学的研究，又要靠有明确的编辑工作的规范和实践中进行规范化的锻炼。

建立编辑工作规范化和开拓创新，必须与编辑队伍建设结合进行；同样，编辑队伍建设也不能离开编辑实践，不可能离开规范化和创新相结合的编辑工作。从实践着手，建立科学的编辑工作规范，同时又不断创新提高，是建设一支高素质编辑队伍的一个重要内容。从而，推进编辑工作规范化并在实践中不断创新，不断提高编校质量，加速建成一支政治思想、专业知识过硬、业务能力很强的编辑队伍，多出好书，进一步繁荣出版事业，为两个文明建设和社会主义现代化进程服务。

二

值得注意的是，我们现在有些地方，不重视规范化，把规范化要求当作"框框"，当作累赘，甚至借口"创新"，抛弃了一些不应该抛弃的基本规范。有的不重视编辑设计，有利可图的稿子就出；有的不重视甚至看不起案头工作，不重视审稿和加工修改；有的不重视校对工作，甚至把校对工作当作给勤杂人员和家属增加劳务费、福利费的手段。还有的片面强调策划，认为选题好，就一好百好。只要抓好选题，就万事大吉。有的地方在评奖评优的时候，往往只看到搞选题的人，对于做案头工作的、搞校对的、搞版式的人，即使再有成绩，也视而不见、听而不闻。我们说，编辑工作中，选题是重要的，但不是唯一的。选题，是出版前提，选题的设计、策划，历来是编辑的一项重要的基本功。选题好，有可能出好书，但这仅仅是可能。可能要变为现实，还必须有大量的案头工作、后续工作予以保证。不然，选题再好，也成不了好书。大家知道，在前一届国家图书奖评奖时，有一本书名、内容都很好的书被刷了下来，就是因为编校质量不好，差错太多。说到底，就是因为案头工作没有做好。由此，我们也可以看出不重视审稿、加工工作，不重视校对工作，是不符合基本规范的，也是不利于做好编辑工作的。实际上，编辑设计、策划和审稿、修改加工，是一辆车子的两个轮子、一个编辑的两种手段、一个精神产品生产过程的两个工序，是相辅相成的，不可分离的，更不应该的是对立的，两者不可偏废。

编辑工作是政治性、思想性、科学性、专业性很强的工作，更需要讲求规范化。这是出好书、出精品的保证，也是培养合格的编辑人才的需要。中华文化是东方文化的旗帜，历来受到世界各国文化界的敬仰。如果我们自己出版的书籍，不讲究规范或者错误百出，任意糟蹋自己的民族文化和文字，那么我们又怎么能够赢得其他民族的尊重？又怎能对得起前人留给我们的优秀文化传统？又如何向后人作出负责的交待？

有人认为编辑工作是"雕虫小技"，编辑是涂涂改改的"文字匠"，殊不知这种"雕虫小技"搞不好，这种"文字匠"出了纰漏，往往不是小问题，有时甚至可以给国家声誉带来影响，给民族的文化形象涂上败笔。这说明编辑工作不是"雕虫小技"，不是"涂涂改改"的"文字匠"生涯，而是事关国家声誉、民族形象的神圣职责和崇高使命。

我国广大的编辑工作者，历来有敬业的传统，这就是对本职工作的无限热爱，对事业忘我地全身心投入。它的可贵之处，就在于他们所关注的不是事业的成功之后个人能得到多少物质报酬，而是这一成功对社会进步、对民族发展、对文化繁荣、对祖国历史的意义。

三

21世纪将是激烈竞争的时期，是现代科技飞速发展、各种媒体加快信息传递的时期，也是国内外各种精神文化力量互相激荡、互相影响大为加剧的时期，一些腐朽的思想可能滋长蔓延，一些丑恶的东西也可能乘机死灰复燃。编辑作为文化战线上的前哨兵，在保证我国社会主义精神文明建设、改革开放和现代化事业的顺利发展，保证一代一代"四有"新人的健康成长，保证跨世纪宏伟目标的顺利实现，负有重要的责任。我们一定要加强政治意识、全局观念和社会责任感，要进一步弘扬敬业奉献精神，恪守职业道德，自觉抵制拜金主义、享乐主义和极端个人主义等腐朽思想的影响，积极建立和实施各种规范，不断学习，不断创新，为社会主义出版事业的健康繁荣努力工作。

1996 年 8 月

《科技与出版》1996 年第 6 期；《20 世纪中国的编辑学研究》P162，河北教育出版社 2000 年 1 月版

《编辑学纵横谈》编者后记

从 80 年代初开始，编辑学作为一门新兴的学科，在我国大地上迅猛崛起，现在已经为社会所承认，并正在走向国外。

10 多年来，我国出版界曾经收编出版过两本包括众多作者的综合性的编辑学论文集。第一本是《编辑学论集》，1987 年 10 月由中国书籍出版社出版，它收集了 1987 年上半年以前发表的一部分论文，出版以后，被有的学者誉为在初创时期具有里程碑的性质。第二本是《论编辑和编辑学》，1991 年 3 月由中国书籍出版社出版，它收编了 1987 年下半年到 1990 年间的一些编辑学论文，这个时期研究编辑学的文章较多，视角也比过去广阔，它大体上收编了代表这个时期的各种不同观点的论文。

现在我们本着"百花齐放，百家争鸣"的方针，选编了这本《编辑学纵横谈》，它收编了 1991 年到 1993 年间的一部分论文（为避免重复，已收入辞书或其他著作的不再编入），也大体上反映了这个时期的一些不同观点，代表了这个时期的研究趋势。

我们编这个集子的目的是为研究者提供一个参考，从另一个方面说也是对研究状况的一种论述。大家知道，这类书的出版对编辑学研究的推动，对编辑学学科建设的发展，将会作出应有的贡献，这是毋庸置疑的，但是从经济上来说，出版者肯定要亏本的，所以，我们特别要感谢广西教育出版社，它们为出版理论研究、为编辑学的发展作出的努力，将受到编辑学界的赞许和好评。

由于当前编辑学理论已为理论、教育、新闻界所重视，各类报刊纷纷刊载专业文章，数量之大，实出意料。因而，挂一漏万，在所不免，不当之处，恳请同行不吝赐教。

1996 年 8 月

与苏振才同志合作，《编辑学纵横谈》P392，广西教育出版社 1996 年 8 月出版

规范编辑工作，弘扬职业道德
——中国编辑学会第三届年会侧记

中国编辑学会第三届年会于 8 月 23 日—27 日在大连召开，这次会议讨论了在改革开放、发展社会主义市场经济的条件下，如何把坚持编辑工作的基本要求、基本规范和大胆探索、积极创新结合起来；如何把运用市场机制、增强出版活力和保证出版方向、提高出版物质量结合起来，进一步提高编辑队伍的素质，促进多出好书，更好地为社会主义精神文明建设服务。

提供给会议的 120 篇论文和会上的发言涉及出版成就、图书质量和图书结构，编辑工作的规范化和开拓创新，提高编辑基本功、弘扬编辑职业道德和加强编辑队伍建设等诸多问题。

会议着重讨论了本会委托湖北省编辑学会起草的反映编辑工作基本规范的《图书编辑工作流程》。与会者对这个"初稿"给予充分肯定，认为在当前条件下，它可以起到规范编辑工作的作用。同时也提出了一些具体的修改补充意见。大家要求《流程》定稿以后，应由新闻出版署作为文件下发，或者批转各局、社贯彻执行，使它具有一定的约束力。

会议讨论了编辑工作中坚持基本规范问题。有人认为：编辑基本规范，是一种行为准则，是长期以来在工作中形成的基本思想、基本原则、基本制度和基本的工作方法。它是在工作中长期起作用的东西，不会因经济体制、管理机制的转变而转变。有人认为：出版规范是出版规律的反映，改革和创新都不能违反规律，也不能改变规律。出版规律的基本要求是对人类社会各种文明成果的选择、加工和传播。编辑工作是出版工作的中心环节，更不能没有规范，随心所欲。

会议认为编辑工作应该强调策划的重要性。策划就是创意，强调策划就是强调编辑的能动作用。这是编辑的一项重要的基本功，是历来就有的。如果没有编辑策划，出版工作能够发展成今天这样规模，是不可思议的。策划要注重文化成果的积累和建设；不能偏向市场，只重包装。当前要解决策划的价值取向问题。要坚持以社会效益为最高准则，注意精神文明重在建设。策划不是某几个编辑或某一个部门的事，而是各级编辑的共同职责，首先是总编辑要抓策划。

有人提出，目前有一种忽视案头工作的现象，认为只要选题策划好，就一好百好。有的地方在评奖评优时，只看搞选题的人，对于以审稿、加工为中心的案头编辑，往往视而不见、听而不闻。会议认为，选题设计、策划和审稿、加工，都是编辑工作的手段，一种精神产品生产过程中的两个工序，是相辅相成的。不重视审读、加工、校对等案头工作，是不符合编辑工作规范的，也是做不好编辑工作的。

与会者认为，编辑工作需要创新，在市场经济条件下尤其如此，"老一套"引不起读者注意，不会受读者的欢迎。至于有的人借口"创新"，搞上有政策，下有对策；有令不行，有禁不止；千方百计买卖书号，挖空心思打"擦边球"，这是对创新的歪曲。还有的出版看风水、算命、卜卦的书，美其名曰"你无我有"，这只能说是明知故犯。

有人认为：编辑职业道德是在长期编辑工作中形成的一定的信念、习惯和作风，是用来约束编辑人员行为的准则。也有人认为：是编辑工作者在日常处理与作者、读者、同行及社会各界之间关系的约定俗成的行为规范，是编辑人员应有的品格、思想以及处理内外关系的伦理准则。

至于编辑职业道德的内容，一种意见认为，主要包括五个方面：即坚持"二为"方向，贯彻出版工作的根本宗旨；坚持以社会效益为最高准则，对社会负责、对读者负责；遵纪守法，廉洁自律；尊重作者劳动，坚持以质量取稿，不徇私情；爱业敬业，团结协作。

另一种意见认为：编辑职业道德应从编辑工作的特点出发来概括，一般的公民义务和社会公德可不列为编辑的职业道德。具体主张这样五条：坚持客观公平的用稿标准，不以稿谋私；把自己的知识、经验纳入到他人的作品之中，奉献给社会，认真地为他人做嫁衣裳；为读者着想，为读者服务，对社会负责；尊重作者，真诚对待作者；在同行之间互相支持，互相帮助。

还有人列举了少数编辑违背职业道德的现象：如在稿件采用上，带有个人恩怨，要作者给好处，要求和作者共同署名；把同行看成对立的一方，发现别人的好选题，就抢先刊登广告，造成我比你早的局面；用高稿酬挖别人组定的稿件，等等。认为这是和精神生产者应有的高尚的职业道德不相符的。

有人认为，近几年来编辑职业道德出现了滑坡趋势，以拜金主义为主要特征的腐败之风，相当程度地侵蚀到编辑出版界，少数人职业道德败坏，甚至搞坏了出版界的声誉。他们认为目前编辑道德滑坡的突出表现是：①买卖书号，屡禁不止，有的甚至变本加厉，只是手法更为巧妙、名目更为繁多罢了；②只要有钱可赚，乱出坏书，包括诲淫诲盗、封建迷信、伪科学、反科学的书，甚至政治倾向不好的书都可以出笼；③精心编制"擦边球"的书，使"扫黄"扫不着，"打非"打不到；④编辑之间，权钱交易，你给我出书，我给你出书，而且互相吹捧，抬高身价，"团结协作"，名利双收，而置图书质量于不顾。

有一种意见认为：买卖书号虽然不符合职业道德，但已不只是道德问题，而属违法乱纪的性质。而有些事虽然是合法的，但从职业道德看，也有欠缺，如有的出版社按规定购买外国作家的版权，把国内兄弟出版社出版多年的看家书的版权也买来了。这样做，虽然是法律保护的，但事先对有关出版社不打一个招呼，把兄弟出版社出版多年的书的版权给买走了，从职业道德上讲，似乎并不完美。有人对此有不同看法，认为不能把法规和职业道德看成两回事，既然有法规的明文规定，就应该依法办事，不应该再受到其他的指责。但另一些人则认为：我国的法制正在建设过程中，不可能完美无缺，所以要强调社会公德和职业道德，使一些法规还涉及不到的事，能够通过道德和精神文明建设来解决。实际上即使法制建设已经十分完美，法律允许、道德不允许的事仍然是存在的。所以不能用守法来否定职业道德的重要。

与会者认为，这次会议讨论编辑工作规范化和开拓创新问题，研究建立编辑工作的基本流程，要求弘扬敬业精神和高尚的编辑职业道德，十分重要，具有重大的实际意义和理论意义，是建立一支高素质的编辑队伍的一个重要方面，是继续推进新闻出版工作的阶段性转移，实现出版事业跨世纪发展规划的现实需要，应该引起重视。

1996 年 8 月

《20世纪中国的编辑学研究》P168，河北教育出版社 2000 年 1 月版

编辑工作的规范与创新

——中国编辑学会《第三届年会论文选》编后记

中国编辑学会第三届年会于 1996 年 8 月下旬在大连召开。

本届年会的中心议题是：研究新时期编辑工作面临的新情况和担负的重要任务。具体讨论在改革开放、发展社会主义市场经济的条件下。如何把坚持编辑工作的基本要求、基本规范和大胆探索、积极创新结合起来；如何把运用市场机制、增强出版活力和保证出版方向、提高出版物的质量结合起来；强调职业道德，进一步提高编辑队伍的素质，促进多出好书，更好地为社会主义精神文明建设服务。

这届年会收到应征论文达 210 余篇，还有一些作者直接把文章带到或寄到会上进行交流。在编这本集子时，我们不可能把那么多文章都容纳进去，只好根据这届年会的主题和当前加强社会主义精神文明建设的战略任务的要求，在经过反复考虑，征求有关方面的意见以后。编入了88 篇文章。这些文章大体来自三个方面：一、大部分来自本届年会的入选论文；二、一部分是参加本届年会的特邀代表所写的文章；三、极少数是作者带到或寄到会上的文章。

我们感到抱歉的是由于篇幅的限制，许多文章没有编入这本集子，即使是收入这本集子的论文，也不得不做了压缩；有些写得不错的文章，由于字数过多，又不便压缩，只好忍痛割爱。对此，编者是深感不安的，只好请作者和读者谅解了。

1996 年 10 月

《第三届年会论文选》P501，河北教育出版社 1997 年 6 月

从严要求自己　从严培养人才

　　党的十四届六中全会的《决议》和江泽民同志在全会上的重要讲话，鼓舞着全党全国人民信心百倍地去开创世纪之交精神文明建设的新局面，也激励着广大出版工作者用优异的成绩和崭新的姿态迈向新世纪的大门。《决议》"迫切要求文化事业有一个大的提高和发展"，出版工作要"着力提高出版物的质量，多出好作品，不出坏作品……"等指示，反映了党对出版工作的战略思考。面对党和人民的殷切期望，每个出版工作者都会感到自己肩上的担子，应该如何提高自己去完成这个庄严的任务。江泽民同志最近又一次强调，政治路线决定之后，干部就是决定因素。好书出自高素质编辑之手，也证明了这一点。《决议》的精神，对我们整个编辑出版队伍，对我们每一个编辑，提出了很高的要求。要真正做到多出好作品，不出坏作品，决不是一件简单的事。每个编辑只有真正严格要求自己，切实提高自己的政治思想、业务知识和道德作风，才能适应这样一种要求。这里用得着《决议》中对领导干部的"四有"要求，即"自重、自省、自警、自励"。也就是说，作为一个编辑，要看到自己的地位、作用和责任，要想到取舍一篇稿子、增删一段文字、修改一篇文章的分量，它可能产生的影响，切不可掉以轻心；要经常回忆反省自己工作的成败优劣，及时总结经验，以改进工作；要经常给自己敲敲警钟，大到政治上、思想上、经济上、学习上、作风上，小到日常生活上，要警惕、要防患于未然。江泽民同志在最近的一次讲话中，特别强调干部要具备基本的政治业务素质，要有理想、有方向，要有明确的宗旨，懂得正确的思想方法，严于遵纪守法，还讲了刻苦学习，勤奋敬业，具备做好本职工作的专业知识和能力。特别送给青年干部四句话："刻苦学习，勤奋工作，勇于创造，自觉奉献。"他说："人生历程中最宝贵的年华是青年和中年时期，务必要好好珍惜，切不可虚度光阴。"江泽民同志这些教导体现了党的优良传统，反映了时代的要求，语重心长，情真意切，也是一种振聋发聩的告诫，对全党全国工作是有极为重要的意义，对于我们编辑队伍建设和编辑人员的学习和工作，同样具有十分重要的现实意义。当前，摆在我们面前的任务是：迫切需要造就一批高素质的编辑专门人才。

党的十四届六中全会《决议》，强调"按照政治强、业务精、作风正的要求，造就一支高素质的宣传思想文化教育队伍，是建设社会主义精神文明的迫切需要"。又说："精神文明建设的各个领域，都要努力培养一大批热爱祖国、热爱人民、有真才实学的专门人才。支持优秀人才攀登新的高峰。"全会的精神完全符合我国出版队伍的实际状况，培养一批高素质的编辑出版专门人才，是当前进一步推进出版事业，促进"阶段性转移"，实现跨世纪出版发展战略的当务之急。

目前，我国出版从业人员25万，编辑队伍约7万人，正是这支队伍，开创了建国以来，也是中国历史上出版发展的崭新局面。在短短的10多年中树立了中国出版自强不息，在国际上迅速崛起的光辉形象，塑造了中国出版富有民族特点，又与时代同步的鲜明色彩。也使中国出版队伍在拼搏中锻炼了自己、壮大了自己。许多优秀人物、先进分子的涌现，也使中国出版分外增色。

当然，事物总是一分为二的。我们的编辑出版队伍也还存在着这样那样的不足。主要是少数人没有树立起牢固的马克思主义世界观，思想理论水平不高，知识老化，不能适应现代科技发展的需要。特别是近几年出版迅速发展中大量涌入编辑出版队伍的青年，对出版工作的严肃性认识不足，缺乏编辑业务的基础知识，再加上一些人对社会主义市场经济迅速发展的形势缺乏足够的思想准备，有的人甚至被市场经济的大潮冲昏了头脑，导致职业道德败坏，少数人竟然干起了违法乱纪的勾当。这种状况在很大程度上成为前一个时期，某些出版物文化品位不高、格调低下，重复出版严重，出版物文化含量降低，编校质量滑坡，甚至出现少数思想政治倾向不好的图书的重要原因。

问题在于队伍素质，我国有 500 多家出版社，近 10 多年来的状况，大体可以分为这样三类：第一类，队伍素质比较好，图书质量比较高，无论在政治方面还是思想倾向方面，没有出现什么问题，也没有违法犯纪；第二类，队伍素质总体看还可以，没有发现政治或思想倾向方面的问题，但图书质量有所下降，重复出版的品种相当多，一些出版物的文化品位不是很高；第三类，队伍的素质不平衡，出版物上曾经发生过这样那样的问题，甚至受到查处。

通过现象看本质，原因往往就在队伍问题上。有人说，有经济压力、规章制度和操作规范问题，这是事实。问题是在这些单位里，这些问题所以存在而且长期得不到解决，有的甚至愈演愈烈，归根到底还是在队伍素质上。可见造就一支高素质的编辑出版队伍，已经是深化出版体制改革、促进出版事业健康繁荣的当务之急。

提高出版队伍的素质，不仅仅是为顺利解决当前出版工作中存在的这样那样的问题，更重要的是要实现党的十四届六中全会明确提出的："迫切要求文化事业有一个大的提高和发展"这样一个重要的目标。出版要实现这个目标，没有一支高素质的编辑队伍是不可能的。这里，重要的一环，也在于出版队伍的素质有一个大的提高。人是决定因素，没有高素质队伍的保证，再好的想法也难以实现。

更何况当今，特别是 21 世纪是高科技迅速发展的年代，电子出版和多媒体传播手段正日新月异地变化着，编辑人员如果没有这方面足够的知识，要想参与这方面的工作，也只能是心有余而力不足。这说明，生产发展同样要求编辑出版队伍有相应的提高。

培养一支高素质的编辑出版队伍，需要从两个方面入手。

首先，是目前正在编辑岗位上的同志，特别是中青年编辑，要努力学习政治理论，树立正确的世界观、人生观和价值观；提高自己的知识水平，更新自己的知识结构，使自己适应社会发展和科技进步的需要。切实提高业务水平，努力使自己成为挑得起社会主义精神文明建设这副重担的优秀编辑人才，努力造成自己实事求是、脚踏实地、勤俭节约、艰苦朴素的工作态度和工作作风。才能用自己的崇高理想、远大的抱负、过人的胆识、渊博的知识、竭诚服务的精神，不断向读者提供优秀的精神食粮。

　　另一方面，从目前队伍青黄不接的实际情况出发，必须求助于高等学校积极培养高度的热爱编辑工作的专门人才，不仅要有本科生，而且要有硕士生和博士生。首先要在现有 10 多所高等学校编辑学专业的基础上，选择有条件的单位，设立硕士研究生点，培养硕士研究生，这已经成为实际工作中的当务之急，应该成为一切有远见的出版家和教育家的共识。出版只有借助教育的支持，准备好高素质的编辑队伍的后备力量，才能担当起"有一个大的提高和发展"的任务，才能更好地为社会主义精神文明建设服务。

1996 年 11 月

《20 世纪中国的编辑学研究》P326，河北教育出版社 2000 年 1 月版

中国编辑学会第一届常务理事会的工作报告

中国编辑学会是 1992 年 10 月 13 日成立的，4 年来，在中宣部和新闻出版署的直接领导下，在民政部的指导下，在广大会员单位和各兄弟单位的大力支持、协助下，做了一些工作，取得了一定的成绩。现在，我代表本会第一届常务理事会，将 4 年来的工作情况向代表大会做一简单的汇报：

一、四年来的组织建设状况

本会是新闻出版署主管的、经民政部批准的全国性、群众性的学术团体，目前有团体会员 251 个。其中，中央一级出版单位 69 个，地方出版单位 182 个；吸收个人会员的工作正在着手试办，从已经开展的地方看，申请入会的比较踊跃，有的地方报名申请的已达好几十人。

为了更广泛地开展研究活动，本会组织了 6 个专业委员会，即青年编辑专业委员会，少年儿童读物专业委员会，辞书百科全书专业委员会，图书编辑学专业委员会，期刊专业委员会，编辑史专业委员会。同时，我们还建立了《中国编辑研究》编委会和负责发展、管理个人会员的组织委员会。科技编辑专业委员会酝酿已久，即将成立，同时，编辑培训和电子出版物的编辑研究发展很快，如何建立相应的组织来推动这些方面的工作，也正在考虑中。

二、四年来的工作情况

4 年来，本会先后举行过三次年会、两次全国编辑学理论研讨会、一次编辑出版史研讨会和一次国际出版学研讨会。本会各专业委员会先后开过六次规模不等的专题研讨会。这些活动，对于总结实际工作经验，交流学术观点，加强学科建设，培养编辑队伍和编辑理论研究队伍，起到了积极的作用，具体分述如下：

（一）对当前编辑工作中重大理论问题和实践问题的研究

我们先后召开的三次年会，比较集中地研究了社会主义市场经济条件下编辑工作中的一些重大理论问题和实践问题。

1. 学会成立之后，正是社会主义市场经济大潮兴起、对出版工作产生很大影响的时候。市场上出现了一些质量低劣甚至有严重错误的图书，引起了社会上的议论。编辑工作要不要适应市场经济和如何适应市场经济，自然成为出版界的热门话题，也是我们年会讨论的中心论题。经过研讨，大家认识到：编辑工作适应社会主义市场经济体制的要求是大势所趋。党的十四大明确指出，建立社会主义市场经济体制是社会主义基本理论的重大突破，是我国经济体制改革的基本目标。这个改革目标，不限于经济部门，其影响将涉及上层建筑的各个领域，出版部门作为上层建筑，理所当然地要适应社会主义市场经济体制，并为经济基础服务。至于在改革过程中出现的一些新情况和新问题，是难免的。因为社会主义市场经济发育还不成熟；我们对社会主义市场经济的认识还不够，也缺少经验。因此，必须深化改革，在改革中求得问题的解决，以求达到出版工作既要适应社会主义市场经济体制和社会主义精神文明建设的需要，又符合出版自身规律的要求。从而实现重视出版物的特殊属性，坚持把社会效益放在首位，力求实现社会效益和经济效益的最佳结合。

2. 由于出版社由生产型向生产经营型转变，图书出版不仅要按精神产品的生产规律办事，也要按市场经济规律办事。市场经济规律的作用在图书出版领域中突出起来，使一些人对图书的本质和功能的认识模糊起来，片面地强调图书的商品属性，甚至出现了"一切向钱看"、把精神产品商品化的倾向，有的出版社因此片面追求经济效益，甚至违法乱纪。有的人还认为精神产品商品化是历史的必然。经过学习和讨论，认识到商品本身是历史的产物，精神产品成为商品也是私有制的产物。随着社会的发展，商品生产得到了相应的发展，产生了资本主义生产方式。随着资本主义的成熟，使一切都变成商品，当然也包括精神产品在内。但是我们是社会主义社会，它有别于资本主义。社会主义的思想文化有自己的价值取向，有自己的要求和选择。不能像资本主义那样，一切以市场为转移。如果有人想在社会主义社会搞精神产品商品化，只能是反映资本主义的要求。总之，在社会主义时期，图书是精神产品，也是商品，但不能搞精神产品商品化。

3. 在社会主义市场经济条件下，编辑工作还是不是整个出版工作的中心环节。这个问题在一定时期内曾经引起一些人的困惑。在出版社由生产型转变为生产经营型和逐步建立适应社会主义市场经济体制的出版体制的过程中，有些人认为"编辑工作中心环节论"过时了，不适用了。他们主张以经营为中心，以市场为中心，认为编辑工作的魂在市场，编辑应该到市场去找营生。他们眼睛盯着市场，寻找发财的机会，甚至对编辑的案头工作不屑一顾。这是一个很大的误解。许多同志在实践中总结经验，逐步体会到出版是基础、编辑是中心、发行是关键这样一个客观规律。因为出版是基础，只有抓住图书生产这一环，才能保证质量，多出好书，才能活跃图书市场。生产是决定性环节，没有生产谈不上交换。在出版生产中，正确分析和处理各种信息，保证出版的社会主义方向，优化选题、提高质量、增强图书的竞争能力、降低生产成本，以及宣传推广等，都离不开编辑工作，都要从编辑工作做起。所以"编辑工作是整个出版工作的中心环节"这一论断，在社会主义市场经济条件下不仅没有过时，反而显得更加突出。对于那些要想长期稳定地占领图书市场的出版社来说，狠抓图书质量，强调编辑工作的重要性，是题中应有之义。

4. 出版工作是社会主义精神文明建设的组成部分，是社会主义物质文明建设的重要保证。在建立社会主义市场经济体制的过程中，有的人片面地迎合一些人的低级趣味，出版一些不健康的东西，甚至出版一些坏书以牟取暴利；有的人竟然买卖书号，为了一些蝇头小利，把神圣的出版大权拱手让给不法书商。这种状况，引起社会上的强烈不满，是可以理解的。发生这些问题的一个重要原因，在于有些人把适应市场经济体制的要求，简单地看成就是出书迎合市场，这是一种极大的误解。在社会主义市场经济条件下，毫无疑问，出书要面向市场。但面向市场，不是迎合市场，而要引导市场。也就是说，这种面向不是消极的，是积极的。因为图书市场是社会主义精神文明建设的重要阵地，决不允许成为腐朽思想文化滋生蔓延的场所。因此，必须了解市场、认识市场，掌握社会主义图书市场的客观规律，并且运用这种规律，使图书市场为我国社会主义精神文明建设服务，为传播和积累社会主义文化服务，为培养"四有"新人服务，为社会主义现代化建设服务。

5. 在社会主义市场经济条件下，编辑应该如何工作，要不要坚持编辑工作的基本规范，是一个值得探讨的问题。有人认为：当前编辑的职责扩大了，已经不限于调查研究、制订选题、组稿、审稿、加工修改、审读校样和图书评介等工作，还要跑市场、搞销售、和书商谈折扣。从而认为，编辑工作要适应新的情况，要走"新路子"，不能要求按原有的规范去做。经过讨论，许多同志认为，编辑工作基本规范，是长期以来在实践中形成的基本思想、基本原则、基本程序、基本制度和基本方法，反映了编辑工作的客观规律。编辑工作的改革和创新不能违反规律，也不能改变规律。现在出现图书质量滑坡的情况，一个重要的原因就是没有按照编辑工作的基本规范办事。因此，必须大胆探索，积极创新，同时又要坚持编辑工作的基本要求和基本规范。从当前实际情况看，有几种规范必须强化，即编辑职业道德规范、编辑工作规范、技术规范和语言文字规范。

6. 关于编辑策划和编辑案头工作的关系，曾不止一次地成为我们年会的话题，大家对这个问题的认识也是不断发展的。现在多数同志认为：

编辑工作中应该强调策划的重要性，策划就是创意，强调策划就是强调编辑的能动作用。策划是编辑的一项重要基本功，是历来就有的。如果没有编辑策划，出版工作能够发展成今天这样的规模是不可思议的。策划要注重文化成果的积累和建设，不能偏向市场，只重包装。所以，当前要解决策划的价值取向问题，要坚持以社会效益为最高准则，力求两个效益的最佳结合，加强社会主义精神文明建设。在实际工作中，策划不是某几个编辑或某一部门的事，而是各级编辑人员的共同职责，首先是总编辑的责任。案头工作是任何一个编辑不能不具备的重要的基本功，即使是西方国家的组稿编辑，许多也是从案头工作做起的。目前在我国有些出版单位中，有一种忽视案头工作的现象，认为只要选题策划好，就一好百好。有的地方在评奖评优时，只重视搞选题的人，对审稿、加工的编辑，往往视而不见。其实，选题的设计、策划和审稿、加工，都是编辑工作的手段，一种精神产品生产过程中的两个工序，两者相辅相成，缺一不可。

7. 关于编辑职业道德的讨论。首届年会曾经发表过一个创议书，主要是讲职业道德的，二届年会也有论及，三届年会这方面的议论更多一些。大家认为：道德是人们的行为规范，编辑职业道德是编辑的行为规范，是在日常编辑工作中编辑人员处理与作者、读者、同行及社会各界之间的约定俗成的行为准则，是编辑人员应有的品格、思想以及处理内外关系的伦理准则。至于编辑职业道德的内容，曾有多种概括，多数人倾向于这样一种看法，即编辑的职业道德应从编辑工作的特点来概括，一般的公民义务、社会公德和各行各业普遍要求的职业道德，也可不列为编辑特有的职业道德，但编辑职业道德的内容应反映出各行各业职业道德的共同要求，其内容大体是：按照出版方针，坚持客观公正的用稿标准，不以稿谋私；把自己的知识、经验无偿地纳入他人的作品之中，奉献给社会，认真为他人做嫁衣；为读者着想，为读者服务，对社会负责；尊重作者，真诚地对待作者；在同行之间互相支持、互相帮助。

8.关于编辑出版史方面的研究。本会曾与中国印协、湖北省编辑学会等单位联合举办了"英山毕昇墓碑研讨会"，初步认定英山的毕昇墓是活字印刷术发明者毕昇之墓，取得了毕昇生平研究的一个阶段性成果。

以上问题的讨论，尽管深度不同，但都使人受到一定的启发，对实际工作是有益的。

（二）对编辑学理论的探讨

从现在掌握的资料看，我国从本世纪40年代末开始，就有人从事编辑学的研究、教学并出版编辑学专著。但真正热起来是在改革开放的80年代。据不完全统计，从那时起到现在，已出版了四五十本著作，一二千篇论文，并且在15所高等学校中开设了编辑学专业。应该说在短短的10多年中，我们取得了一些重要的成就，做了一些奠基性的工作。但与建成一门具有现代科学体系的编辑学相比，还是初步的，今后还有许多工作要做。学会成立以后，我们注意了这方面的工作，主要做了这样几件事：

1.讨论编辑学研究的方向和重点。编辑工作是一种涵盖面很广的工作，它涉及许多方面、许多门类。研究的人也大多是从自己熟悉的那种工作开始的，难免有人自为战的状况。1994年在郑州召开的全国编辑学理论研究会上，着重就今后编辑学学科建设的任务、方向和重点进行了讨论。大家认为：由于过去10年研究的进展，编辑学作为一门新兴学科已经取得了社会的承认。今后的任务是要在现有基础上，不断提高研究的水平和著述的质量，使它真正成为具有中国特色社会主义的编辑理论和现代科学形态的新兴学科。这次会议明确提出：编辑学研究，要以有中国特色社会主义的出版编辑理论为重点和主攻方向，重视社会主义出版编辑活动的研究。坚持理论联系实际的原则，努力回答现实生活中的理论问题和实际问题，为繁荣社会主义的出版事业服务。从过去两年多情况看，应该说，这些主张在实践中是得到了贯彻的。

2.研究了编辑学的学科定位问题。自从80年代编辑学研究勃兴以来，这门学科的性质，它在整个学科体系中的位置，一直是编辑学界所关心、议论的问题，大家的看法也不尽一致。有的认为是工艺性学科，有的认为是基础学科，也有人认为是综合性的边缘学科，还有人认为是应用性学科。在这个问题上认识的差异，也使得有些问题的讨论难以一致。因此，迫切需要解决学科定性定位的问题。1995年，全国编辑学理论研究会在成都召开，认真地讨论了这个问题并在不同程度上取得了共识。这次会议明确提出，编辑学属于应用科学，它来自编辑实践，又用于指导编辑实践活动。作为应用科学，它包括编辑的应用理论和编辑的应用技术，这两个部分都是编辑学研究的内容。将编辑学定位为应用科学，并不是轻视和否定它的理论。相反，要重视学科的理论建设，建立比较严谨的理论体系。有的同志还认为：编辑工作是政治性、思想性、科学性、专业性很强的工作，没有自己的专业特点、规律和理论是不可思议的。作为应用学科，也只有建立了理论体系，才能真正进入科学的殿堂。

3.讨论编辑学研究的范围。由于当前研究编辑学的人，大多是长期从事图书或期刊编辑工作的，所以一般都是从书籍或杂志编辑工作入手做研究工作的，这无可非议。但是现代编辑工作范围比这个要宽得多，编辑学研究停留在书刊范围之内是不能适应实际工作需要的。经过讨论，一般认为：报纸、广播、电视、音像制品和电子出版物等方面的编辑工作都应该研究，这些门类的学术研究成果，将为普通编辑学的建立奠定基础。

编辑学研究不仅要研究编辑工作的对象和外部环境、条件等编辑客体，同时要研究编辑主体，即研究编辑者自己，研究编辑者应具备的各种素质，包括职业道德和作风等。这不仅是在社会主义市场经济条件下做好编辑工作的实际需要，更重要的是编辑工作是一种意识形态工作，是一种精神生产活动，工作的成效在很大程度上取决于生产者自身；同时强调研究编辑主体，也有利于发挥编辑的能动作用。

在编辑学理论中有一些不同观点的争鸣，特别是涉及一些基本概念，即使在目前流行的一些工具书，包括一些翻译过来的国外著作，叙述上也不尽相同，如：

关于编辑概念，就有这样几种看法，一种意见认为：编辑是在利用传播工具的活动中，满足社会精神文化需要为目的，致力于在作者和读者之间建立传播关系，把印刷和发行作为自己后续工作的一种社会文化活动。另一种意见认为，编辑是对外载知识的智力加工……包括审选、修订、组稿等。编辑活动是缔造社会文化的活动。同时提出编辑学的三条原理，即：文化缔构原理、符号建模原理和信息传播原理。又一种意见认为：编辑是信息、知识有序化、载体化与社会化的学术业务活动。再一种意见认为：编辑是以知识传储为目的，根据制作物质载体的要求，对一定的文字、音像材料，进行创意、筛选、组合、加工、美化等综合性阶段性的精神生产活动。同时，许多同志认为：编辑是一个历史性概念，随着编辑活动的发展，它的内涵和外延也会随之发展变化，而不是凝固不变的。

关于编辑活动的起源，主要有这样几种意见：一种意见认为，编辑活动与书籍同时产生，有书籍就有编辑活动；一种意见认为，编辑与出版相联系，有出版才有编辑活动；一种意见认为，编辑与文字相关联，甲骨时期就有编辑活动；还有一种意见认为，编辑活动是文化创造的一种方式，凡有文化创造的地方就有编辑活动。

关于出版的概念，主要意见有：一种认为出版的含义是指包括编辑、复制、发行这三个基本环节的独立而完整的过程。另一种意见认为，出版通常是指用印刷或其他复制方式将作品制作成出版物在社会上传播。狭义的出版是指图书报刊的编辑、印刷和发行。广义的出版不仅指图书报刊，还指录音、录像以及其他文字语言和图像的媒介载体的编辑、印刷、制作和传播。再有一种看法认为，出版就是借助一定的物质载体，复制编校定型的文字、音像材料，并以流通等手段达到传储目的的生产活动。

此外，讨论过的问题还有：出版的起源问题，主要是手抄本算不算出版；孔子有没有做过编辑工作，算不算编辑家；编辑工作的关键环节是选题，还是审稿，还是两者并重等等。这些都是学术性较强的问题，有待进一步讨论。

编辑学理论研究中出现不同观点是正常的现象，这表明我们的研究工作正在深化。通过不同观点的讨论，将会使编辑学的理论体系逐步完善、成熟起来。

（三）各专业委员会的研究活动

在过去的4年中，本会所属的各个专业委员会也进行过不少活动，如：

青年编辑专业委员会成立时开过青年编辑讨论会。以后还专门举办过《跨世纪出版战略研讨会》，一批年轻的出版社领导干部参加了研讨会，研究的内容涉及出版改革的深化，营造出版大市场，国际出版交流和中国出版与国际出版接轨的发展趋势，提高出版物的文化含量，出版社的经营管理，电子出版物发展现状及其开拓，以及编辑学者化等问题。内容相当广泛，而且富有时代特点。外界的反映也比较好。

少年儿童读物专业委员会，先后开过两次会议，讨论了少儿读物编辑工作中的一些理论和实践问题，如少儿读物的出版重点问题和少儿读物成人化、高档化问题，如何引进国外少儿读物的问题和重复出版问题等，交流了编辑工作的经验，评选了优秀论文和优秀图书，对实际工作有一定推动作用。

百科全书专业委员会举办过百科全书编纂情况和编辑经验交流会，与会者相当踊跃，他们认为这样的会议很有必要，希望以后能经常开这样的会。

编辑史专业委员会和湖北省编辑学会曾联合举办了编辑出版史学术研究座谈会，讨论了编辑出版的起源等热点问题，以及编辑出版史研究的方法问题等。与会者认为，开这样的会议有利于交流观点、开拓思路，有助于编辑史出版史研究的深入开展。

（四）评优活动

本会和中国出版工作者协会联合举办了两届"优秀中青年图书编辑

评选活动"，第一届评选出优秀中青年图书编辑 105 人，第二届评选出 73 人。两届评优活动，受到各级出版领导机关的重视，出版界反映比较好；现在已经中宣部批准，成为出版系统全国性评优活动之一，今后每两年评选一次，继续开展下去。

本会和青年编辑专业委员会，联合举办了"中青年编辑优秀选题设计方案和审读报告的评选活动"，首届评出了优秀选题设计方案 19 个，审读报告 28 个，目的在于强调编辑活动中选题策划和案头工作的重要性，以利于充分发挥编辑的能动作用。

（五）编辑工作

1. 学会成立之初，我们曾与《新闻出版报》联合举办了《编辑工作与编辑学》的专版。至 1994 年 9 月，先后大约办了 20 期，共发表过六七十篇文章。

2. 委托孙五川同志主持编辑了《市场经济与编辑学研究》（本会首届年会论文选），全书共 31 万字，1994 年 9 月由天津教育出版社出版。

3. 委托喻建章同志主持编辑了《编辑工作与编辑学研究》（本会第二届年会和'95 全国编辑学理论研讨会论文选），全书近 32 万字，1996 年 8 月由江西教育出版社出版。

4. 编辑了《第六届国际出版学研讨会论文集》（中英文对照本），全书约有 47 万字的篇幅，1994 年 10 月由高等教育出版社出版。

5. 本会和人民教育出版社联合成立了编委会，编辑出版《中国编辑研究》年刊，作为学会积累资料、交流信息、探讨学术的园地。1996 年刊已经发排，全书约 37 万字，将由人民教育出版社出版。

6. 青年编辑专业委员会参与编辑出版了《中青年优秀编辑小传》，包括部分选题设计方案和审读报告。全书 35 万字，1996 年 5 月由中国青年出版社出版。

7. 少年儿童读物专业委员会编辑出版了一本论文选《编辑启示录》，书中的文章，都是由从事少年儿童知识读物编辑工作的人写的，1994 年

5 月由河北少年儿童出版社出版。

8. 学会支持的《中青年编辑论丛》9 种，编辑工作已经全部完成，正由奥林匹克出版社陆续出版中。

9. 本会委托湖北省编辑学会编写了《图书编辑工作基本流程》，目的在于推进编辑工作规范化。《图书编辑工作基本流程》经过湖北省编辑学会的多次商讨和比较广泛地征求意见，并在本会第三次年会上进行了专门的讨论，与会者在充分肯定的基础上，提出了一些修改补充意见，目前正在定稿中。

10. 本会委托天津市书刊编辑学会起草了《图书编辑学理论框架》，经过天津一些同志的多次座谈讨论，目前已提出初稿，尚待征求更多同志的意见。这是编辑学学科建设中的重大课题，需要花更多的时间。

此外，学会秘书处还编印了 28 期简报。

上述读物的编辑出版，除了编者的努力以外，曾得到奥林匹克出版社、人民教育出版社、中国青年出版社、高等教育出版社、河北少年儿童出版社、天津教育出版社、江西教育出版社等在人力物力上的直接支持；海南国际出版公司，中国少年儿童出版社、学林出版社等还提供了经济资助；《出版科学》杂志等也给予支持，这是这些读物能够顺利出版的重要条件，应该向它们表示感谢。

（六）国际出版学术交流

1995 年，本会曾派出邵益文、杨陵康、阚道隆、孙五川、蔡学俭、韩庆跃、金炳亮和王华等 8 位同志，组成我国出版研究代表团，应邀参加在马尼拉召开的第 7 届国际出版学研讨会。会议讨论了图书的出版发行，教科书的出版和电子出版物发展趋势等问题。我国与会者分别就这些问题宣读了论文、介绍我国的情况，发表自己的见解，宣传了我们的观点。同时也了解了不少国外的情况，达到了增进了解、开阔眼界、加强友谊的目的。

同年，青年编辑专业委员会主任、中国青年出版社社长胡守文同志，曾代表本会和"青编委"率团访问日本，在日本的一些著名的出版社研修参观，取得了很好的效果。

1996 年 8 月，应尼泊尔编辑协会的邀请，本会曾派出理事、中国经济出版社社长韩天雨同志，参加中国出版代表团访问了尼泊尔，加深了对尼新闻出版业状况的了解，增进了中尼新闻出版界的友谊。

1993 年 8 月，本会举办了第 6 届国际出版学研讨会，探讨了出版业的现状和发展前景，90 年代的出版开拓及其发展趋势。旨在活跃出版学术交流，增进相互间的了解和友谊，提高出版研究水平，促进出版繁荣，为人类和平和发展服务。来自国内外的 84 位出版专家和学者（其中：外国 42 人，港、台地区各 1 人）参加了这次研讨会，23 位专家宣读了论文，另有 10 篇论文以书面形式交流。与会者畅所欲言，提出的问题相当广泛，许多见解涉及出版发展中深层次的问题，有助于今后进一步研究。国内外朋友对这次会议评价相当高，日本学者认为会议开得很成功。韩国学者说，中国朋友为会议作出了很大的努力，我们对这次会议很满意。

此外，还接待过三批来访的外国朋友。

三、对学会工作的思考

学会是群众性的学术团体，要十分抓紧开展学术活动。学会所以有必要存在，就是因为编辑工作中有许多理论问题和实际问题需要研究，就是因为编辑工作不是一种简单劳动，而是一种复杂的精神劳动，有自己的规律和原理，是一种科学。所以，学会的职责就是开展学术活动。学术活动是学会的生命，没有学术活动，学会的生命力也就消失。为此，学会对学术活动，必须采取积极态度，要千方百计地克服困难，利用各种条件，寻找一切可能，开展学术活动，不能消极等待，更不能靠"吃现成饭"，这是学会的价值和作为的所在。学会学术活动应该遵循的原则是：

（一）坚持以马克思主义、毛泽东思想和邓小平建设有中国特色社会主义理论为指导，贯彻"百花齐放，百家争鸣"的方针，为坚持编辑出版工作的社会主义方向，为建设有中国特色的社会主义出版事业服务。只有坚持正确的指导思想，学术活动才能健康发展，才能达到服务于建设有中国特色社会主义出版事业的目的。"双百"方针是繁荣学术的基本方针，这一点是不能动摇的。1994 年 1 月，江泽发同志《在全国宣传思想工作会议上的讲话》中曾指出："精神产品的生产是一项非常复杂的劳动，需要专家、学者和文艺工作者发挥个人的创造精神。我们应该尊重和爱护他们的辛勤劳动，坚持解放思想、实事求是，坚持'双百'方针，努力形成一种鼓励探索和创造的良好环境和气氛。在学术研究上提倡不同观点和学派的自由讨论，在艺术创作上提倡不同形式和风格的自由发展。"编辑学研究过去的10年，正是坚持以马克思主义理论为指导，贯彻"双百"方针，并且取得成绩的 10 年。这是和一切研究者自觉地学习和运用理论武器，尊重和爱护他人劳动成果分不开的。今后要继续发扬科学严谨的优良学风，要注意区分学术问题和政治问题。对于事关政治方面、事关重大原则的问题，要旗帜鲜明，分清事非。对于学术问题，要鼓励不同观点的充分表达，自由讨论，互相切磋，不要轻易做结论。要虚心听取别人的合理意见，要坚持真理，修正错误。对一些已取得某种成果的人来说，尤其要谦虚谨慎。编辑学研究正在崛起，和过去几年相比，还有更长的路要走，还有更多的问题要解决，在这方面我们还是严谨一点为好。

（二）理论研究和工作研究并举。无论是编辑学的学科建设，或者是编辑工作中理论问题和实际问题的研究，都必须坚持对实际工作有益有用的原则，要能够回答一些实际工作中的问题，哪怕能引起一些思考也好。当然，有些带有基础性的研究，不可能立竿见影，是可以理解的。总之，学术研究对实际工作只能帮忙，不能添乱。关键在于加强理论和实际相结合，这也是理论工作的一条原则。研究了半天，对实际工作一点用处也没有，就会使人觉得没有必要。这就要求每一项学术活动必须有明确的目的，一定要有具体的目标和研究内容，经过研讨能够提出一点具体看法，不能为活动而活动，为学术而学术。也就是说，要提高学术活动的质量，每次活动以前要有认真的准备，力争在某一点上"聚焦"，也就是围绕既定的中心来开展，才能趋向深入、奏效。

（三）广泛地吸收研究力量，积极扩大研究队伍。既要吸收专业人员，也要吸收业余力量；既要组织在职人员，也要发动离退休人员；既要组织动员出版界的队伍，也要发动高等院校的力量；既要有老的、有经验的同志，更要有有朝气、有开拓精神的中青年同志。总之，组织和建立研究队伍要采取"韩信将兵，多多益善"的办法。

（四）积极争取领导部门和兄弟单位的支持与帮助。中宣部和新闻出版署对学会工作历来很重视，是我们做好学会工作的重要保证。与兄弟单位的合作，过去我们已经做了一些，如与中国版协联合举办"中青年优秀图书编辑评选活动"、与中国印协联合举办"英山毕昇墓碑研讨会"，都取得了成功。我们的年会和理论研讨会，也是在与各地合作或取得它们的支持的情况下办成的。可见与兄弟单位协同作战，是学会活动的一种重要形式。今后，我们要更加积极主动，千方百计地争取各个领导部门的支持和兄弟单位的帮助，扩大和加强这种合作。同时努力学习借鉴兄弟单位的好经验，使学会活动更加活跃，内容更加充实。

四、对今后学会工作的建议

下一届学会的工作，将由新选出的理事会、常务理事会来确定。这里只就前4年的工作情况和体会，提一点初步的建议，以供参考。

（一）坚持学术研究的正确方向。学术研究说到底是为了推动实际工作的发展，因此首先必须坚持正确的方向，为人民服务，为社会主义服务，为全国工作的大局服务。这既是出版工作的正确方向，也是我们编辑出版理论研究的正确方向，必须认真坚持，任何时候都不能动摇。在社会主义市场经济条件下，图书既是商品，又是精神产品的二重性，出版物的社会效益和出版单位的经济效益，精神文明重在建设和编辑出版工作在市场经济条件下自负盈亏的要求等矛盾，有时可能使一些人感到困惑，甚至迷失方向。所以，坚持"二为"方向，坚持服从和服务于大局的方向，具有非常丰富的内容和非常重大的意义，在任何时候都不能含糊。

（二）要着重在编辑工作理论研究、编辑工作研究和编辑历史研究等方面开展学术活动。首先要大力加强编辑工作研究，也就是编辑实践的研究。在社会主义市场经济条件下，编辑工作究竟应该怎么做，编辑工作体制究竟如何和市场经济体制相适应，编辑工作如何创造自己的特色，图书如何既适应市场又引导市场，编辑队伍的人员结构和知识结构怎样才能既合理又实用，编辑应有什么样的职业道德和工作作风等等，这些问题都需要我们不断探索，及时总结经验，努力加强研究，及时提出成果，指导实践，才能不断地向读者提供优秀的精神食粮。工作研究也是理论研究，但编辑理论研究还要注重编辑学的学科建设。经过10多年的努力，编辑学研究虽然取得了一些重要的成果，但是要建设成为一门具有科学形态的编辑学，任务还相当艰巨，还需要我们一茬一茬地坚持做下去。今后，编辑学的研究要着重在建立自己的概念系统和理论体系方面做文章。比如：基本概念和理论原理应该如何概括和表述？在社会主义社会，特别是在具有中国特色的社会主义市场经济条件下，它应该具有什么样的特色？各门类读物的编辑工作又各具何种特点，应该如何建立部门编辑学，它和普通编辑学的关系如何？这些都是需要认真研究的，是建立一门独立的学科所不能缺少的。历史研究方面，有些同志已经做了一些工作，而且出版了一些著作，各有特色。但中国的传统文化举世无双，中国编辑的历史极为悠久，历史的经验和成就更无比丰富。我们应该像毛泽东同志所说的那样，从孔夫子到孙中山，都应该加以认真地总结和研究。同时也要总结新民主主义革命时期、社会主义革命和建设时期的丰富经验，这同样为编辑学学科建设所必需。

我们不仅要研究本国的编辑理论和实践，也要研究外国的编辑出版理论和实践，研究外国的出版发展史，借鉴他们的成功经验为我所用。

（三）要注意学术园地的开拓和建设。一个学术性团体，必须有发表学会成员所取得的学术成果和见解的园地。这种园地当然是多方面的，包括各种形式的学术研讨会、年刊、会刊、文集、在报刊开设专版和专栏以及简报和内部资料等。学会要利用各种条件，组织各方面人才，做好学术交流工作，努力开创百花齐放、百家争鸣、学术繁荣、成果迭出的局面。

特别需要强调的是要做好资料的搜集工作，这是一切研究工作的基础，这方面，我们过去做得不够，今后应该进一步加强。同时，希望大家都花点力气，来做这一项基础性的工作。

（四）要抓紧队伍建设，努力形成一支相对稳定的编辑理论研究队伍，10多年来，编辑研究队伍是不断发展、日益壮大的，已经初步形成了一支队伍。但从学科建设的需要看，这支队伍的人数还不够多，水平也不平衡，而且有青黄不接的问题。所以，必须形成一支比较稳定的、年龄结构比较合理的梯形队伍，才能使学科建设顺利发展。这样一支队伍应该是老中青结合的，而且要适应跨世纪出版发展的需要。具体说，似乎可以分为三个层次：第一个层次是长期从事编辑实践、编辑教研、有实践经验和相当理论水平的资深人员，他们对学科建设和发展起着导向的作用，也是这支队伍的核心部分。第二个层次是研究编辑学和编辑理论的积极分子和爱好者，这些人大体是出版社的编辑骨干和高等学校有关学科的教研人员，他们写书、撰文、发表自己的见解，为编辑研究贡献力量。第三个层次是广大书刊、音像编辑人员中愿意想问题、总结经验的人，组织他们通过研究实际问题，撰写论文，培养起研究编辑出版理论的兴趣，逐步成为理论研究的积极分子和骨干。总的看，这支队伍应该包括在职干部和一些已经离退休的人员。从编辑学研究的实际情况看，应该调动这两种人的积极性。应该强调两种人的结合，缺了哪一方面也不利于学术研究的开展。从实际出发，在现有基础上，巩固和扩大力量，建立一支有一定数量、一定水平和相对稳定的队伍，是顺利开展编辑出版研究的重要保证，也是编辑学学科建设的基本条件。

（五）进一步树立良好的学风和会风。一个学术团体应该有良好的学风，一个学会应该有良好的会风，这都是题中应有之义。学风最重要的是坚持正确方向，坚持理论联系实际，坚持"双百"方针，这些在前面都已讲过，不再赘述。这里要强调的是，编辑学是一门科学，而科学来不得半点马虎。我们既要善于坚持真理，又要敢于修正错误；既要解放思想，又要实事求是，一切从实际出发；既要勇于拼搏，敢于攀登高峰，又要扎扎实实，脚踏实地，从基础做起。总之，既要敢于攻尖攻关，又要谦虚谨慎，细心掌握材料，刻苦学习钻研；既要勇敢，又要认真。这是取得学术成果的根本保证。

学会要树立良好的会风。主要是艰苦奋斗，勤俭办会；密切联系会员单位，有事和大家商量，依靠大家办会；要群策群力，集思广益。作为办事机构，要善于向大家学习，勤勤恳恳地为大家办事，为大家服务，为学科建设努力，造成一种民主、团结、和谐、充满友谊的气氛，使学会的工作更加生动活泼，使学术研究更加健康繁荣、富有生气。

还有一个文风问题，现在有些学术文章，文字冗长，艰涩难懂，不易卒读，特别是许多同志工作繁忙，根本不可能看这些文章，影响了这些文章作用的发挥。今后，学术论文要力求做到简明精练，为更多的人所接受。

（六）最后，希望进一步加强学会办公机构和会员单位的联系，尽可能改善办会的条件。过去，学会办公机构和会员单位之间的联系很不够，今后应该加强，最好能够增加简报的数量，提高质量。多反映一些学术活动、学术观点和有关的资料，使大家能够多思考一些问题。当然，要做到这些，也需要会员单位的大力支持，尽可能地多提供一些动态和资料。这方面湖北省编辑学会、天津市书刊编辑学会做得比较好，学会简报上曾多次反映它们的活动情况，都是由它们主动提供的。我们也希望各省、市、自治区，特别是省一级学会、高校编辑学专业，能多开展一些活动，多提供一些情况。学会的办公条件是不断改善的，在这里，我们要感谢奥林匹克出版社，为我们无偿地提供学会联络处的办公地点和一些办公条件。

同志们，一定的物质条件是需要的。但是物质条件再好，总是有限的。只有艰苦奋斗，团结拼搏才是最宝贵的。只要我们大家努力，我们一定能在编辑学学科建设的道路上，走得更远更好。

以上汇报，请各位代表审议。

祝代表们健康！

谢谢！

1996 年 12 月 8 日

《中国编辑学会第二次全国代表大会纪念册》第 16 页；《中国编辑研究》1997 年刊 P514，人民教育出版社 1998 年 8 月版

编辑工作与编辑研究综述

几年来，中国编辑学会组织了对当前编辑工作理论和实践问题的研究，以及对编辑学理论的探讨，归纳起来主要有以下几点看法。

一、对社会主义市场经济条件下编辑工作中重大理论问题和实践问题的研究

（一）编辑工作适应社会主义市场经济体制是改革的要求

党的十四大明确指出，建立社会主义市场经济体制是社会主义基本理论的重大突破，是我国经济体制改革的基本目标。这个改革目标，不限于经济部门，其影响将涉及上层建筑的各个领域。出版部门作为上层建筑，理所当然地要适应社会主义市场经济体制，并为经济基础服务。出版工作既要适应社会主义市场经济体制和社会主义精神文明建设的需要，又要符合出版自身规律的要求，坚持把社会效益放在首位，力求实现社会效益和经济效益的最佳结合。

出版社由生产型向生产经营型转变，要求图书出版不仅要按精神生产规律办事，也要按市场经济规律办事。市场经济规律的作用在图书出版领域中突出起来之后，一些人对图书的本质和功能的认识模糊起来，片面地强调图书的商品属性，甚至出现了"一切向钱看"，把精神产品商品化的倾向；有的出版社因此片面追求经济效益，甚至违法乱纪。社会主义的思想文化有自己的价值取向，有自己的要求和选择，不能像资本主义那样，一切以市场为转移。在社会主义市场经济条件下，图书是精神产品，也是商品，但不能搞精神产品商品化。

（二）在社会主义市场经济条件下，编辑工作仍然是整个出版工作

的中心环节

在出版社由生产型转变为生产经营型和逐步建立适应社会主义市场经济体制的出版体制的过程中，有些人认为"编辑工作中心环节"论过时了，不适用了，他们主张以经营为中心，以市场为中心，认为编辑工作的魂在市场，甚至对编辑的案头工作不屑一顾。这是一个很大的误解。许多同志在实践中总结经验，逐步体会到出版是基础、编辑是中心、发行是关键这样一个客观规律。在出版生产中，正确分析和处理各种信息，保证出版的社会主义方向，优化选题、提高质量、增强图书的竞争能力、降低生产成本，以及宣传推广等，都离不开编辑工作，都要从编辑工作做起。所以"编辑工作是整个出版工作的中心环节"这一论断，在市场经济条件下不仅没有过时，反而显得更加突出。

（三）在社会主义市场经济条件下，出书要面向市场，但不是迎合市场，而是要引导市场

图书市场是社会主义精神文明建设的重要阵地，决不允许成为腐朽思想文化滋生蔓延的场所。必须了解市场，认识市场，掌握社会主义图书市场的客观规律，并且运用这种规律，使图书市场为我国社会主义精神文明建设服务，为传播和积累社会主义文化服务，为培养"四有"新人服务，为社会主义现代化建设服务。

（四）在社会主义市场经济条件下，应该坚持编辑工作的基本规范

编辑基本规范，是长期以来在实践中形成的基本思想、基本原则、基本程序、基本制度和基本方法，它反映了编辑工作的客观规律。编辑工作的改革和创新不能违反规律，也不能改变规律。现在出现图书质量滑坡的情况，一个重要的原因就是没有按照编辑工作的基本规范办事。从当前实际情况看，必须强化编辑职业道德规范、工作规范、技术规范和语言文字规范。

（五）编辑工作中应该强调策划的重要性，策划就是创意，就是强调编辑的能动作用，它是编辑的基本功

策划要注重文化成果的积累和建设，不能偏向市场，只重包装。当前要解决策划的价值取向问题，要坚持以社会效益为最高准则，力求两个效益的最佳结合。在实际工作中，策划不是某几个编辑或某一部门的事，而是各级编辑人员的共同职责，首先是总编辑的责任。案头工作也是编辑的基本功。目前在我国有些出版单位中，有一种忽视案头工作的现象，认为只要选题策划好，就一好百好。其实，策划工作和案头工作都是编辑工作的手段，是精神产品生产过程中的两个工序，两者相辅相成，缺一不可。

（六）编辑职业道德是编辑的行为规范，它是编辑人员应有的品格、思想以及处理内外关系的伦理准则

编辑的职业道德应从编辑工作的特点来概括，其内容大体是：按照出版方针，坚持客观公正的用稿标准，不以稿谋私；把自己的知识、经验无偿地纳入他人的作品之中，奉献给社会，认真为他人做嫁衣；为读者着想，为读者服务，对社会负责；尊重作者，真诚地对待作者；同行之间互相支持、互相帮助等等。

二、对编辑学理论的探讨

我国从 40 年代末开始，就有人从事编辑学的研究和教学，并出版了专著。但对编辑学理论的探讨，真正热起来是在改革开放的 80 年代。据不完全统计，从那时起到现在，已出版了四五十种著作，一二千篇论文，并在 15 所高等学校中开设了编辑学专业。

（一）编辑学研究的方向和重点

编辑学研究要以有中国特色社会主义的出版编辑理论为重点和主攻方向，重视社会主义出版编辑活动的研究，坚持理论联系实际的原则，努力回答现实生活中的理论问题和实际问题，为繁荣社会主义的出版事业服务。

（二）编辑学的学科定位问题

编辑学属于应用科学，它来自编辑实践，又用于指导编辑实践活动。作为应用科学，它包括编辑的应用理论和编辑的应用技术，这两个部分都是编辑学研究的内容。将编辑学定位为应用科学，并不是轻视和否定它的理论。相反，要重视学科的理论建设，建立比较严谨的理论体系。作为应用学科，也只有建立了理论体系，才能真正进入科学的殿堂。

（三）编辑学研究的范围

编辑学研究停留在书刊范围之内是不能适应实际工作需要的。对报纸、广播、电视、音像制品和电子出版物等方面的编辑工作都应该研究，这些门类的学术研究成果，将为普通编辑学的建立奠定基础。编辑学研究不仅要研究编辑工作的对象和外部环境、条件等编辑客体，同时要研究编辑主体，即研究编辑者自己，研究编辑者应具备的各种素质，包括职业道德和作风等。这不仅是在社会主义市场经济条件下做好编辑工作的实际需要，更重要的是因为编辑工作是一种意识形态工作，是一种精神生产活动，工作的成效在很大程度上取决于生产者自身，强调研究编辑主体，有利于发挥编辑的能动作用。

（四）关于编辑概念

一种意见认为，编辑是在利用传播工具的活动中，以满足社会精神文化需要为目的，致力于在作者和读者之间建立传播关系，把印刷和发行作为自己后续工作的一种社会文化活动。另一种意见认为，编辑是对外载知识的智力加工……包括审选、修订、组稿等。编辑活动是缔造社会文化的活动，同时提出编辑学的三条原理，即文化缔构原理、符号建模原理和信息传播原理。又一种意见认为，编辑是信息和知识有序化、载体化和社会化的学术业务活动。再一种意见认为，编辑是以知识传播、存储为目的，根据制作物质载体的要求，对一定的文字、音像材料进行创意、筛选、组合、加工、美化等综合性阶段性的精神生产活动。同时，许多同志认为编辑是一个历史性概念，随着编辑活动的发展，它的内涵和外延也会随之发展变化，而不是凝固不变的。

（五）关于编辑活动的起源

主要有这样几种意见：一种意见认为，编辑活动与书籍同时产生，有书籍就有编辑活动；一种意见认为，编辑与出版相联系，有出版才有编辑活动；一种意见认为，编辑与文字相关联，甲骨文时期就有编辑活动；还有一种意见认为，编辑活动是文化创造的一种方式，凡有文化创造的地方就有编辑活动。

（六）关于出版的概念

主要意见有：一种意见认为出版的含义是指包括编辑、复制、发行这三个基本环节的独立而完整的过程。另一种意见认为，出版通常是指用印刷或其他复制方式将作品制作成出版物在社会上传播。狭义的出版是指图书报刊的编辑、印刷和发行，广义的出版不仅指图书报刊，还指录音、录像以及其他文字语言和图像的媒介载体的编辑、印刷、制作和传播。再有一种看法认为，出版就是借助一定的物质载体，复制编校定型的文字、音像材料，并以流通等手段达到传播存储目的的生产活动。

编辑学理论研究中出现不同观点是正常的现象。不同观点的讨论，将会使编辑学的理论体系逐步完善、成熟起来。

无论是编辑学的学科建设，还是编辑工作中理论问题和实际问题的研究，都必须坚持对实际工作有益有用的原则，要能够回答一些实际工作中的问题。当然，有些带有基础性的研究，不可能立竿见影，这是可以理解的。总之，学术研究对实际工作只能帮忙，不能添乱。关键在于加强理论和实际相结合，这也是理论工作应遵循的一条原则。

《科技与出版》1997年第2期

《出版经济学》读后

作者在 1992 年出版过《出版经济学》概论（以下简称《概论》），在当时就颇有好评。经过三年多时间的实践和思索，他又用新的研究成果，增补、修订而成《出版经济学》（以下简称《经济学》），果然出现了新的飞跃。以前我曾读《概论》，很受启发。现在再读《经济学》，觉得更加成熟、精到。如果说，《概论》是在有计划商品经济条件下，对出版经济活动的理性思考，那么《经济学》则是由计划经济向社会主义市场经济转换的新时期，作者对出版经济活动更成熟、更严谨的理性思考，也是作者投身新时期出版实践所产生的认识上的突破。

我对照了已经出版的、为数不多的出版经济学著作，发现原有的日本著作多为高校经济学教授所作，在经济理论方面都有相当造诣，可惜的是他们没有直接做出版工作，对出版实际了解不多，在实用性上受到限制。

杨著在理论和实践的结合上有长处，他立足出版，首先从分析出版物商品开始，继而研究出版生产过程，逐步揭示出版物商品的内在矛盾，探讨出版生产的经济规律。它是从出版实际出发研究出版经济，使人感到是出版人需要的出版的经济学，这是理论和实际融合一体，理论不是硬加的，出版和经济理论没有两张皮的感觉。我觉得这是本书最大的成功之处。

本书有不少独到的见解，醒人耳目。例如：关于精神生产、精神价值的观点；关于出版物商品三重性的观点；关于出版物商品特殊性来源于生产出版物劳动特殊性的观点；关于出版生产表现为精神价值观、资金源和物源的"三流"观点；关于建立和完善出版经济宏观调控机制的观点等，都给人以启示。当然，在一些问题上，也可能引起争鸣，但争论是学术发展所必需，在学术上只要言之有理、持之有故，成一家之言，将是有益的，这是不断开拓、不断前进的保证。

读完此稿，我深深地感到作者是一个非常勤奋、刻苦而且善于钻研的人，他是一个编辑，又是一个学者，是从编辑工作中走出来的学者。他治学态度严谨，一个观点的成立，都是有理有据的，这是和他的努力分不开的。用他自己话来说，是把可以利用的业余时间全都用在这本书上了。这大概是他所以能够脱颖而出的根本原因。

杨咸海同志的成就，又一次告诉我们，编辑可以成为学者，条件是自己的努力。一个编辑不一定都能成为学者，如果他们的精力不是用在知识积累上，而是用于种种短期行为上。

《中国图书评论》1997 年第 2 期

怀念安春根先生

——应韩国出版学会之约而作

安春根先生离开我们已经 5 年了。安先生的过早离去，不仅是韩国出版学界的重大损失，也是国际出版学研究的重大损失。

安春根先生的事业、学术成就和他的为人，是令人难忘的，在我的印象中，他是一个一心扑在工作上的人。他是国际出版学研讨会的创始人之一。正是由于他和其他学人的开拓，20 年前的涓涓细流，今天已成为国际出版学术交流的重要源泉。出版学（在中国是编辑学）正在受到越来越多的人所关注。

安春根先生生前曾关切地问过我，中国为什么成立的是编辑学会，而不是出版学会？我当时的回答是两点：一是中国古代，早在简帛时期就有了编辑工作，比出版印刷术的出现要早得多；二是现代的中国出版业中，编辑工作仍然是出版工作的中心环节。在中国不讲编辑工作，出版工作也就失去了主要的内容。我当时表示，如果有机会的话，我可以把中国编辑工作的起源，写一篇文章，供他参考。可惜，当我的文章草成之时，他已经离开我们了。

今天，在追念他的时候，我就交上这篇短文，以了我的宿愿。

论编辑学源于校雠学

从中国历史上看，编辑学与目录学都源于校雠学。为了把问题说得清楚一些，我想把编辑学和目录学联系起来叙述。

（一）历史上校雠学的产生、演变及其分流

资料表明，编、册、目、录等字都见于甲骨。所谓编，次简也。目，人眼也，凡有著述者，多撷二三字为一篇之眉目也。录，今録字之本字也，俞樾在《几箸录》中说，"录，刻木录录也。刻木必用刀，故或从金……盖古人文字，箸在方策，故为之録。可见，録实为制简牍也。把刻有文字的木牍竹简集中起来，按其目加以编联成册，这个过程，既包括了最原始的目录事业，也反映了最早的编辑活动。孔子修《春秋》、定"六经"，主张"重世立教""思无邪"，并在实践中贯彻了"述而不作""不语怪力乱神""攻乎异端"和"乐而不淫"的思想。同时，又为《诗》《书》的一些篇章"作意"，即写大小序。这里同样既包括了编辑活动，又有目录活动的成分。再说，汉刘向校书，每书写有书录，记录编校情况，后成《别录》。他的做法，每校一书，首先是大量收集不同版本，然后校订文字，删削重复，再条理篇章，拟定书名，最后撰写书录。可见，他的工作既包括版本、目录，又包括校勘。所以古代学者认为"版本、目录、校勘皆校雠之事"。其实是把版本的考订、文字的校勘、目录的编制和编书（条理篇章、定书名，包括写编后记）都包括在里面了。如果把刘向的工作称之为校雠，那么，校雠的内容就是相当广泛的。所以，有的古代学者把它称之为"治书之学"。

可见，无论是在孔子那里，还是刘向那里，编辑活动和目录活动是很难分开的。我国 30 年代的目录学者姚名达也说：目录学"在古代与校雠学形成二位一体，名实近似，缭绕不清"。他认为直到刘向父子著《别录》《七略》，就其"牵连而言，辨别非易"，是一般人所很难区分的。但是如果能"以现代分科之眼光论之，则刘向之事近乎校雠学，刘歆之事近乎目录学"。他说："纵使歆亦校书，向亦有目，要其精神务有所重，学术断然分途，可无疑也。"可见，在姚名达看来，校雠、目录在刘向父子那里就开始有所区别。当然，这只是区别了校雠工作和目录工作，并不是说那时就已经出现了校雠学或者目录学了。刘向在《别录》中把"校雠"说成"一人读书，校其上下，得谬误为校；一人持本，一人读书，若怨家相对，为雠"。这里的原意是指校勘文字、篇卷之差错。至晋泰始间，以著作郎荀勖领秘书监，乃与中书令张华整理古籍，复校误书 10 余万卷。雕版始于隋而成盛于唐，那时的书就更多了。唐初，雕版印刷品不仅流传于国内，而且流向国外。校勘任务更重，于是，设详正学士，这里的意思已不专指校勘文字之脱误。及宋，承五代离乱，编帙散失，尤重校雠、校勘，设编修院、开崇文馆，群贤毕集，校理书籍，其职责也不限于文字脱落之校勘，而需根据"诏命"对版本错佚、杂乱无序之古籍进行整理，也包括了做当时需要的编辑工作。

创立校雠学的是宋人郑樵，他的《校雠略》曾记述说："取历朝著录。略其鱼鲁豕亥之细，而特以部次条例，疏通伦类，考其得失之故，为之校雠略。"这里我们可以得出，从晋以来，历经唐宋，校雠已越出校雠文字错讹衍脱的狭义校雠学，而成为广义校雠学。这里所说的校雠与近代的编辑活动，有不少近似之处。

到了清朝，章学诚说得更清楚。他说："校雠之学，自刘氏父子，渊源流别，最为推古人大体，而校订字句，则其小焉者也。绝学不传，千载而后，郑樵始有窥见，而未尽其异，人亦无由知之，世之论校雠者，惟争辩于行墨字句之间，不复知有渊源流别矣。近人不得其说，而于古书有篇卷参差，叙例同异，当考辨者，乃谓古人别有目录之学，真属诧闻。且摇曳作态以出之，言或人不解，问伊书止求义理足矣，目录无关文义，何必讲求？彼则笑而不言，真是贫儿卖弄家私，不值一笑矣。"章学诚在这里否定目录学，把目录学包括在校雠学之中，这在学科发展上是一种滞后。但他认定校雠学不限于校订字句，争辩于行墨字句之间，考证篇卷差异、叙例异同，主张推古人大体，讲求书之义理、渊源流别。从而把校雠学与校勘学明确地区别开来，这是他的一个功绩。同时，对校雠学来说，也是一大进步。因为章学诚所说的校雠学，与近代之编辑工作、编辑活动，极为相似。至于校雠学与校勘学之区别，后来清代学者又有许多合理的论述。一般认为，校勘学是研究订正书籍在传抄过程中所出现的衍脱、颠倒、重复、错漏和正文、注文混淆等问题的一门专门学问。

恕不在这里泛引各家原文。

把目录学的研究目的表述得相当清楚的是清朝的王鸣盛，他在《十七史商榷》卷七中说："凡读书最必要者，目录之学。目录明，方可读书。不明，终是乱读。"这里的"目录之学"是要求读书人弄清书的内容好坏，懂得读书的循序。

后来，姚名达又根据章学诚的观点，并且有所修正地提出"目录学者，将群书部次甲乙，条别异同，推阐大义，疏通伦类，将以辨章学术，考镜源流，欲入即类求书，因书究学之专门学术也"。又说："学术如千门万户，书籍更已不只汗牛充栋。将欲因书究学，非目录之为向导，则事倍功半。故分言之，各种学术皆有其目录学；合言之，则目录学实负有指导各种学术之责任。浅言之，将繁富乱杂之书籍编次为部别州居之目录，使学者自求之，目录学家之职务也。深言之，不特使书籍有一定之位置，且能介绍其内容于学者，使学者遽然依南针以前趋，尤目录学家之功勋也。"通过目录找书、做学问，这是清末民初之际不少目录学家的共同看法。

由于目录学、校勘学的研究目的、研究对象和研究范围逐步明确起来，作为治书之学的校雠学的功能、主要的研究对象和研究范围即是编书，也就不言而明了。

当然，编目录也就是编书，仍然是一种编辑活动。但它在编辑学中只作为一般的编辑活动来加以研究，而和编辑学所要解决的问题、所涉及的范围没有多大关系。正如中医书的编辑，只是根据中医的学术成果正确地说明病理、医理，而并不要求编者具体去治病一样。因为研究中医理论，具体解决治病问题，那是中医和中医理论研究者的任务。又如化学的编辑，主要说明化学的各种理论和实践问题，并不要求编者具体地去制造各种化学产品，因为那是工程师的任务。

前面，我们说到章学诚把校雠学和校勘学区别开来是一种进步。因为章学诚强调校雠学要部次甲乙，条别异同，推阐大义，疏通伦类，辨章学术，考镜源流。这种校雠学主要解决的也就是编书的问题，或者说是编古籍的问题。用今天的话来说就是古籍分类著录的整理工作，发展到现在也就是古典文献学。它和现代的书籍编辑工作，诸如整理、编次、标点、注释和辅文的撰写等工作的内容和范围是相同的。可见，即使从古籍整理这个角度说，编辑学的渊源在于校雠学也是毋庸置疑的。至于校勘和校对，用现代的话来说，校勘学是古籍整理的一门专门学问。但是，校勘不同于现代书刊出版中的校对，因为两者工作对象和工作范围不同。不过，校勘的许多方法，如"死校""活校"等，已被现代书刊校对工作所继承和发展。

（二）编辑学和目录学不同的研究对象和范围

先说目录学。随着时间的推移，目录活动得到发展，内容得到扩充，和世界各国一样，中国目录学原来的含义也有了发展。目前，尽管对目录学的解释不尽一致，大体有三种见解：一些目录学者认为，目录学是研究目录工作形成和发展的一般规律的科学。这里所说的"目录工作"，是指通过查寻、著录、部次、评介、揭示和报道文献的信息，提供书目情报服务等全部活动。另一些学者认为，目录学是研究目录事业及其产生、发展的一般规律的科学。他们以"目录事业"作为目录学的对象，具体包括三个方面，即①目录事业在社会文化事业中的地位，它与其他事业的关系，以及目录事业的组织、工作机构、管理等；②目录学理论体系的建立和研究；③目录事业的从业人员的培训。简言之，这里说的"目录事业"就是编目事业，它不涉及或很少涉及人们利用目录检索文献等活动。还有一些学者认为：目录学是研究作为社会现象的目录活动。这里的目录活动包含两个方面：一是文献揭示，即记录文献的基本特征（包括认识、鉴别、整理等）；另一是文献的检索，它包括目录的使用，或称为目录情报服务。使用者与目录的关系，主要指使用者对目录的反馈作用；使用者以目录为线索查找文献的活动等。当然两者不能截然分开。反之，科学研究要求把两者统一起来考察，以研究目录活动的发展规律。

以上，目录学家的见解虽然不完全一致。但是，总的来说，把目录学的研究对象确定为目录活动这是完全一致的，研究的范围也都集中在目录学的研究目的、任务和作用方面，也是基本一致的。

再说，编辑学的研究对象和范围，近10年来，议论甚多，可以说是众说纷纭。大体有如下几种：有的人主张编辑学应"研究编辑活动的特殊规律"或曰"特殊矛盾和一般规律"；另有人要求编辑学"研究编辑工作的任务、方法以及它对社会进步所起的作用"，"研究编辑工作的性质、任务、地位、职能、方针、体制、管理、编辑队伍的组织和培训"，"编辑工作中的社会关系"，以及"编辑修养的基本要求和途径……"也有人认为编辑学是"研究精神产品的物化现象、反映和传播各种观念形态的方式和手段"；更有人认为应该研究"人类在社会文化建构活动中的各种编辑现象，诸如编辑主体与客体，编辑工程设计与编辑实施过程，编辑效益与编辑信息反馈等"；还有人主张研究"编辑过程（客体），编辑工作者本身（主体），主体作用于客体产生的实践形成三个方面"。以上种种，各有千秋。我的看法是：编辑学是一门研究编辑活动的本质及其固有规律的科学。编辑学的研究范围，除了阐明概念、范畴以外，主要应该研究出版物的特性，编辑活动的社会历史环境以及它的内外联系，也就是编辑活动的特殊矛盾，它的性质、任务、特征和规律，以及编辑的主体，包括编辑的职责、素质，以及编辑工作的管理和编辑队伍的教育与培养等。

以上可见，目录学和编辑学尽管出于同宗同源，而且随着时代的不断前进，社会实践的无穷发展，它们各自的活动范围，也无比丰富、无比繁杂。但在研究对象和范围的问题上，并不存在矛盾和纠缠不清的问题。即使在历史发展过程中，包括学科形成发展过程中，时间有迟有早，但这不是说目录学、校勘学、版本学都已溯源到校雠学，编辑学就不能再追溯到校雠学。正像孔子已经是教育家，就不能再说他是编辑家一样不合逻辑。生物从原始的单细胞分裂出来，谁也不能否定它是生命的开端。

目录活动并非从天上忽然掉下来的，编辑活动也并非突然从地里钻出来的，它们都有自己发展的过程。而在称为治书之学的校雠学时代，即使分工还不清晰，到今天也已经泾渭分明了。相信随着社会进步、学术发展，它们各自的学科体系，将进一步向科学化、现代化方向发展。

（三）编辑学的形成何以迟于目录学

编辑学与目录学既是同出一源，为何目录学已存在许多年，而编辑学还在创建之中。前面说过，校雠学在古代称为治书之学，它包括了收集、整理、编纂、校勘、目录、版本等各项治书活动，是一门综合性学科。随着生产的发展，一些相对独立的专门工作，由开始分工而逐渐分离出来，如目录、校勘等。因为做任何学问，都必须依靠书、文，因此必须掌握和做好目录，所以目录活动就较快地发展起来，研究怎样做目录的人多了，做法也多了。所以，目录学在我国就比较早地建成为一门独立的学科，少说也有好几百年了。今天，目录学的研究对象和范围，虽然有不同观点的争论，但总的来说是明确的。

至于编辑学，情况就有所不同。由于古代的治书活动不断发展，随着生产的发展，有的专门工作分离出去，成为一种专业或独立学科。有的又不断演变、延伸，甚至扩展。比如说，书籍载体的更迭，作为治书之学的校雠活动，也会发生演变。著编校的分离，也使著、编撰、编纂、编校等概念逐步衍生，反映了编辑活动的历史演变。今天看来编辑活动这个概念的内涵和外延，在一定历史时期、一定条件下，是相对稳定的，但同时它又处在社会进化的过程之中，是不断发展的，不是一成不变的。同时，由于编辑活动本身的特殊性，它的功能是通过书籍的完美性和著述的整体性来体现的，因而往往容易被人们所忽视，容易只看见作者的作用而看不见编辑的作用。加上图书的内容和形式越来越繁复，编辑活动涉及的方方面面也越来越多，甚至发展到有人误以为编辑是一种通才，是一种杂学。这是对编辑工作的特殊性缺乏了解而造成的。正因为这样，尽管我国古代有巨大的编辑工程和复杂的编辑活动，有丰富的编辑经验和优良传统，还有不少研究编书的著述，但没有出现编辑学的名词。直至书、报、刊大量编印之后，编辑学才被提上议事日程，历史的经验，也就成为后人研究编辑学的丰富资料。这也是我们需要感谢先人的。

1997 年 2 月

《20 世纪中国的编辑学研究》P384，河北教育出版社 2000 年 1 月版

叶圣陶编辑思想探讨给编辑学研究的启示

叶圣陶先生离开我们快 10 年了，他的编辑活动一直是编辑出版工作者经常谈论的话题，而且不断从中得到启迪和教益。

叶圣陶先生是当代中国著名的教育家、文学家、语言学家，同时也是杰出的编辑家、出版家。用他自己的话来说，"如果有人问起我的职业，我就告诉他：第一是编辑，第二是教员"[①]。他从 1923 年春进商务印书馆开始，直到 1988 年春逝世，在编辑舞台上足足干了 65 个春秋。他不是一般的编辑家，而是成绩卓著、给后人留下深刻印象的职业编辑家。编辑生涯如此之长，又兢兢业业，竭诚为读者服务的职业编辑家，在近百年中国出版史上是少见的。所以，研究叶圣陶先生的编辑思想和编辑活动，对于目前的编辑工作具有十分重要的现实意义。认真研究叶圣陶先生的编辑思想，总结他的编辑经验，将大大充实编辑学的理论宝库，使编辑学的理论更加丰富、更加具有实践意义。叶圣陶先生漫长的编辑生涯，是在中国这块土地上度过的，编的是给中国人看的中国书刊，因而叶圣陶先生的编辑思想和编辑经验，就更加具有当代中国的特色。把叶圣陶先生的编辑思想和编辑经验，融入到编辑学的理论当中，对编辑学的学科建设具有很大意义，也使编辑学的理论对编辑实际工作具有更大的指导意义。

叶圣陶先生的编辑活动非常丰富，由于材料和水平的限制，现在还很难作出比较全面的概括。但从仅有的材料中，我们可以看到叶圣陶先生的编辑思想和编辑实践具有三个鲜明的特色。

（1）叶圣陶先生编辑思想和编辑实践的第一个特点是：他明确编

---

① 彭加瑾《叶圣陶与编辑工作》，《编辑之友》1982 年第 4 期。

辑出版工作就是宣传教育工作。他说：编辑出版工作"是教育工作的一个组成部分，一个不可缺少的重要的组成部分。我们做的工作就是老师们的工作"①。"书刊要排版，要印刷，要装订，这是工业。出了书刊要发行，要卖出去，这是商业。可是排版先得有稿子，稿子要作者写出来，编辑者编出来，这又是什么业呢？我要回答得严重些，这是教育事业。你出的书刊无论深的，浅的，通俗的，专门的。总之是影响人们的见识和思想，你不是在当人们的老师吗？所以，出版事业的性质是工业、商业、教育事业三者兼之；三者之中，教育事业应居首要地位"②。这里叶先生讲得很清楚，除去排印和发行，出版工作中的撰稿和编辑工作只能是教育工作。他还说：编辑出版工作"是一种有力的宣传教育工具，不论政治建设、经济建设、文化建设，都应当充分运用这种有力的工具"③。

叶圣陶先生这些朴实的见解，有十分深刻的内涵，尤其对社会主义市场经济条件下的编辑出版工作，具有重要的现实意义。首先，这些见解，对编辑出版工作的基本性质、地位和社会功能，做了明确的论断。编辑工作是教育工作，是意识形态工作，它的基本功能在于教育，在于影响人们的精神世界，指导人们的实践活动，鼓励人们积极参加政治、经济和文化建设事业。换句话说，编辑出版工作是以影响和改变人们观念作为自己的基本目的的精神生产。这就从根本上排除了精神产品商品化的根据，也说明了少数出版者为经济利益所驱动的倾向有悖于出版事业的本质。经济利益不是不能讲，但它不是编辑出版事业的根本目的。只是维持扩大再生产的一种手段。正如叶先生说的，不赚钱要亏本，"就要关门，还谈得上什么发展"，但搞出版"不光为赚钱"，更要"考虑社会效益"，这就是"有所为有所不为"④。

---

① 见《叶圣陶出版文集》第 57 页，中国书籍出版社 1996 年版。
② 见上书第 29 页。
③ 见上书第 8 页。
④ 见上书第 57 页。

从学科建设角度看，编辑出版工作是"教育工作"，它"影响人们的见识和思想"的论断，有力地批判了那种认为编辑工作是剪刀加浆糊的简单劳动，或者把编辑工作看成是单纯的"中介"或客观地"传播"的观点。也回答了那种把编辑学仅仅看成是工艺学、操作学和具体方法，无学可言的观点。坚持了编辑工作和编辑学的政治性、思想性、专业性和创造性，强调了编辑学是进行宣传教育，为社会主义两个文明建设服务，具有自己理论体系的应用科学。证实了它不同于其他学科，应该作为一门独立学科存在的客观必然性。

叶圣陶先生对教育与编辑出版相互关系的睿智论述。对编辑学的学科建设同样具有十分积极的意义。在叶先生看来，编辑出版工作是教育工作，出版物是教育工具，编辑出版工作者是教师。这就告诉我们，编辑和教师一样是人类灵魂的工程师，它要求编辑应该有丰富的知识、崇高的思想境界、高尚的道德情操。总之，编辑应该是一个能为人师表的人。实践也告诉我们，编辑是什么样的人，对出版物的品位、内容、质量和思想倾向关系极大。所以，编辑学理论要着重研究编辑本身的素质，这是出版物质量的根本保证。在设计编辑学的理论体系时，在这方面应该有比较集中的反映，并在整个理论体系中占有相当的比重。

（2）叶圣陶先生编辑思想和编辑实践的第二个特点是：一切为了读者，竭诚为读者服务。他认为做编辑出版工作的，要"认定这么个方向，为的是为广大的读者群服务。文盲，工农兵大众，各级各种学校的学生，研究各种学问的人，从事各种业务的人，他们对出版工作各有主观的或者客观的要求，我们非好好地为他们服务不可"[1]。"不单叫要读书的人有书读，还要叫不读书的人乐意读书。……想尽种种办法让不读书的读书，少读书的多读书，读了书的善于读书"[2]。他还说："我们有所为有所不为：有所为，就是出书出刊物，一定要考虑如何有益于读者；

---

[1] 见《叶圣陶出版文集》第 7 页，中国书籍出版社 1996 年版。
[2] 同上。

有所不为，明知对读者没有好处，甚至有害的东西，我们一定不出。这样做，现在叫做考虑到社会效益。我们决不为了追求经济效益而不顾社会效益，我们决不肯辜负读者。""如果离开了读者，却别出心裁地去搞什么特色，就跟为读者办刊物的宗旨背道而驰了"①。20世纪30年代，半殖民地半封建的旧中国，大批青年学生失学失业，"彷徨于纷叉的歧路，饥渴于寥廓的荒原"，正是这个时候，他创办了《中学生》杂志，并在"创刊词"里说："本志的使命是：替中学生诸君补校课之不足；供给多方的趣味与知识，指导前途，解答疑问；且作便利的发表机会。""我们是有志于此而奋起的，愿借本志对全国数十万中学生诸君，有所贡献。"②叶圣陶先生这些见解，与党的出版方针，坚持为人民服务、为社会主义服务的"二为"方向是完全一致的。他对编辑出版工作的根本目的、宗旨的论述，重要的现实意义就在这里。

为读者服务，是编辑出版工作者的天职，也是他们全部工作意义之所在。"竭诚"服务，又是一种基本的要求，或者说是应有的态度。但是现在有的出版工作者，尽管每天忙忙碌碌地奔波、辛辛苦苦地出书，但头脑里很少有"读者"两字，有的干脆忘了"为读者"。不然就无法理解怎么会抛出明知不健康的东西，为什么有如此多的平庸书，有这么多的重复出版，甚至买卖书号。当然，这种情况不限于中国，外国也有，而且更严重。所以，有的外国出版研究者惊呼：出版正在殷勤地"服侍"财神，而冷落了文化女神。

看来叶圣陶先生关于编辑出版应该竭诚为读者服务的思想，必须重申，必须牢记，必须变成每一个为有中国特色社会主义出版事业服务的编辑出版工作者的意识形态。我们所以要强调多出好书，实施精品战略，从根本上说就是为了读者。不从读者需要出发，不被读者欢迎的书，就无所谓好书，也无所谓精品。那种为出版而出版，为争大奖而出版，为

---

① 见《叶圣陶散文乙集》第504页，三联书店1984年版。
② 见叶圣陶《〈中学生〉杂志发刊词》。

赤裸裸地"侍候"财神而出版的图书，与竭诚为读者服务的宗旨是多么的不协调！

叶圣陶先生关于竭诚为读者服务的思想，对于当前编辑学的学科建设具有极为重要的意义。他关于"为读者"的论述告诉我们，编辑学的学科建设，它的根本目的和宗旨毫无疑问，应该是为编辑工作，但为编辑工作归根到底是为读者。因此，必须加强对读者的研究。只有解决了编辑竭诚为读者服务的问题，才算从根本上解决了编辑的问题，从而也解决了编辑学的根本宗旨问题。所以在谈论建立编辑学的理论体系时，一定要明确这个思想，并在整个编辑学的理论体系中，加重这方面的比重。为了达到竭诚为读者服务，编辑人员首先要解决正确对待读者问题。一个编辑，无论何时何地，心中要有读者，只有读者——广大读者，才是自己真正的服务对象。为此，编辑除了要树立正确的世界观、人生观、价值观之外，还要建立正确的读者观。同时练就一身好本领，熟练地运用自己的基本功为读者服务。

编辑出版工作和编辑学学科建设的根本目的和宗旨，是为了解决竭诚为读者服务，引导读者健康成长、积极向上。当前编辑学研究着重要解决"为编辑"的问题，因为只有编辑人员才是编辑学著作的基本读者。编辑学的研究和著述，首先应该在这方面着力进取，并把它看成理论结合实际的重要一环，使理论研究对实际工作更加有所裨益，改变目前有些编辑人员不关心编辑学研究的状况，甚至认为有些研究者是为学术而学术，为创立自己的学派而学术。诚然，这种看法并不全面。因为在学术研究中，存在不同的观点、不同的学派是允许的，学术上的探索是应该鼓励的。当然，一切理论研究的根本前提是必须结合实际，有利于编辑学作为一门独立学科的理论体系的形成。要防止那种故弄玄虚的文字游戏，避免那种对实际工作无助无益的无穷争论，摒弃那种为学术而学术的"学究式"研究，反对那种把同意自己观点的，推崇备至；对不同意自己见解的，视为搅乱视听，不屑一顾，甚至讥嘲有加。这种现象不利于学术争鸣，不利于学科建设。在编辑学研究中，应该提倡竭诚为读者服务的观点，"为读者"是社会主义出版事业的出发点和归宿，也是编辑学研究的出发点和归宿。真正树立起认真学习、刻苦钻研、互相切磋、虚心求教、坚持真理、修正错误、求同存异、共同提高的学术氛围，搞好学术风气。只有开一代勤学善学之风，具有现代科学形态的编辑学才能比较顺利地建立起来。

（3）叶圣陶先生编辑思想和编辑实践的第三个特点是：强调编辑一定要严把语言文字关。他说："语言是新闻出版工作者的工具，也可以说是武器"，"不把语言学好，就等于砍柴的没有把刀磨好"[①]。他还说："编书和写家信不同，写家信有差错，受害人少。编书、写文章有差错，使读者受害，即使是小错，也成了大事。"当编辑的，"应该把自己负责的每一个字、每一句话，都拿到天平上衡量一下他的轻重"[②]。他强调，"出版事业首先要抓紧撰著编辑这一环，不惮斟酌再三、不厌屡易其稿，务求做到尽可能完善"[③]。他说：我们"对于出版的每一本书刊。对书刊中的每一个词句，每一幅画片，每一个标点符号，都要采取极端负责的态度"[④]。为了给青年文字修养以实际帮助，叶圣陶先生还特意在《中学生》杂志上开辟了《文章病院》栏目，目的是普及和提高读者在写作和使用语言文字方面的知识。它每期诊治三个病例，对事不对人，使读者知道这些文章的错误，并且懂得这些错误应该怎样改正。《文章病院》对于当时青年读者的写作和文字功底的造就，影响很大，解放以后还有人说"《文章病院》功德无量"。叶圣陶先生关于编辑工作要注重文字和帮助读者学习语言文字的思想和实践，和党的十四届六中全会决议中关于"新闻媒体和出版物要为全社会正确使用祖国语言文字做出榜样"

---

① 见《叶圣陶语言教育文论集》第 684 页，教育科学出版社 1980 年版。
② 见《叶圣陶研究文集》。
③ 见《叶圣陶出版文集》第 30 页，中国书籍出版社 1996 年版。
④ 见上书第 26 页。

的精神，是完全一致的。这种一致，充分地说明了叶圣陶先生的编辑思想对于我们今天的编辑工作的重要性。目前，有些出版物中编校质量滑坡，文字差错率偏高，语句不通，文题不符，生造的名词术语跃然纸上，相当突出。面对这种状况，有的人深感焦虑，但也有人见怪不怪，司空见惯，这对于弘扬中华文化、纯洁祖国语言文字，极为不利。认真贯彻六中全会提出的上述精神，重温叶圣陶先生编辑要把好语言文字关的见解，不仅是当前编辑工作的一项重要任务，也是编辑人员的一项重要基本功。

叶圣陶先生关于编辑工作重视语言文字的见解，对编辑学的学科建设同样具有非常重要的意义。在社会主义市场经济条件下，编辑工作与市场的联系正在密切起来，近利趋利的因素在某些人的价值天平上有所加重，某些编辑人员的浮躁心态也在或多或少地滋长，案头工作在一些人的思想上正在有意无意地被削弱，语言文字问题越来越被当做雕虫小技，而置于无足轻重的田地。这就告诉我们，新时期的编辑学研究，必须十分重视编辑基本功的研究，使图书这个精神产品名副其实地具有科学的知识、很高的文化含量，并在正确使用祖国语言文字方面起到榜样的作用。首先在基础知识读物中，恢复"书上说的不会错"这种为读者所信赖的崇高地位。保证编辑工作真正为图书的思想性、科学性和实践性而奋斗，使编辑学真正成为编辑工作者所必须。

叶圣陶先生的编辑思想和编辑实践远不止这些，诸如发现新人，扶掖后进，为国家和民族培养一批又一批名作家和名编辑，等等，都需要认真地加以总结，深入地加以探讨，使之更好地为编辑学提供借鉴和依据，这是建立现代编辑科学不可缺少的一个重要方面。

我们不仅要总结、研究叶圣陶先生的编辑思想和编辑实践，还要研究鲁迅、韬奋、张元济、茅盾、郑振铎和历史上其他编辑家的编辑思想和编辑实践，这是编辑学学科建设的一项重要任务。

1997 年 3 月

《编辑之友》1997 年第 3 期；《20 世纪中国的编辑学研究》P194，河北教育出版社 2000 年 1 月版；《中国编辑研究》（1998 年刊）P488，人民教育出版社 1999 年 6 月版

出版工作自身的经济理论

——品读杨咸海著《出版经济学》

　　《出版经济学》是杨咸海同志在 1992 年出版了《出版经济学概论》之后，经过三年多时间的实践和思索，用新的研究成果，增补、修订而成。以前，《出版经济学概论》出版后，我曾有幸拜读过，觉得很受教益。现在再读他的新著——《出版经济学》，又觉得更加成熟、更具系统性了。如果说，《出版经济学概论》是在有计划的商品经济条件下，作者对出版经济活动的理性思考的话，那么《出版经济学》则是在经济体制由计划经济向社会主义市场经济转换的新时期，作者对出版经济活动更加成熟、更为严谨的理性思考，是作者投身新时期出版实践所产生的认识上的新飞跃。

　　在我国已出版的出版经济学著作为数寥寥。有的出自经济学教授之手，长处是他们在经济学理论方面造诣颇深，可惜的是他们不了解出版、不熟悉出版的经济活动。他们往往用经济学的一般原理去套具体的出版经济活动，留有原则加例子的痕迹，使学术性和实用性都受到限制。

　　杨咸海同志的《出版经济学》，在理论和实践的结合上处理得比较好。他立足出版，首先从分析出版物商品开始，继而研究出版生产过程，从而逐步揭示出版物商品的内在矛盾，探讨出版生产的经济规律，既包括宏观出版经济规律，又包括出版社的经营管理方法。总之，他是从现实的出版生产过程出发研究出版经济的，因而读后使人感到是出版工作自身的经济理论，是出版的经济学。它不是外加的，是出版本身的经济问题研究，出版和经济没有两张皮的感觉。我觉得这一点，是本书最大的成功之处。

　　这本书的层次比较清楚，框架也较合理。先是"诸论"，总揽全书，并和第一、二章一起，构成《出版经济学》的总论，阐述了许多重要观点和基本思路；接着第三、四两章，从宏观角度讲出版经济，揭示了出版经济规律，论述了出版经济政策，探讨了宏观调控的必要性和它应有的作用；第五、六、七章，是讲微观出版经济，具体说是一个出版社应该如何处理经济问题。这里有原则、有方法，对许多具体的经济问题，讲得颇有声色，很解决实际问题，不是隔靴搔痒；第八章是探讨中国出版业如何走向国际市场，与国际市场接轨的问题，分析了中国当前的实际情况，提出了一些有益的建议，可供有关方面参考。

令人兴奋的是，本书作者有不少独到的见解，醒人耳目。例如，关于精神生产、精神价值的观点；关于出版物商品三重性的观点；关于出版物商品特殊性来源于生产出版物劳动特殊性的观点；关于出版生产表现为精神价值流、资金流和物流的观点；关于建立和完善出版经济宏观调控机制的观点；关于建立现代出版企业制度的观点等等，都给人以启示。当然，在一些问题上可能引起争论，但争论是学术发展所必需。在学术上，我们应该提倡这种探索精神，不怕标新立异，只要言之成理，持之有故，成一家之言非常必要，这是不断开拓、不断前进的保证。

据我所知，杨咸海同志日常业务工作十分繁忙，在短短三年时间，完成了 20 多万字的新作，谈何容易。想来他是把业余时间全部用在这本书上了。用他自己的话说："我因此不会'搓麻'、不会跳舞、很少串门。"这和鲁迅所说的把别人用来喝咖啡的时间，都用在创作上，其精神是一样的。这里需要付出多大的刻苦和心力！需要多少个不眠之夜！这里，告诉我们一个最起码的经验，一个人要有一点成就，正确地充分地利用业余时间，具有决定性的意义。祝愿我们有更多的社长、总编辑、室主任和广大的青年编辑，把自己的业余时间，过得更加充实、更有意义。

1997 年 3 月

《20 世纪中国的编辑学研究》P413，河北教育出版社 2000 年 1 月版

学习运用邓小平出版工作理论

在缅怀小平同志，学习小平同志建设有中国特色社会主义理论，寄托哀思的日子里，作为出版工作者，重温小平同志关于出版工作的思想理论，深感这个理论的精湛深邃和出版工作者的责任重大。只有努力多出好书，坚决不出坏书，才是对小平同志最好的缅怀。

邓小平出版工作理论是建设有中国特色社会主义理论的一个重要组成部分

小平同志关于出版工作的思想理论，十分丰富，是他创立的建设有中国特色社会主义理论的一个有机组成部分，诸如：坚持和完善党对出版工作的领导的论述，关于出版工作要坚定不移地为党的路线、方针、政策服务的论述，关于出版工作要以社会效益为最高准则的论述，关于出版工作要为社会主义建设服务、为全党全国工作大局服务的论述，关于出版发行工作是严肃的政治任务的论述，关于出版工作要精益求精、力求把最好的精神食粮贡献给人民的论述，等等。这是邓小平同志在改革开放的历史时期，在社会主义市场经济条件下，对马克思列宁主义、毛泽东思想关于出版工作理论的丰富和发展，是适合中国国情的建设有中国特色社会主义出版事业的理论支柱。学习并掌握和运用小平同志关于出版工作的理论，无论现在和将来，对于保证我国出版事业的健康繁荣发展，都具有决定性的意义。

以社会效益为最高准则是邓小平出版工作理论的精髓

重温小平同志关于建设有中国特色社会主义出版工作的理论，深感最重要之点，就在于多出好书，不出坏书。这是小平同志对建国以来，尤其是党的十一届三中全会以来，我国出版工作的基本看法，也是在我国社会主义建设时期，特别是在社会主义市场经济条件下，做好出版工作的根本指导思想，是小平同志关于出版工作理论的精髓。

早在 1985 年，小平同志在全国党代表会议上就强调指出，思想文化教育卫生部门，都要以社会效益为一切活动的惟一准则，它们所属的企业也要以社会效益为最高准则。思想文化界要多出好的精神产品，要坚决制止坏作品的生产、进口和流传。小平同志这个指示，言简意赅，透彻地说明了出版工作者的根本性质、目的和它的根本功能。是不是以社会效益为最高准则，是一个出版工作者应该以什么为指导思想和为谁服务的问题，也是出版工作者不同的出版价值观的根本分水岭，对此我们任何时候都不能有丝毫的模糊和动摇。

小平同志的指示和党的十四届六中全会作出的《关于加强社会主义精神文明建设若干重要问题的决议》精神是完全一致的。出版工作就是要多出好书，不出坏书；一手抓繁荣，一手抓管理，要坚持不懈地开展扫黄打非斗争，决不允许腐朽的思想文化产品滋生蔓延。这些正是以江泽民同志为核心的党中央全面落实小平同志指示的果断决策，也是出版工作实现"阶段性转移"的思想理论依据。今天，它已成为出版管理部门和广大出版工作者的共识。

一方面努力多出好书，另一方面坚决不出坏书，制止坏书的进口和流传。泾渭分明，扬此抑彼，态度坚决，是非鲜明。它告诉我们，没有社会效益的平庸书是没有存在价值的，是不值一提的。当然，要在几万、十几万种图书中，不出现平庸书目前还是不实际的，但它决不应该成为出版任何平庸书的借口。能不能做到多出好书、不出坏书是实现出版工作"阶段性转移"的根本，也是成为我们出版工作者如何贯彻落实小平同志指示、如何认识"出版"两字的试金石。

精益求精，把最好的精神食粮贡献给人民，是小平同志对出版文化工作者的根本要求

还在改革开放之初，小平同志向全国文代会致祝词时就指出："对人民负责的文艺工作者，要始终不渝地面向广大群众，在艺术上精益求精，力戒粗制滥造，认真严肃地考虑自己作品的社会效果，力求把最好的精神食粮贡献给人民。"小平同志这段话，不仅是对文艺工作者说的，也是对包括出版在内的广大精神生产者说的，应该成为我们的座右铭。

面对当前少数编校出版人员由于心态浮躁，广种薄收，疏于把关和把关不严，结果导致图书的思想内容、艺术水准和编校质量滑坡的现象，使我们更加深刻地体会到小平同志指示的重大现实意义，以及认真贯彻这些指示的紧迫性和重要性。

小平同志这个指示，以对人民负责，服务广大群众、广大读者为前提，以精益求精、力戒粗制滥造为手段，以把"最好的精神食粮贡献给人民"为目的，向我们阐明了党和国家赋予包括出版工作者在内的一切精神生产者的神圣使命和崇高职责。能不能做到这一点，也是一个出版工作者是不是够格的问题。任何马马虎虎，敷衍塞责，甚至不惜牺牲读者利益，坑害读者的行为，都是失德、失责的表现，是对人民的犯罪，都是和"人类灵魂工程师"的光荣称号不相容的。当前，在实际工作中特别要正确处理好重点图书和一般图书的关系问题，既要抓好重点书、抓精品，又不能忽视非重点的一般图书的编辑出版工作，保证和不断提高图书出版整体质量，才能全面地落实小平同志的上述指示。

作为一个出版工作者，一定要努力学习马克思列宁主义、毛泽东思想和邓小平同志建设有中国特色的社会主义理论，特别是关于出版工作

的理论，提高自己的思想、理论、业务素质，加强品德修养，牢固地树立起正确的世界观、人生观和价值观，兢兢业业地做好自己的工作。

1997 年 4 月

《20 世纪中国的编辑学研究》P276，河北教育出版社 2000 年 1 月版

为少年儿童当好精神食粮的营养师 ①

抓住有利时机，把少儿读物出版工作推上新台阶

党的十一届三中全会以来，中国出版事业取得了巨大进展，与此同时，我国少年儿童读物的出版工作，也取得了巨大的发展，无论是数量、规模还是质量，都有很大的进步和提高。首先，少年儿童出版社已由改革开放前的两家发展到 29 家（还不包括设有少儿读物编辑部门的 4 家综合性出版社），年出书品种在 4000 种左右，印数超过 1.5 亿册，少年儿童杂志已超过 100 种。仅 1995 年就出版了少儿录音制品 560 多种，录像制品 100 种左右，截止到 1996 年底，少儿类光盘电子出版物也已有 100 种左右。

值得提出的是，党的十一届三中全会以后，特别是十四大以来，少年儿童出版工作得到了进一步的发展，基本导向正确，品种丰富多彩，出版队伍不断壮大，经验日益丰富。各社的规模效应和整体实力都有了明显的增强，发展思路比较清楚，基本任务也很明确，这些都为少年儿童读物的出版工作更好地发展提供了良好的环境、基本的保证、广阔的天地。

事实告诉我们，当前是发展少儿出版工作的极好时机。首先是我国出版业的发展，相应地少儿读物也得到了发展。我们应该抓住这种有利时机，以我们现有的力量，把少儿出版工作推上一个更高的台阶。第二是党中央非常重视少儿读物的创作和出版工作。江泽民同志提出：要抓好电影、长篇小说和少儿读物"三大件"，这是前所未有的。由于中央

---

① 本文是作者在"1997 全国少年儿童读物编辑工作研讨会"上的发言。会后《今日出版》和《新闻出版天地》曾分别摘发了部分内容，现把它们合并在一起，收入本书。

领导同志的重视，也引起了各级党政领导和思想宣传部门的极大关注，这无疑是对我们工作的极大推动。第三是职能部门把少儿读物的出版工作摆上日程。中宣部的"五个一工程"和新闻出版署的"九五"重点图书规划，都把少儿读物作为重要的方面放在突出的位置上。1994—1995年"五个一工程"入选图书共 33 种，其中少儿读物就有 10 种，占了三分之一。"九五"国家重点图书出版规划中，除了重大图书工程规划中有少儿读物之外，还把少儿读物作为三个子规划之一，另做安排。

这些都说明当前开展少儿出版工作的条件十分有利，时机非常难得。当然，要求也更高了。这是给少儿读物编辑出版者提供了一个很好的舞台，也是对广大少儿出版工作者的推动、鼓励和鞭策，是应该珍惜的。

现在的少年儿童读什么书，将影响和决定 21 世纪我国人民的精神面貌

根据党的十四届五中全会和六中全会精神以及最近几年召开的全国少年儿童出版工作会议的精神，少年儿童出版工作的根本任务，就是按照社会主义精神文明建设的要求，提高青少年的思想道德素质和科学文化素质，培养跨世纪合格的建设人才和"有理想、有道德、有文化、有纪律"的社会主义新人。具体的就是着力提高出版物的质量，多出好书，努力提高我国少年儿童的整体素质。我们应该坚持正确的政治导向、价值导向、体能导向、知识导向、情趣导向和行为导向，把我国的少年儿童培养成为全面发展的人，这是编辑出版工作者光荣而崇高的职责。因为青少年是人类文明得以延续的链条，他们现在读什么书，受什么样的思想引导，从某种意义上说，将影响和决定着 21 世纪中华民族的素质和社会发展的某种动力。少年儿童读物编辑出版工作者今天的努力，正在塑造下个世纪人们的精神面貌，决不能掉以轻心。

少年儿童读物编辑是少年儿童健康成长的精神营养师

少年儿童具有很大的可塑性，给他们出书一定要强调全面发展，德智体各方面都不可偏废。少年儿童出版工作者不仅要注意每本书的质量，而且要从全面培养少年儿童着眼，做细致的分析，要注意缺什么，出什么。不必大家都去攻一两个热点，更要注意冷点，也就是要雪中送炭。现在看这种冷点恐怕还是不少的。

一般说，德育教育，大家比较注意，在爱国主义、集体主义、社会主义教育方面，在理想、志愿、立志成才方面，出书不少。但在有些方面，如一般的思想道德，如勤俭节约、艰苦奋斗……一些方面，似乎有必要加强。有的孩子上学带许多钱，花钱时手面很大。现在许多中小学门口都有小贩摆摊，有的小贩故意给学生赊账，到一定时候集中收款。有个家长，在一学期结束时，被小贩找到说他孩子赊了一万元的账。这里不排除小贩"宰人"，一个小孩花不了那么多钱，但即使只有一半，甚至四分之一，不也是令人吃惊的吗？现在有的中小学生，还学抽烟，参加赌博，看坏录像，模仿着做坏事。这些当然是教育问题、家教问题，恐怕出版工作者也不能置若罔闻。古人说，积金于子孙，不如积德于子孙。在社会主义初级阶段，在市场经济环境里，少年儿童的德育教育不能忽视。德育的内容是多方面的，一个人在某个方面失德，道德崩溃，就往往是这个人的全面崩溃。道德建设好像是一副多米诺骨牌，一张倒塌，就可以全部倒塌。德育教育的意义，就在于以小见大，防微杜渐。要做到这一点，不能头痛医头，脚痛医脚，必须要有总体考虑。德育教育需要有科学的理论指导，其重在建设正确的世界观、人生观、价值观，为少年儿童奠定科学世界观的基础。

有关智育教育的出版物，也出了不少，有许多效果是很好的。现在，我们要更加注意立足于 21 世纪来考虑。在下一个 100 年中，人类社会必将转变为信息社会，新的技术革命不可阻挡，信息高速公路、机器人、电子监控技术以及一些目前我们还不知道的科学技术，将迅速地发展起来。所以，科普出版方面的任务，将是十分繁重的，要求也是非常高的。编辑不仅自己要学懂，而且要编书出书，要出得少年儿童喜欢看、愿意看，将是十分不容易的。值得注意的是现在我们的少儿科普读物，严重地跟不上形势的发展。有一家报纸，对北京城乡接合部的一个中学做调查，向初中一年级53名同学做问卷调查。看科普读物的只占5%，看动画片的占30%。有的学生连科普与科幻都分不清。附近的乡镇书店，科普读物也不多，而且都是果树栽培、养鸡养鸭等实用性书籍，几乎找不到适合少年儿童阅读的知识性科普读物。下一个世纪，将实现现有⅔农村人口城市化，没有科学文化的普及怎么办？社会主义精神文明建设不是一句空话，它要以全民族的思想道德、科学文化的提高做基础。出版是提供精神食粮的，特别是给少年儿童出书，各种营养成分应该有个合理的配置，要有科学的比例，才能构成一份好的营养食品。不能该配给的不配，不该配的多给，那是要吃坏人的。英国哲学家洛克说过：教育上的错误比别的错误更不可轻视，教育上的错误正如配错了药一样，第一次弄错了，决不能用第二次、第三次去补救，其影响是终生洗刷不掉的。这说明少年儿童读物比成人读物更难出，不仅要高质量，并且要有合理的成分配置。从这个意义上说，少儿读物的编辑，就是少年儿童健康发育成长的精神营养师。

体育方面，出的书相对少一些，但这方面少年儿童的问题并不少。现在的孩子走几里地就受不了，特别是独生子女，娇生惯养，上两代人就怕他累着，营养过剩，肥头大耳的不少。某小学一个班，上体育课，只跑了二三百米，就有好几个人面色苍白，喘不上气，或者呕吐。有的学生长得高高大大，却跑不快，跳不高，四肢协调性非常差，他们吃得好，营养足，但体质不好，原因之一是体育基础教育薄弱。此外，艰苦奋斗教育也很差，这方面很值得出版工作者注意，认真研究。下个世纪的事，当然由下个世纪的人负责，但养不教，父之过，他们的父辈，恐怕也不能说没有责任吧！

1997 年 5 月

《20 世纪中国的编辑学研究》P334，河北教育出版社 2000 年 1 月版；
《一切为了读者》P112，首都师范大学出版社 2010 年 7 月版

推进编辑学学科建设的进程

9 月的银川，天高云淡，秋深气爽，1997 全国编辑学理论座谈会在这座塞上名城举行。来自出版单位、出版科研单位和高校编辑专业的 30 名专家就编辑学的理论框架进行了学术交流。会议结束时，本刊记者访问了中国编辑学会常务副会长邵益文同志。

问：这次会议的主题是讨论编辑学的理论框架，在目前组织这样的学术研讨是出于什么考虑？从会议的情况看，是否已经达到了预期的目标？

答：召开这样一次讨论会，主要有两方面的考虑：一是当前出版事业发展需要加强理论研究。在过去的 18 年中，也就是从党的十一届三中全会以来，中国出版经历了与正在经历着三个重大的转变，即：出版社出生产型向生产经营型转变；出版体制由计划经济向社会主义市场经济转变；出版发展从扩大规模数量为主向提高质量效益为主转变。这些转变为理论研究提供了基础也提出了问题，像出版这样意识形态性非常强的部门，更需要科学的理论做支撑，从而避免盲目和被动。编辑学的研究，无论是基础研究还是应用研究，最终都将直接或间接地对出版决策产生影响，都直接或间接地为出版发展服务。江泽民同志最近对一份科技工作的材料做了重要批示，他说："基础研究很重要。人类近现代文明进步史已充分证明，基础研究的每一个重大突破，往往都会对人们认识世界和改造世界能力的提高，对科学技术的创新、高技术产业的形成和经济文化的进步，产生巨大的不可估量的推动作用。"编辑出版理论研究也是如此。加强这方面的研究目的正在于出版工作的创新、发展和繁荣。二是编辑学学科建设的需要。编辑学的研究是从 80 年代中期兴起的，在这 10 年中编辑学著作出版了 50 余种，论文发表了 1000 多篇，在一些理论领域形成了一些有建树的观点。但是从总体上讲研究成果还比较分散，不够系统，需要进一步总结、概括、梳理，使之条理化。要这样做就有必要在一定时期组织大家集中讨论一个课题，使学术交流在某一点上"聚焦"，从而在一个方面有所突破，求得共识，取得进展。

从这三天的会议看，应该说是很有成效的。会议期间正值党的十五大开幕，与会同志以马克思主义、毛泽东思想和邓小平理论为指导，贯彻理论联系实际的原则，畅所欲言，讨论认真，学术气氛十分浓厚。从讨论内容看，主要集中在编辑学的学科体系和理论体系上，重点是理论体系问题，提出了构筑理论体系的思路。会议之前，天津编辑学会经过多次研究，准备了一个较为详细的关于理论框架的意见，其他一些同志也各自做了准备提出了设想，这就使会议很快进入实质性交流，避免了空泛的议论。当然对于这样的学术问题不可能一次研讨就达到一致，但是讨论开阔了思路，在比较和相互吸收的过程中使得几种框架都得到了补充与丰富，这对于编辑学科理论体系的形成是极有促进作用的。也证明我们有选择地抓住编辑学研究中的焦点问题组织"攻坚"的尝试是有效的。

问：对这次会议上所提出的几种编辑学理论框架，你可以做些概括和介绍吗？

答：会议上许多同志根据自己构建编辑学理论体系的思路，设计了不同的理论框架，归纳起来大致为三种类型。

第一种可称之为基本理论型。这类理论框架思辨性较强，其着眼点在于建立普通编辑学。基本框架包括：1．概论部分。论述编辑学的研究对象、概念、学科性质、结构、特征、地位和功能等。2．方法论。强调要建立全息的统一的系统的编辑观和运用现代科学的研究方法。3．编辑学原理。例如有的人提出了编辑学三原理：文化缔构原理、讯息传播原理和符号建模原理。4．编辑工程。研究从策划设计到系统管理和质量控制的全部编辑活动。

第二种可称之为理论实践并重型。它们的构筑思路大致是以编辑活动（或称之为编辑劳动）为中心，研究其矛盾关系，揭示编辑活动的规律，确定编辑学的范畴。这种思路强调编辑学应是应用科学，有基本理论但更要注重应用。它的基本内容或研究课题包括编辑学总论，编辑活动的性质、特征和社会功能，编辑活动的主体和对象，编辑活动的一般过程、方针和原则，编辑活动与传播业、传播媒体的关系以及与市场经济和现代科技的关系等。

第三种可称之为实用型，或理论业务结合型。这类编辑学框架将理论编辑学与应用编辑学合为一体，侧重于编辑学的应用研究。一般是先讲理论知识，然后按编辑过程讲选题、组稿、审稿、加工、发稿、装帧、校对等环节的工作原理和技能。这与目前已出版的一些编辑学教材基本上相一致。

上三种理论框架设计的思路与取向不同。第一种重视编辑学的理论建设，第二种兼顾学科价值与应用价值，第三种重视实用功能和指导现实工作的需要。在会上这些不同的观点充分进行了切磋和交流。尽管一些问题不可能全取得共识，但讨论是有助于编辑学研究的深化，有助于逐步建立起比较成熟的理论体系的。

问：由这次会议的讨论不难看出，这些年编辑学的研究是有了许多进展的。你认为在编辑学理论的探讨上，目前的主要进展及成绩是什么呢？

答：作为一门学科，它的理论是否成熟主要标志是这样几条：一是有本学科的基本概念，并由基本概念、一般概念与专用术语组成一个层次分明的概念体系；二是揭示本学科的主要矛盾和理论原理；三是有一个较完整的理论系统，就是说从基本概念出发把有关知识按照一定的层次结构和逻辑结构组织起来形成本学科独具的理论体系。这三条都属于理论部分，按这三条衡量，编辑学作为一门独立的学科还是未成熟的。

科学学告诉我们，一门独立学科的理论体系包括：足够的事实和材料；揭示研究对象本质和共性的概念系统；本学科特有的研究方法；建立在已有知识和材料上的假说，一般原理、原则和法则；符合客观规律的定律；高度概括和系统化的理论结论。编辑学的建设应该朝此方向努力。

近几年来，尤其是在中国编辑学会成立以后，我们组织了编辑学的学术活动，主要研究集中在这几方面：

一是讨论编辑学研究的方向和重点。这在 1994 年的郑州研讨会基本取得了共识，大家认为，编辑学作为一门新兴学科已经取得了社会承认，今后的研究要以有中国特色社会主义的编辑理论为重点和主攻方向，重视社会主义出版编辑活动的研究，坚持理论联系实际的原则，努力回答现实生活中的理论问题和实际问题。同时不断完善自身的理论体系，使之成为既有中国特色又具现代科学形态的新兴学科。

二是研究了编辑学的学科定位问题。这些年关于这门学科的性质、它在整个学科体系中的位置一直是有争议的，有的认为是基础学科，有的认为是综合性的边缘学科，有的认为是应用学科，还有的认为是工艺学科。这种认识上的差异，使得有些问题的讨论难以一致。1995 年成都研讨会上主要讨论了学科定位问题，在不同程度上取得了共识。较多的意见认为编辑科学属于应用科学，当然作为应用科学同样也需要建立严谨的理论体系。

三是讨论了编辑学研究的范围。现在的研究一般都是从书籍或期刊的编辑实践入手的，但是现代编辑工作范围要宽得多，编辑学研究应该拓宽到其他有关的编辑领域去，这样将为普通编辑学的建立奠定基础。有的同志还认为编辑学研究不仅要研究编辑工作的对象和外部环境、条件等编辑客体，还应研究编辑主体，即研究编辑者自己，研究主体的素质、道德、作风等，这不仅是编辑工作的需要，更由于编辑工作是一种意识形态工作，一种精神生产活动，与生产者自身情况关系甚大。

四是推动了基本概念的争鸣。这些年关于基本概念的认识分歧较大，例如关于编辑，有的认为是在利用传播工具的活动中，以满足社会精神文化需要为目的，致力于在作者和读者之间建立传播关系的社会活动；

有的认为是对外载知识进行智化加工，从而缔造社会文化的活动；有的认为是使信息、知识有序化、载体化和社会化的学术业务活动；有的认为是以知识传储为目的，根据载体要求进行综合加工的精神生产活动等等。再比如编辑活动的起源，有的认为编辑活动与书籍同时产生，有书籍就有编辑；有的认为编辑与出版相联系，有了出版活动才有编辑活动；有的认为编辑与文字相关联，甲骨时期就有原始的编辑活动；还有的认为编辑活动是文化创造的一种方式，自有文化创造起就有编辑活动。与此相关联的还有出版的概念，出版的起源，编辑工作的中心环节等等许多方面的不同观点的争鸣。通过争鸣，促使了研究的深化，一些研究者不仅进一步深入思考而且进一步深入调查，包括从历史上从古代典籍中深挖资料，这对编辑学理论的完善和成熟是大有好处的。

对于这门新学科，除了理论研究之外其他方面也有了长足的发展，出版了一系列有关编辑学和编辑活动的著述，创办了有关编辑研究的刊物，在一批高校建立了编辑专业，编写了全国第一套编辑出版专业教材，成立了地方的与全国的编辑学会等等，所以综观编辑学的发展，可以说是从无到有，成绩斐然。

问：你谈的这些成绩好多是与中国编辑学会有关的，可以顺便介绍一下中国编辑学会的工作吗？

答：中国编辑学会是 1992 年 10 月 13 日成立的，它是新闻出版署主管的，经民政部批准的全国性、群众性的学术团体，目前已有团体会员 250 多个，还发展了一批个人会员。为了更广泛地开展研究活动，学会组织了 6 个专业委员会。4 年多来，先后举行过三次年会，三次全国编辑学理论研讨会，一次编辑出版史研讨会和一次国际出版学研讨会。还与中国版协联合举办了两届优秀中青年图书编辑评选活动。各专业委员会先后开过六次规模不等的专题讨论会。这些活动对于总结工作经验，探讨编辑规律，交流学术观点，加强学科建设，培养编辑队伍和编辑理论研究队伍起到了积极作用。

学会在组织理论研究方面首先是对当前编辑工作重大理论问题和实践问题的研究，例如编辑出版工作如何适应市场经济的问题，图书出版如何既服从精神生产规律又要适应市场经济规律的问题，在市场经济条件下编辑工作还是不是出版工作中心环节的问题，还要不要坚持编辑工作的基本规范的问题，编辑策划与编辑案头工作的关系问题，新形势下编辑的职业道德问题等等，都曾通过不同的会议或其他形式组织过认真的讨论。其次是对编辑学理论的探讨，前面已经讲了。

作为一个全国性的群众学术团体，它的生命在于学术活动，学会一方面是服务，为大家的理论研究提供服务；另一方面是组织，组织力量进行研究并推出一些成果。自成立以来，中宣部及新闻出版署领导和地方各出版单位对学会工作给予很大支持，一批理论研究骨干和学会活动的积极分子对学会活动热心参与，这是学会工作得以开展的基础。三次年会的论文选先后由天津教育出版社、江西教育出版社、河北教育出版社支持出版，国际出版学研讨会论文集由高等教育出版社支持出版，现在又和人民教育出版社共同编辑了《中国编辑研究》，计划每年出一辑。学会还编发了 37 期简报，在会员之间发挥了交流信息的作用。

对于编辑学研究，学会的目标是积极推进编辑学学科建设的进程。而要做到这一点关键还是队伍，编辑学研究可持续发展的根本就在于此。骨干队伍要相对稳定，维持一定的圈子，但是还必须不断发现和培养新人，尤其是中青年积极分子。在这一点上，你们刊物是个很好的渠道，也是一个很好的园地，你们刊物推出的一些年轻作者的文章有的是很有创见很有分量的。我们学会应该加强与他们的联系。学会今后的做法我个人想应该是这样几句：稳定骨干、扩大队伍、巩固阵地、争取支持。我们希望有更多的人参与到学会活动中，使中国编辑学会越办越好。

1997 年 9 月

《编辑之友》1997 年第 6 期

是研究编辑学理论框架的时候了

经过大概 20 年的努力，编辑学研究可以说已经初具规模。但是，从目前已经出版的编辑学的著作来看，对基本理论的构筑，存在着明显的不同观点。学术研究上需要百花齐放，但是从高等学校编辑学专业教育的需要来看，要有一个基本的理论框架，这样，可以在知识的深度和内容的含量等方面，取得一定的共识，以求本科教育的水平趋于大体上的一致。

当然，要为高等学校编辑学专业提供一份编辑学教学大纲，这不是这一次会议所能解决的问题，但这应该是我们的目标，我们这次会议也应该向这个方向努力，并力求一步一步地去接近它、完成它，这也是不少高等学校编辑学专业师生的共同愿望。

大家知道，编辑学发源于中国，并在当代中国这样一个历史条件下逐步发展起来，应该说，有其深刻的历史原因和社会原因。

我国历史悠久，文化昌盛，有长期的文字工作传统，有浩如烟海的典籍。从可以统计的数字看，到 1996 年底，已出版了 191 万种书籍 [1]。以这几年每年出书 10 万种算，加上 1997 年的出书数，今年是中国历史上出书 200 万种的一年，这在人类文明发展史上具有十分重大的意义。同时，也给我们编辑工作积累了丰富的经验，形成了优良的传统。这是我们探讨编辑学理论、研究编辑学理论的基本框架不可忽视的。

编辑学所以能在当代中国、特别是在 80 年代开始发展起来，并迅速崛起，这说明编辑学的发展，是和目前我国这样一个社会大环境分不开的。正因为这样，我们在构思编辑学的理论框架时，也应该自觉地把

---

[1] 据有关资料统计，中国古代，即辛亥革命以前出书 18 万种；辛亥革命到 1949 年出书 10 万种；1950 年到 1987 年出书 80.9 万种；1988 年到 1996 年出书 82.1 万种。合计 191 万种。

它放到这样一个具体环境中去考虑。这是使编辑学具有生命力和特色的重要保证。

当前，我们正处在改革开放和现代化建设承前启后、继往开来的重要时期，这是一个充满挑战和机遇的时期。努力深化改革，扩大开放，推进社会主义现代化建设，大力加强社会主义精神文明建设的力度，既是时代的要求，也是我国人民的共同愿望。我们编辑出版工作者应该不失时机地与全国人民一道，致力于树立正确的理想，弘扬高尚的精神，提倡美好的道德，形成良好的风尚，把社会主义精神文明建设推向新的阶段。

党的十四届六中全会《决议》明确提出，在我国社会主义现代化建设进程中必须研究解决三个历史性课题，即："如何在以经济建设为中心的前提下，使物质文明建设和精神文明建设相互促进，协调发展，防止和克服一手硬，一手软；如何在深化改革，建立社会主义市场经济的条件下，形成有利于社会主义现代化建设的共同理想，价值观念和道德规范，防止和遏制腐朽思想和丑恶现象的滋生蔓延；如何在扩大对外开放，迎接世界新科技革命的情况下，吸收外国优秀文明成果，弘扬祖国传统文化精华，防止和消除文化垃圾的传播，抵御敌对势力对我'西化'、'分化'的图谋。"《决议》的这个精神，与我们研究编辑学的理论框架有着密切的关系，也是我们编辑学学科建设的重要依据。因为，编辑工作从来不是一种事务性工作，编辑学也不是技巧之学、工艺之学，也不是一般的工作经验，而是一种理论、一种学说、一门社会科学。编辑学的学科建设是现代社会科学的一项重要工程，它既是为社会主义两个文明建设服务的；是为提高包括经济力量、科技力量，也包括政治力量、思想和文化力量，还包括新闻出版力量在内的综合国力服务的；同时又是社会主义精神文明建设的一个组成部分。这就是说，我们建立科学的编辑学的理论体系，本身就是加强社会主义精神文明建设的一种举措，就是提高我国综合国力的一种努力。最终将对建设有中国特色社会主义现代化强国，对于提高中华民族的文化科学、道德素质，对于继承和发扬几千年中国文化传统中的精华，对于发展当代社会主义科学、教育、文化事业，对于加强国际学术交流，发生积极而深远的影响。这就决定了我们编辑学的社会性和思想性，也表明了编辑学鲜明的党性。

我们这次会议，是着重研究书籍编辑学的理论及其基本框架。当然，不能不看到当代中国的出版事业，特别是改革开放以来出版事业的发展状况。

党的十一届三中全会以来，中国的出版事业同样处在大转变大发展的过程之中。在过去的 18 年当中，中国出版同样经历了或正在经历着三个重大的转变，即：出版社由生产型向生产经营型转变；出版体制由计划经济向社会主义市场经济转变；出版发展从扩大规模数量为主向提高质量效益为主的转变。

大转变带来了大发展，在过去的 18 年中，我国出版业无论从数量、质量、事业、队伍、机构和思想理论等各个方面，都出现了极大的飞跃，形成了从编辑、出版、印刷、发行、物资供应到教育、科研、对外贸易，以及法规、管理等较为完整的出版体系，出版综合实力大大增强，规模数量和出版物品种已跃居世界前列，成为我国社会主义现代化建设事业的重要组成部分，为两个文明建设发挥了重要的作用。在 18 年短暂的时间里，取得如此伟大的成就，在整个中国出版发展史上也是从来没有过的。编辑学，以书刊编辑学为代表，从 80 年代以来，能够迅速崛起，也是与这种形势分不开的。这里，也告诉我们：出版事业的发展、经验的创造和理论的升华，必将带来编辑学研究的深化，编辑学学科建设的进步。

在新的历史时期，中国出版在大发展的同时，也面临着一些新的课题。诸如，在社会主义市场经济条件下，出版要面向市场，但同时又容易为经济利益所驱动，怎样才能既适应市场经济的发展，又符合精神文明建设的需要和出版自身规律的要求；随着电子计算机和现代化技术的发展和使用，新的载体不断出现，出版业正经历着革命性的变化，面对国际激烈的出版竞争、企业兼并、集团垄断，我们的编辑出版运作应该如何适应这种新的形势；在出版迅猛发展的形势下，如何提高编辑出版队伍的整体素质，以迎接21世纪的出版发展，更是一个十分紧迫的问题。

当代中国出版业面临的机遇和挑战，与编辑学尤其是书刊编辑学的学科建设，休戚相关。它既是编辑学开拓发展的土壤和舞台，又是编辑学本身必须解决的问题。这也说明，编辑学的学科建设，研究它的理论体系，非常重要。

众所周知，理论是行动的指南，没有理论的行动是盲目的行动。任何一项事业，尤其是像出版这样的文化事业，必须要有坚实的科学理论作为自己的支撑。事实上，我们的出版理论研究，不管是基础研究，或者是应用研究，最终都将直接或间接地对出版决策产生影响，都直接或间接地为出版发展服务。这是因为像出版这样的意识形态性非常强的部门，非常需要科学的理论做先导，出版如果没有自己的理论支撑，是不可想象的。否则，出版将长期处于盲目和被动的局面，很难得到健康的繁荣。

在邓小平建设有中国特色社会主义理论的指引下，以江泽民同志为核心的党中央，已经为我们制定了社会主义现代化的宏伟纲领，并且正在以矫健的步伐奋勇前进。在这种形势下，我们的各行各业，包括我们编辑出版事业在内的精神生产事业，更应该在邓小平建设有中国特色社会主义理论和"一个中心，两个基本点"的基本路线指引下，大力加强自己的理论建设，使自己始终保持清醒的头脑，成为现代化事业的自觉建设者。特别是今天，在经济发展的同时，正在把精神文明建设提到更加突出地位的时候；在发展市场经济过程中，特别是市场经济的影响日益加深的情况下；在世界各种思想文化相互激荡，国际图书市场对中国出版的影响不断增加的情况下；在21世纪正在向我们走来，我们中华民族将以什么样的姿态走向新世纪的时候；在出版工作的任务不断加重，出版体制改革正在日益深化和出版手段面临革命性变化的时候，我们特别需要加强编辑出版的理论研究，使我们的出版事业在新的历史条件下，在新的形势和任务面前，能够自觉地掌握发展规律，不断地走向新的繁荣。这是搞编辑出版理论研究的人要考虑的问题，也是出版界、教育界、理论界的共同任务。

在新的形势下，我们怎样才能完成繁重而光荣的任务？这就需要我们不断总结经验，研究实际工作中提出的问题；不仅要研究应用理论，而且要重视基础理论的研究。江泽民同志最近在一个有关科技工作的材料上，有一段重要的批示，他说："基础研究很重要。人类近现代文明进步史已充分证明，基础研究的每一个重大突破，往往都会对人们认识世界和改造世界能力的提高，对科学技术的创新、高技术产业的形成和经济文化的进步，产生巨大的不可估量的推动作用。"基础研究，是科学的基础，是人类文明进步的动力，是现代科技、经济、文化发展的源泉和后盾，是发明、创造的先导。探索客观规律，追求新的发现，积累知识，创立新的学说，为认识世界、改造世界提供理论和方法，这是理论研究的任务。编辑出版理论研究也是如此。用一句简单的话说，就是为了我们的社会主义出版工作有创新，有发展，有新的繁荣。

基础研究就是要研讨基本理论，包括探讨基本理论的框架，这就是我们研究编辑学框架的初衷。

讨论编辑学的理论框架，这不是一件新鲜事。我们在 80 年代后期，就曾经"热"过一阵子。但是后来有一些同行觉得，尽讨论框架，还不如先写出几本书来比较实在。近年来，在出版了一些编辑学专著以后，又有一些同志觉得，现在这样写法、那样写法很多，特别是高等学校编辑学专业的老师，他们很希望在教学的基础上来交流自己的讲法，取长补短，得出一个相对的共识。所以，才有这一次会议。应该说，这种讨论，不是 80 年代讨论的简单重复，而是一种螺旋形上升，是一种发展、一种飞跃。

实际上，现在的情况和过去不同了。现在我们已经先后出版了 50

多种的编辑学著作，有了一二千篇论文，在15所高校设立了编辑学专业，有了一支包括研究、教育在内的数以百计的教研编辑队伍。于友先同志最近在一篇文章中说："近十年来，我国出版研究工作本身，已经充分显示出朝着理论深度和广度不断开拓的态势。基础理论学科建设，进一步得到重视和加强。编辑学、发行学等基本学科，已初具规模。"刘杲同志在1996年6月的一篇文章中就明确提出："编辑有学无学的争论已经过去。编辑的历史和现实以及编辑学研究的进展，都证明了编辑确实有'学'。"从另一方面看，现在大家的认识与过去相比，已经有了很大的变化。大家看到，这次拿出来的几个框架，有的是集体创作，有的是个人成果，有的是大家长期研究的结果，有的是最近集中思考的产物，丰富多彩，各有千秋。这些框架的提出，使我们的讨论有了很好的基础，有了便利的条件。所以，应该感谢这些同志们，他们为编辑学学科建设作出了自己可贵的贡献。

只要我们认真贯彻理论和实践相结合的原则，坚持"百花齐放，百家争鸣"的方针，互相学习，取长补短，我们一定能够取得新的成果，获得更多的进步。

我们相信，在宁夏出版界的大力支持下，在与会同志的积极努力下，我们的会议一定能够获得圆满的成功。

谢谢。

1997年9月

《20世纪中国的编辑学研究》P172，河北教育出版社2000年1月版

高校编辑学专业应有一个大的发展

从 20 世纪 40 年代世界上第一本名叫《编辑学》的书在我国广州正式问世以后，50 年代，我国的北京、香港、台湾都有编辑学专著出版。70 年代起，对外开放和经济体制改革，推动了我国上层建筑的变革，使我国新闻出版等传媒迅猛发展，从而出现了 80 年代编辑学研究的崛起，与此同时，各大高校开办编辑学专业，到 90 年代中国编辑学会成立，标志着社会对编辑学的承认，先后经历了半个世纪。一种思想、一种学说的出现，都有它深刻的历史背景。编辑学的这种发展，编辑学研究高潮的出现，编辑学专业的创办，应该说都不是偶然的、不是以少数人的意志为转移的，而是时代的要求、实践的呼唤，它是客观的不可抗拒的社会发展规律的反映。胡乔木同志和教育部的领导人，当时正是充分地看到了编辑工作不同于其他文化工作的特点，深刻地认识了这种客观规律和时代要求，并且及时地作出了在高校创办编辑学专业的英明决策，体现了认真贯彻教改方针，面向生产、面向实际的决心。这是后人不会忘记的。

在过去的 50 年里，尽管编辑学的发展跌宕起伏，但随着全国解放，生产发展，经济振兴，文化教育和新闻出版事业的飞速发展，总的来说，编辑学研究是高潮迭起，成果频呈，参与者越来越多，学术上不断深入，学科建设不断前进。现在，已经出版的编辑工作和编辑理论著作，超过 300 种，仅以"编辑学"命名的专著、论文集、教材和工具书也有 50 种以上，论文一两千篇，专业性杂志 3 个，至于经常发表编辑工作、编辑理论文章的杂志也有二三十个。有 15 所高等学校开设了编辑学专业，专职和兼职的教师二三百人，大都为教授和副教授，已经毕业的学生 2000 多人，他们正活跃在新闻出版等各种传媒战线上。全国性的学术团体除中国编辑学会外，还有中国科技期刊编辑学会，全国约有 10 个省市建立了省一级的编辑学会或编辑研究会。全国性的、跨省市的编辑工作和编辑理论研讨会，每年都有召开。目前，不同学术观点的编辑学理论体系正在形成，学术研究有着良好的势头和深厚的基础。

高校编辑学专业，从 1984 年开设以来，尽管时间不长，已经发展成为具有相当规模、而且在国内外产生了良好影响的专业。清华大学、北京大学、南开大学、武汉大学、中国科技大学、四川联合大学、北京师范大学等编辑学专业，越办越好，各有特色，得到出版界和社会上的广泛好评，普遍认为是培养符合当前实际需要的各种合格编辑的基本路子。河南大学、中国科技大学、南京大学等采取"借窝孵蛋"的办法，率先培养了以编辑学为方向的研究生，从 1986 到 1995 年 10 年间，招收硕士研究生 52 人，已毕业 34 人，开始为出版业和传播媒介提供高层次的人才支持。他们有的写出了专门的著作，有的成为出版社和期刊社的骨干，有的成为专业的合格教师，不少已经获得高级职称，在工作中发挥了很重要的作用。从而证明了设立编辑学硕士点，是非常必要的，是为编辑出版事业尽快输送高素质人才，改变长期以来编辑队伍素质不够整齐问题的有效途径。

从现在实际情况看，我们的编辑学专业还远远跟不上实际工作的需要，"借窝孵蛋"培养编辑学研究生的方法，更不能适应新闻出版事业对高素质人才的迫切需求。实践告诉我们，无论是本科生还是硕士生的培养，都要有一个大的发展，过去因为个别学校毕业生分配出现的这样那样的问题，就认为实际工作不需要本科编辑学专业毕业生。殊不知其原因在于专业初办，学校和用人单位都有一个互相探索的过程，经过几年磨合，这个问题现在已经基本解决。实际上只要我们静静想一想，这几年出版队伍扩大了多少，哪一个出版社不需要人，有的甚至连起码的三审制人员都保证不了。不是不进人，而是进不了真正合适的人。当然这种人才不能迅速到位的情况，和目前人事管理体制没有完全理顺和某些社会风气有关。

当然从我们编辑学专业本身看，也有自己需要解决的问题，比如，如何理解复合型的编辑人才等。也还有一些出版社对编辑学专业不够了解的问题，如它们宁愿要各科研究生，而不要编辑学专业的本科生，等等。这些问题，当然需要研究、改进、理顺。但无论如何这只是一种局部的暂时的现象，从全局看，它不可能阻挡编辑学专业的发展，解决了这些问题，就会使编辑学专业越办越好。

我们的编辑学研究和编辑学专业之所以可能出现大的发展，根本的原因在于：

（一）党的十四届五中全会和六中全会，把社会主义精神文明建设放在更加突出的地位，要求包括新闻出版在内的文化事业有一个大的提高和发展，因而不可能不需要居于精神生产重要环节的编辑。相反，需要大量高素质的编辑，这是党的加强社会主义精神文明建设这个指导方针决定的。

（二）随着经济的发展，我国的报纸、刊物、图书正在日益成为人们生活的必需品，已经深入到社会的各个角落，变成人们生产、生活中不可或缺的东西。仅从出版方面看，我国年出书 10 多万种，印数达 60 多亿册。出书品种，居世界前列。但是我们的出版教育，远不及其他国家。有的国家年出书仅 3 万种左右，但有 10 所大学开设了出版专业。从世界范围看，国际上 10 所有名的大学，都设有出版学硕士点，而我们一个都没有。退一步说，连有些出书品种大大少于我国的第三世界国家，都有硕士点，但我们没有。这种情况，很不合理，也不能适应客观实际的需要，我们相信，不符合客观的东西迟早会改变。

（三）出版是一种精神生产，精神产品的质量、品位，取决于生产者的素质。有了高素质的队伍就有高素质的精神产品，队伍的素质不高，只能出质量不高、效益不好，甚至是负面效益的精神垃圾。我们能不能出版好的作品，提供优秀的精神食粮，保证好作品、高质量、高品位的出版物占领国内市场，同时，又把我国的优秀文化推向国际市场，关键在于包括编辑在内的精神生产者的素质。而编辑队伍素质的改变，必须求助于高等教育，着力于编辑学本科生和硕士生的培养。

（四）着眼未来，更加迫切地需要我们培养高素质的编辑队伍。今天我们正处在世纪之交的前夕，下一个世纪将会出现什么样的变化，是我们需要注意的。从目前发展看，在下个 100 年中，人类社会将向信息社会转变，新的技术将迅速发展起来，把社会生产力推向新的高度，使我们的生活发生难以想象的变化，犹如本世纪初人们还不熟悉的汽车和电灯，今天已成为人类社会不可缺少的东西那样。再说下个世纪我国将有三分之二的农村人口实现城市化，人的文化教育、科学技术和思想道德将迅速提高，传播和出版在这方面担负的艰巨任务可想而知，编辑队伍素质的提高也势在必行，编辑学专业的发展势在必行，编辑学研究也必将出现新高潮。

下个世纪是令人向往的，但不能不看到存在着激烈的斗争。改革开放给我们带来了先进的思想、科学技术和管理经验，但也不可避免地夹杂着西方腐朽的思想文化、人生观、价值观和生活方式。摆在新闻出版工作者面前的，是积极吸收国外的先进思想、科学技术、经验，同时又要抵制西方的腐朽文化、价值观和生活方式。这是一场斗争，是一场如何塑造我们民族形象的斗争。这又是在很大程度上取决于包括编辑在内的精神生产者的素质，也取决于高等学校各层次的编辑学专业教育。在这样一件大事上，我们投一点资，培养一支高素质的队伍，不仅利在当代，而且功在千秋。外国的先进科技、管理经验，我们可以引进。但是，腐朽消极的价值观和生活方式不能引进。人、队伍、精神品格，还是要靠我们自己培养。我们现在有的留学生，学了国外的先进技术，但是不回国，其实他们有的人在国外的生活状况，也并不都令人满意；有的回国了，为祖国服务，发扬了爱国精神，应该肯定。但也有人，带来了西方腐朽的人生观、价值观和生活方式，这是我们必须十分重视的。

（五）说到底，出版是一种意识形态工作。自从有阶级以来，任何社会的领导阶级，都居于社会意识形态主导的地位，所谓思想阵地，你不去占领，他就会去占领。不是染上红色，就是染上黑色、黄色、灰色，即使不带任何颜色，也是一种颜色，所以居于领导地位的阶级必然要主导社会意识形态，在社会主义时代，更是只能加强，不能削弱。这种对人的培养和教育，具体地就体现在精神产品生产当中，除了法规和行政管理以外，主要就是靠队伍的政治思想、文化科学和道德作风素质。因为他们同样是要用科学理论的武装、正确舆论的引导、高尚精神的塑造的人。所以人的素质如何关系重大，关系到党和国家会不会改变颜色，关系着民族未来的盛衰，关系着子孙后代的命运。如果我们在这个问题上失误，那就会遗恨终生，其后果也不是一朝一夕能够挽回的。换句话说，精神文明建设不搞好，物质文明建设就算上去了，也出不了"四有"新人。因为这样，培养精神生产者、培养编辑人才，办好编辑学专业，不是可办可不办的事，而是其他专业所不能代替的。上好这一课，在今天的中国，尤为迫切。从出版方面讲，图书品位低下，编校质量滑坡，包括买卖书号，这些问题的出现，受到社会的指责，是可以理解的。但决不能只指责而不培养高素质的人才。可见，在开办编辑学专业，设立编辑学硕士点方面，我们多下一点功夫，多做一点实事，将是大有益于人民的事情。

编辑学专业开办时间不长，但取得了巨大的成就，培养了人才，建设了教材，造就了一支有质量的师资队伍，功不可没。我国出版事业，几年来取得了巨大的成就，去年的中国出版成就展和少儿出版成就展就说明了这一点。这个成就与编辑工作者，也与战斗在高等学校编辑学专业教育岗位上的同志们的辛勤劳动分不开。当然，编辑学专业现在有不少困难，概括起来三个字：

（一）苦。白手起家，没有教材、没有师资。但他们不求名利、惨淡经营，甚至在社会上一些人不理解的情况下，用百折不挠的精神开设了编辑学专业，基本上解决了教材和师资，而且越办越好，这很可贵！

（二）穷。有的同志连出差开一次研讨会的路费都没有，买资料也没有经费，甚至复印一些材料都很困难。但是人总是要有一点精神的。他们正是凭着这种精神，或者说靠中国人的志气，才把这个重要的事业坚持了下来，这很可敬！

（三）冷。编辑学专业，国家教委和新闻出版署是重视的，是支持的。没有他们的重视和支持，不可能发展到今天这样的规模，这样的声势。但是毋庸讳言，社会上还有一些人，不了解、不理解编辑学专业。他们动不动就要从专业目录上砍掉它。人们觉得不可思议，出版这样一个重要的精神生产领域，没有理论支持，没有几个学科的智力支持，没有专门培养队伍的本科专业，没有培养高级人才的硕士点、博士点，如何能够适应社会主义精神文明建设的需要？这是许多人所无法理解的，恐怕也是不符合教改方针的。

编辑学专业的同志们在苦、穷、冷的情况下[①]，为造就人才，艰苦奋斗，不遗余力，作出了成绩，难能可贵。为了出版的健康繁荣，应该向他们致以敬意！

1997 年 10 月

《编辑之友》1997 年第 5 期；《一切为了读者》P137，首都师范大学出版社 2010 年 7 月版

---

① 随着我国经济文化事业的发展，目前我国高校编辑学专业的经济情况已经大为改观。但是我们仍不应忘记这种状况，这样能够更好地激励我们前进。

中国出版的目标：培养"四有"公民

党的十五大告诉我们，实现社会主义现代化，应该有繁荣的经济，也应该有繁荣的文化。这不仅给我们指明了前进的方向，而且给我们提出了光荣的任务。作为一个负责任的出版工作者，我们应该把为实现社会主义现代化而推进出版繁荣作为自己义不容辞的首要职责，这应该是毋庸置疑的。

包括出版在内的有中国特色的社会主义文化是什么？是凝聚和激励全国各族人民的重要力量，是综合国力的重要标志。文化是一种综合国力，出版文化当然也是一种综合国力。有人认为，只有出版产业，才是我国综合国力的组成部分，这种看法是不全面的。从根本上说，就是否定了思想、理论、知识等精神的力量，所以是不科学的。所谓出版文化，我认为应该包括三个方面：一是渊源于古代文明，植根于社会主义实践，善于吸收人类文明的优秀成果，又具有鲜明时代特点和民族特色的丰富多彩的出版成果；二是支撑出版发展的思想理论，诸如出版学、书刊编辑学、书刊发行学、装帧艺术论、印刷技术和发展战略等理论和学说；三是出版的风格、出版人的精神气质。出版如何提高综合国力，就是要编辑出版符合党的十五大要求的优秀书刊，就是要强调深入研究、认真探索促进出版发展的出版理论和学说，就是要体现出版人的品格和精神风貌。

培育"四有"公民是衡量出版工作成败的根本标准

党的十五大强调指出，建设有中国特色的社会主义文化，就是要以马克思主义为指导，以培育有理想、有道德、有文化、有纪律的社会主义公民为目标。这也是我们出版工作的目标，出版文化的追求。这个目标是我们出版工作前进的指南，是衡量我们工作好坏的准绳。一切以培育"四有"公民为标准，一切服从于培育"四有"公民，这就是我们当代出版人的奋斗目标。

根据这个目标，党的十五大指出出版工作要"加强管理，优化结构，提高质量"，这是历次党的代表大会政治报告中对出版提出的最明确、最具体的要求，是我们必须做好的大事，是和我们当前正在推进的"阶段性转移"相一致的。我们要求出版经济实力的增长，出版体制改革的深化，从根本上说，都是为了建设有中国特色社会主义文化。出版的管理如何加强，结构如何优化，质量如何提高，也都要用党的十五大精神来要求、来衡量。舍此，没有其他标准可言。

为了实现党的十五大提出的目标和要求，出版业要认真调整结构，出版物的质量需要有一个很大的提高。那些不健康的、封建迷信的东西，应该受到编辑、出版、发行者自觉的抵制，那种没有任何积极意义、单纯为了盈利而出版的东西，应该摒弃，那种猎奇、追星、耍贫嘴的东西应该谢绝。要下决心加大出版物的文化含量，要建立以培育"四有"公民为目标的出版文化价值观。

以培育"四有"公民为目标，我们的出版物应该是科学的大众的社会主义文化的重要组成部分，就是要为大多数人出书，为大多数人服务。杨牧之同志说："我国有12亿人口，其中中等和中等以下文化水平的人有8亿多。这8个多亿，正是我们最大数量的读者，如果我们不能提供适合他们的理解能力、接受能力、审美能力的作品，出版工作为人民服务，为社会主义服务就是一句空话。"从培育"四有"公民的角度看，这8亿多人也是最大的组成部分。我们应该下最大的决心，积极为他们出书，把书送到他们的手中去。这8亿多人口中，相当部分是农民，或者是城市里的劳动者。因此，要下决心为广大农民和城市劳动者出书，只有把他们造就为"四有"公民，党的社会主义文化建设的目标才能实现。

我们看到长春书市增设了 4 个农村分场；也看到有些省提出"加强农村图书发行工作"，到 2000 年农村图书销售要占一般图书销售的 40%，要求 5 个乡镇配一个农村图书推销员，尽管这是初步的，却是可喜的。我们地方出版社的方针是"立足本省，面向全国"，这是正确的。这个方针的制定，大大推动了我国出版事业的发展，功不可没，今后仍然要坚定不移地贯彻执行。但有些地方在执行时，也存在对"立足本省"的理解不够全面的问题。特别是在出好发好适合农村读者的书刊方面，需要很好地估量。总的来说，我们现在为农村读者出的书刊，或者说能送到农村读者手中的书刊，实在太少了。这种情况不改变，要建设社会主义文化就是一句空话。为了达到这个目的，我们的出版物从内容、层次、品种结构、格调、印装设计、定价，都要有所调整。我们的图书评奖，以及出版优秀人物评选，都应该考虑这种需要。包括国家图书奖的评奖，也应该从为大多数人出书考虑而有所改变，比如第三届国家图书奖，30 种获奖书中，套书和多卷集约占一半，能够适合这 8 亿多读者的大概不是很多，这也可能形成一种导向。

我们的发行工作，特别是农村发行工作，除少数地区和单位外，有萎缩之势。许多中小城市，甚至一些省会城市，书店门市部出租，成了经营服装、饮食等的铺面，应该说不是个别的。究其原因，除经营不善、难以为继外，主要是卖书不及搞服装、饮食赚钱来得多、来得快，甚至不及出租房子的租金多。做房东，坐着不劳动，收租金当然痛快，就是头脑里缺一点为读者服务的精神，应该说这不是社会主义图书发行工作者应有的价值观。农村的发行工作，困难当然很大，多卖多亏本。这种情况能不能改变，是不是要长此以往？我们的管理部门、新华书店、中国书刊发行业协会，能不能联合起来想一些办法来解决，至少是逐步改善这种状况？有人说，现在是社会主义初级阶段，这样那样的情况都难免。是的，我国现在确实是处于社会主义初级阶段，但不能像有些人说的那样，"初级阶段是个筐，什么不称心的都往里面装"。正确理解初级阶段，是要我们认识国情，从而实事求是，解放思想，开拓进取，而不是消极等待。农村的阵地，马克思主义不去占领，别的什么主义就可能去占领。难道我们拥有如此庞大的发行机构，真的无法解决这些问题？关键是能不能解放思想。江泽民同志说："能否抓住机遇，历来是关系革命和建设兴衰成败的大问题……现在全党一定要高度自觉，牢牢抓住世纪之交的历史机遇，迈出新的步伐。"

以培育"四有"公民为目标，出版工作者要做许多工作，要扎扎实实，一个问题一个问题地去解决，一步一个脚印，摸着石头过河，充分发挥出版在社会主义文化建设中的重要作用。

文明事业要有一支文明队伍

出版是社会主义精神文明建设的一个重要方面，也是社会主义物质文明建设的一个重要组成部分。它虽然包含着物质生产和精神生产的两个生产过程，但出版的物质生产过程，是完成精神生产的必要条件，是为精神生产服务的。从这个意义上说，出版生产的全过程主要就是精神生产的过程，就是有中国特色社会主义的文化建设。

出版要成为社会主义文化建设的重要内容，是有条件的，就是出版物必须以马列主义、毛泽东思想、邓小平理论为指导，符合党的基本路线和方针政策，按照社会主义精神文明重在建设的原则，符合培育"四有"公民的目标，才能成为社会主义文化建设的组成部分，又为社会主义文化建设服务。

要实现这个目标，出版人要进一步牢固地树立起出版是文化建设的观念，这一点本来应该是不成问题的。可是，在市场经济大潮的冲击下，在经济利益的驱动下，搞出版是搞文化建设这种观念，在有些人的头脑里已经淡薄了，或者说已经所剩无几了。他们把出版物当做单纯的商品，公开提出要以市场为导向。所以，有必要重新强调搞出版是搞文化建设这种观念。出版业的生产关系可以根据生产力发展水平做出这样那样的改变，出版的体制可以根据经济发展的需要进行改革，出版的组织形式、出版社的布局、出版社的专业分工，可以根据出版自身发展规律做必要的调整，出版物的结构可以根据需要重新组合。但是搞出版是搞文化建设这一条不能动摇。如果我们只注意出版的商品性，而看不到出版的文化本质，那就可能误入歧途。实践证明：在任何情况下，出版都不能是普通的工业或商业，出版者不应该是唯利是图的市侩式的商人，这是有中国特色社会主义出版事业的性质所决定的，也是党的十五大建设有中国特色社会主义文化所要求的。这些说起来是老生常谈，但在实践中并非人人都是清醒的。

出版要在社会主义建设中发挥自己的作用，关键是要搞好队伍建设，造就一支政治强、业务精、作风好的高素质的队伍。根据出版工作的特点，这支队伍更要强调崇高的精神境界、远大的理想、奉献精神和认真的工作态度。他们要一心扑在工作上。实际上一心一意做好工作的人在我们编辑出版队伍中大有人在。这也是许多有作为的、编出好书的编辑的共同特点。我们历年来出版的许多优秀书刊，就是最好的证明。但是，在我们编辑出版队伍中，也有另外一些人，当然是少数人，他们面对的是书稿，想的是股票；有的"身在曹营心在汉"，甚至利用别人的"布料"做自己的"嫁衣裳"……试问，这种心态怎么能够编好书？怎么能够去培育"四有"公民？所以，出版队伍的教育工作十分重要，业务教育要抓，政治思想教育更要抓。要使我们的编辑出版工作者成为一心一意的建设社会主义文化、培育"四有"公民而不遗余力的真正的人类灵魂工程师，关键在于落实江泽民同志经常讲的：要讲政治，要加强思想政治工作。也许有人认为，现在搞市场经济，哪有思想工作可做？这是忘了我们搞的是有中国特色社会主义，不能不重视思想政治工作。江泽民同志说，越是改革开放，越要重视思想政治工作。他在视察人民日报社时一再强调思想政治工作，说这"是党和国家的前途和命运所系的工作"。应该说，这方面几年来是不断加强的。但是，也要看到在我们有些单位，虽然也说讲政治，但对队伍的思想教育重视不够，眼看着图书文化含量下降，眼看着三审制流于形式，眼看着校对队伍被削弱，甚至瓦解，眼看着有些出版工作者的职业道德严重失范，有的甚至出版政治倾向不好的图书，但很少做或者根本不做思想工作，或者简单地用扣奖金或其他经济处罚来代替思想政治工作。这样，所谓讲政治、加强政治责任感，实际上是不落实的。

由于政治思想教育不够，在出版队伍中一些人政治责任心不强，已经造成了严重的不可挽回的损失。我们不能不看到编校质量严重滑坡的事实，去年9月2日《光明日报》以"无错不成书何时了"为题，报道新闻出版署1993年以来组织了五次图书质量检查，在129种图书中，优质品、良好品加起来仅9种，占7%；不合格的95种，占73.6%。应该说，这里有业务素质问题，但主要的是缺乏政治责任感造成的。有人说是发稿字数超负荷，那么，这种情况为什么年复一年，不能改变？要防止用牺牲精神文明为代价以换取其他什么利益的问题。再说，我们现在有的出版单位，没有校对部门，没有或者只有很少的校对人员，居然也在那里出书，实在是一件怪事。建议新闻出版署对于那些没有足够比例的校对人员的出版社，要求他们限期配足；有些出版单位把校对任务委托给专门的校对公司也可试行。总之，校对这个环节要真抓实干，这里也有一个守土有责的问题。"无错不成书"不能成为痼疾，这种有损中国出版形象、影响一代出版人信誉的现象，再也不能继续下去了。

用邓小平理论武装出版队伍搞好出版理论建设

加强思想政治教育，最根本的是用邓小平理论武装出版队伍。建设有中国特色社会主义出版事业，是建设有中国特色社会主义文化、建设有中国特色社会主义现代化事业的一个不可缺少的组成部分，是一项开创性事业。必须用邓小平理论为指导，在实践中学习、探讨、深化自己的认识。只有完整准确地理解和把握邓小平理论的科学体系，用它来观察研究我们的出版工作，才能解决好出版发展中遇到的各种实际问题。正如江泽民同志在党的十五大报告中指出的："从总体上领会理论的基本观点和基本精神，又从各自工作的领域对理论的有关内容进行系统的钻研和理解……坚持理论联系实际，学以致用，提高马克思主义的理论水平，提高解决实际问题的能力，在改造客观世界的同时改造主观世界。"这就是既要学好理论，又要用好理论，关键要在理论和实践的结合上下功夫，认识和掌握出版工作中的客观规律；也就是要用邓小平理论为指导，总结实践经验，上升为具有中国特色社会主义的出版理论，并用以指导实践，推动出版事业的顺利发展。这是实现我国出版文化健康繁荣的根本保证。

理论研究是一项艰苦细致的工作，要扎扎实实地做，需要调动各方面的积极性。但是，我们现在有些同志对出版理论研究，是说起来重要，做起来不重要。有人认为：什么出版理论研究，还不如编几本书、搞些经营活动，可以得到实惠；也有人认为出版理论研究可有可无；有的同志说：工作忙，没有时间。当然，忙是事实，但不是不搞理论研究的理由。无论是谁，总有不太忙的时候。关键是领导同志要真抓实干，真正把它放在自己的议事日程上。上海市出版管理局的老局长宋原放曾经有很深刻的体会，他说："在位时，整天忙忙碌碌，想不到搞理论研究，等到退下来，参加一些研讨会，才感到过去不抓理论研究是一大损失，但后悔已经来不及了。"应该说，这几年情况有一定改变，有些局长带头写论文，亲自组织动员，这是好现象，我们希望这种趋势不断发展，各级领导都来支持理论研究，组织发动一些积极分子认真参与，并帮助他们解决一些实际问题。这方面，我觉得湖北、江苏、江西等地做得比较好。

当代中国正处在大变革大发展的时期，出版也在不断深化改革的过程中，有许多实际问题和理论问题需要研究。管理部门、研究机构、学术团体、行业协会等，都应该根据自己的性质和任务，安排各自的研究活动，大家都争取做出更大的贡献，把我国的出版理论研究搞上去。为此，要充分调动各方面的积极因素，群策群力，互相支持，互相配合，真正学好用好邓小平理论，使有中国特色社会主义出版事业获得更加有力的理论支撑，使出版队伍获得强有力的理论武装，使中国出版事业更加健康地向前发展，更好地为培育"四有"公民做出自己的贡献。

1997 年 11 月

《20 世纪中国的编辑学研究》P295，河北教育出版社 2000 年 1 月版

略谈出版研究

最近，出版界的领导一再写文章、做报告，强调加强出版理论研究，培养出版研究人才。笔者颇为关心出版研究，不禁为此十分高兴，并从中获得一些启迪。

我国的出版研究，从出版管理、编辑、校对、装帧设计、发行、印刷到版权和出版史等各个方面，其中除校对和版权外，差不多都起步于50年代。由借鉴国外、研究业务到总结经验进行理论研究，再到出版学、编辑学、发行学的研究等等，经历了一个从无到有、从低级到高级的发展阶段，可以说是成绩斐然。

其中，80年代应该说是一个飞跃，这要归功于中共中央、国务院作出了《关于加强出版工作的决定》，提出了要建立、充实出版研究机构，加强出版科研工作的指示。从此，这方面出现了新的气象。1983年中国出版工作者协会召开了首届出版研究年会，接着成立中国出版科学研究所，并每年召开学术讨论会。上海等地建立编辑学会，新闻出版署还成立了党史资料征集办公室，闽浙赣鄂、晋冀鲁豫、天津和东北三省几个片的研讨年会也应运而生。各个方面群策群力，欣欣向荣，形势确实喜人。

90年代，出版研究进入一个新的阶段。一方面以中国出版工作者协会、中国出版科学研究所和中国编辑学会为代表，把出版界和教育界的力量结合起来，在职的和离退休的力量结合起来，老中青结合起来，使出版学、编辑学研究迅速发展，学术活动频繁，成果也不少。出版学、编辑学研究已经在国内形成了一种气候，据说在国外也有一定影响，应该说，这是一件好事。另一方面，出版党史资料的征集研究逐步呈现收缩之势，最近两三年来，这方面的声息越来越少。其他方面，如发行研究工作，一直以新华书店总店为主在抓，并且设有专人，工作一直在做，教材一直在编辑、出版，只是有时紧一点，有时松一点，这应该说是正常现象。

总之，回眸出版研究，一个突出的印象是有很大发展和进步，但不平衡。有发展，有进步，这是大家都能看得到，也容易理解的；不平衡，也是事实。问题是：出版研究为什么得到了发展和进步？为什么会出现不平衡？原因在哪里？笔者了解情况不多，更谈不上细、深、透，只是凭直观，看现象，似乎感到有以下几方面的问题需要加以重视。

第一，当然要领导重视。无论办什么事，领导的重视、支持是十分重要的。十几年来出版理论研究的进展，正是领导重视的结果。现在领导更加重视了，可以确信出版理论研究会更加繁荣。这方面我就不多说了。

第二，要有专门的组织保证。出版学、编辑学研究的迅速崛起，窃以为重要原因在于成立了专门的研究机构——中国出版科学研究所和有了专门的学术团体——中国编辑学会。党史资料征集工作进展不大，主要由于没有专门机构，只是由一个机构附带去做。出版学、编辑学研究由于有了专门组织，可以有领导、有计划地开展，有信息交流，有学术活动，这次研究定向，另一次研究定位，再一次研究基本规范、理论框架，再加上一些课题研究，学术讨论就显得有生气、有活力，也不断地出成果。据说，目前已发表的论文上千篇，专著、教材好几十本。再从图书发行学研究来说，尽管新华书店总店在抓，领导十分重视，成绩也不小，但由于总店是一个业务机构，工作千头万绪，发行研究只能是整个工作的一个组成部分，而且与进销货等工作相比，也很难成为一个重要的部分，能够取得现在的进展已经很不错。但要从业务研究上升到理论研究（应该说总店有人做到了），从总体上看有一定局限性。可见，有没有一个专门的学术机构和团体来做有关方面的研究工作，关系很大。

第三，要有一批具体组织研究的热心人。各项工作都要有人抓，更重要的是这些人的心要热，要不讲价钱，一心一意去做。出版研究方面，这样那样的研究委员会不少，也都有会长、理事长等，许多方面很努力，研究成果很多，但也有些是工作只在口头上，活动只在表面上。要有热心人，这一点非常重要。发行研究所以能长流水，不断线，就是因为新华书店总店有专人抓。这样的热心人，当然越多越好，但至少要有一二十个，再少也要有七八个。即便是更少一些，但只要真正卖力气干，也可以出成绩。当然，还有善于用人的问题。有的人心很热，很想干事，但是这样那样的关系、矛盾，这种那种的顾忌，有积极性也发挥不出来，心再热也没有用。

第四，要建立一支队伍。这支队伍怎么来？就要靠放手发动群众，把研究力量组织起来。据我观察，出版研究科班出身的不多，大多是半路出家，在出版这一行工作了二三十年，有的是临近离退休，才搭上这条船。这大概也有客观原因，因为实践出经验、出理论，没有实践经验的人要介身其间，难度是很大的。实际上也是这样，现在比较有影响的人，如王益、陈原、刘杲等同志，都是从实践中摸爬滚打出来的。但是，要把从事实践的人引导到研究工作方面来，要有一定的条件，就是要把他们组织起来。只有把群众组织和发动起来，积极分子就会涌现出来，其中一部分人就能脱颖而出，有的逐渐成为内行，甚至成为专家、学者。从这里，我们似乎得到一点启发，就是普及基础上要提高，对有些人，要给他们专一点的课题，高一点的目标，并在新的层次上把他们组织起来，这就要成立研究机构、学术团体，使他们发挥尽可能多的作用。这就是说，普及一定要，不可少，但不能只有普及没有提高。大会要开，专题研究不可少。真正的研究工作，是艰苦的脑力劳动，需要皓首穷经，不能仅靠开大会来完成。只有把有一定水平的积极分子、内行、专家组织起来，研究队伍才能形成，也只有在队伍组织起来以后，对他们指方向、压任务，出版研究才能出成绩、见效果，对出版工作和出版体制改革真正起到理论指导的作用。

第五，出版研究要不要有中心？当然要。问题不是要不要的问题，而是有没有的问题。因为"中心"不能自封，只能在研究实践中自然而然地形成。从另一角度看，这种中心任何时候都有，只是影响大一点、小一点和层次高一点、低一点的不同。有时候，这些人承认这个是中心，另一些人则不承认它是中心，在他们的心目中有自己的中心，这是不足怪的。因为在学术研究中，可以根据不同的观点和风格，创立不同的学派，而这些学派在相对的范围内来说，也可以说是"中心"。从发展学术研究的角度考虑，对各种学派都应该支持、帮助。以马克思列宁主义、毛泽东思想和邓小平理论为指导，在坚持四项基本原则的前提下，承认这样那样的学派，贯彻执行"百花齐放，百家争鸣"的方针，自然而然地逐渐形成影响较大、层次较高的中心，最好是多数人公认的中心，这对学术的发展实在是十分重要的。

最后，对一个单位也好，对一个团体也好，对每个专家、学者也好，衡量他们对出版研究的贡献，不是看他的职位高低，而是看他的成果多寡、贡献大小。成果多、贡献大的受到尊重是应该的。对各人各方面的成果，客观、公正地加以评价，实事求是地加以对待，这样，才能有利于出版研究的进一步发展，为出版事业的健康繁荣做出更大的贡献。

1997 年 12 月

《20 世纪中国的编辑学研究》P361，河北教育出版社 2000 年 1 月版

编辑学当前需要研究的几个问题

从现在可以看到的资料表明，我国是编辑学的诞生地，从本世纪 40 年代起，我国就有人从事编辑学的研究和教育，并且在广州出版了世界上第一本名为《编辑学》的著作①。50 年代，北京、香港和台湾都有编辑学著作出版。70 年代开始的对外开放和经济体制改革，促使我国的信息传媒事业很大发展，新闻出版突飞猛进，编辑学研究也在 80 年代迅速崛起，并且得到了社会各界的大力支持。著名理论家胡乔木同志认为：编辑有学，而且积极倡导在高等学校办起了编辑学专业②。著名科学家钱学森和裴丽生等也明确指出编辑工作是一门科学，旗帜鲜明地支持创立编辑学，给研究者以极大的鼓舞③。80 年代后期到 90 年代，全国性和地方性的学术团体相继成立，表明编辑学在中国已经得到社会的承认，在国际上也产生了一定的影响。发展过程先后已经历了半个世纪。

一种思想、一种学说的出现，都有它深刻的社会历史背景。编辑学的上述发展，也不是偶然的，是实践的呼唤、时代的要求，是社会发展的客观规律所使然。

在过去 50 年里，尽管跌宕起伏，但随着新中国的建立、生产发展、经济振兴、文化教育和新闻出版等传媒事业的大踏步前进，编辑学总的说来是高潮迭起，成果频呈，参与者越来越多，学术上不断深入，学科建设不断前进，出现了十分可喜的局面。现在已经出版的研究实际问题和理论问题的著作二三百种，仅以"编辑学"命名的专著、论文集、教

---

① 李次民. 编辑学. 广州：自由出版社. 1949
② 胡乔木. 1984 年 9 月给教育部的信. 见：邵益文著. 编辑学研究在中国. 武汉：湖北教育出版社. 1992. 94
③ 王立名主编. 科技学术期刊编辑教程. 北京：人民军医出版社. 1995. 32

材和工具书等也有 50 种以上，发表的论文一二千篇，专业性杂志 3 个，经常发表研讨文章的杂志有二三十个。包括北京大学、清华大学、南开大学、武汉大学、中国科学技术大学在内的 15 所高等学校开设了编辑学专业，已经毕业的本科生和双学位学生 2000 多人。清华大学、中国科学技术大学、河南大学等还用"借窝孵蛋"的办法，培养以编辑学为方向的硕士研究生，先后招生 50 余人，已毕业 30 多人，为新闻出版事业提供了高层次人才。现在，全国性或地方性的学术研讨会每年都有召开，不同学术观点的编辑学理论体系正在形成，学术研究有着良好的势头和深厚的基础。

从 80 年代初开始，编辑学研究经历了 10 多年的征程，不仅突破了"编辑无学"的偏见，探讨了编辑概念、编辑起源、编辑学的研究对象、它与邻近学科的关系，明确了主攻方向、研究重点，并且在学科定位问题上取得了初步的共识。总的说来，学术研究一年比一年深入，解决了学科建设中一些必须解决的问题，出现了几种不同观点，开始形成了百花齐放、百家争鸣的局面。当然，还有不少问题需要进一步研究。这里，仅就某些问题做一些简单的介绍，供同行参考。

一、加强编辑工作导向性研究

编辑工作是一种社会文化活动，属于精神生产的性质。因而它的目的性是很清楚的，就是给人以思想、知识、技能，引导人们的知和行，影响人们的观念形态。就像我们通常所说的，影响人们的精神世界，指导人们的社会实践。这一切都说明编辑工作是一种意识形态工作，是一种知识传授工作，是一种技能辅导工作。一句话，具有很强的导向性。也就是说社会主义编辑工作的目的，是武装读者的头脑，引导社会的舆论，传播科学文化知识，陶冶人们的精神情操，就是要繁荣出版，提供优秀的精神食粮，培养"有理想、有道德、有文化、有纪律"的社会主义新人，是社会主义精神建设的一个组成部分。但是，现在有些编辑人员不是这样看问题，他们在工作中提倡"时间就是金钱"，搞"短平快"编书出书、抢选题，搞重复出版，甚至见利忘义，与不法书商勾结，参与非法出版活动。在这些人眼里，编辑工作不是社会文化活动，不是意识形态工作，而是一种商业工作，是一种经营活动，甚至是一种投机活动。这种看法，当然是非常错误的。我们说在社会主义市场经济条件下，出版是一种产业，为了销售而出版的图书是商品，或者说是一种文化商品，发行也确实是商业活动，印刷还是一种工业，但这些都不能改变编辑工作是文化活动，是意识形态工作，是一种精神生产的性质。即使图书发行、书刊印制是商业和工业，但它们仍然具有很强的思想性，有的书不能印、不能卖，就是这个道理。因为坏书、不健康读物一出去，就会给社会带来负面影响。所以，导向问题，是各类出版物的共性，社会科学读物有，科技读物同样也有。拿科技期刊来说，选什么题，用什么稿，不管编辑的主观愿望如何，客观上都都反映了一定的导向。比如面对创造发明的稿件，编辑能否慧眼识珠，加以采用；面对常有的首创权之争，编辑选用哪一种观点的稿子；由于自己缺乏研究，因而忽视、埋没甚至贬低别人的成果，都会形成一种导向，造成不同的社会影响。编辑学所以首先要研究导向，因为编辑学研究的是一种政治性、思想性、科学性很强的编辑工作，是为加强社会主义精神文明建设服务的社会学说，因为编辑的工作实际上是通过出版物传播和扩大一定的思想、观点、信息和科研成果，它不可能不对社会产生提倡或者抑制的作用，因此它必须讲方向、讲原则，不能只就工作讲工作，不是只讲编辑工艺、编辑技巧，否则就会走入误区。这是编辑学研究的首要问题。

二、编辑学研究的范围

中国的编辑学研究是从报纸编辑学开始的，这一点无论是 40 年代萌芽时期，或者是在 80 年代初开始升温的时期，都是如此。但是，在发展中，图书编辑学、期刊编辑学进展较快，报纸编辑学也出了几本。这些论著中，对编辑学研究的范围有两种不同的见解：一种意见认为编辑随着媒体的发展而变化。如有图书编辑、美术编辑、期刊编辑、报纸编辑、影视编辑、广播编辑、电子出版物编辑。又如图书编辑中还可分为社科编辑、科技编辑、少年儿童读物编辑、辞书工具书编辑……期刊编辑也可分社科期刊、科技期刊等。它们各有特点，都可以建立各门类读物编辑学。但它们又有共性，可以建立涵盖各种媒体的共同编辑学，即普通编辑学或理论编辑学。持这种意见的人认为，现代编辑工作的范围日益扩大，编辑学研究停留在书刊范围之内，已不能反映现代编辑工作的多样性。认为，报纸、广播、电视、音像制品和电子出版物等方面的编辑工作都应该研究，这些方面的学术研究成果，可以为普通编辑学的建立奠定基础。

另一种意见认为，书刊、报纸、影视等编辑工作彼此间差别很大，如编辑工作在书刊出版工作中是中心环节，地位很重要；但在影视工作中，编辑不居"中心"地位，也没有导演、演员、摄影和节目主持人等那样重要。书刊编辑重选题、组稿、审稿；报纸编辑则是组织报道、选择新闻、组合版面；电视编辑通常兼做文字作者和导演的工作，有的只是挑选剪辑镜头。这说明彼此之间缺乏共同点，把他们勉强地捆绑住一起，是不实际的。这个分歧，归根到底，还是对编辑工作的共性和个性的认识问题，也是对编辑工作的多样性缺乏应有的了解。如果我们深入观察编辑工作的话，各种门类的编辑工作，同样存在着很强的个性和特点。如果我们认为编辑工作只存在书刊生产过程中，我们要研究的只是书刊编辑学，那实际上就会把编辑学支解为各种媒体的附属品，忽视了编辑工作的共同规律，结果是无法建立适应各种编辑工作的普通编辑学，要将编辑学建设成为一门独立的学科也就成为一句空话。为此，必须加强编辑学与邻近学科关系的研究，明确编辑学不同于其他学科的个性；同时强调对各种编辑工作的研究，弄清它们的共性，找出它们的共同规律，并在这个基础上建立起编辑学的理论体系，把编辑学真正建设成为一门独立的学科。

三、读者在编辑学体系中应占的地位

在这个问题上，也有几种意见。一种意见认为，读者应该有读者学，读者问题不是编辑学研究的内容，否则，编辑学就会过于庞杂。另一种意见认为，编辑学需要研究读者，好像商品制造者需要研究市场和顾客一样，否则，商品就会滞销，书卖不出去，编辑工作者的辛劳也不能体现。再一种意见认为，读者应该是编辑工作的出发点，又是编辑工作的归宿，编辑工作应该一切为了读者，竭诚为读者服务，这是编辑的天职，也是编辑工作全部意义之所在。认为编辑学研究，编辑学的著作，直接的读者是从事编辑工作的人，也就是编辑工作者，这是毫无疑问的。但是，编辑归根到底是为了阅读出版物的读者。因此，编辑学必须加强对读者的研究，把"为读者"作为编辑学研究的一个重要的指导思想，贯穿在整个编辑学之中。只有真正解决了竭诚为读者服务的问题，才算从根本上解决了编辑工作的性质问题，解决了研究编辑学的宗旨问题。就像文艺要解决为谁创作，为谁服务一样。这个问题，说开了觉得很普通，应该这样做。但联系到当前的实际状况，就不完全是那么回事了。现在头脑中没有"读者"，或者很少有"读者"两字的编辑，恐怕不是个别的，不然就无法理解有那么一些平庸书、一些重复出版的东西，被堂而皇之地推向市场。这就说明，读者在编辑学的理论体系中应该占有十分重要的位置。当然，作者问题无疑是重要的，这一点，现在看来大多数人还是清醒的。然而也有少数编辑工作者，他们把作者当作体现自己设计方案的工具，甚至看成"雇佣"，所谓"编辑脑袋专家手"，结果是在一些地方，出现某种以"经济性"压制创造性，在出版物的质量上，造成一般化代替专业化的现象，这是值得注意的。

四、编辑的能动作用

在这个问题上，历来存在着两种不同的看法。一种意见认为，出版物的质量取决于作者，作者写得好与不好，编辑很难改变面貌，编辑的作用主要是对已有成果的选择、把关，其作用无非是选、审、改，总体上是被动进行的。所谓"剪剪贴贴，改改错别字，看看标点"。认为编辑的能动作用难以发挥，或者说很有限。另一种意见认为，编辑通过广泛地接触社会，掌握信息，创意、设计和决定选题，可以引导科研、学术的发展趋势；通过审读书稿，加工修改，可以提高作品的质量；尤其是"把关"，掌握作品的生杀大权。编辑可以编好一本书，也可以编坏一本书，想法做法不同，效果也截然不同。所以，编辑工作不仅责任重大，而且是一种不可缺少的精神生产过程，是一种创造性极强的社会文化活动。编辑在工作中不是无所作为，而是大有作为的。为此，应该强调编辑的能动作用。持这种观点的人认为编辑能动作用发挥得大与小，对编辑工作的成败或成就的大小，关系极大，因为编辑工作是一种弹性很大的智力支出。比如，一个选题可以这样设计，也可以那样设计；审读加工，可以审是非，改正误，也可以审高低，把自己的经验、知识、成果融入于稿件之中，使作者的作品更加丰富、充实、完美，所以应该提高编辑的地位，提倡编辑的能动作用，使编辑的价值得到充分的体现。这将大大促进精神生产的健康发展，有利于思想文化的顺利推广，促进社会主义现代化建设。

五、强调研究编辑主体

编辑主体，这里指编辑工作者本身，指编辑队伍；编辑客体是指社会需要，编辑工作者的外部环境和条件等。文化是经济的反映，文化的发展离不开经济发展、社会进步，两者应该是相适应的，这是一种客观规律。鉴于此，编辑学的理论要研究外部环境、社会条件，这是毋庸置疑的。一门学科的建立，不研究外部环境、对象、与其他学科的关系，这门学科是很难建立起来的。这说明必须研究客体。我们过去的 10 多年，差不多近 20 年，正是这样做的，而且是有成就的。

但是，经过 10 多年的实践，也告诉我们，编辑工作不同于商业，商业工作者面对的是生产者的成品，他们对产品的质量很难有改变的可能；也不同于工业，工业生产者面对的是具体的质量标准、用料计划和工艺规程。产品的质量如何，除特殊情况外，也不取决于某一个人。编辑工作者面对的是具有某种质量可变性的精神生产成果或半成品，更何况一般精神生产的每一个生产过程（即使表演艺术、展示艺术），都具有创造性。因此，编辑的能动作用，对产品质量有非常重要的意义。这就告诉我们，必须认真研究编辑主体，即编辑者自己，包括他们的思想、知识、道德和业务水平，甚至他们的思想方法、工作作风和心理素质。比如，一个编辑能不能严格要求自己，是不是竭诚为读者服务，是不是具有奉献精神，作风是不是认真细致等，这些都可能对他所处理的书稿产生影响，甚至是重大的影响。在社会主义市场经济条件下，价值规律的作用进一步突显起来，竞争加剧，出版工作面临着新的形势和问题，既有机遇，又有挑战。编辑出版工作者必须适应这种新的形势，认识市场、引导市场，积极提供优质书刊，为两个文明建设服务。毫无疑义，也是对编辑出版工作者提出了更高的要求。为此，编辑学应该强调研究编辑主体，这一点在编辑学的理论体系中，似乎也应占很大的比重。

以上是个人的一些想法，很不成熟，希望得到大家的批评与指正。

1997 年 12 月 1 日

《编辑学刊》1998 年第 1 期；《中国科技期刊研究》1998 年第 9 期

论编辑学与若干邻近学科的关系

和邻近学科划清研究对象和研究范围是建立任何一门独立学科所必需的。

我们处在信息迅速发展的时代，认识的发展瞬息万变，新学科的出现也如雨后春笋，不可胜数。仅哲学社会科学方面的新学科，有的说现在有 800 多种，有的说有 1000 多种，甚至还有说几千种的。总之，发展的速度是惊人的。总的趋势是专业越分越细，学科越来越多，从而造成许多专题研究已不能限于本专业的知识，而必须向其他相关专业进军，谋求综合性研究，才能取得必要的成果。

任何一门独立学科的建立，必须建立起自己应有的概念系统和基本的理论体系，在学科如林的时代，尤其是这样。而要建立自己的概念系统和基本理论体系，首先必须明确自己的研究对象和研究范围。但是，由于学科林立，有的彼此之间还有交错，有的在历史上又出于同宗同源。因而往往纠缠在一起，有的还"侵占"对方"领地"，甚至互相撞击。因而，就有一个从科学的分科眼光出发，各自划清自己的研究对象和范围的问题。对于编辑学来说，当然也不能例外，就是要搞清楚本学科与邻近学科的关系。比如，如何搞清楚自己与目录学、校勘学和传播学等的关系，这是不可避免的问题。而搞清楚它们相互关系的目的，则是为了更加科学地精细地确立不同学科各自的外延与内涵，以利独立的编辑学科及早形成。

一、编辑学与目录学都源于校雠学

这里先就编辑学与目录学的关系、研究对象和研究范围等问题，做一些初步的探讨。

历史上校雠学的产生、演变及其分流

从历史上看，编、册、目、录等字都见于甲骨。所谓编，次简也。目，人眼也，凡有著述者，多撷二三字为一篇之眉目也；录，今録字之本字也，俞樾在《儿笘录》中说，"录，刻木录录也。刻木必用刀，故或从金……盖古人文字，笘在方策，故为之録。"可见，録实为制简牍也。把刻有文字的木牍竹简集中起来，按其目加以编联成册，这个过程，既包括了最原始的目录事业，也反映了最早的编辑活动。孔子修"春秋"定"六经"，主张"重世立教""思无邪"，并在实践中贯彻了"述而不作""不语怪力乱神""攻乎异端"和"乐而不淫"的思想。同时，又为《诗》、《书》的一些篇章"作意"，即写大小序。这里同样既包括了编辑活动，又有目录活动的成分。再说，汉刘向校书，每书写有书录，记录编校情况，后成《别录》，他的做法，每校一书，首先是大量收集不同版本，然后校订文字，删削重复，再条理篇章，拟定书名，最后撰写书录。可见，他的工作既包括版本、目录，又包括校勘。所以古代学者认为"版本、目录、校勘皆校雠之事"。其实是把版本的考订、文字的校勘、目录的编制和编书（条理篇章、定书名，包括写编后记）都包括在里面了。如果把刘向的工作称之为校雠，那么，校雠的内容就是相当广泛的。所以，有的古代学者把它称为"治书之学"。

可见，无论是在孔子那里，还是刘向那里，编辑活动和目录活动是很难分开的。我国 30 年代的目录学者姚名达也说，目录学"在古代与校雠学形成二位一体，名实近似，缭绕不清"。他认为直到刘向父子著《别录》《七略》，就其"牵连而言，辨别非易"，是一般人所很难区分的。但是如果能"以现代分科之眼光论之，则刘向之事近乎校雠学，刘歆之事近乎目录学"。他说："纵使歆亦校书，向亦有目，要其精神各有所重，学术断然分途，可无疑也。"可见，在姚名达看来，校雠、目录在刘向父子那里就已开始有所区别。当然，这只是区别了校雠工作和目录工作，并不是说那时就已经出现了校雠学或者目录学了。刘向在《别录》中把"校雠"说成"一人读书，校其上下，得谬误为校；一人持本，一人读书，若怨家相对，为雠"。这里的原意是指校勘文字、篇卷之差错。至晋泰始间以著作郎荀勖领秘书监，乃与中书令张华整理古籍，复校误书10余万卷。到了唐朝，设有详正学士，这里的意思已不专指校勘文字之脱误。及宋，承五代离乱，编帙散失，尤重校雠、校勘，设编修院、开崇文馆，群贤毕集，校理书籍，其职责也不限于文字脱落之校勘，而需根据"诏命"对版本错佚、杂乱无序之古籍进行整理，也包括了做当时需要的编辑工作。

创立校雠学的是宋人郑樵。他的《校雠略》曾记述说："取历朝著录，略其鱼鲁豕亥之细，而特以部次条例，疏通伦类，考其得失之故，为之校雠略。"这里我们可以得出，从晋以来，历经唐宋，校雠已越出校勘文字错讹衍脱的狭义校雠学，而成为广义校雠学。这里所说的校雠与近代的编辑活动，有不少近似之处。

到了清朝，章学诚说得更清楚，他说："校雠之学，自刘氏父子，渊源流别，最为推古人大体。而校订字句，则其小焉者也。绝学不传，千载而后，郑樵始有窥见，而未尽其异，人亦无由知之。世之论校雠者，惟争辩于行墨字句之间，不复知有渊源流别矣。近人不得其说，而于古书有篇卷参差，叙例同异，当考辨者，乃谓古人别有目录之学，真属诧闻。且摇曳作态以出之，言或人不解，问伊书止求义理足矣，目录无关文义，何必讲求？彼则笑而不言，真是贫儿卖弄家私，不值一笑矣。"章学诚在这里否定目录学，把目录学包括在校雠学之中，这在学科发展上是一种滞后。但他认定校雠学不限于校订字句，争辩于行墨字句之间，考证篇卷差异、叙例异同，主张推古人大体，讲求书之义理，渊源流别，从而把校雠学与校勘学明确地区别开来，这是他的一个功绩。同时，对校雠学来说，也是一大进步。因为章学诚所说的校雠学，与近代之编辑工作、编辑活动，极为酷似。至于校雠学与校勘学之区别，后来清代学者又有许多合理的论述，一般认为校勘学是研究订正书籍在传抄过程中所出现的衍脱、颠倒、重复、错漏和正文、注文混淆等问题的一门专门学问。恕不在这里泛引各家原文。

把目录学的研究目的表述得相当清楚的是清朝的王鸣盛。他在《十七史商榷》卷七中说："凡读书最必要者，目录之学，目录明，方可读书。不明，终是乱读。"这里的"目录之学"是要求读书人弄清书的内容好坏，懂得读书的次序。

后来，姚名达又根据章学诚的观点，并且有所修正地提出："目录学者，将群书部次甲乙，条别异同，推阐大义，疏通伦类，将以辨章学术，考镜源流，欲人即类求书，因书究学之专门学术也。"又说："学术如千万户，书籍更已不只汗牛充栋。将欲因书究学，非目录之为向导，则事倍而功半。故分言之，各种学术皆有其目录学；合言之，则目录学实负有指导各种学术之责任。浅言之，将繁富乱杂之书籍编次为部别州居之目录，使学者自求之，目录学家之职务也。深言之，不特使书籍有一定之位置，且能介绍其内容于学者，使学者遽然依南针以前趋，尤目录学家之功勋也。"通过目录找书、做学问，这是清末民初之际不少目录学家的共同看法。

由于目录学、校勘学的研究目的、研究对象和研究范围逐步明确起来，作为治书之学的校雠学的功能、主要的研究对象和研究范围即是编书，也就不言而明了。

当然，编目录也就是编书，仍然是一种编辑活动。但它在编辑学中只作为一种具体的编辑活动来加以研究，而和编辑学所要解决的目的、所涉及的范围是两回事。正如中医书的编辑，只是根据中医的学术成果正确地说明病理、医理，而并不要求编者具体去治病一样。因为研究中医理论，具体解决治病问题，那是中医和中医理论研究者的任务。又如化学书的编辑，主要说明化学的各种理论和实践问题，并不要求编者具体地去制造各种化学产品，因为那是工程师的任务。

前面，我们说到章学诚把校雠学和校勘学区别开来是一种进步。因为章学诚强调校雠学要部次甲乙，条别异同，推阐大义，疏通伦理，辨章学术，考镜源流。这种校雠学主要解决的也就是编书的问题，或者说是编古籍的问题。用今天的话来说就是古籍分类著录的整理工作，发展到现在也就是古典文献学。它和现代的书籍编辑工作，诸如整理、编次、标点、注释和辅文的撰写等工作的内容和范围是相同的。可见，即使从古籍整理这个角度说，编辑学的渊源在于校雠学也是毋庸置疑的。至于校勘和校对，用现代的话来说，校勘学是古籍整理的一门专门学问，所以，校勘不同于现代书刊出版中的校对，因为两者工作对象和工作范围不同，而且现在也没有一门校对学。但不容否认，校勘的许多方法，如"死校""活校"等，已被现代书刊校对工作所继承和发展。

编辑学和目录学不同的研究对象和范围。

先说目录学。随着时间的推移，目录活动得到发展，内容得到扩充，和世界各国一样，中国目录学原来的含义也有了发展。目前，尽管对目录学的解释不尽一致，基本上属于三种见解。一些目录学者认为，目录学是研究目录工作形成和发展的一般规律的科学。这里所说的"目录工作"，是指通过查寻、著录、部次、评介、揭示和报道文献的信息，提供书目情报服务等全部活动。另一些学者则认为：目录学是研究目录事业及其产生、发展的一般规律的科学。他们以"目录事业"作为目录学的对象，具体包括三个方面，即：①目录事业在社会文化事业中的地位，它与其他事业的关系，以及目录事业的组织、工作机构、管理等；②目录学理论体系的建立和研究；③目录事业的从业人员的培训。简言之，这里说的"目录事业"就是编目事业，它不涉及或很少涉及人们利用目录检索文献等活动。还有一些学者认为：目录学是研究作为社会现象的目录活动。这里的目录活动包含两个方面：一是文献揭示，即记录文献的基本特征（包括认识、鉴别、整理等）。另一是文献的检索，它包括目录的使用，或称为目录情报服务；使用者与目录的关系，主要指使用者对目录的反馈作用；使用者以目录为线索查找文献的活动等。当然两者不能截然分开。反之，科学研究要求把两者统一起来考察，以研究目录活动的发展规律。

以上，目录学家的见解虽然不完全一致。但是，总的来说，把目录学的研究对象确定为目录活动这是完全一致的，研究的范围也都集中在目录学的研究目的、任务和作用方面，也是基本一致的。

再说，编辑学的研究对象和范围，近10年来，议论甚多，可以说是众说纷纭。大体有如下几种：有的人主张编辑学应"研究编辑活动的特殊规律"或曰"特殊矛盾和一般规律"；另有人要求编辑学"研究编辑工作的任务、方法以及它对社会进步所起的作用"，"研究编辑工作的性质、任务、地位、职能、方针、体制、管理、编辑队伍的组织和培训"，"编辑工作中的社会关系"，以及"编辑修养的基本要求和途径……"也有人认为编辑学是"研究精神产品的物化现象、反映和传播各种观念形态的方式和手段"。更有人认为应该研究"人类在社会文化建构活动中的各种编辑现象，诸如编辑主体与客体，编辑工程设计与编辑实施过程，编辑效益与编辑信息反馈等"；还有人主张研究"编辑过程（客体）。编辑工作者本身（主体），主体作用于客体产生的实践形式三个方面"。等等，恕不一一列举。以上种种，各有千秋。我的看法：编辑学是一门研究编辑活动的本质及其固有规律的科学。编辑学的研究范围，除了阐明概念、范畴以外，主要应该研究出版物的特性，编辑活动的社会历史环境以及它的内外联系，也就是编辑活动的特殊矛盾，它的性质、任务、特征和规律，编辑的职责、修养，以及编辑工作的管理和编辑队伍的教育与培训等。

以上可见，目录学和编辑学尽管出于同宗同源，而且随着时代的不断前进，社会实践的无穷发展，它们各自的活动范围，也无比丰富、无比繁杂，但在研究对象和范围的问题上，并不存在矛盾和纠缠不清的问题，即使在历史发展过程中，包括学科形成发展过程中，时间有迟有早，但这不是说目录学、校勘学、版本学都已溯源到校雠学，编辑学就不能再追溯到校雠学。正像孔子已经是教育家，就不能再说他是编辑家一样不合逻辑。生物从原始的单细胞分裂出来，谁也不能否定它是生命的开端。目录活动并非从天上忽然掉下来的，编辑活动也并非突然从地里钻出来的，它们都有发展的过程。而在称为治书之学的校雠学时代，即使分工还不清晰，到今天则已经泾渭分明了。相信随着社会进步、学术发展，它们各自的学科体系，将进一步向科学化、现代化方向发展。

编辑学的形成何以迟于目录学。

编辑学与目录学既是同出一源，为何目录学已存在许多年，而编辑学还在创建之中。前面说过，校雠学在古代称为治书之学，它包括了收集、整理、编纂、校勘、目录、版本等各项治书活动，是一门综合性学科。随着生产的发展，一些相对独立的专门工作，由开始分工而逐渐分离出来，如目录、校勘等。因为做任何学问，都必须依靠书、文，因此必须掌握和做好目录，所以目录活动就较快地发展起来，研究怎样做目录的人多了，做法也多了。所以，目录学在我国就比较早地建成为一门独立的学科。少说也有好几百年了。今天，目录学的研究对象和范围，虽然有不同观点的争论，但总的来说是明确的。

至于编辑学，情况就有所不同。由于古代的治书活动不断发展，随着生产的发展，有的专门工作分离出去，成为一种专业或独立的学科。有的又不断演变，延伸，甚至扩展。比如说，书籍载体的更迭，作为治书之学的校雠活动，也会发生演变。著编校的分离，也使著、编撰、编纂、编校等概念逐步衍生，反映了编辑活动的历史演变。今天看来，编辑活动这个概念的内涵和外延，在一定历史时期、一定条件下，是相对稳定的，但同时它又处在社会进化的过程之中，是不断发展的，不是一成不变的。又由于编辑活动本身的特殊性，它的功能是通过书籍的完美性和著述的整体性来体现的，因而往往容易被人们所忽视，容易只看见作者的作用而看不见编辑的作用。加上图书的内容和形式越来越繁复，编辑活动涉及的方方面面也越来越多，甚至发展到有人误以为编辑无学，或者说是一种杂学。因此，尽管我国古代有巨大的编辑工程和复杂的编辑活动，有丰富的编辑经验和优良传统，还有不少研究编书的著述，但没有出现编辑学的名词。致使编辑学直到今天还在多方探索之中，基本概念尚在界定，理论体系也只是初具轮廓，迄今仍是一门新兴的学科，也就不足为奇了。

二、编辑学与出版学、传播学的关系

编辑学在整个学科体系中的定位问题，是编辑学学科建设的重大问题之一。这个问题，在编辑学研究刚起步时，曾有人提出。1990 年在衡山召开的全国编辑学学术研讨会上，曾经有过一些讨论。编辑学究竟应该属于哪个大学科，有的同行诙谐地喻为"挂靠"问题，发言相当热烈。有的认为属于文化学的范畴，有的说应该属于知识学比较好，也有的认为应该属于传播学。与之相关的问题，是编辑学与邻近学科的关系问题。这个问题提出也比较早。80 年代初，编辑学研究刚刚起步，就有同行提出编辑学与出版学的关系。嗣后的讨论中，又提出编辑学和传播学的关系。当时有的同志形象地说，编辑学作为一门独立学科，在研究学科建设时，搞清楚编辑学与其他学科的关系，十分必要。相互之间的关系，"是父子，是兄弟，是亲兄弟，堂兄弟，还是表兄弟；我是我，你是你，不能彼此不分。"在讨论中，也出现过一些不同意见，只是当时许多编辑学的研究者与爱好者，集中考虑编辑学本身的概念、框架和知识体系问题，没有给予很多的注意，也因为当时还没有编辑学的著作，即使有，也为数寥寥。可见那时要讨论这些问题的条件还不具备。所以，没有成为热门的话题和争论的热点。

今天不同了，编辑学已有好几十种专著，其中以编辑学命名的书已有四五种，论文更多，数以千计，特别是高校研究编辑学的同仁，越来越多，不少人有兴趣探讨这个问题，我们现在来讨论这个问题，应该是一个极好的时机。

编辑学属于社会科学。

关于编辑学属于哪个大的学科，记得早在 80 年代，就有人以图书编辑学为例说过，图书编辑学属于社会科学范畴，不管是社会科学读物编辑学，还是科技读物编辑学，都属于社会科学，而且认为编辑学是一门实用性很强的边缘学科。这个看法应该说是有道理的。

社会科学读物编辑学属于社会科学范围，是毋庸多说的。科技读物编辑学，尽管研究的是科技读物，但是它终究是研究读物，研究读物的编辑工作，不是直接研究自然科学、工程技术，而是根据出书的要求，如编辑指导思想、书稿内容质量、逻辑结构、文字处理、装帧设计等书稿方面的问题，它的工作仍然是选题决策、组稿、编选、审读和加工整理等等，和社会科学读物的编辑工作并无两样。所以科技读物编辑学仍然属于社会科学。

图书编辑学如此，其他编辑学也是如此。

至于编辑学是否属于社会科学当中的知识学或文化学，这个问题当然可以研究。但考虑到知识学也是一门尚处在初创阶段的新兴学科，其性质、对象、内容，尚在探索之中；而文化学又有"大文化""小文化"之分，它现在的分支学科，已包括如：语言学、文字学、文化艺术学等；在西方又出现了"政治文化学""经济文化学""生态文化学""心理文化学"等分支学科。编辑学如果作为文化学的一个分支，那么，它和以上诸多分支学科的关系和层次，如何分析、界定，也是一个相当复杂的问题，有的显然不属于同一层次。是否再来第四、第五个层次，恐怕也难符合科学体系的要求。因此，笔者认为，编辑学应该是社会科学中的综合性的应用学科，因为编辑活动随着多媒体的发展，现在越来越普遍、广泛地介入到精神生产之中，起着越来越重要的作用，实际上已经成为人们精神生活中一种不可缺少的潜在动因；同时，它又不同于语言学、文字学，更不同于"政治文化学"或"经济文化学"，而是有它自己的活动规律和功能，不是简单地"挂靠"一下就能解决的。当然，这个问题并非是三言两语可以说得清楚的，需要做更多更深的研究和探讨。

编辑学与出版学的关系。

关于编辑学与出版学的关系，在80年代初，存在着两种截然相反的意见。一种意见认为：编辑学归属于出版学，是出版学的一个分支；另一种意见认为：出版学属于编辑学，或者说二者是平行的。持后一种观点的人认为，只有书稿编辑完毕以后，才能"付梓"刊刻，换句话说，只有编好后才能出版。认为决定图书内容和质量的是著述和编辑而不是刊刻（即出版），认为我国古代就是这样的。持这种意见的人认为，现在所以有人把编辑学看成是出版学的一个分支，来源于当前我国行政管理部门的隶属关系和出版社的组织结构，因为编辑工作从行政管理角度看，属国家出版局（后为新闻出版署）职权范围内的事；从出版社组成看，编辑部与发行部门、印刷部门和后勤部门一样，是出版社的一个组成部分，因而把编辑学看成是出版学的一个分支，似乎是不言而喻的事。但他们认为这是行政管理的不同分工，并非学科之间关系。如果行政分工变了，学科关系是否也跟着变？所以认为是不科学的。

笔者认为：把编辑学看成是出版学的一个分支学科，这种见解，确实是不够全面的。当今是多媒体的时代，不仅书报刊的出版需要编辑工作，而且广播、电影、电视，都需要编辑工作。实际上目前已有《影视编辑学》问世，它和书报刊编辑学有不同的特点，可以说是有自己的一套。把它和书刊出版一样看待，似不合适。再拿国外的出版学研究著作来看，情况就更不同了。在西方出版界被誉为"出版圣经"的《出版概论》（英国，斯坦利·昂温著，后经他的后人菲利浦·昂温增订），世界各主要语种都有译本，中译本有书海出版社1988年2月版和中国书籍出版社1989年5月版，共十二章，译成中文近20万字，全书对编辑工作未列专章，书中各章涉及"审读"等稿件处理的内容，全部加起来也只有二三千字。

美国人 J．P．德索尔著的《出版学概说》，全书七章，182 千字，"书稿的编辑"只是其中一章中某一节中的一小段，总共大概 500 字，把其他各节中谈到与编辑有关的文字都加起来，也不会超过 2000 字。日本著名出版学者清水英夫写的《现代出版学》是一本论文集，虽然其中有一专章，叫《关于出版中的编辑权问题》，但其内容并非讲编辑工作，而是讲日本战败后，美占时期日本人的言论自由问题。其中真正讲编辑工作的内容，在全书 17 万字中，为数甚少。所以，在国外的出版学著作中，可以说是不讲编辑学的。至于编辑学的著作，在国外当然更没有了，讲编辑业务的还有一点。综上所说，把编辑学看成是出版学的一个分支，是缺乏根据的。反过来说，把出版学看成是编辑学的一个分支学科，也不妥当。因为书报刊的出版除了编辑活动之外，还有印刷、发行等物质生产和图书流通过程，并非编辑工作所能全部包括的。其他传媒如广播、电影、电视也一样，除了编辑活动之外还有别的生产过程。

说到这里，似乎可以得出这样一种看法：编辑学不是出版学的分支，出版学也不是编辑学的分支，两者不相隶属，都是独立的学科。但编辑学可以和出版、新闻、影视"结亲"产生出图书编辑学、杂志编辑学、报纸编辑学和影视编辑学等等。它们既是有关学科的组成部分，又是编辑学的分支学科。

编辑学与传播学的关系。

说到编辑学与传播学的关系，在研究编辑学的同好中，自觉或不自觉地认为编辑学是大众传播学的一个组成部分的，不乏其人。但笔者认为大众传播学与编辑学的关系，也不是"隶属"关系。那么是什么关系呢？如果说得简单一点，是有区别又有联系的。

联系在哪里？

一、现代传播学虽然诞生的时间不长，但它的研究对象非常广泛，而且随着新媒体的出现，仍在不断地扩大。在美国著名传播学者，被誉为传播学的奠基人威尔伯·施拉姆那里，大众传播媒介，指的就是在传播途径上用以复制和传播信息符号的机械和有编辑人员的报刊、电台之类的传播组织和渠道，具体地分为印刷媒介（报纸、杂志、书籍）和电子媒介（电影、广播和战后才出现的电视），说"传播"集中研究报纸、杂志、广播、电视这四者，有时称之为新闻媒介。后来的学者又把大众传播分为印刷媒介和电子媒介，前者包括图书、杂志、报纸，后者包括广播、电影、电视。可见，传播学研究的范围已经包括了各种媒介。

二、传播学在传播对象（即受传者）上，开始仅指听众和观众，后来又增加了读者，这和编辑学要研究的读者是基本一致的。

三、传播学研究"把关人"或叫"守门员"，就是指传播过程中的记者、编辑和节目主持人。这样就把编辑学的主体——编辑也包括了。

从以上三点，我们可以认为传播学和编辑学是有联系的。

当然，传播学和编辑学存在着不可抹煞的区别。

一、传播学被认为是研究人类社会传播现象和传播活动的一门新兴的边缘学科，大概是半个世纪来随着新闻广播特别是电视的迅速发展、普及而发展起来的。至于传播学包括大众传播学的定义和它的研究对象，迄今仍然是见解纷呈、众说不一的。

在威尔伯·施拉姆看来，传播学所"研究的主要是与大众传播媒介有关的问题，是信息的点到面的传播中的问题"。认为："传播学研究的是人与人的关系，以及与其他所属的集团、组织和社会的关系；研究人们之间分享信息的关系；谋求信息、劝说、指导、娱乐；研究他们怎样互相影响；受影响；告知他人和被他人告知；教别人和受别人教；娱乐他人和享受到娱乐。"认为："传播是社会得以形成的工具"，是"人类社交的基本过程"，是"两个或两个以上的人来到一起，试图共享某种信息"。他说："仔细地注意一下，传播不是全部都（甚至大部分不是）通过言词进行的。一个姿势，一种面部表情、声调类型、响亮程度，一个强调语气、一次接吻、把手搭在肩上、理发或不理发、八角形的停车标志牌，这一切都携带着信息。"另一位传播学者肯尼思·博尔在他的著作《印象》中说"狗在追逐猫时,肯定是传播信息的"。这就形成了"有名的"所谓"汪汪"理论。也有人认为箭或子弹的发射也是一种信息传播。由于传播学包括大众传播学研究对象的广泛性,它不仅有文字传播而且有语言传播,甚至还包括动作(如打、推和眉来眼去)和实物传播。还有学者干脆把传播分为四个层次:①人的内向传播,如自言自语、触景生情等;②亲身传播,即人与人之间的行为交流;③团体之间的交流;④大众传播。可见,传播学研究对象之广泛,和编辑学的区别是极为明显的。

二、传播学以广泛、迅速、连续传播为唯一特点。但编辑学并非仅仅服务于大众传播,它也并不以广泛、迅速、连续传播为唯一的特点。传播学的鼻祖威尔伯·施拉姆在他的《传播学概论》中认为:"大众传播是指职业传播者使用机械媒介(如印刷报刊的印刷机,播送广播、电视的电讯机械)广泛、迅速和连续地传播信息,以期在大量的、各种各样的传播对象中唤起传播者预期的意念,试图在各方面影响传播对象的一个过程。"这里,作者显然把"利用机构""广泛""迅速""连续""大量"地传播信息作为大众传播的根本要素。但就编辑学而言,它与新闻结合,固然有"广泛、迅速、连续"和"大量"的特点,不过,这仅仅是一个方面,它还有另一方面,即不"广泛""迅速""连续""大量",同时也不"利用机械"的方面,如图书,就并不需要那么"迅速、连续",有时也不怎么"大量"和"广泛"。更何况还有文书、档案、密码等所需的编辑活动,显然与大众传播相距甚远。

三、编辑学是研究编辑活动的形成和发展,探索它的内部联系和外部关系,揭示它的特点、本质及其一般规律的科学。它有自己的理论体系,又有很强的实用性,很明显是一门应用科学。它既有适应和服务于各种传播手段的编辑学,诸如报纸编辑学、杂志编辑学、图书编辑学、音像编辑学。同时又研究自己的基本理论、基本规律,也就是一般所说的普通编辑学,即理论编辑学。它反映编辑活动的普遍规律,它是编辑学的基本原理，是一种基础理论，这种基础理论的体系，正是编辑学能够成为一门独立学科的根本原因。

由此，我们可以得出这样的看法，传播学和编辑学各有自己不同的研究对象，有自己不同的规律，是两门不同的独立学科。它们在某些活动中，又互相服务、互相促进，也可以说是你中有我，我中有你。但从根本上说，并不影响彼此作为独立学科的存在，也不存在你吃掉我，我吃掉你的问题。

参考书目：

章学诚：《校雠通议》。

张舜徽：《广校雠略》。

胡朴安、胡道静：《校雠学》。

赵仲邑：《校勘学史略》。

倪其心：《校勘学大纲》。

边春光主编：《编辑实用百科全书》。

邵益文著：《编辑学研究在中国》。

[美] 威尔伯·施拉姆、威廉·波特著：《传播学概论》。

周晓明著：《人类交流与传播》。

《编辑学研究文集》P292，陕西人民教育出版社 1998 年 6 月版

编辑学的五次全国性学术研讨会

编辑学自 80 年代崛起以来，从新闻出版界到教育界，逐渐形成热点。北京、上海、武汉、天津、西安、郑州等不少地方，曾经召开过专门的研讨会。全国性的学术研讨会，已先后开过五次，为编辑学学科建设的推进作出了贡献。这五次会议是：

（1）全国编辑学学术研讨会，也就是第一次全国编辑学学术研讨会，1987 年 9 月由中国出版发行科学研究所在乌鲁木齐举行。会议重点讨论了为什么要研究编辑学和编辑规律的问题，一部分热心研究编辑学的积极分子和资深编辑共 30 余人参加了会议。

在为什么要研究编辑学的问题上，与会者的意见比较一致。许多人认为：编书这门行当在中国少说也已经存在了 2000 多年，编辑作为一种职业独立存在也已 100 多年。但是，长期以来为什么编辑学未能兴起，即使有人研究，也寥若晨星。但是到了 80 年代初，却蓬勃地开展起来，这是为什么？回答是因为 70 年代末，中国实行了改革开放，各种思潮、学说，纷至沓来。作为各种媒介中不可缺少的编辑活动，正处于新旧交替、中外交流的激流之中，面临着严峻的挑战，因而也就不可避免地要对它的客观规律加以研究。80 年代后期，商品经济发展的势头得到鼓励，接着，计划经济体制又开始向市场经济体制转变，对新闻出版和各种传播媒体提出了新的要求，出现了新的情况和问题，需要从理论和实践上得到回答，这就逼着人们对它进行研究并作出答复。与此同时，国内外新闻学出版学的研究及其影响，也在日益扩大，作为这些学科的相关学科编辑学也不能不加以研究。再说，由于编辑活动在中国有悠久的历史和丰富的经验，本身也需要加以总结和梳理，赋之以科学的形态，以期最终形成一门现代新兴学科，也是合乎规律的事，或者说是一种必然的趋势。

谈到编辑活动的规律问题，大体有这样几种意见：

一种意见认为：编辑规律有三条：即编辑实践与社会发展需求的统一；编辑实践与生产承受能力的统一；编辑实践与稿件内在要求的统一。

另一种意见认为：编辑活动的规律，主要是宏观设想，总体设计与精工细作的统一；组织、发现精神成果与选择、优化精神产品的统一；积累和创新的统一。

再一种意见是：认为编辑工作的规律要遵循认识的形成规律，认识的传播规律和认识的凝结表达规律。

也有的从外部和内部进行归纳，包括编辑工作内部的联系与发展趋向，编辑工作与时代的联系等来认识编辑规律。

这次会议，是编辑学研究兴起以来的第一次专门会议，在出版界内外有一定影响，起到宣传、动员的作用。在这次会议以后不久，河南大学和河南省社会科学联合会联合召开了一次编辑学研讨会，在推动高校研究编辑学方面，也起到了一定的作用。

（2）第二次全国编辑学学术研讨会，1990 年 8 月由中国出版科学研究所和湖南省出版局、湖南省出版工作者联合会在衡山联合召开。会议主要讨论了"编辑"概念的问题。出版界和高等学校的 30 多位专家学者参加了会议。

这次会议，是在编辑学研究兴起以后，经过若干年，许多人觉得在"编辑"这个基本概念上看法不一，意见分歧，很有必要做一次专题的研究和交流。这次会议正是在这样的形势下召开的。

（3）第三次全国编辑学学术研讨会，又称'94 全国编辑学理论研讨会，1994 年 7 月由中国编辑学会和河南省新闻出版局、河南省出版工作者协会在郑州联合召开。这次会议以重视中国社会主义出版编辑活动为主题，来自全国出版界、教育界的 50 余名专家学者参加了会议。

会议充分肯定了 80 年代初以来编辑学研究所取得的成就，主要表现在出版了几十部专著，发表了上千篇论文，建立了全国性的学会，有了一些学术阵地，形成了一支研究队伍。其不足主要表现在对研究活动缺少计划和引导，有社自为战、校自为战和人自为战的状况。会议认为，首先要明确编辑学研究的主攻方向和重点。经过研讨，认为应该重视对中国社会主义出版编辑活动的研究，把它作为编辑学学科建设最重要的课题。并由此入手，集中力量研究图书编辑学、杂志编辑学，力求取得突破性进展，达到学科建设为繁荣社会主义出版事业服务的目的。会议以后，在图书编辑学和杂志编辑学研究方面得到了加强，专著的出版也有增加，呈现了一种新的局面。

（4）第四次全国编辑学学术研讨会，又称'95全国编辑学理论研讨会，由中国编辑学会与四川人民出版社、四川教育出版社等在成都联合举行。这次研讨会的主题是研究编辑学的学科定位问题。经过研讨，大多数与会者认为：编辑学研究要坚持为建设有中国特色社会主义出版事业服务的方向，这是共同的目标和尺度；编辑学属于社会科学领域的应用科学，编辑学研究要面对现实，回答现实生活中提出的问题，就是要坚持理论联系实际，为指导编辑实践和编辑队伍建设服务，认为：应用科学应该包括应用理论和应用技术。将编辑学定位为应用科学，并不是轻视和否定它的理论。相反，要重视学科的理论建设，使编辑学形成比较成熟的理论体系。会后，原来有些主张编辑学为理论学科、基础学科的人，也认为把编辑学定位为应用学科，使它有更明确的目的，更便于通过实践来检验编辑学的理论，可以使编辑学的学科体系能够更快地建立起来，是有好处的。

（5）第五次全国编辑学学术研讨会，又称'97全国编辑学理论研讨会，1997年9月由中国编辑学会和宁夏人民出版社在银川联合召开的。来自出版界和高等学校的30余位专家、学者参加了会议。会议着重研究了编辑学的理论框架问题。认为：编辑学应有编辑业务、编辑理论和编辑史等三个方面构成。经过10多年的努力，编辑业务的研究取得了一定的成果；编辑史的研究显得不足，应该加强；至于编辑理论研究，有一定开展，但成果比较分散，需要总结、归纳和梳理，使之条理化，然后再分析它不足和不够的地方，进一步有针对性地加以研究。

关于编辑学理论的框架与会人士各有自己的思路，大致可分为三类：

第一类，侧重于基本理论，其基本框架为：①编辑学概论。论述编辑学的研究对象及其概念，学科的性质、结构、特征、地位和功能。②编辑与编辑学方法论。强调建立全息的系统论的编辑观和研究、运用方法论的意义。③编辑学原理。主要有编辑信息原理、编辑语言原理、编辑美学原理、编辑传播原理、编辑创造原理等。④编辑工程。研究从策划设计到系统管理和质量控制的全部编辑活动。也有以编辑概念和编辑原理（其编辑原理就是文化缔构原理、信息传播原理和符号建模原理）为主要内容构建理论框架的。

第二类，基本理论与应用理论并重。其构筑思路是，以编辑活动（或编辑劳动）为中心，研究编辑学的范畴和编辑活动的内部、外部矛盾关系，揭示编辑活动的规律。其基本内容或研究课题包括编辑学总论，编辑活动的性质、特征和社会功能，编辑活动的主体和客体，编辑活动的一般过程，编辑活动的方针和原则，以及编辑活动与传播业、传播媒体的关系，与市场经济和现代科技的关系等。

第三类，强调编辑理论与编辑业务相结合，主张将理论编辑学与应用编辑学合为一体，侧重于编辑学的应用研究。一般是先讲编辑学的理论知识，然后按编辑过程讲选题、组稿、审稿、加工、发稿、装帧设计、校对等各环节的工作原理和知识技能。其中有的框架设计分上下两编，上编为理论编辑学，下编为应用编辑学。

上述三种框架设计的思路和取向不同。第一种重视编辑学的思辨性和学科建设的需要。第二种兼顾编辑学的学科价值与应用价值。第三种重视编辑学的实用性和指导实际工作的需要。会上，这些不同的观点进行了充分切磋和交流，有助于编辑学研究的深入开展，在比较和相互吸收的过程中，推进学科建设的进程，逐步建立起成熟的编辑学理论体系。

这五次会议，是在编辑学研究过程中遇到不同情况而召开的，解决了当时出现的学科建设中迫切需要解决的问题，对编辑学研究的发展起了重要的推动作用。

1998 年 2 月

《20 世纪中国的编辑学研究》P186，河北教育出版社 2000 年 1 月版

"乐在其中无处躲"

——读叶至善同志新著《我是编辑》

叶至善同志的新著《我是编辑》一书的出版，对广大编辑人员，对编辑学界来说，都是一件喜事。《我是编辑》是至善同志孜孜不倦，在编辑工作岗位上勤奋奉献 50 余年的经验总结，也是一个编辑应该怎样工作的范例。对编辑学研究来说，是一种极为珍贵的思想渊薮，一个十分难得的实践佐证。

什么是编辑，他们在社会舞台扮演着什么样的角色，担负着什么样的职责，起着什么样的作用？这个问题在不少人眼里是不那么清楚的。有人说：

编辑编辑，剪剪贴贴，涂涂改改，看看错别字，管管标点符号，大小字号一批，交给出版部，就算了结。

"文化大革命"中，一些老编辑上干校，下农村。有人就说：编辑算什么？只要识得几个字，阿狗阿猫都可以当编辑。

改革开放，搞市场经济以后，又有人说，编辑的主要职责是跑市场，抓信息，摸销售热点，其他都是次要的；也有人说，编辑好不好，主要就看能不能抓到赚钱的书稿。

一些老编辑也慨叹自己汗水流了，脑汁绞了，一切都付于作者的书稿，一辈子"为他人做嫁衣裳"。

也有人说，编辑是人类灵魂的工程师，百花园中辛勤的园丁，是新人新作得以问世的伯乐，是决定稿件命运的法官，是读者不见面的教师。

……

至善同志《我是编辑》这本书的出版，再一次用自己的切身经验，明确地回答了什么是编辑以及他们的职责和作用，印证了江泽民同志在党的十五大讲话中的四句话,知识分子应该"努力成为先进思想的传播者,科学技术的开拓者,'四有'公民的培育者和优秀精神产品的生产者"。

至善同志的编辑思想和叶圣陶先生的编辑思想是一脉相承的,同时又有发展和深化。

叶圣陶是教育家、文学家,也是社会活动家,但是他说:"如果有人问起我的职业,我就告诉他:第一是编辑,第二是教员。"①至善同志是社会活动家、科普作家,但是,他说得非常干脆:我是编辑。记得他在一次接待外国友人时,人家问他:你是作家?他理直气壮地回答说:我是编辑。说明他以编辑为荣,非常自豪。读完《我是编辑》这本书,你不能不为至善同志对编辑工作执着追求的感情所感染。这就是这本书的精神力量。

叶圣陶说:编辑出版工作是教育工作,"是教育工作的一个组成部分,一个不可缺少的重要的组成部分,我们做的工作就是老师们的工作"。②至善同志说:"老师教育孩子,固然要以身作则,为人师表,咱们写东西编东西,面对几万几十万孩子,虽然并不都见面,恐怕也应该以身作则,为人师表。自己说的,自己并不打算做,算不算愚弄孩子呢?我看应该算。"这是他从言传身教的高度,进一步阐明了编辑工作是教育工作,编辑人员要为人师表,不能光说不做,愚弄孩子。

叶圣陶要求编辑出版工作者竭诚为读者服务。他说:要"认定这么个方向,为的是为广大的读者群服务"。对于各方面的读者"我们非好好地为他们服务不可"。③他还说:"我们有所为有所不为。有所为,就是出书出刊,一定要考虑如何有益于读者;有所不为,明知对读者没有好处,甚至有害的东西,我们一定不出……我们决不辜负读者。"④

① 彭加瑾:"叶圣陶与编辑工作",载《编辑之友》,1982年第4期。
② 《叶圣陶出版文集》,57页,北京,中国书籍出版社,1996。
③ 同上书,7页。
④ 《叶圣陶散文乙集》,504页,北京,三联书店,1984。

至善同志提出要"处处为读者着想"。为了为读者着想，他提出要为自己立四条规矩，即"第一条，要给孩子们讲清楚的事儿，先问问自己是否弄清楚了；第二条，要让孩子们感兴趣的事儿，先问问自己是否感兴趣；第三条要让孩子们感动的事儿，先问问自己是否被感动了。第四条，要求孩子们做的事儿，先问问自己是否也打算这样做。"① 这是至善同志为了决不辜负读者而给自己也是为所有编辑人员立下的规矩，它对实际工作的意义是非常深远的。

叶圣陶强调编辑一定要把好语言文字关。他说：编书、写文章和写家信不同，"写家信有差错，受害人少。编书写文章有差错，使读者受害，即使是小错，也成了大事"②，对书刊中的"每一个词句，每一幅画片，每一个标点符号，都要采取极端负责的态度"③。至善同志则从当前实际出发具体谈到了目前出版物中不注意语言文字的问题。他说，现在有些少年儿童读物语言成人化，几十个字的长句子很多，又说："不太注意语言文字，恐怕不仅是少年儿童读物。出版界好像有一种倾向，大家都把主要精力放在包装上……是不是现在可以回过头来，重新在语言文字方面多花一些工夫呢？"这个批评，十分中肯，值得编辑工作者深思。

类似的事例可以找到许多，我不再一一列举。叶圣陶先生和至善同志在编辑思想上有太多的共同点，原因很简单，用至善同志的话说，我做编辑工作是跟我父亲学的，原来是家学的渊源。我举这么些例子，只是想说明，从叶圣陶到至善同志，都认为编辑工作是有规律的，是一门学问，要做好并不那么简单，更不是像有些人说的那样，只要识得几个字就可以做得的。

《我是编辑》这本书，给我印象最深的有这样几个方面：

---

① 叶至善：《我是编辑》，北京，中国少年儿童出版社，1998。本文以下引文凡未注明出处者，均见该书。
② 《叶圣陶编辑思想研究》，37 页，北京，开明出版社，1999。
③ 《叶圣陶出版文集》，26 页，北京，中国书籍出版社，1996。

第一，编辑要有强烈的时代感，也就是时代的使命感。至善同志说："我们正处在一个继往开来的伟大时代……我们这些科普报刊的编辑，对过去的科普工作似乎应该有一个大概的了解。了解过去是为了今后，是为了提高我们的本领，做好今后的工作。""有的题材，我们的前辈已经讲过了，有的形式已经用过了，我们今天再写，可以有个借鉴，有个比较。"所以，他说编科技期刊，绝不是把手头的文章收集在一起，凑足几个印张就可以算数的。"为什么这些文章非登在这一期不可，应该说出个道道来。""没有大量新鲜的信息，期刊缺少时间性，这个月出可以，下个月出也可以，甚至今年出可以，明年出也可以，还叫什么期刊。"至善同志在这里强调了期刊的适时性，用一句大家都熟悉的话来说，就是编辑出版工作要为大局服务，及时为青少年提供新的科技知识，促进他们健康成长。至善同志关于了解、研究过去，认识现在的主张，都是为了做好今天的工作，编辑书刊不要凑印张、凑数的论述，对我们今天提高图书质量，实施精品战略，有非常重要的指导意义。这是文章为什么非登在这一期不可，这本书为什么非现在出版不可，为什么非要在这个出版社出版不可，为什么非要这样出版不可？我们的书刊编辑在着手工作时，如果把这些问题真正想清楚了，那么，一定能使我们的图书质量大大提高，使精品书刊不断增加，从而对有中国特色的社会主义文化建设作出更大的贡献。可惜的是我们现在有些编辑，包括一些电视剧制作者不愿意了解过去，他们在所谓现实题材的作品中，将婚外恋、第三者、傍大款、轧姘头的情节和两个男人与三个女人，两个女人与三个男人等败坏家庭婚恋道德的内容，当做不可缺少的调料大加使用，他们为什么不想一想鲁迅早在30年代就严厉批评上海某些出版商大印吊膀子小说骗钱，使文化堕落的罪恶勾当。至善同志提出了解过去，对我们今天该是多么的重要。

第二，编辑要发挥自己的创造力，搞出自己的特色。在《我是编辑》这本书里，给人印象最深刻的一点，就是作者强调了编辑工作必须要有创造性。他说，当编辑"就得最大限度地发挥各自的创造力"，不同的科技期刊编辑，应该根据自己的"方针、任务、对象，充分发挥自己的创造力"，当"毛孩"成为热点的时候，大家一窝蜂都去讲"毛孩"，今天这里出一个"毛孩"，明天那里又出一个"毛孩"，但每篇文章都只说到"返祖现象"为止，如出一辙，这就没有意思了。不同的刊物应该有自己的文章重点、知识深度，不同的写作方法，给读者以新的启发，应该调动读者探讨问题的积极性，引导读者对科学的兴趣。他还说："当编辑要别出心裁，把自己的报刊编出特色来。"他非常强调不同的期刊应该有不同特色。因为各刊的方针、任务和读者对象各不相同，所以，"即使题目雷同的文章还可以各有特色"。同样写蝌蚪变青蛙，对低年级孩子应该避免一些他们还不容易理解的知识，对学前儿童可以只讲小蝌蚪找妈妈。他说，要求别出心裁，搞自己的特色，"并不是硬要跟谁唱反调"。而是要超过前人，哪怕超过一丁点儿也好。至善同志这个见解，对目前我们的出版工作具有重要的现实意义。现在，我们每年出书10万种以上，其中低层次的重复出版不少，除了指导思想上有所谓"三快"的问题（即快写、快出、快赚钱）以外，编辑缺乏创造性，不搞自己的特色是一个重要原因。

第三，编辑工作要讲规范、讲准则、讲规律。在《我是编辑》这本书中，作者多次谈到，改稿子、用稿子要讲出道道来，要讲出道理来。他说，少儿科普编辑和中小学语文老师都要改文章，一个是改作者的文章，一个是改学生的作文，都是改文章，这一点是相同的，但又有不同。编辑改文章是要使读者能读懂，有的也要求他能照着做；老师改学生的作文，是要告诉学生，这样改才是"对的""好的"，目的是要提高学生写文章的本领。所以，他说："编辑改文章要特别认真，为什么非改不可，为什么要这样改，都要说出个道理来。"也是"自己检验工作的一条准则"。在这本书中，许多文章都是讲如何做编辑工作，如何做好编辑工作，比如了解读者，了解作者顺着读者的思想发展提出和解决问题。他用自己的实践经验，讲清了编辑工作要规范化操作，要有准则，要合乎客观规律。至善同志这些经验和见解，对我们当前的编辑工作同样有十分重要的指导意义。现在，我们有些编辑不看稿、不改稿，既没有读者情况的调查，又没有审读报告，也没有和作者来往信件的档案；有的责任编辑即使审稿，也只是看一些重点稿，准备"争大奖"的书稿，其余的和总编辑一样，只是"抽看一部分"，此外，实在看不过来，只好"相信作者"了。这和《我是编辑》这本书中所说的编辑工作正好相反。这种做法不能不造成图书质量滑坡，编校差错率上升。这种状况不改变，图书质量要改观恐怕是很难的。

第四，编辑要善于不断地学习，提高自己的水平。在《我是编辑》这本书中，字里行间充满着求知的欲望。至善同志说："我喜欢编辑工作，这倒是真的。自己想想，大概有两个原因：一是可以满足我的创造欲，跟当工程师与艺术家没有什么两样；二是可以满足我的求知欲，随时能学到杂七杂八的诸多知识。因此，我乐此不疲，从未见异思迁……"他又说"编辑期刊迫使咱们不得不努力地充实自己""要是没有广博的知识"，就编不出有特色的期刊来。他还说"要编好一个综合性少年刊物，当然什么都不能少"，编辑"自己非来一个全面发展不可"。用现在常说的一句话来说，就是十分重视提高编辑队伍的素质。所以，至善同志这方面的见解，非常切中当前实际工作的要害，没有高素质的队伍，就没有高质量的出版物。这是已经为无数事实所证明了的真理。

作为一个编辑，我在读《我是编辑》这本书的时候，既感到亲切，又感到自豪。作为编辑学会的一个工作人员，我在读《我是编辑》这本书的时候，感到无比的激动，感到一股强大的力量正在激励着我们。在看到至善同志的《蝶恋花》以后，我很兴奋，尽管我不会写诗填词，也凑合了几句，求教于至善同志，求教于大家。

蝶恋花

古今图书无定数，堕典断编，推敲频来去。行间颠倒黄与朱，心血付人无悔语。校雠心悴杀青苦，千手千眼[①]，赢得书满宇。规范创新自有学，知音当数钱裴胡。[②]

1998 年 5 月

《20世纪中国的编辑学研究》P416，河北教育出版社2000年1月版；《一切为了读者》P245，首都师范大学出版社2010年7月版

---

① "千手千眼"，钱锺书表扬周振甫的话。
② "钱、裴、胡"，指钱学森、裴丽生、胡乔木诸先生，他们是最早提倡研究编辑学的。

《未来编辑谈编辑——全国首届未来编辑杯征文竞赛》编后

展现在读者面前的是 39 位大学生、研究生写的文章，他们是全国首届"未来编辑杯"征文的获奖者。

1997 年下半年，经新闻出版署批准，中国编辑学会举办了由高等学校编辑学专业本科高年级学生和研究生参加的"未来编辑杯"征文竞赛活动。这次征文竞赛的主题是：在建设有中国特色社会主义出版事业中，准备怎样当一个合格编辑，认真为读者服务。此项活动的目的，是为了使目前正在高校学习编辑学专业的学生更快更好地了解出版，熟悉出版，矢志为编辑出版事业服务。

评委会于 1997 年 10 月 5 日发出《关于开展"未来编辑杯"征文竞赛的通知》，引起各地有关高校师生的强烈反响。报名参赛的学生达到 329 人，超过可参赛学生总数的一半以上。学生们十分积极，写作十分认真，他们广泛阅读参考材料，细心调查研究。为了核对有关素材，有的同学还专程到外地查找。学生们说："从来没有像这次这样认真写作过，从来没有写过这么长的文章"，"参加这次活动是一个令人难忘的起点"。有的同学说："这次写作是对自己学习体会的总结，是对编辑人生价值的深思。"编辑学专业的教师也对这次活动作出了积极的评价，他们说："这次征文竞赛很有意义，对全国编辑学专业的教学是一个很大的促进。"有的说："我们将借此机会加强学生的编辑意识，以进一步推动专业学习。"一些院校的领导十分重视这项活动，他们专门抽调骨干教师组织评审组，负责征稿、初审工作。

各校经过初评，一共推荐了 71 篇文章，经评委会评选，有 39 篇文章获奖，占各校推荐总数的 55%。这些作品的内容，大体包括如下几个方面：对未来编辑和编辑工作的展望和分析；对当前编辑工作中热点和难点问题的分析和探讨；对高新技术条件下编辑工作中实际问题的研究；关于建立和改进新时期编辑队伍问题的探索；对近现代编辑家优良传统及其对当前实际工作影响的论述；对编辑学重要理论问题的讨论等等。评委们普遍反映，文章的质量不错，如果和当前出版界各种全国性征文相比较，可以说毫不逊色。一些老专家阅读了参赛论文以后，对我国高校编辑学专业教育深表赞许。

评委会由出版界的领导同志、资深编审、专家和编辑学者组成，他们对这次活动十分认真。每篇论文至少经三位评委审读，少数文章经四五位评委评阅，个别文章有六位以上评委阅读。评委们阅稿仔细，从方向、内容、文字，以至标点符号都给予注意。他们说，这是为未来做工作，再认真也不为过。有的评委不顾年高体弱，对每一篇看过的文章都写出了详细的意见，有的还对文章中的历史资料做了甄别。有的评委在阅文过程中曾经几次碰头，进行纵向和横向的比较，交换看法，认真讨论，也是一般评奖活动中所少见的。

中国编辑学会还向获奖者颁发了全国首届"未来编辑杯"优秀论文获奖证书和奖金，以资鼓励。

这次评选活动已经圆满结束了，我们应该感谢各校编辑学专业的师生们，感谢各位评委们，更要感谢北京出版社的领导和同志们。他们才是使这次活动获得成功，使这本集子顺利出版的决定力量。

1998 年 6 月

《未来编辑谈编辑——全国首届未来编辑杯征文竞赛》P279，北京出版社 1999 年 2 月版

给"抢热点快出书"泼点冷水

从戴安娜车祸开始，经常从报上看到快速出书的消息。最近，又有一张有影响的报纸，宣传《1998年十六届法国世界杯特别纪念册》从截稿到出书仅用了7天时间，××出版社《亚洲怎么了》，从截稿到图书上市，用了14天，报纸认为：这类对社会热点作出迅速反映的图书，大多创造了骄人的市场业绩。结论是："图书出版速度的加快，标志着我国出版界时效观念和市场意识有了进一步强化。"看来是推崇备至，其实，很值得深思。

当然，像70—80年代那样，一本书从发稿到出书，动辄以年计，当然不好。这种情况，现在不是没有，但毕竟少多了。特别是随着出版手段现代化的发展，出书周期越来越短，是可以预期的。然而这里说的不是这个，而是抢"热点"、抢市场的问题。为了抢市场，从截稿到出书，只花7天时间，当然很快。但出书和报纸、刊物比快，到底是不是值得提倡，却是应该好好商量的。

出书，不是出报，不是搞新闻报导，越快越好。一本书出版，总要求有一定的文化含量，要求给人一些启发和深思的东西；要讲求书籍的寿命，即使不要求传世，至少也要管那么几年。那种文化快餐式的东西，可以让给那些报纸、杂志去搞。出版何必去凑这种热闹。

再说，一本书的出版，拖拖拉拉是不好的，但总要做点编辑工作，研究一下是否已有同类书出版，如何搞出自己的特色来，一味图快，市场效益可能有一点，但质量怎么样？是不是会造成重复出版，是否会平白地增加许多平庸书？

因此，我认为，出书应与出报出刊有区别，不能只图一个快字，而要图质量。

有人说，7 天出一本书，是新中国出版史上的一个创造。其实不是，中央文件，中央负责同志讲话，都是三五天就有单行本的。几天出书在国外也早已有之，电子版、高速铁路，加上国土幅员不大，一两天就到货毫不奇怪。但这不等于他们不重视质量，只是加快了发行渠道，这当然是可行的。就以我国来说 7 天出书，在 50 年代就有过。本人早年所在的出版社，在中东形势恶化时，曾经出过一本《中东形势》的小册子，十来万字，编辑部从拿到稿子到出书，只用了不到 7 天的时间。其实这也不难，抓住一个时效性很强的选题，找有关部门和专家，在已有材料的基础上，突击一下，三四天就可以完成。然后拿来发稿，做急件处理，请工人加加夜班，就可以出来。这还是在当时只有铅排的条件下，如果用电脑排字，那就更不成问题了。接下去，是书出来了，但发行渠道是不是畅通，书店能不能马上发出去，火车是不是那么"听话"，现在的集装箱并不是书一到车站就给你发出去的，等一两个月并不是什么奇怪事。笔者曾经问过一个县店经理，中央负责同志重要讲话的单行本，多少天能到书？他说一般是一个月，有时是两个月，我说那不影响学习吗？他说，那也没有办法。就说世界杯吧！先后才一个月时间，新成绩、新情况不断出现，原来的材料很快失去时效，热点变为冷点，很可能成为压库的东西。

我这些看法，可能有人觉得扫兴，或者听不进去。这也不要紧，无非是一种看法而已。

1998 年 6 月

《20 世纪中国的编辑学研究》P331，河北教育出版社 2000 年 1 月版；《一切为了读者》P258，首都师范大学出版社 2010 年 7 月版

坚持三审制　提高出版物质量

在社会主义市场经济条件下，编辑出版工作的发展，出现了两种截然不同的倾向。一是认为应该"废弃书稿三审制"。其理由是：经过三层审阅，时间长，阻碍图书印制速度，上市慢，经济效益受到影响。一是认为应该"坚持书稿三审制"。其理由是：三审制是提高图书质量的保障，只有精编细审，才能编出质量高、寿命长、有一定价值的出版物。是"废弃"还是"坚持"，笔者谈一点自己的看法。

从中国出版史上看，商周汉唐宋明清都是出版发展的重要时期，在中国历史上，有的是在世界历史上有着辉煌的记录。而近50年尤其是最近20年的出版发展，更为中国出版史写下了空前繁荣的篇章。因为这个时期的出版，重新整理和弘扬了中国的传统文化，广泛而有选择地吸纳了各国先进的科学技术和文化学术成果，展现了中国人民思想道德精神风貌的新境界，为我国社会主义现代化做出了重大的贡献。应该说这是与我国出版整体水平的发展和出版物质量的提高分不开的。特别是在最近二三年来，我们开始了扩大规模数量为主向提高质量效益为主的转变，好书迭出，图书的重版率得到合理的提高，书籍的寿命不断延长，这是图书质量提高的重要标志。

当然，图书质量问题是一个长期以来的专门话题。几十年来，我们没有一个时期不强调图书质量问题，也没有一年不抓图书质量问题；作为一个负责任的编辑出版工作者，也没有一刻不关心图书质量问题，或者不受到图书质量滑坡的压力。因而，毋庸讳言，提高图书质量是编辑出版工作者共同关心并且努力为之奋斗的重要目标。正因为这样，在当前有些图书质量滑坡的时候，我们来讨论对提高图书质量有决定意义的审稿工作，就显得格外重要。

在实际工作中审稿的现状究竟怎么样？我的看法，应该是一分为二。一方面，我们有许多出版单位，特别是一批比较老的出版单位，包括一些社会责任感比较强、作风比较严肃的单位，是很重视、很认真的；在我们编辑队伍中的多数人，特别是敬业精神比较好的编辑，他们对审稿是从来不放松的，是非常细致的。这也是我们许多高质量图书所以能够出版的保证。但是另一方面，我们也有一些出版单位和编辑人员，存在这样那样的问题。最近，我读到两篇文章。一篇是吉林的年轻编辑侯颖同志写的《浅议如何改善编辑审稿工作》。她对编辑审稿、加工工作做了一次不同地区、不同出版社、不同学历、不同年龄编辑的随机抽样调查。她的调查表明，负责复审的人员中"大约只有10%左右的人浏览过稿子，其余都是签个名了事"。在编辑当中，又看又不看的占41.8%，干脆不看的占10.9%，两者相加超过了52%；对稿件不做任何修改的编辑占了30.4%。

另一篇是浙江的资深编辑严麟书同志写的，题目是：《要大声疾呼：重视审稿和编辑加工》。他说：有的编辑"对案头工作不屑一顾，拿到书稿不严审精编，或请人外审外编，或过分相信作者，或像终审那样抽查一部分，就标标字号，匆匆付排，甚至连校样也不看就出书了"。

这两位同志一老一少，一南一北。据我所知，他们的接触面都是比较广的，但所提的问题差不多。一个说"审稿现状令人堪忧"，一个说"要大声疾呼"。这些调查是否全面，姑且不论，但它所反映的情况（即使其中一半符合实际）也着实令人震惊，可见问题的严重性和相当的普遍性。这说明实际工作迫切需要我们研究如何加强审稿的问题。

反映在理论研究上，同样也存在着对书稿审读不够关注的问题。有的人过分强调研究选题策划，而忽视研究审稿等案头工作；有的人认为审稿是具体业务问题，没有多少好研究的，一篇文章就说清楚了；也有人提出要"简化"三审制，灵活对待三审制；更有人认为出版产业化的发展，传统的单纯以"文化"为支点的出版，将被以"市场、法规、文化"

三者为支点的出版产业所代替。这可能被解释为出版的文化性将降低，经济性将加强。这样审稿的性质和地位也就可以矮化；还有人说，外国出版是"文责自负"，根本就不审稿，因而我们也可以和西方国家一样，拿到稿子，管管文字、标点符号等业务技术问题就可以了，美其名曰：是"和国际接轨"。这实际上是说审稿是多余的了，因而懒得审稿，不审稿便成有理了。这说明思想理论上存在混乱，迫切需要我们加强对稿件审读这个工作的必要性、重要性，它的地位和作用的研究，从理论上做出认真的回答。说明任何不审稿或者放弃审稿都是不符合中国国情的，一切忽视或者简化书稿的审读都是编辑的失职行为，是对广大读者的不负责任。

新闻出版署1997年6月22日正式发布的《图书质量保障体系》和1997年3月转发的《图书编辑工作基本规程》明确规定："坚持稿件的三审制度。"指出："审稿是编辑工作的中心环节，是一个从出版专业角度，对书稿进行科学分析判断的理性活动。"这些规定，从政策上强调了审稿的必要性，从理论上阐明了坚持三审责任制度是出版专业工作不可缺少的重要组成部分。并且以政令的形式规定了必须重视审稿工作，必须坚持三审制；明确审稿是图书质量保障机制中的根本举措，也是整个编辑工作的中心环节。现在越来越多的人都在谈论信息社会和知识经济，这已经不是什么远在天边、遥遥无期的事。江泽民同志最近在一次讲话中明确指出：当今世界科学技术突飞猛进，知识经济已见端倪，国力竞争日趋激烈。全党和全社会都要高度重视知识创新、人才开发对经济发展和社会进步的重大作用。这一重要讲话表明：一个崭新的时代——知识经济时代已经开始出现。知识经济时代最重要的支柱产业就是信息产业，它将成为世界上的第一大产业，它的资本和手段就是创新知识，主要靠知识的不断创新、加工、传播和应用。出版作为重要的信息产业，编辑作为知识的重要选择、加工、传播者，编辑成果——出版物作为重要的知识传播载体，在知识经济时代编辑和编辑活动将有其特殊重要的意义。而编辑的成果能不能创新，出版物是不是具有高质量，与知识经济的发展壮大又有着休戚相关的作用。这说明编辑在现代社会发展中的作用，将越来越大，新的时代正在要求编辑出版业提供精品。这十分紧密地关系着我们的国家和民族在剧烈竞争的 21 世纪，能不能顺利地持续发展和始终立于不败之地的大事。如果我们的出版物信息滞后，或有任何疏漏和差错，都可以带来远比农业社会，或者工业社会时期更为重大的危害。这又说明编辑审稿、加工整理的重要性和必要性，在以信息为支柱的知识经济时代只能更加突出，而不能削弱和简化。

时代的脚步在加快，历史的年轮滚滚向前，20 世纪即将过去，21世纪正在向我们走来。当前，在深入学习邓小平理论的高潮声中，落实党的十五大精神，把改革推向纵深，出版工作由规模数量型向优质高效型转变也已经到了关键时期。作为一个有使命感的编辑出版工作者，我们不仅要身体力行，而且要大声疾呼、大造舆论：加强编辑审稿、加工整理工作，为向读者提供优秀出版物而全力奋斗。众多的平庸书和"无错不成书"的阴影，已经困扰了我们不少时间，难道我们还要把它们再带到 21 世纪去吗？这是中国出版界不能不考虑的问题。

有人说，你这是理想，这个标准太高，是做不到的。我说，这个标准并不高，在中国出版史上，包括中华人民共和国成立之后，许多时期曾经做到过的，只要大家真正认识这个问题的重要性，应该是可以做到的。问题的根源和解决的办法，还应该到我们自己身上去找。

现在我国出版工作的形势很好，党的十五大提出的三句话，十二个字，抓住了当前出版工作进一步发展的关键，为筹划面向 21 世纪的出版工程确定了指导思想。出版领导机关已经提出：把加强管理作为全面加强出版工作的重点，把优化结构作为深化出版改革的重点，把提高质量作为全面实现阶段性转移的重点。应该说思路是十分清楚的。我们有了 20 年出版改革开放所取得的成果，特别是党的十四大以来，持续、快速、稳定发展取得了一定显著的实力。我们现在有 73 家出版社发行码洋超过亿元，其中 31 家超过 2 亿元，7 家超过 4 亿元，2 家超过 5 亿元，与 1995 年当时只有 20 家发行码洋上亿元（其中个别的达 2 亿元）相比，仅仅二年，发展还是很可观的。特别是根据总的发展战略制定的国家"九五"重点图书出版"1200"工程正在积极实施，至去年底，已完成 276 项，占规划总数的 23%，预计本世纪末可以全部完成；根据中央政治局常委提出的抓好"三大件"的指示制订的中国儿童动画出版"5155"工程，也已取得显著进展，外国卡通满天飞的状况，已经开始扭转。尤其是这两年《出版管理条例》《图书质量保障体系》和《图书、期刊音像制品、电子出版物重大选题备案办法》等法规性文件先后出台，为净化出版环境提供了保证。有 12 家出版社在治滥治散中被查处，对 6 类近 50 种图书，即有政治性问题、有民族宗教问题、宣扬封建迷信和伪科学的图书，或违反专题报批规定，符合严重质量问题和格调低下、内容不健康的图书做了处理。这说明，我们的出版工作正沿着提高整体水平，促进长期健康繁荣的道路前进。目前出版的外部环境和内在的发展条件是好的，只要我们认真做好编辑工作，出版物的质量一定能得到大幅度的提高。

1998 年 7 月

《20 世纪中国的编辑学研究》P310，河北教育出版社 2000 年 1 月版

对书稿审读的诸点认识

书稿审读是保证出版物整体质量的主要手段

"编辑工作是整个出版工作的中心环节"，这是 1983 年 6 月中共中央、国务院《关于加强出版工作的决定》中明文规定的。那么，编辑工作有没有中心环节，如果有，它的中心环节又是什么？回答是，不仅有，而且很明确，就是"审稿是编辑工作的中心环节"。这也是 1997 年 6 月新闻出版署颁布的《图书质量保障体系》第八条明文规定的。

出版工作是生产精神产品的，负有宣传思想理论、传播知识、积累文化的崇高使命。图书是人类活动的记录，社会历史的写照，也是前人对后人的遗言、交待和嘱托，又是国家、民族的历史档案。所以，出版工作应该是对人类负责的，对历史负责的，对社会负责的。你出一本好书就在历史上留下一份好的档案，出一本坏书就在历史上留下一份坏的档案。这一点无论在东方或者西方，不论是过去或者现在，都是一样的。

我们目前正在进行社会主义现代化建设，出版工作就是整个社会主义现代化建设的一个重要组成部分，又是为社会主义精神文明建设服务的。我们的出版工作，按照江泽民同志所说的，必须"以科学的理论武装人，以正确的舆论引导人，以高尚的精神塑造人，以优秀的作品鼓舞人"。目标很明确，就是党的十五大告诉我们的，包括出版在内的我国社会主义文化建设的目标，即培育"有理想、有道德、有文化、有纪律的公民"。也就是要提高全民族的思想道德素质和科学文化素质，为经济发展和社会进步提供强大的精神动力和智力支持。社会主义的出版工作，从根本上说，就是引导人们树立正确的世界观、人生观和价值观，掌握科学技术、文化知识，使读者获得充实的精神生活，在全社会形成共同的理想，获得共同进步的力量和智慧。为了完成这样神圣的任务，所有的出版工作者，应该兢兢业业，不断提高出版物的质量。首先是要做好作为整个出版工作中心环节的编辑工作，其中又要花大力气抓好编辑工作的中心环节——稿件的审读，决不能有任何的忽视。这是实现上述神圣使命的重要保证，是出版人能够着力提高自己产品质量的主要手段，是出版的一种专业工作。

审稿是编辑工作的中心环节

为什么说审稿是编辑工作的中心环节？应该怎样看待它的地位和作用？我们不妨从分析整个编辑工作的全过程入手。

编辑工作，大家知道有这样几个环节，即：选题、组稿、审稿、加工整理、发稿、看样，也就是一本书编辑工作的基本过程，有人称为"六艺"。也有人主张选题前再加掌握信息（调查研究），中间加装帧设计，最后再加宣传评介，变成"七艺""八艺"或者"九艺"。但是，不管多少艺，作为编辑工作来说，中心环节只能是审稿。从决定出版物质量来说，这是重中之重，关键中的关键。因为选题固然很重要，而且是一种决策性行为，组稿这个环节也不能小看，只有找到合适的作者才会写出好的稿件。但这些对审稿来说是准备和前提。加工整理对提高出版物质量有很大作用，在一定条件下可以起某种决定性的作用。但对审稿来说，它是审稿的继续或延伸。只有审稿以后，才能进行加工整理，因为加工是以审稿为基础的。现在有些地方把审稿和加工混合为一个工序，同时进行，这是不适当的。因为从理论上或者实践上看，只有审稿以后才能加工，加工不可能与审稿平行，这是常识。至于发稿、看样，肯定不能少。但和前面几个环节比，基本上属于后续性的工作，是圆满实现整个编辑过程，使书稿顺利出版的不可缺少的过程。所以说，从全过程看，审稿是编辑工作的中心环节。这是一种客观实际，不是人的意志承不承认的问题。

审稿之所以重要，因为通过审稿，要对稿件的形式和内容，进行全面深入的了解，对稿件的政治性、思想性、科学性和艺术性作出评价；对稿件的文字表达、逻辑结构、语法修辞，包括特定读者的可接受程度加以审视；尤其要对稿件的出版意义，也就是价值取向，包括是否符合特定出版社的出书特色等作出明确的判断，即决定其取舍；在对总体上可以出版的稿件的质量作出评估的同时，还将对它的不足提出修改意见。总之，稿件的审读要求对稿件的命运作出决断。

人们常说，编辑的主要功能是选择。首先选题就是一种选择，但这种选择只解决了要出什么样的书的问题，基本上属于一种意向，即使订了约稿合同，也还只是一种计划。审稿才是编辑选择功能的主要体现。通过审稿，发现和肯定一部有价值的稿件，可以造成很大的社会效益；否定一部不能或不宜出版的书稿，避免负面影响的产生，也是一种效益，这就是人们常说的编辑"把关"。不得对一部可以出版或应该出版的稿件"亮红灯"，也不得对一部不该出版或不能出版的稿件"开绿灯"，这就是编辑审稿的实质。

"三审制"是符合我国实际的书稿审读制度

我国目前推行的是稿件三审责任制度，简称"三审制"。即初审，由责任编辑担任。要求在审读全稿的基础上，负责从出版的专业角度对稿件的社会价值和文化价值进行审查、判断，把好政治关、知识关和语言文字关；初审要对稿件提出取舍意见和修改建议。复审，一般由编辑室主任或有相应职称的人员担任。要求审读全稿，并对稿件质量及初审报告提出复审意见，作出总的评价，并回答初审提出的问题。终审，由社长、总编辑或相应一级的人员担任。要求根据初、复审的意见，负责对稿件的内容，包括思想政治倾向、学术质量、社会效果、是否符合党和国家的政策法规等方面做出评价。如内容涉及按规定应经有关部门审批者（如地图上的国界标定、医学上有些药的推广使用等）应按规定办理。如遇初审、复审意见相左者，终审者应通读稿件，并在此基础上对稿件作出取舍的决定。这就是三级审稿责任制。所以，"三审制"的每一审级都享有相对独立的职权，它保证三个不同的编辑都能够参加审读稿件，能够反映出不同层次编辑对书稿的意见，可以避免某个编辑知识结构单一的缺陷，实际上是一种既重视各级编辑的责任，尤其是总编辑的终审责任，又加强总编辑监督管理的领导责任的审稿制度。"三审制"在目前是比较符合我国政治、经济体制，符合我国出版队伍情况，有利于调动各级编辑人员的积极性，有利于提高出版物质量，有利于出版传媒事业健康发展的制度。实践证明，认真坚持"三审制"，就可以多出好书，多出精品；反之，则难免坏书和不健康读物出笼，平庸书乘隙过关，对读者对社会造成不良影响。

目前稿件审读工作中存在的一些问题

稿件审读是保证和提高出版物质量的关键，是一个编辑最基本的工作，这是最起码的常识。从总体上看，应该说，在我们大多数出版社，大多数编辑人员当中是做得好的和比较好的，尤其在一些老社和作风严肃的出版社是这样。从发展趋势看，也是越来越重视审稿工作。不然，就不可能出现近几年图书质量不断提高的局面；大家也不会坐在一起来研究这个问题。这是有关方面采取一系列措施的结果，毋庸置疑。但是我们也不能不看到，在某些地方和某些编辑同志那里，恰恰在这个关键问题上，出现这样那样的怪现象，令人不可思议。

怪现象之一，是不看稿。一部几十万字的稿子，某些负责终审的总编辑根本不看，把初审、复审找来，问一问有什么问题，把稿子像玩牌那样翻一下，签字完事。有的负责复审的室主任也不看稿，至多看一看初审意见，批上"同意"拉倒。甚者少数负责初审的责任编辑也不看稿，他们说，质量高低关系不大，关键是要先占领市场，出得晚了，市场被别人占了，质量再好也没有用。

怪现象之二，所谓抓"重点，放弃一般"。有的编辑说：品种很多，四只眼睛也看不过来，只好抓"重点"，抽读一部分，其他一般的稿件就顾不上看了。

怪现象之三，一部20万字的书稿，上午，编辑室主任交给编辑审读；下午编辑把稿子送还给主任，说"看完了"。这并不是笑话，而正是有些编辑所理解的审稿。

怪现象之四，是"三审制"有名无实，或者叫流于形式。说"初审是十字路口，有红灯绿灯，二三审是现代化立交桥，转个圈子就过来了"。

怪现象之五，一个编辑，年发稿字数几百万、上千万，从来没写过上千字的审读报告。

怪现象之六，稿子经常发，审读报告老是这么几句话，只要把作者名字、书名和书稿字数改一下就可以了，被人称为"通用牌"审读报告。

不重视审读的原因试析

出现上述种种情况的原因，可能是多种多样的，归纳起来大体上有这样几种：

一是认识问题，认为在社会主义市场经济条件下，编辑工作的重心前移了，关键是在搞好选题策划，抓住好的选题。至于质量高低，并不那么关紧。甚至说，审读、加工整理，忙了几个月，质量提高了，市场丢掉了；质量好不如选题好，选题对路出书快，比什么都重要；利润是显性的，质量是隐性的。正因为这样，他们把审读、加工整理看做可有可无的事。其实，这是一种思想上的短视。应该说，选题是重要的，选题抓得准，是出好书的重要因素。但选题好，必须有质量高做保证。不然，选题好只能得势于一时，只有质量高才能施益于当世。请看出版社的长效书、常备书、在读者中有影响的书，哪一本不是靠质量取胜的。反过来说，那些黄色的、灰色的、黑色的，甚至打着揭"秘闻"、写"内幕"的书不是在市场管理人员不上班的时间上街，用神秘的方式去兜售！这些所谓"书"的选题，不可谓不奇，书名不可谓不怪，可是买者寥寥，这是为什么？因为大家知道，这些东西不外乎无中生有、颠倒黑白、混淆是非、搅乱视听，买这种书的人除上当受骗，就是受骗上当，岂有他哉。只是那些原来想借此大捞一把的非法出版商，到头来得不偿失，有的还因此走进班房，冷暖自知罢了。

编辑出版工作者，被人称为"人类灵魂的工程师"。我们出一本书，总不能只是为了赚钱，而要给人们一点真善美的东西，给读者留下一点长远起作用的好东西，这样才算尽到了当编辑的责任。

二是有些编辑人员心不在"编"，心情浮躁，思想不到位。说审读重要，加工整理不可缺少，他不是不知道，也不是不会做，讲起来也还是一套一套的。但就是整天忙忙乎乎，BP机吱吱叫，电话里侃个没完没了；满脑袋的股票、债券；成天惦记着和书商打交道，计算发行折扣，到手奖金多少。坐不住，静不下心来，稿子放在面前也看不进去。有人说他们是"离书稿而空谈是非，废业务而只讲关系"。不知道他们在想什么。这样的人在编辑队伍中当然是个别的，是极少数，但不能说没有作用，只是不起好作用，甚至影响其他人。这种人心不在"编"，当然做不好审读工作，对他们来说，也有认识问题，但更重要的是态度问题。只有先坐下来，才谈得上怎么干的问题。

三是作风不细致、不踏实，马虎搪塞。有的编辑人员，审读、加工时不查引文，不核对数据，想当然，图方便。结果，一首七言，可以错3个字；一个公式，可以牛头不对马嘴；图书的包装虽则精美，而错误百出，读者怨声不绝，连工厂里的工人也提出批评说：编辑同志，你睡醒了没有！

要切实加强对稿件审读的具体管理

图书的编校质量滑坡，不是一个小问题，已经严重地影响了出版界的声誉，损害了编辑出版工作者的形象。这种情况，出版社的老总们不是看不到。如何对待，也有几种情况：

一种是认为图书质量是软指标，有几个错别字也不值得大惊小怪，只要有得奖书、有创出版社牌子的书就行了。

再一种不是不想解决，但认为不那么容易解决。现在出版社自负盈亏，要发得出工资、奖金，要买得起房子，要稳得住队伍，要维持再生产，但一下子又走不上优质优效良性循环的道路，不得已只好扩大品种，明知编辑看稿子字数超负荷，压力过大，也只好睁一只眼、闭一只眼。他们心里也有苦衷，有的甚至认为自己是坐在火山口上，走在地雷阵里，不知什么时候爆炸，所谓"提心吊胆过日子"。

又一种是有些担负终审、复审的负责人，也知道编校质量有问题，审稿加工中存在这样那样的毛病，但不好讲，不能讲，因为各种问题的造成，自己也有份，所谓"你中有我，我中有你"。只要不出大问题，也就得过且过。有的尽管自己比较严格，但认为现在政治思想工作薄弱弱，只要不违法乱纪，也不好说什么。不然，人家说："就你能！""看你坐着说话不腰痛！"所以尽管审稿中发现加工中问题不少，也宁愿自己辛苦点，多把一下关，而懒得去说去管。

当然，这个出版社和那个出版社，情况不会一样，心态也不相同。但是，在这些人的身上，对审稿、加工整理，多少都有一个不重视的问题，至少是没有把它放在编辑工作的中心环节上来考虑，这可能是问题的症结所在。

关键是要从根本上提高认识

这个问题怎么解决，各地各单位的做法也不一样。关键是要从根本上提高认识，解决好编辑观、出版观的问题，也就是出版价值观的问题。

应该说，我们有的单位现在比较注意审读了，图书质量也有了提高，但这是用很大的代价换来的。当然，能够从失败和错误中吸取教训，改进工作是好的。许多教训，已经充分证明，在审读工作上，我们如果不能自觉地认真对待，把它当作编辑工作的中心环节来抓，那么，迟早会吃大亏的。这不是危言耸听，正是所有受到查处的图书所以能够出笼的一个共同原因。

要解决目前存在在一些单位、一些编辑人员身上不重视审稿的问题，首先是要提高认识，要真正认识出版工作的性质、任务和意义，弄清出版的根本价值究竟是什么，要树立起正确的编辑观和出版观。不从思想理论上解决编辑观和出版观的问题，就只能是紧一阵、松一阵，风声紧的时候抓一抓，风声小的时候放一放，那是没有用的。提高认识，既要从实践中解决，又要通过学习和培训干部来解决。

说到培训干部，这几年是大大重视了，已经收到明显的效果。但也有一些地方的培训，还存在这样那样的问题，如强调工作忙，不参加；或者一边参加培训，一边捧着两本稿子；课堂里 BP 机的呼声不绝，身在课堂心在市场；有的地方还把培训时间缩短再缩短，培训的课程减少又减少。还有的培训班，只讲业务操作，不讲或很少讲思想理论，更谈不上什么编辑观、出版观，结果是培训班毕业了，持证上岗了，但审稿仍然不重视，差错率照样下不去，质量还是上不来。只有既务实又务虚的培训，才是治本的，才是长期起作用的。

要重视稿件审读，要建立相应的行之有效的审读机制。现在不少地方建立了审读室，聘请一些有经验有水平又有职业道德的资深人员（包括已离退休的老编辑），根据总编辑、室主任的委托，做复审和终审的工作，效果很好。这是值得提倡的，只是一定要做好这些审读人员的选择，同时注意分配任务要适量。

要加强管理和监督，一本书出版过程中的档案必须齐全，选题设计书，论证纪要，各个审次的审读报告书、记录，加工整理的方案、意见书，各个校次的校样、校对记录，约稿合同、出版合同、与作者有关稿件的来往信件，再版文件以及版权契约、书号登记等各种材料，均需一应俱全。这些既要强化管理，不能敷衍塞责，又要专人负责，加强监督，真正落实。

只有建立正确的出版观，提高加强审读质量的自觉性，同时按照规范操作，并建立扎实的档案制度和有效的监督机制，认真坚持三审责任制度，才能保证图书质量的真正提高。

1998 年 7 月

《中国编辑学会第四届年会论文选》P1，书海出版社 1999 年 12 月版

20 世纪中国的编辑学研究

一、编辑学的萌发

中国是世界上著名的文明古国，历史悠久，文化昌盛，典籍浩繁。有史以来，可以统计的出书品种，已超过 200 万种。编辑活动的历史，源远流长，殷墟出土的甲骨中就有"编"字。许慎在《说文解字》中称："编，次简也。"可见，编辑活动在"有典有册"的殷商时期，就已经萌发。从古代孔子、吕不韦、刘向父子，到近现代张元济、鲁迅、邹韬奋、叶圣陶、王云五，编书的人历代都有。正是他们为创造和发展中国文化作出了巨大的贡献，也为全人类文明进步写下了灿烂的篇章。同时，也为我们留下了编辑活动的丰富经验和优良传统。他们在编辑实践中提出的思想见解、制订的编辑体例、形成的工作方法，是今天人们研究编辑学的思想渊源和有价值的资料。

经济的发展，社会的变革，文化的演变，媒体的更迭，必将对精神生产和媒体制作提出新的要求以及与之相适应的体制和规章，并将在编辑活动的指导思想、基本原则和方法上表现出来，编辑活动的理论和实践，将会有所变革、有所创新，也为编辑学的研究提供新的契机。

19 世纪下半叶和 20 世纪初逐步形成的近现代中国新闻出版业，经过半个多世纪的风风雨雨，跌宕起伏。20 世纪初至 40 年代，各种思潮，云涌而起，社会处在大变革的前夜，作为当时最敏感的文字媒体——报纸，首先有一个如何适应变化着的形势的问题。报纸如何办、如何编？不能不成为业界深为关切、亟待妥善处理的问题。当时已有 8 所大学开办新闻学系，在校学生逾千，至于新闻专科学校和各种培训机构则更多。有教育就需要教材，正是在这种情况下，中国第一本编辑学著作——《编辑学》应运而生，它由广州自由出版社出版，时间是 1949 年 3 月，作者李次民，是广东国民大学新闻系教授，有多年新闻实践和讲授新闻学的经验。他在 1947 年根据当时的社会需要，讲授编辑学，两年后在讲稿基础上　经修改充实后出书。这本书的内容，主要讲报纸编辑学，不仅有具体操作性问题，而且有一定的理论色彩，是一本实用性比较强的教材性读物。其中设专章讲了杂志编辑工作，凡二十二章，20 万字。作者认为：一张报纸的好坏，其先决条件，在于主编者学养与编辑艺术，他在这本书的《初版自序》中说，新闻编辑"不是单靠个人有学问就能做到的，这正如萨空了先生在其《科学的新闻学概论》里所说：'编辑新闻，决不是任何知识分子，都能胜任的'。这也就是说，做编辑的人员，必须明了编辑的重要及其作用。"

这本书很可能是世界上第一次把文字编辑工作作为一门学问来加以讨论，从而把它引上学术之路，并且创造了"编辑学"这个名词。

编辑学这个名词，所以能第一次在中国出现，首先是因为中国有极为悠久而且连绵不绝的文字工作传统；其次是中国自古以来积累有无比丰富的典籍，它们之所以能够传世，与历史上出现诸如诸子百家、学术争鸣的风气，从而造就一批学人，自觉不自觉地在那里收集整理材料、润色修改、编纂书籍分不开；再次是中国的统治者，自古以来都有修志编典的传统，不论他们的动机是出于维护统治、美化自己，或者是排斥异己，但是在客观上他们都程度不同地肯定了编纂编修编集这种工作的重要性。

50 年代到 60 年代，我国北京、香港、台湾都有编辑学著作出版，首先是中国人民大学出版社把当时苏联专家 K. H 倍林斯基教授在人民大学向学生讲授的"书刊编辑课大纲"的讲稿，编成《书刊编辑学教学大纲》一书，于 1956 年正式出版。目的也在于适应当时该校编辑出版专业的教学需要。内容主要讲各门类书刊编辑工作的原则和方法以及强调"书刊编辑学是根据马克思列宁主义理论拟定的关于出版社内书籍和杂志的主要创造过程的一套理论"。指出"编辑是担负党和国家在思想战线上一项重要任务的政治文化工作人员"。这本书的内容，虽然也涉及刊物的编辑工作，但主要是讲书籍的编辑工作，特别重视书籍的编辑指导思想和编辑人员的立场、观点、方法以及政治和文化、出版的关系方面等问题。它为社会主义书刊编辑工作指明的理论方向，对后来的编辑学研究有重要影响。

1965 年，香港的海天书楼出版了余也鲁的《杂志编辑学》，作者是一位资深编辑。全书主要讲杂志编辑工作的意义、作用和方法，尤重操作，有较强的实用性。多年来，几次修订再版。90 年代，又补充了电脑编辑等章节，累计印数以数万计，主要在东南亚发行。

二、编辑学的崛起

70 年代末，经过拨乱反正，我国实行了改革开放政策。教育科技、文化艺术事业，陆续得到了恢复和发展，特别是新闻出版事业的飞速发展，编辑工作自然而然地得到了重视，它作为整个出版工作的中心环节，尤为突显。因此研究编辑学的问题，也引起了人们的关注。

80 年代初，一些资深编辑如陈仲雍、倪子明、萧月生等在报刊上发表了《科学地编辑与编辑的科学》《需要一部编辑学》等文章，认为数万名编辑人员"很需要一套切合实际的编辑学"，研究编辑学已是"当务之急"，并且提出建立图书编辑学、报纸编辑学、杂志编辑学。认为："百科全书编辑学、辞书编辑学、儿童读物编辑学……有共性又有个性，彼此都有不同的特点。"

1983 年，我国著名理论家胡乔木致函教育部，要求在几个高等学校试办编辑学专业，指出"编辑之为学，非一般基础课学得好即能胜任"。认为在我国编写编辑学这类书是有基础的。他说："在历史上，我国著名典籍的编辑经验，也有不少记载，不过需要收集整理"，贵"在有心人的努力罢了"。同年，我国著名科学家钱学森在一次讲话中也强调"编辑工作是一门科学"，要研究它的规律，"创造出一门马克思主义的编辑学"。著名科学家裴丽生也支持研究编辑学。这些都是对编辑学研究的推动与促进。

同年6月，中共中央、国务院做出了《关于加强出版工作的决定》，明确提出"要建立出版发行研究所……加强出版、印刷、发行的研究工作"。1984年，中国出版发行科学研究所正式筹建。这个研究所十分重视编辑学的研究，立即着手组织图书编辑学、期刊编辑学和科技书籍编辑学的研究和编写工作。仅在建所后的第一个10年就出版了编辑工作和编辑学方面的书近10本。

1986年，国家出版局正式批准成立了两个出版类专业书籍出版社，即中国出版发行科学研究所的中国书籍出版社和山西省的书海出版社。

1986年到1987年，上海市编辑学会和专业性的中国科学技术期刊编辑学会先后获准成立。这是我国两个最早成立的编辑方面具有独立法人资格的学术团体。

接着，山西人民出版社创办了《编辑之友》杂志，上述两个学会又先后创办了《编辑学刊》和《编辑学报》。《出版发行研究》杂志和以后创办的《新闻出版报》和《中国出版》杂志，也经常发表编辑工作与编辑学方面的文章，一些刊物和报纸，还专门开辟了研究编辑实践和编辑理论方面的文章专栏。

这些机构、组织的成立，有力地推进了编辑学研究的开展；这些理论传播、学术阵地的创办，大大促进了编辑学研究的发展。

据统计，80年代，共出版以编辑学命名的著作9本（不包括内部印行、系统发行的讲义和参考资料等），其中有两本即《现代杂志编辑》和《新闻编辑学》是台湾出版的 [①]。

---

① 台湾出版的编辑学著作，收集不全，以见到的为准。

这批书中，比较有影响的著作有：郑兴东等编著的《报纸编辑学》，阙道隆主编的《实用编辑学》，高斯、洪帆主编的《图书编辑学概论》，张玟、林克勤著的《书籍编辑学简论》，王耀先主编的《科技编辑学概论》，王振铎、司锡明主编的《编辑学通论》等；论文集有：中国出版发行科学研究所科研处编的《编辑学论集》，刘光裕、王华良的《编辑学论稿》等。

在这 10 年中，发表的编辑学方面的论文好几百篇。比较有影响的有：戴文葆的《编辑与编辑学》，林穗芳的《关于图书编辑学的性质和研究对象》，胡光清的《编辑学研究什么》等。

在这 10 年中，编辑方面有影响的著作还有：边春光主编的《编辑实用百科全书》。此书 170 万字，是一本理论性、实用性、资料性兼具的专业性百科全书，是我国编辑经验的科学总结，是编辑实践的理论升华，对编辑学的学科建设做了重要的奠基性的工作，是我国有史以来编辑工作方面的一本重要著作。

《中国大百科全书》（新闻出版卷）和《出版词典》对编辑工作与编辑学也做了精辟的论述和充分的阐释。它们使编辑学在科学之林占有一席之地。《中国出版百科全书》也有一些编辑学和编辑理论方面的条目。

在这 10 年中，在编辑业务、编辑人物、编辑历史、编辑传统的研究方面，也取得了丰硕的成果。其中有影响的著作有：曾彦修、张惠卿等著《编辑工作二十讲》、戴文葆等著《编辑工作基础知识》、金常政等著《百科全书及其编辑研究》、赵家璧著《编辑忆旧》、韦君宜著《老编辑手记》、杨牧之著《编辑艺术》、钱君匋著《书衣集》、韩仲民著《中国书籍编纂史稿》、陈原等编纂《商务印书馆大事记》、赵家璧著《编辑生涯忆鲁迅》、钱小柏、雷君明编著《韬奋与出版》、中国出版科学研究所科研办编《近现代中国出版优良传统研究》、伍杰著《中国古代编辑家小传》等。

此外，有的研究者还对编辑学做了跨学科的研究，写出了《编辑出版学》《编辑社会学》《编辑心理学》《编辑思维学》和《编辑写作学》等。

以上这些书籍的出版，既是编辑学学科建设不可缺少的组成部分，又为编辑学研究提出了思路，揭示了历史和现实的经验，积累了丰富的资料，大大促进了编辑学的理论研究。

80 年代是编辑学研究的起步时期，这些著述都是开创性的。一般采取总结实践经验，升华为理论的方法；内容涉及编辑学学科建设中的方方面面，从概念、原理、规律到方法论等方面的问题，都已经提出，展开了初步的争鸣，取得了一定的成果。作为一门新的学科，有一种很好的造势。

三、编辑学研究的逐步深化

90 年代，深化改革，扩大开放，中国经济得到了新的增长；社会主义市场经济体制的建立，这些都为出版发展提供了新的活力，创造了极好的机遇，同时也提出了新的挑战，出现了许多新的情况和新的问题，因而也给出版研究提出了新的课题。作为整个出版工作中心环节的编辑工作，如何在新的形势下，把握契机，健康发展，并且创造新的经验，丰富编辑学的理论宝库，进而指导编辑实践，不仅是实际工作的需要，也是编辑学学科建设本身的要求。新的形势要求编辑学研究向纵深发展，既需要以 80 年代大家比较关心的书刊编辑学研究为基础，又要面对各门类、各层次、多种媒体编辑工作的需要；既要回答实际工作中提出的问题，又要研究理论体系的构建。面对这样的任务，迫切要求编辑学研究更要有计划、有组织、有领导地进行。

1992 年，具有独立法人资格的全国性群众性学术团体——中国编辑学会的成立正是适应这种形势的需要。

中国编辑学会的成立，使编辑学研究有了一个专门的谋划和组织的枢纽，有助于编辑学研究者之间的联系，有利于编辑学研究的开展。

学会成立之后，首先是明确了编辑学研究的方针，这就是：编辑学研究要以马克思列宁主义、毛泽东思想和邓小平理论为指导，遵照"一个中心，两个基本点"的基本路线和出版方针，坚持为人民服务、为社会主义服务的方向，"百花齐放，百家争鸣"的方针和理论联系实际的原则，开展编辑理论和编辑实践的研究，促进出版繁荣，更好地为国家社会主义现代化服务。

理论联系实际，是一切理论研究的根本方针，也是编辑学研究的根本方针。我国的编辑学研究，从 80 年代兴起以来，一直是贯彻执行这个方针的。进入 90 年代以后，特别是学会成立以后，这个根本方针得到了进一步的明确和坚持。编辑学研究必须联系实际，这个实际主要是市场经济条件下编辑工作中的一些重大原则问题和实际问题。社会主义市场经济大潮兴起以来，编辑工作要不要适应市场经济和如何适应市场经济；出版社由生产型向生产经营型转变，编辑工作如何既按照精神生产规律办事，又按市场经济规律办事；既明确图书是精神产品，又看到图书是商品，但不能搞精神产品商品化；在市场经济条件下，既要认识市场、流通对编辑工作的重要意义，又要坚持编辑工作是整个出版工作的中心环节，那种认为编辑工作中心论在市场经济条件下已经"过时"的看法是片面的，不符合实际的；既要承认市场对出版的推动，出书要面向市场，又要强调面向市场不是迎合市场，而要引导市场；在市场经济条件下，既要强调出书对路，编辑工作必须大胆探索，积极创新，又要坚持编辑工作的基本规范和基本要求；既要重视编辑策划的重要作用，又要强调审稿、加工修改等在新条件下的特殊重要意义；既要强调编辑的主体地位和能动作用，又要强调爱岗敬业、遵纪守法、恪守编辑的职业道德。能不能紧密结合当前实际正确处理好这些问题，对于编辑学研究的深化和编辑学学科建设具有极为重要的意义。

贯彻"百花齐放，百家争鸣"的方针，是学术发展的必由之路，也是编辑学发展的必由之路。贯彻"双百"方针，在区别政治问题和学术问题、两种世界观的问题的前提下，要坚持学术民主和不同观点的自由讨论。10 多年来，编辑学研究所以发展比较快，而且在不少问题上已经形成了几种不同的观点，这是和在马克思主义指导下，坚持贯彻"双百"方针分不开的，也是今后需要继续坚持的。1994 年 1 月，江泽民同志《在全国宣传思想工作会议上的讲话》明确指出："精神产品的生产是一项非常复杂的劳动，需要专家、学者和文艺工作者发挥个人的创造精神。我们应该尊重和爱护他们的辛勤劳动，坚持解放思想、实事求是，坚持'双百'方针，努力形成一种鼓励探索与创造的良好环境和气氛。在学术研究上提倡不同观点和学派的自由讨论，在艺术创作上提倡不同形式和风格的自由发展。"[①] 编辑学是一门新兴学科，正在发展形成的过程中，要真正成为一门具有现代科学形态的独立学科，仅仅靠少数几个人是不行的，必须认真贯彻执行"双百"方针，集思广益，集腋成裘，使编辑学的学科建设日臻完善。

团结各方面的积极分子，建立和扩大编辑学研究的骨干队伍。编辑学是一门正在兴起的学科，它的研究队伍的形成，必须从实际出发，并在实践中形成。编辑工作是一种政治性、思想性、科学性、专业性很强的工作，又是艰苦细致的创造性劳动。编辑工作的这种性质，决定了编辑学是一门实用性很强的学科，它萌发于编辑工作的实践，首先在一些善于对自己的工作进行理性思考的热心人那里脱颖而出。编辑学来源于实践，又指导实践，它离不开实践作为基础，这是不奇怪的。但是，另一方面，编辑工作者既是出版物的设计者，又是生产者，特别在社会主义市场经济条件下，要出好适合读者需要的书，不是一件容易的事，因此，他们不太可能有足够的时间，把编辑工作作为一门学问来进行周密的思考，除非他们在一段时间里离开实际工作岗位。这种状况，虽不是一种

---

① 见《人民日报》1994 年 3 月 7 日。

定律，但对大多数人来说确实是难以超越的。因此，编辑学的学科建设，必经找到另外一种力量。这种力量在哪里，又如何使它和编辑实际工作者紧密地结合起来，这是编辑学研究开始起步时的一个突出问题。到了90年代，这个问题才得到了比较好的解决。也就是把编辑出版界的研究力量和高等学校的编辑研究力量，首先是高等学校编辑学专业的教研力量，紧密地结合起来。使注重理论的人看到实践的需要，了解编辑工作的实际情况；使从事和注重实践的人，进一步掌握各种各样的理性思维，获得新的启迪。这两方面的人，通过一定的会议，按照"百花齐放，百家争鸣"的方针，交流观点，讨论学术问题，畅所欲言，取长补短，不断完善自己的学术思路和理论体系，对编辑学研究有很大的推动。

出版界和高等学校两支研究力量的结合，既协调了编辑学研究队伍的人员结构、知识与经验的结构，并且大大扩大了研究队伍，也使双方都取得了丰硕的成果，这是应该肯定的。今后应该进一步坚持和加强这种结合。

出版是一种多学科多层次的精神生产部门，它的出版物五花八门，涉及各个领域，这就决定了编辑工作的多样性。图书、期刊、美术、影视和电子出版等，它们的编辑工作既有共性又有个性，各门类视听读物的编辑人员，又各有所长。所以，编辑学研究必须协调各门类出版物的编辑工作。从图书领域来说，特别是社会科学读物和科技读物编辑之间协调，把两方面的力量结合起来，是搞好图书编辑学研究的重要条件。这种结合，现在越来越被人们所认同，并且开始取得了一些进展。但还有许多工作要做，今后要进一步加强协调，使这种结合更加有计划地进行。

90年代编辑学研究队伍的再一个特点，是注意老中青结合。编辑学研究真正起步的时间不算长，最多也不过20年。所以，它的参与者，科班出身的几乎没有，大都是在实际工作中苦干了二三十年、三四十年的人，有的还是在即将离退休的时候才搭上这班车的。这里的原因，首先是工作忙，天天干实际工作，没有时间从理论上来加以思考；更重要的是不苦干多少年，也没有那么多经验可以总结。所以，一些老同志参与进来，是正常现象。问题是必须同时有中青年参加。这就要强调老中青结合，经常发现和培养中青年苗子。这样做，一方面是为保证后继有人；另一方面，是因为青年人接受新鲜事物快，思想活跃，勇于创造，开拓进取。这种敢闯敢干的精神和科学思维，正是编辑学作为一门新兴学科所必需。

这三个结合，是学术研究的实际需要，也是 90 年代编辑学研究的重要特点，是带有战略性的。在学术发展中，尽管程度不同，但总的说来，在指导思想上应该说是越来越明确，越来越重视，其中有的是做得相当好的，总的看是很成功的。正是坚持了这三个结合，使得编辑学的研究队伍不断壮大，学术成果不断涌现，研究水平不断提高，学科建设不断前进。

开展国际学术交流，积极吸收国外的先进经验和优秀成果，同时把编辑学推向世界，使它在国际上占有一席之地，是中国编辑学界的国际义务。

在这段时间里，中国的编辑学研究者，曾经不止一次地出访过日本、韩国，也访问过菲律宾和尼泊尔，参加过一些国际性的学术研讨会，扩大了眼界，了解了国外的研究情况、研究方法、研究思路和研究成果，翻译出版了国外的一些专业著作，如苏联的《编辑工作的原理与方法》，美国的《编者与作者之间——萨克斯·康明斯的编辑艺术》，美国的《图书出版的艺术和科学》《出版学概说》《出版概论》，苏联的《八十五次喜与忧——一个编辑的思考》，日本的《简明出版百科词典》《现代出版学》《在社会环境下的图书出版》和英国的《外国出版史》等，有利于中国编辑工作和编辑学研究的开展。同时，也邀请日本、韩国等国的学者来中国讲学，交流研究成果，并且召开过有近 10 个国家和地区、80 余位中外学者参加的国际学术研讨会。广泛地探讨促进出版发展的有效途径和方法，交流未来出版发展前景的思考，涉及出版发展的许多深层次的问题，开阔了中国学者的思路。

由于编辑学发源于中国，所以中国的编辑学者，无论是出访，或者赴国外参加国际学术活动，或者接待外国学者来华访问、出席有关会议，都向他们介绍编辑学的研究状况，阐明编辑学的基本问题，得到国外同行的赞赏。他们认为：编辑学所以能在中国兴起，是和中国有悠久的文字工作传统分不开的。国外有的报纸，还专门介绍了中国的编辑学研究。同时，一些中国学者、专家的著作，也被译成外文，在国外出版发表。这说明，编辑学正在走向世界。

据统计：在 90 年代（迄止 1997 年底），已出版以编辑学命名的图书40 本。这些书籍中比较有影响的是：钱伯诚主编的《图书编辑学概论》，向新阳著的《编辑学概论》，阙道隆等著的《书籍编辑学概论》，徐柏容著的《期刊编辑学概论》，钟立言的《新闻编辑学研究》，庞家驹著的《科技书籍编辑学教程》，司有和著的《科技编辑学通论》，王振铎、赵运通著的《编辑学原理论》，刘光裕、王华良著的《编辑学理论研究》，顾荣佳著的《编辑学的文化思考》等。

这批著述的特点是：一般都是在 80 年代编辑学研究的基础上写成的。如果说，80 年代的著述是拓荒之作的话，那么，90 年代的著述是在不同程度上吸收了 80 年代的研究成果的作品。有的作者是在 80 年代出书以后，90 年代重新写的；有的作品是 80 年代著述的修订或增订本；有的则是总结 80 年代学术研究的经验而写成的。所以，在研究深度上和成果积累上有一定的进步，也是在学科建设上迈出的重要一步。它为 21世纪的编辑学研究奠定了坚实的基础，提出了进一步研究的课题，指明了继续前进的道路。

四、20 年来编辑学研究之轨迹

从 80 年代初到本世纪末，大体上 20 年时间，编辑学研究走过了从小到大、从萌发到崛起的道路，也是任何一门新兴学科产生发展的必经之路。在这段时间里，讨论过的问题不少，具体有：

（一）关于编辑有学无学的争论

编辑学提出之初，首先碰到的是有学无学之争。有人认为，编辑是术不是学，"编辑工作几千年来，世代相传，都是师父教徒弟，编辑之学，未尝闻也；有的说，编辑编辑，剪剪贴贴，充其量是个编书匠，从未想过要往学术上靠；也有的说，当编辑的只要有基本知识，有一定文字功夫，就可以编书，何必要讲什么编辑学；更有甚者，认为多少年来，没有编辑学，书也编了，而且编得不错，现在来讲什么编辑学，是多此一举"。总之，认为编辑无学，或者说可有可无。以上这些看法，经编辑界一些有识之士的分析，归结为三点：一是认为这是一种传统的旧观念，认为过去没有的东西，现在也不用有；二是认为出于对编辑工作的作用缺乏全面的理解，看成只是剪剪贴贴、改改标点符号、批批大小字号，看不到编辑的重要作用，看不到编辑学问之所在；三是认为出于某些编辑人员的自谦。相反，许多认为编辑有学的人认为：编辑工作，世代相传，都是师父教徒弟，正是说明其中有许多经验，只是过去没有去总结整理，使之条理化、系统化，所以没有形成为一种学说。而所有的理论，都是从实践中来，只要认真总结，把经验上升为理论，说明编辑学的形成是有实践基础的。有的认为，中国历史上典籍浩如烟海，有的相传多少年，都是靠编辑工作才得以流传下来，其中难道没有规律可循？更有的说，从历史到现实，为什么有的书编得好，有的书编得不好，这就说明编辑工作大有学问。根据以上的争论，著名理论家胡乔木和著名科学家钱学森等明确指出：编辑有学。加上《中国大百科全书》《编辑实用百科全书》和《社会科学学科辞典》等一些有影响的工具书，都把编辑学作为特大专条加以阐释，以及一些资深编辑纷纷撰文著书，才使编辑无学的观点，开始得到了抑制趋向沉默。但是，这个问题的逐步解决，还是在许多编辑学著作陆续问世以后。同时，我们应该清醒地懂得，抑制或沉默并不等于问题的解决，编辑无学观点的彻底解决，还有待具有现代科学形态的编辑学的真正建成。

（二）编辑学的性质

既然编辑有学，那么编辑学应该研究什么？它是一门什么样的学问？它的任务是什么？这是编辑有学无学争论之后提出的问题。在这些问题上同样有几种不同的观点，争论是相当激烈的。当时，提出的见解，大体上有这样一些：

1. "综合性学科"说。认为编辑学是一种综合性学科。具体的观点是：诸凡一切依赖载体获得传播的视听工具，都离不开编辑活动。所以，编辑学是一门综合性学科。有的说，编辑学的综合性表现在两方面。就内涵而言，包括书、报、刊、图片等出版物和音像制品的编写、加工、整理和设计；就外延而言，主要涉及各种学科的知识，诸如社会科学、自然科学和文学艺术等各个专业领域，还涉及目录、校勘、版本等文化史范围，因而不能不是综合性的学科。

2. "边缘学科"说。认为编辑学是一门边缘学科。具体的观点是：所谓边缘学科，是指它是由几个学科互相交叉、渗透而在边缘地带形成的一门学科。编辑学研究要涉及编辑管理，编辑与社会联系，编辑的人才设计，编辑的文字功底，以及编辑、作者、读者的心理研究等等，必然会联系到管理学、社会学、人才学、写作学以及心理学等学科。这些学科各有其特定的研究对象，都不能代替编辑学的研究。就编辑学而言，它也不属于上述任何一门学科，而是与这些学科相互交叉、渗透。它是在这些学科的边缘地带形成的，所以是边缘学科。也有人因此而把编辑学看成是交叉学科。

3. "杂学"说。主张编辑学是一门杂学。认为：既然编辑有时被人称为杂家，那么据以为成家的学科应该称之为杂学。

4. "综合性边缘学科"说。认为编辑学既具有综合性，又是一种边缘学科，所以称之为"综合性边缘学科"。具体观点是：编辑活动是人类社会最普遍的文化活动之一。在人类社会中，凡是有文字、音像传播的地方都离不开编辑活动。而且任何一门学科、任何一类视听出版物，都有编辑活动，都有自己的客观规律，因而它就兼具有综合性和边缘性的学科特点。也有人认为：编辑学要研究各种出版物的编辑特征、规律和方法，是一门综合性多科性的边缘学科。或曰：属于综合性、边缘性的交叉学科，是软科学。

5. "基础学科"说。认为：编辑学的任务主要不在于对诸多编辑现象和编辑方法的直观说明与描述，也不在于编辑经验的一般总结，而是要探索和揭示编辑活动的本质规律，建立完整的适用于各种学科的编辑学的科学体系，所以它应属于基础理论学科。或曰：编辑学是对编辑活动中的道德、心理、法律、教育、人才、语言、美学等方面的问题，独立进行综合研究的一门基础学科。

6. "理论学科与应用学科二重性学科"说。认为：编辑学既要研究编辑活动的发生、发展及其互相联系的特殊规律等理论层面的内容，又要研究编辑工作的技能、工艺和程序控制等带有很强实际应用色彩的内容。编辑实践对编辑学研究的这种二重规定与要求，就决定了它是一门理论学科与应用学科辩证统一的二重性学科。持这种观点者进一步认为，"编辑"既是一种社会文化现象，又是一种系统工程，要求以它为对象的编辑学必然是具有两重性的：既有抽象色彩的文化理论，又有对实际编辑工作的具有直接指导与控制意义的应用科学。还认为，编辑学研究的对象的组成也是双重的，即主体和客体，以及它们之间的联系和制约。这都反映了理论和应用的并存与并重。

有的则从另一角度来阐明编辑学是理论性和应用性的结合。认为：研究编辑劳动的一般规律属于理论部分，研究各种媒体编辑工作的特殊规律和方法是属于应用部分。由此得出编辑学是理论性与应用性相结合的学科。

7. "应用学科"说。认为：编辑学以编辑业务为主要研究对象，是一门实践性很强的应用学科。或曰，编辑学直接为各学科的成书服务，是应用性很强的应用学科，但不是一种单纯的应用技术，也不是其他学科所能代替或包容的。也有人认为编辑学是一门既有理论的探讨，也有实践技能的培养，而以致用为主要目的的学科，所以是应用学科。

还有的认为：编辑学同其他应用学科一样，具有规定性和描写性两个方面。规定性指有关编辑工作的规范和惯例，就是已被模式化了的那一部分编辑工作经验。描写性包括客观地描写实际的编辑过程，揭示在这一过程中客观存在的规律，对处理各种问题提供一般原则的指导。编辑学以描写性为主，规定性为辅。每一本书的情况都不一样，解决问题主要靠学识，靠掌握规律，发挥创造性，不能指望编辑学对每一种书籍的毛病都开出现成的"处方"。编辑工作需要对症下药，实用性极强，所以是应用学科。

综合以上各种观点，编辑学的学科性质问题，显然是一个十分重要的问题，它关系到编辑学究竟是一门什么样的学问，在整个学科体系中，应该如何定位，这是编辑学学科建设中的必须解决的一个重要问题。

上述 7 种观点，大都是在 80 年代和 90 年代初期提出来的，此后对编辑学学科性质的问题，又有过一些专门的讨论，取得了一定的共识。

总的说来，上述观点中的前 4 种，即"综合性学科"说、"边缘学科"说、"杂学"说和"综合性边缘学科"说，基本的理由是：编辑活动要涉及各种出版物（包括音像制品），它研究的内容与许多学科有关，互相渗透。因此说它是边缘学科或交叉科学，甚至是"杂学"。

笔者认为：编辑学不是"杂学"，编辑学不仅仅是研究编辑队伍知识结构的学科，那是属于人才学的范畴。因为编辑的知识结构不等于编辑学要研究的编辑活动的矛盾和规律，这是不同的两回事。编辑学也不能成为综合性学科，综合性学科要研究各种社会现象及其发展规律，含有众多学科庞大的知识体系。编辑与各种出版物有关是事实，但"有关"仅限于编辑活动，编辑学的任务是研究编辑活动的本质性、共同规律、基本原理和方法，不涉及各专业学科的具体内容。这也正好说明编辑是一门专门的学问，而不是综合性多科性的边缘学科。说与其他学科交叉，这并不奇怪，现在新的学科如雨后春笋，层出不穷。科学越分越细，互相交叉，互相包容，正是新兴学科的特点，也是现代科学发展的新趋势。许多学科都有互相交叉的地方，但它们仍然分别成为各自独立的专门学科。

再说，"基础学科"是基础自然科学的专指，不宜混淆。如果说它是指基础理论，就容易理解为抽象的理论研究，但编辑学从本质上说有很强的实践性，也应避免落入纯理论研究的窠臼。"理论学科和应用学科结合"说与"应用学科"说，两者相接近，因为应用学科也要研究理论，探索有关事物的矛盾运动和规律，并使它上升为理论原理，再用以指导实践。所以说，"理论学科和应用学科相结合"或"应用学科"，比较符合编辑学这一学科的实际。因为研究编辑学，从根本上说，是为了指导编辑实际，使编辑工作科学化，有规律可循。

（三）编辑学属于哪个科学范畴

另有一个问题，是编辑学究竟属于自然科学或者社会科学，还是另有他说。在这个问题上，也是有不同意见的，主要有这样一些看法：

1. "属于社会科学范畴"说。认为：编辑学的研究对象和任务从根本上规定了编辑学的学科性质。因为编辑活动是一种社会文化现象，它的直接后果是生产、传播和积累社会精神产品，而社会文化现象的本质及其所产生的精神产品，都属于社会文化成果。所以编辑学应属于社会科学范畴。

或认为编辑学本质不仅是技术，而且是艺术的、科学的。编辑的技术，是一种指导性的，而不是在直接施工技术上的。所以，编辑学应纳入社会科学。

2. "文化工程科学"说。认为：编辑学不仅是一门新兴学科，而且是一门新型的学科。它不是在自然科学或社会科学两大类中简单地新增一个户头，而是把自然科学与社会科学许多学科的成就与方法，采撷综合应用于文化传导枢纽位置上的编辑活动的一门文化工程科学。

认为：编辑学是用系统工程的方法，以传播和积累社会文化为目的的一门文化工程科学。它的特征是：时代性、综合性、社会性。

3. 不忙"挂靠"论。认为：编辑学究竟应该属于哪一个大学科，有的认为应该属于文化学的范畴，有的说还是属于知识学好，也有的则认为应该属于传播学。各执一词，难于趋同。其实，在编辑学起步之初，大可不必把自己拴死在哪棵树上，如果急急忙忙找一个"婆家"，挂靠在哪一个大学科上，就很难不受其这样或那样的影响，甚至有可能削弱编辑学自己本来应有的特点，丧失了自己应有的独立地位，岂非弄巧成拙？

应该说，上述诸说，各有所据，需要很好地加以研究。如说到知识学，目前还是一门尚处在初创阶段的新兴学科，其性质、对象、内容还在探索之中。文化学又有"大文化""小文化"之分，它已经把语言学、文字学、文化艺术等列为自己的分支学科；在西方又有政治文化学、经济文化学、生态文化学、心理文化学等等，显得相当复杂，究竟要分多少层次，这样分是否合理，都还可以商榷。编辑学与传播学是什么关系，是否可以属于传播学，看来也要分析。如果说它们之间有区别又有联系，看来比较妥当。从联系方面说，编辑学在许多领域是为传播服务的。但又有区别，主要在于：一、传播学有直接传播和间接传播，而编辑学一般都依赖于载体；二、传播学为传播服务，编辑学除研究传播外还要研究积累；三、传播学讲究广泛、迅速、连续，但这些并非所有载体（如图书等）编辑工作的共同特征。

谈到编辑学属于哪一个科学门类，看来还是属于社会科学。因为，文化学、知识学、传播学都属于社会科学范畴。说到文化工程科学，主要是一种管理学科、组织学科，是一种软科学，从根本上说，也属于社会科学范畴。可见，不论持何种意见，最后都把编辑学划入社会科学范畴之内。

说到"不急于'挂靠'"，在一门新学科建立之初，为了开阔思路，进行充分的研究，不先考虑属于哪个大学科，应该是可以的。但这只是一种学科建设的战略设想，并不等于可以长此以往，悬而不决，最终还是要解决所谓"挂靠"的问题，这是不言而喻的。

关于编辑学的任务，前面已有所涉及，说它要探索编辑活动的本质特点和基本规律也好；说它是探讨编辑工作的内在联系、论证编辑活动中最普遍、最一般的原理也好；说它是研究编辑艺术也好；或者说它是研究编辑工作的对象、性质、任务、类型、作用、规律或编辑工作的各种方法、程序、工艺流程也好。既然离不开编辑学是一门应用学科性质，那么它的目的和任务，只能是为了指导编辑实践，使编辑工作科学化、规范化，同时又便于开拓创新，保证编辑成果的优化、美化、科学化和现代化，最大限度地满足社会需要，最高程度地体现时代精神。

（四）编辑学的研究对象问题

任何一门学科都有自己特定的研究对象，这是一门学科能够建立的基本前提。没有自己研究对象的学科是不可能存在的。编辑学作为一门新兴的学科，当然也应该有它自己的研究对象。编辑学的研究对象是什么？就是编辑活动中反映出来的特殊矛盾。毛泽东曾经说过，科学研究的区分，就是根据科学对象所具有的特殊矛盾。因此，对于某一种现象的领域所特有的某一种矛盾的研究，就构成某一门科学的对象。各种事物都是因为具有不同于他事物的"特殊矛盾和特殊本质"，"才构成了不同的科学研究的对象"。毛泽东的这个论断，从理论上说明了各门学科所独有的特定的研究对象，也给我们指明了探索编辑学固有的研究对象的方向。问题是如何捕捉编辑活动中不同于其他事物的特殊矛盾，如何揭示其矛盾运动的特点。

这个问题，在编辑学崛起以后的一个相当长的时期里，曾经是我国编辑学界讨论的一个热点，并且出现过几种有代表性的见解，即所谓"过程说""原稿说""关系说""主体客体说"和"规律说"。

1. "过程说"。即认为编辑学研究的对象应该是"编辑过程"，具体说法有这样几种：

一是所谓"编辑过程"即"编辑六艺"，具体是指编辑过程中的选题、组稿、审读、加工、发排、读校，或说是选题、组稿、审读、加工、设计、评介。认为这是编辑工作的基本过程，也是编辑工作者的基本功，应是编辑学研究的对象。

二是编辑学主要研究编辑工作的整个过程（或曰"全过程"），是研究如何从原始精神产品中进行选择加工、投入物态化生产、取得社会占有方式、为社会所承认，并在社会上传播的科学。

三是编辑学研究出版物从选题到印刷过程中所产生的理论问题和实践问题。

四是编辑学研究出版物由书稿到规划、征集、选择、鉴定、校核、加工、整理，直至投入印制生产之前一系列工序中追加于作品本身的精神活动。

五是选题、组稿、审稿、加工整理等诸要素，就是区别于其他学科的主要要素，因而才构成编辑学的研究对象。

在这里还应该提到"选题策划说"。认为编辑学主要应该研究"策划"，在市场经济条件下尤其应该如此。他们认为，"策划选题"是编辑最主要的工作，是整个编辑工作中具有决定性意义的环节，所以也是编辑学研究的主要对象。

总之，"过程说"虽然说法不同，或者说有的还存在某种角度的不同。"选题策划"实际上也是一种编辑过程。所以，从总体上看都是主张以编辑过程为编辑学的研究对象。这一点应该说有关论者是一致的。

2. "原稿说"。一是认为：编辑工作的任何环节都离不开原稿，一切工作都是为了使原稿能够达到物化为出版物的目的。因此，原稿在编辑工作中有决定性意义。所以，编辑学研究对象应该是原稿。

二是认为：编辑学审视、思考与处理的客体是作品。这种作品的原始形态就是原稿，或称稿件，经过加工整理和设计印制，成为图书、期刊、报纸和其他各类出版物。编辑学研究的对象是精神生产的产品，既是劳动者个人劳动的结晶，也是它得以成型的特定社会的产物。它受经济的、政治的、思想文化等社会诸条件的制约，经过编辑寻觅、发现和中介，经过整理印制，成为物化的精神产品。它就是编辑学研究的对象。

三是认为：编辑对原稿的精心处理，是著作者精神生产的继续，经过编辑的艰苦劳动，使较完美的原稿进入印制的物化过程中。编辑从事精神产品的生产，与一般从事物质生产又有着显著的区别，如工业生产中的劳动对象，在人们借助于劳动资料并通过有目的的活动之后，会发生预定的质的变化，即出现新的劳动产品；而编辑即使对作者的原稿进行了相当大的加工和整理，使其更加完美，却不能改变原稿的基本思想和主要内容……从原始性的精神文明成果（原稿），演变为具有社会性的精神产品（成品），这是编辑出版领域特有的矛盾性，也就是编辑学区别于其他一切学科的研究对象。

四是认为：编辑学研究创作原稿（作者的精神产品）与编辑劳动的相互关系。这种由他人创作的（不是编辑自己的）而以原稿形式出现的精神产品，应该是编辑学研究的主要对象。

五是认为：编辑工作的实质似可归结为编辑对稿件和其他工作对象的评价，编辑学研究的重点可以放在制定编辑对稿件和其他工作对象评价的原则、标准和方法等方面。

综上所述，"原稿说"的基本思想是把编辑工作的主要对象之一——原稿，作为编辑学的研究对象。

3. "关系说"。就是把编辑学的研究对象定为编辑、或编辑活动与各个方面的关系，也就是编辑工作矛盾的诸多方面。

一是认为：编辑学的研究对象，应该是编辑过程中各项工作的关系、编辑活动与出版传播事业内部各项工作及社会各有关方面之间的相互联系。

二是认为：作者、编者和读者共同的利益中心，相互的制约中心，以及外部环境的出版工作中心，都受到同一因素——社会发展的制约，只能在同一轨道上运行和变化。所以，可以这样来概括编辑学的研究对象：即编辑学研究的对象是作者、编者和读者之间的相互关系，他们共同的利益关系、相互的制约关系，以及在出版工作中的地位和作用。编辑学要研究如何组织、发展、协调、优化上述的各种关系，使他们共同的利益中心得以形成、扩大、提高并争取最佳的效果。

三是认为：编辑人员不能脱离出版系统和出版系统外部的相关环节孤立地工作，要在同这些环节的互相联系、互相影响的过程中来完成自己的任务。在出版系统外部与编辑活动最直接最密切的是作者的著作活动和读者的阅读活动。因此，编辑学要研究著作活动和阅读活动，研究作者工作和读者工作，以及他们与编者的关系。

四是认为：编辑学要研究编辑活动与社会历史的关系，与文化传播的关系，特别是与作者和读者的关系。

由上可见，"关系说"的各种具体说法虽不尽相同，但总的还在于组织和协调各种关系，使编辑工作的运作有序，运用顺利。是从比较实用的角度来研究问题的。

4. "主体客体说"。这种观点是把主客体的关系作为编辑学的研究对象。

一是认为：编辑学作为一门学科，要研究主体、客体的双重关系以及两者的转换关系和反映形式。编辑学应该研究编辑主体、编辑过程客体，主体作用于客体的反映形式。

二是认为：当我们研究编辑实践内部构成时，主、客体的关系十分明确，编辑作为实践主体，书稿就是实践客体，基本矛盾是编辑与书稿的实践关系。但编辑学不能仅仅研究书稿，研究书稿不能解决编辑学要解决的问题。编辑学研究的是编辑如何将书稿加工到符合出版要求这样一种实践活动。

三是认为：编辑主体与编辑客体这对矛盾中，客体居于矛盾的主要方面，支配主体，决定主体。

可见"主体客体"说，可以说是"关系说"的延伸。但它把"关系说"所涉及的多层次、多方面，无所不包的各种关系，集中到主体和客体，以及主体作用于客体这一点上来，应该说是一种进步。但是，有人把客体理解为编辑过程，认为主客体矛盾的主要方面在于客体。这些看法，还是可以进一步研究的。因为编辑的社会环境、外部条件，不能都包括在编辑过程之内；强调客体是矛盾主要方面，就容易造成编辑主体的被动地位，而不能充分发挥其作用。

5. "规律说"。其基本主张，是把揭示编辑活动的基本规律，作为编辑学的研究对象。

一是认为：编辑学是一门研究编辑活动的本质及其固有规律的科学；是把编辑活动作为一种社会文化现象，探索它的形成和发展，研究它的本质关系，揭示它的一般规律的科学。编辑学就是研究编辑的本质属性和内在联系，即研究规律的学问。

二是认为：编辑学的研究对象是编辑活动全过程的规律性；研究编辑活动中的规律，探索编辑各个环节的普遍性问题。

三是认为：编辑学研究对象是编辑活动的特殊矛盾，以及这些矛盾运动反映出来的特殊规律。要从编辑活动的特点，以及形成这种特点的过程中，去揭示编辑活动的特殊规律。

四是认为：编辑活动是对外载知识的智力加工活动。换言之，编辑活动的智力加工对象是各种形式的外载知识。因而编辑学的研究对象应是外载知识智力加工的理论、规律和方法。

五是认为：编辑学的研究对象是关于社会信息的采集、控制、处理和流通的规律。

总之，"规律说"是把编辑学的研究对象定在编辑活动的客观规律上。这种观点受到多数人的赞同，认为比较符合编辑学这样一门应用科学的实际。

如果我们就上述诸说做一些分析，那么一般认为研究原稿应是创作学、著作学或文章学的事，这种研究很容易与著作学之类相混淆。事实上编辑学不仅是肯定、否定或评估原稿，重要的在于加工整理并修改原稿。至于"过程说"容易被人理解为是一种业务研究，是工艺之学，或者认为是术而不是学，很难形成为一门独立的可以适用于各种媒体的既有理论体系又利于实用的编辑学。

说到"关系说"和"主体客体说"，应该说是和"规律说"一致的，只是角度不同而已。因为这三种观点有一个基本的共同点，就是都是以编辑活动为对象。所谓关系，是讲编辑活动特有的关系；研究关系，就是研究编辑活动的特殊矛盾和矛盾的特殊性，目的在于揭示矛盾运动的特殊规律。"主体客体说"也一样，研究编辑主体诸方面的因素，编辑主体的活动及其作用于客体的度和量，从而发掘出编辑活动的客观规律。可见，"关系说"和"主体客体说"，最终都是落实到研究编辑活动的矛盾运动及其客观规律，只有掌握了客观规律，才能建立起学科的理论体系，从而使编辑学真正成为一门独立的现代科学。

编辑学研究的对象问题，长期以来，是编辑学研究的一个热点，看法不尽一致。前面说到的几种，是其中的一部分，或者说比较突显的几种。也许还不止这几种，不再一一列举。应该说，这些见解，有一个发展过程。比如说，最早时"六艺说""过程说"有一定影响，随着学术研究的发展、讨论的深化，"关系说"有一定影响。到后来，随着"编辑活动"作为编辑学研究的对象形成一定的共识以后，"规律说"逐渐升温，慢慢形成了某种程度的共识，但也只是在研究"编辑活动规律"这一点上有所趋同。至于规律是什么，仍然理解不一。这个问题，虽也发表了一些见解，但由于讨论尚待充分开展，目前还难于有所展示。需要今后编辑学界共同努力，集中攻关，把这个问题解决好。

重要的是需要研究编辑工作的主要矛盾和矛盾的主要方面，研究它的发展、变化。把这个问题理清楚了，才有可能揭示出基本规律，概括出理论原理。这当然是一个艰苦的寻觅过程，是一个激烈的争论过程，也是编辑学研究今后理应完成和必须完成的任务。对于普通编辑学或理论编辑学来说，尤其如此。因为不能想象，作为一门学科，仅仅停留在工作过程的叙述、工艺技巧的描绘，而没有主要矛盾的分析、客观发展规律的剖析、基本原理的阐明。这应该是毋庸置疑的。

在讨论编辑学研究对象问题的时候，产生了一个重要问题，或者说是基本问题：即许多人认为不论从什么角度考虑，要解决编辑学的研究对象问题，首先要解决什么叫编辑的问题，也就是编辑的基本概念问题。这个问题，可以说是编辑学研究中争论最多最激烈的问题，也是迄今为止经常争论不休的问题。

（五）关于"编辑"的概念

这在古今中外的著述和工具书中本来就有多种界定，提出的看法很多，形成了"百花齐放，百家争鸣"的局面。仅列举如下：

1. 古代中国对"编辑"的认识。

（1）"编""辑"两字的起源，更早的无从查考。现在可以看到的资料，在安阳出土的殷墟甲骨上已有"编"字。许慎《说文解字》谓："编，次简也。"段玉裁注："以丝次第竹简而排列之曰编。"作顺序排列之意。从糸，扁声。《广雅·释器》："编，绦也"，《汉书》孔子读《易》，"韦编三绝"，此处均作"穿联竹简之皮条或绳子"。《玉篇·糸部》谓"编，连也"，意指连接；又谓"编，织也"，意经纬相成，或曰收集也。唐卢照邻《乐府杂诗序》"访遗编于四海"，这里的"编"是指一部书或一本书之一部分。"编"有时也作数量用，如《史记·留侯世家》："出一编书。"唐韩愈《怀秋诗》："退坐而壁下，读诗尽数编。""编"古时也用作文字和声音编歌解，如《庄子·大崇师》，"或编曲，或鼓琴，相和而歌"。这就有点儿编辑的意思了。"编"，在古代的含义就是连接、收集、编次、有序。

"辑"，《说文》谓："车和辑也。"段玉裁注："辑，车舆也……

辑众材而为，故为之舆。"《六书故·工事三》："'辑'，合材为车，咸相得谓之辑。"意为把许多东西收集在车上。《国语·周语上》："和协辑睦，于是乎兴。"韦昭注："辑，聚也。"《尔雅·释诂上》："辑，和也。"《正字通·车部》："辑，睦也。"颜师古称："辑，谓安定也。"《汉书·朱云传》："槛折……及后当治槛，上曰：勿易，因而辑之。"这里的"辑"，有整修、补合之意。《后汉书·艺文志》："门人相与辑而论纂，故谓之《论语》。"颜师古注："辑与集同。""辑"在古代的词义，是收集、合成、整修，使之和谐安定。

（2）"编辑"两字连在一起使用，始见于公元 551 ~ 554 年编的《魏书·李琰之传》。书上说他当过多种官职，自称"好读书，不求身后名，但并见异闻……孜孜收讨，欲罢不能"；"前后再任史职，无所编辑"（是说两次出任史官，但未说明任职多少时间）。这里的"编辑"，是指编撰或编纂。

约编于公元 659 年的《南史·刘苞传》称："少好学，能属文，家有旧书，例皆残蠹，手自编辑，筐箧盈满。"这里的"编辑"，是指修残补缺，整理编次旧书（简牍）。

唐高宗咸亨年间（公元 670—674 年）有诏称："修撰国史，义存典实，自非操履忠正，识量该通，才学有闻，难堪斯任。如闻近日以来，但居此职即知修撰，非惟编辑讹舛，亦恐泄漏史事。"这里的"修撰"是指著述、撰写；"编辑"是指避免史料发生差错或遗漏。

唐高宗仪凤元年（公元 676 年）《颁行新令制》称："然以万机事广，恐听览之或遗；四海务殷，虑编辑之多缺。"这里的"编辑"，是要广泛地收集整理资料，不要遗缺。

唐颜真卿的伯父颜元孙写《干禄字书序》时说："若总据《说文》，使下笔多碍，当去泰去甚，使轻重合宜，不揆庸虚，久思编辑。"作者想在《说文》的基础上按照自己的思想、体例，另编一本他认为更适用的书。这里的"编辑"，有删削编纂或改编的意思。

可见，"编辑"一词的含义，在古代也是发展演变的。

2．现代国内若干工具书对"编辑"一词的表述。

（1）1979 年版《辞源》："收集材料，整理成书。"

（2）1988 年版《新闻学词典》，有二义：①报纸、图书出版过程中，有关组稿、审读、编选、加工稿件以及制作标题、设计版面等专业性的工作。②新闻出版机构中从事编辑工作的专业人员。

（3）1989 年版《辞海》，有二义：①新闻出版和电影等机构从事组织、审读、编选、加工整理稿件等工作，是定稿付印（或摄制）前的重要环节。②指从事编辑工作的人。

（4）1990 年版《中国大百科全书·新闻出版》：使用物质文明设施和手段，从事组织、采录、收集、整理、纂修、审定各式精神产品及其他文献资料等项工作，使之传播展示于社会公众者。

（5）1990 年版《新华词典》（修订本），有二义：①在书籍报刊的出版过程中，对稿件、资料进行整理、修改加工等工作。②新闻出版机构中担任编辑工作的人员。

（6）1990 年出版的《社会科学学科词典》："编辑"，是指在出版机构的组织领导下，依据该机构的出版方针、任务，掌握有关读者、作者和出版物的情况，进行选题设计和组稿（或编选稿）、审稿、加工整理、成书设计等工作，使他人的文稿、图稿或资料达到出版水平和备齐发稿条件，并配合印刷、发行、宣传等部分，使编发的图书得以及时施加影响于读者，同时取得读者反馈。

（7）1992 年版《汉语大词典》，有二义：①对资料或现成的作品进行整理加工、编成书刊。②出版、新闻等单位中的中级专业技术职称。亦泛称做编辑工作的人员。

（8）1992 年版《出版词典》：编辑工作是指新闻出版等部门的专业人员，根据一定的方针和播放要求，进行一系列复杂的创造性的工作。包括收集、研究出版文化信息，制订选题计划，组织著译队伍，审读、选择、加工整理稿件和其他资料，进行美术和技术设计，以及宣传介绍，了解读者、观众、听众反映等。

（9）1992 年版《辞书学词典》，有二义：①为著作物做选取、编次、整理、加工等一系列工作的总称。②泛指从事编辑工作的人员。

（10）1994 年版《编辑实用百科全书》，有三义：①新闻、出版、广播、影视等部门，为出版或播映准备稿件的社会文化活动，它以规划、选择、加工工作为特征，包括设计、组织、审读、加工整理等工序，以及出版、播映前后的宣传推荐，了解读者（听众、观众）反映和围绕作者、读者所进行的工作。②泛指从事编辑工作的人。⑧中国新闻出版等部门专业技术职务中的中级职务。

（11）1996 年版《现代汉语词典》有二义：①对资料或现成的作品进行整理、加工。②做编辑工作的人。

（12）《宣传舆论学大辞典》：新闻出版机构中进行组稿、审稿、编选、加工稿件以及制作标题、撰写言论、设计版面、组织报道等专业工作和从事这项工作的专门人员。

（13）1998 年出版的《新闻传播百科全书》：编辑，报纸编辑学术语。指在报社从事决策、组织、审读、选择、加工、编排等专业性工作人员。编辑在报纸出版过程中起关键的、主导的作用，处于组织报导的中心地位、读者和作者的中介地位。从总体上讲，编辑是报纸的指挥者、组织者和执行者。

3．国外若干工具书对"编辑"一词的表述。

（1）苏联《百科词典》：编辑工作是加工作者的作品以供发表的过程。

（2）苏联《图书学词典》：编辑工作是出版过程中的一个组成部分。其内容是编辑人员（通常是同作者一起）对原稿进行创造性加工，目的在于提高思想政治、科学和文字质量，为印刷出版做准备。

（3）苏联《图书学用语词典》：仔细审阅材料的内容和文字，做必要修改和补充，为出版做准备。

（4）《日本出版事典》（中国出版时译作《简明出版百科辞典》）：一般指公开发表为目的，收集作品和其他资料，按照一定方针进行整理编排，以符合某一特定传播媒介的需要，因而电影的编辑和广播节目的编辑也都包括在内。狭义地来说，可以定义为：按照一定的编辑方针指导下制定的编辑计划，以作品原稿为工作对象，进行创造性整理编排，使之形成出版物的形态，这种具有学术性的、技术性的工作称为编辑。

（5）《美国出版词典》：编辑工作：①对稿本或其他记录材料进行改动和提议改动。例如，作者可以在作品上更改，编辑可以对作品进行审评，对准备出版的稿本进行内容及文字加工或技术加工。文字编辑加工即将出版或即将输入电脑储存库的稿本，电影制作者则编辑用以制片的电影电视材料。②从广义上讲，是为出版进行写作或组织稿本、取得出版权，并使其通过整个出版过程。

（6）《美国作家词典》：编辑是生产、编选和修订文字材料、摄影材料和视听材料，使其适用于出版的艺术。

（7）美国《韦氏新世界词典》：编辑工作就是通过选择、整理、加注释，使作品、日记、书信等适合于出版。

（8）英国《企鹅英语词典》：书稿出版以前进行选择、修改和检查；增加必要的辅文，为出版做准备。

（9）英国《牛津词典简编本》：加工、整理文字材料，以供出版。

（10）德国《迈尔新百科词典》：加工稿件以供出版。报刊、广播电台、电视台和出版社的专业人员，从专业、政治、思想和语言的角度编选加工新闻、文学、艺术和科学各方面的稿件，使之适合于出版和广播，或者自己撰写；同时，编辑还需物色作者、指导作者、准备图片资料等。

（11）南斯拉夫《大众百科词典》：编辑对稿件进行加工、润色、整理、修正；为出版做准备。

（12）朝鲜民主主义人民共和国《朝鲜语小词典》：编辑为刊行出版物而对原稿进行审读、修正和整理。

4. 国内编辑学界近 20 年来对 "编辑" 概念的若干界定。

自从编辑学研究开展以来，编辑学界对 "编辑" 概念有多种界定，这里仅将一些见诸书刊的说法，分列于后。

认为：编辑是收集和研究有关出版的信息，按照一定的方针制定并组织力量实施选题计划，审读、评价、选择、加工、整理稿件或其他材料，增添必要的辅文，同著译者和其他有关人员一起通力协作，从内容、形式和技术各方面使其适合于出版，并在出版前后向读者宣传介绍。

认为：编辑是社会精神产品生产流程中的一个中间环节，它以物态化生产为目的，对精神产品的原稿进行选择和加工。

认为：编辑是在利用传播工具的活动中，以满足社会精神文化需要为目的，致力于在作者和读者之间建立传播关系，把印刷和发行作为自己后续工作的一种社会文化活动。

认为：编辑是对外载知识的智力加工，包括对知识的审选、修订、组稿等。认为编辑活动是缔造社会文化的活动。

认为：编辑就是选题取材，有序组合，构成讯息。根据社会文化需要，按照指导方针，使用物质载体和技术手段，对精神产品进行组织、采集、鉴审、选择和编序加工，并构成一定的文化符号模式作为社会传播媒介，即为编辑活动。编辑是通过稿本、编本和文本，与作者、读者广泛交流的社会文化活动，其目的是缔造人类精神文化结构。从事编辑活动的人们叫做编辑工作者，简称编辑。

认为：编辑是信息和知识有序化、载体化与社会化的学术业务。

认为：为了适应传播的需要，对现存用文字凝结而成的著述和可能凝结的著述进行构思，并且根据生产经营的目的与标准，进行选择、修整和组装，就是编辑。

认为：编辑是一种以一定的文字、音像材料为基础，进行创意、选择、设计、加工、美化等综合性阶段性的精神生产过程，使之符合制作物质载体的标准，达到宣传思想、传播知识、交流信息、陶冶情操、积累文化等目的的智力劳动。

以上古今中外对编辑概念的多种界说（尽管收集很不全面），为我们研究这个问题和其他有关问题打开了广阔的思路，便于进行比较和选择。

为了在众说纷纭中探讨编辑概念的合理性和科学性，笔者认为首先要明确几个意思：

（1）我们讨论的是编辑的基本概念，或曰总概念，不是某一类读物、某一种载体的具体的编辑概念，如图书编辑、期刊编辑、新闻编辑等。

（2）既是编辑的基本概念，就应该从总体上反映编辑活动的特有属性，即不同于其他活动的本质属性，就是要从编辑活动的多种属性中抽出它的特有属性。

（3）概念是一种思维形式，它应该从感性上升到理性，不是具体的操作过程的描述，而是一种尽可能简明的理性抽象。

（4）任何概念不是永远不变的，随着社会的进步，历史的演变，人们认识的发展，概念也可以发生变化。我们只能根据目前的情况和认识水平加以概括。

根据这些思考，笔者认为前述多种界定可以分为这样几种情况：

（1）不少定义在一定的历史时期和一定的条件下是科学的，如《辞源》的"收集材料，整理成书"。在古代，特别是在活字印刷推广以前，当时还没有报纸，书籍的编辑就是收集材料，加以整理。包括孔子为《诗》《书》一些篇章"作意"，即写大小序。刘向给每本书写叙录，后刘歆编成《别录》等，也可列入"整理"范围之内。是一种比较符合实际的概括。

（2）对具体的过程描述过多，缺乏必要的概括和理性抽象。那些反映特殊属性的环节是应该概括的，但把所有的编辑过程都写在里面，就变成过程的描述。

（3）有的把编辑概念限定在新闻、出版机构的专业活动和专业人员。

但编辑的活动，显然不限于新闻出版机构。还有广播、音像编辑，还有图书馆的编目工作，还有非营利的广告、宗教印刷物，机关、团体内部还编辑了相当数量的文件、信息、资料等印品，但他们根本不是文件、信息、资料、经卷和广告词、画的作者，他们所做的就是收集、选择、整理等的编辑工作。所不同的是，只是他们不在新闻出版机构，他们的成品也未必都是商品。还有许多软件、广告编辑，他们的成品有的是商品，有的不是商品。国外还有编辑所^①和独立编辑^②。编辑学总不能说只研究某一种编辑，不研究另一种编辑。

（4）有人把编辑分为两种，一种是古代的著作方式的编辑，一种是现代出版社的专业编辑。如果我们讨论的是现代图书编辑或现代杂志编辑的概念，他们又确是出版社、杂志社的专业编辑，当然是可以的。但是我们讨论的是编辑的基本概念，那么图书编辑或杂志编辑的概念，就不能代替编辑的基本概念，也是显而易见的。

（5）有的文章把编辑概念和编辑作品联系起来，认为"编辑作品的形式和内容都是编辑者和原创作品作者双重制作行为的综合。编辑著作行为以原创作品为基础，是第二次的著作行业。……编辑概念是著作概念由抽象上升到具体的逻辑终点，编辑是著作行为发展的最高形态，它包括了全部著作行为的丰富性"^③。这样，就和前面的意见恰巧相反，把著作行为和编辑行为搅在一起，把两者变成一回事了。如果编辑行为都是著作行为，那就只要研究著作学就可以了，何必再研究编辑学呢？

（6）顺便说一句，有人在讲座学术问题时，常常喜欢引用什么法、什么规定来做依据。我不是说完全不能引用，但学术问题的讨论，归根结底要反映事物的客观规律。然而法规是一种社会团体或阶级的意志，

---

① 编辑所是国外一种编辑人员的劳动组合，它不属于哪一个新闻出版机构，但承办各新闻出版等单位的编辑业务，按要求完成交办的任务。
② 独立编辑，也称自由编辑。是以编辑工作为谋生手段的个体劳动者，他不属于某个具体的新闻出版机构，但承办社会各界的编辑业务。
③ 参见《编辑之友》1995 年第 5 期。

它是根据现实生活中的需要而制定的，有的反映客观规律，有的未必完全反映客观规律，只是出于当前管理某种问题的需要。再说，法规是可以改的，包括宪法这样的基本大法也是可以改的。但是讨论学术问题，要求反映客观规律是不能凭主观意志改变的。更何况不同时期有不同的情况，如清朝有《大清律》，我们现在有《著作权法》，内容当然就不会相同。此外，不同的国家还有不同的法规，有时对某一个问题的规定截然相反。所以，学术问题与政治问题是有所区别的，有不同的客观需要，法规是人们的意志的反映，学术研究更应反映客观规律，各有自己的遵循。不然这个地方的编辑概念，到另一个地方就不适用，这就很难做到科学了。

比较了上述各家之说，笔者不揣冒昧，也提出一个界说，不当处，请指正。

编辑是根据一定的思想原则，以相应的信息或著述材料为基础，进行优选、创意和优化、组合等综合性的精神生产过程，使精神成果适合于制作传储载体的创造性智力劳动。

这个界说，包括这样的几层意思：

一是编辑的工作根据。就是说编辑工作要根据一定的思想理论原则和社会需要来进行，包括政治、经济、文化、生产、生活等各个方面、各种层次的实际状况。当然，也包括广大读者的需要、作者的需要，或宣传推广的需要。这种状况往往通过思想、理论、原则反映出来，指导编辑工作，成为制订编辑方案、编辑计划的根据。

二是编辑的工作基础。做什么工作都需要有基础，编辑工作也不例外。这种基础就是信息、文字材料、图片音像材料，它可以是某种信息、原稿、原创作品（成品或尚待加工整理的作品），这是编辑创意和加工的基础。就是说，编辑工作必须依赖于已有的信息、材料、原创作品或半成品，否则编辑工作就没有原料。

三是编辑的工作手段。这种手段就是优选、创意、优化、组合。创意包括根据某种信息，进行选题的策划和设计，出书规划的制定，套书或具体书刊的整体构思；优化包括收集、审选（如作者的选择、原稿和材料的选择和审读）以及组织优秀的稿件，包括对他人的原稿、原创作品或资料进行优化，如加工、整理、提高稿件的质量；组合包括编次，修改或制作标题，增加必要的按语、注释和辅文，包括封面、刊头和版面的设计，以及整体的美化工作等。

四是编辑的工作性质。这种性质说明编辑工作是精神产品生产过程中的一个阶段性的工作，是一个重要环节，但这种阶段性不是指某一个具体方面。对这个产品的生产推广来说，是综合性的、全面性的，是以优选、创意、优化、组合为手段的社会文化活动，且是一种创造性劳动。又由于这种创造性劳动是在已有作品——原稿或原创作品的基础上进行的，所以说是再创性的。总的说来，编辑的工作性质就是选择性、加工性、综合性、再创性的智力劳动。

五是编辑的工作目的。这个目的有宏观的和微观的。宏观的是指取得最大限度的社会效益，是为了传播和储存精神生产成果，为影响读者建设有中国特色的社会主义文化而努力。从微观说，编辑工作的具体目的，就是为精神生产物态化、载体化服务。

以上总的是要说明，编辑工作是一种精神生产活动，是一种为社会进步、生产发展服务的社会文化活动。它既是社会主义文化建设的手段，又是社会主义文化建设的重要内容。这个活动，不是随意的，它是根据社会需要，并通过一定的载体来实现，有广泛的社会性和具体的实践性的社会文化活动。从事这种活动的人就是编辑。

近现代以来，编辑工作越来越成为一种社会文化活动。从类别方面讲，除了图书以外，还有报纸、广播、电影、电视、光盘、磁盘和软件；从人员说，除了以编辑为职业的专业人员以外，还有领导人、学者、专家等。毛泽东就编过许多书刊，如《中国农村社会主义高潮》等；胡乔木主编《中国大百科全书》，邓力群主编《当代中国丛书》，不能说这些不是编辑工作。再往前推，鲁迅是作家，但也是编辑，叶圣陶是作家，更不能说他不是编辑。显然，他们在这些书上做的工作是与编辑人员一样的，没有他们，这些书也许就根本出不来，即使出来也不会像今天这个样子。因为他们对书的创意和形成有决定性的作用，而不是一般地说几句，请大家去干就算完事了。研究编辑学当然也不能不包括研究他们的编辑思想、编辑艺术和编辑功能在内。所以，我们在考虑编辑基本概念的时候，恐怕不能只看到现在出版社的几个职业编辑，而要看到出版业内外真正在那里做编辑工作的人。如果我们要为"出版社专业图书编辑"下定义，那是另一回事。

这些看法未必正确，说出来只是为了大家便于讨论罢了。

（六）关于编辑的起源问题

这个问题由编辑概念的不同界定而产生。一种意见认为：编辑起源于殷商（或者说，"编"这种活动始于殷商）。理由是：从安阳出土的殷墟甲骨上就有"编"字，后汉许慎在《说文解字》中说"编，次简也，从糸扁声"。段玉裁注"以丝次第竹简而排列之曰编"。有的根据实地考察，认为出土的甲骨，不是杂乱堆放的，而且一摞一摞，分坑储藏，有的还有序号，有的有钻通的小洞，可以串联，除了正文，还有文字记录，如"妇好示""十屯有一""三册·册凡三""册六"等，用来表示编排者署名、甲骨的数量、编成的册数和册的次序。认为甲骨文的册，就是书籍形式的萌芽。许慎在《说文解字》中说，"惟殷先人，有典有册"，也说明了殷商已有书籍。说明编辑活动肯定是存在的，虽然这种活动可能是很原始的。这种关于编辑活动起源的见解，可以名之为"殷商说"。

另一种意见认为：编辑活动起源于春秋，即公元前6世纪到前5世纪。理由是孔子"作春秋""删诗经"，而且主张"述而不作"。不仅有编辑实践，而且有编辑思想，应是无可辩驳的编辑活动；并认为孔子以前，应该也有人做过类似的工作，但是史书上有记载的、有名有姓的、有编辑成果的，则是孔子。因此，把孔子的时代——春秋时期作为编辑活动的起源，是有充分根据的。这种关于编辑活动起源的见解，可以称之为"春秋说"。

再一种意见认为：编辑活动起源于五代至北宋时期，即公元 10 世纪前后。理由是，有出版才有编辑。认为：雕版印刷，虽始于南北朝，历隋唐，但真正普及兴盛是在北宋。如果再往前推一点，就是五代。在此以前，雕版印刷并不普及。印刷的书也不多。既然出版都没有形成气候，也就谈不上编辑了。这种关于编辑活动起源的见解，可以称之为"五代北宋说"，或"有出版才有编辑说"。

经过几年的讨论，笔者认为：编辑活动是一种社会文化活动，又是一种历史现象。从最早的萌发，到纸介印品出版物，到音像、电子计算机软件编辑，再到多媒体编辑，是一个漫长的发展过程。在这个漫长的发展过程中，应该如何确定编辑活动的起源，应有这样几点：①必须要拥有"收集整理材料"这种起码的编辑实践。②进行编辑活动时应有一定的目的和主张。⑧以上两项必须有史书的明确记载。根据这三条，我们看甲骨时期的编辑活动，只能说是一种萌芽。春秋时期孔子的编辑活动，基本符合这三条，可以认为是编辑活动的开始。至于五代北宋说，应该说，雕版印书普及时期，肯定有编辑活动，是毫无异议的。但编辑活动的起源为什么一定要与雕版印刷联系在一起，此前的竹简、木牍、帛书为什么就没有编辑活动，似乎缺乏根据。有人认为，手抄时期（雕版前），也有编辑活动，这似乎又往前推了一段时期，但这样和"著于竹帛"又很难划分。因此，以孔子时期为编辑活动的起源，应该说是比较合理的，也是合乎历史逻辑的。

（七）关于孔子是不是编辑家之争

这个问题由前述编辑活动起源的讨论引申而来，但问题的性质不只是编辑活动的起源问题，还关系到编辑概念界定等问题。在这个问题上，不同的意见主要是两种。一种认为：孔子是我国最早从事编辑活动的人，是中国历史上第一个有名有姓的编辑家。理由是：①自《史记·孔子世家》记述孔子定《诗》，"去其重，取可施于礼义，上采契、后稷，中述殷周之盛，至幽厉之缺，始于衽席，故曰《关雎》之乱以《风》为始，《鹿鸣》为《小雅》始，《文王》为《大雅》始，《清庙》为《颂》始，三百五篇孔子皆弦歌之"，"礼乐自此可得而述"。以后，汉之班固、赵岐《孟子题辞》、孔刊《尚书·序》、吴陆机《草木鸟兽疏》，至唐陆德明《经典释义》、宋欧阳修《诗本义》，以及王应麟、宋樵，直到清顾亭林、赵坦等都肯定孔子删诗的编辑活动。②认为孔丘删诗书、订礼乐、赞周易、修春秋等活动，与历史上把"收集材料，整理成书"作为编辑的特征相符合。过去的编辑工作无非是辑集、整理、编次、审定、校勘，而这些也正是当时孔做的事。因此，孔子作为中国历史上第一个编辑家是当之无愧的。③认为古时候分工不细，古人成书，往往编著合一，或著编校合一，如果一定要用现在分工的眼光来看，那集作者、编者、校者于一身的人多的是。而一本书问世之后，往往只知作者为谁，而不知编、校者为谁。但事实上，总不能说成书只有作者，没有编辑、没有校对。这正是长期以来中国编辑、校对的地位、作用不被人重视的原因。④根据范文澜著《中国通史简编》说：孔子"整理六经有三个准绳，一是：'述而不作'，保持原来的文辞；一是：'不语怪力乱神'，删去芜杂妄诞的篇章；一是：'攻乎异端，斯害也已'，排除一切反对中庸之道的议论"。这说明孔子在编辑工作上不仅有实践，而且有理论，说他是编辑家，据理十分充分。

另一种意见认为：孔子当时的活动，是一种编纂活动，而编纂是古代成书的一种方式，所以孔子的活动不能说是编辑活动，当然不能称为编辑家。理由是：①编辑是通过传播工具进行间接传播的工作，是处于作者和读者之间的出版前期工作。孔子所处的时代既没有利用传播工具的条件，也没有处于作者和读者之间的中介地位。他从事教育工作是直接传播，整理文献是编纂活动，而编纂在古今都是多种著作方式之一，孔子的编纂与出版无关，只能说是著作活动，不是编辑学研究的编辑活动。又说："收集材料，整理成书"只是《辞源》对中唐以前偶见的"编辑"

一词的释义，与出版无关。今天编辑学研究的"编辑"，并非古汉语"编辑"一词演变而来，而是 19 世纪与"出版"一起从日语中借用的，并且一开始就与新闻出版联系在一起的。《忠义水浒传》的崇祯刻本，作者就署"罗贯中编辑"，这里的"编辑"，显系指著作。因此，必须区分作为著作方式的"编辑"和作为出版一部分的"编辑"，否则无法搞清基本的事实。②把"述而不作"说成是编辑活动的理论概括，缺乏根据。因孔子的"述而不作，信而好古"，是说明他对周礼、周制的尊重，要求通过教化恢复周礼，而不另搞新制，与编辑活动无关。③认为研究孔子最可靠的材料是《论语》，至于《史记》《孔子家语》《尚书·序》，是汉代尊儒的作品，有靠不住的东西。④说孔子编教材，也找不到文献根据，孔子的教育方式是"侍坐""从游"等答问，口口相传，说孔子编教材未免牵强。⑤关于孔子删诗说，认为唐以后就有人提出疑问，孔颖达在《毛诗正义·诗谱序》中就不赞成。宋朱熹则说："夫子不曾删诗，只是刊定而已"，因已经散失，"经孔子重新整理一番，未见得删与不删"。到了清代，怀疑孔子删诗的人越来越多，朱彝尊、赵翼、崔述、李惇、方玉润都持怀疑态度。赵翼说："据《国语》凡引诗三十一条，止两条是逸诗，《左传》引诗共二百十九条，而逸诗不过十三条，是逸诗仅当删存之诗二十分之一，以此明史迁之说为不然，今谓孔子删诗，只是重加整理，不必删去多篇。史迁古诗三千之说原属虚数，以孔子删定篇数为三百，故称未删之前三千，以著其数之多，非谓实三千篇也"①。今人周满江认为"现代不信删诗说者已占多数"。程英俊说："怀疑删诗说的争论理由充足，已经取得胜利，没有什么人再会相信他了。"②于是有人得出结论，孔子未曾删诗已成定案，治经学与治文学者看法已比较一致。近几年提出孔子删诗，主要是一些研究中国编辑史的人，本

---

① 参见黄焯《诗说》卷一，长江文艺出版社 1981 年版。
② 参见周满江《诗经》，上海古籍出版社 1980 年版；程俊英《诗经漫话》，上海文艺出版社 1983 年版。

来已澄清了的问题，又被编辑学界搅混了①。

第三种意见与第一种意见基本相同，但有自己的见解。认为：①中国历史上时而尊孔，时而非孔，这与各个时期的社会思潮有关。孔学中有不少糟粕，随着社会进步，应该否定是完全必要的。但编辑学讨论的主要不是孔学的思想内容，而是他当时有没有做过"收集材料，整理成书"这类事。退一步说，说司马迁说的诗三千是虚数，似乎是司马迁当时随便冒叫了一声。这种说法，根据何在？难免近于臆断。司马迁当时为什么不说五千，不说一千，偏偏说个三千，难道仅仅是形容多而已，实际上毫无一点根据，似乎难于理解，更不能令人信服。说《国语》引诗三十一条、《左传》引诗二百十九条，逸诗仅占删存诗的二十分之一；或曰《左传》、《国语》记载诗歌二百五十条，其中百分之九十五见于"诗三百"，也只是二百三十八条。这与诗三百五篇比，尚少六十七条。这六十七条是不是孔子收集后整理加上的，为何不予提及岂不成为问题。如再退一步说，就说孔子没有删诗，那么"重新整理""刊定而已"，应该是大多数古今学者所承认的。这算不算编辑活动？②如果说范文澜先生提出孔子编订六经的三个准绳，其中"述而不作"，未被认同，那么另两条总应该能成立的吧，而这两条不就是编订准绳吗？③说"编辑"一词非古汉语演变而来，而是19世纪时借用日本的。此说尚可研究，因古代朝、日文字，多源于汉语，明明是中国几千年前就有"编辑"一词，何必一定要从日本引进。当然我们并不否认"出版"二字组成一词，是日本人先用的，也可以说是从日本引进的。④用《忠义水浒传》署"罗贯中编辑"，来说明编辑就是"著作"。这是今人为区别两种编辑的想法，因为古代本来著编校不分。要找一个例子，来说某种观点并不难，比如李贽序、批的《忠义水浒传》和杨定见序的《忠义水浒全书》则均署"施耐庵集撰、罗贯中纂修"。如果两者都是"著作"，又何必分署。⑤历

---

① 参见范军《"孔子删诗说"述略》，《编辑学刊》1997年第1期。

史上的具体事件的记述，一般总是相隔时间短些比较清楚些，断无时间相隔越长记述更清楚的道理。有人一说到《史记》，就说是"千古绝唱"，而一说到它记述的具体事，反而不及清人清楚，这无论是在历史事实上，或历史逻辑上都是难以自圆其说的。⑥任何概念，只能是历史和现实的高度概括，而不能只从当代出发，先界定一个"概念"，划出一个框框，再去取舍历史上的各种资料。当然，如果讨论的全是当代的事，不涉及古代那是另一回事。⑦说孔子整理古代文献，大致可称为编纂的著作活动，这种看法未免失于武断。中国古代编著合一，著编校合一，一身二任、三任，人所共知。这是因为古代没有像现在那样分工，而不等于就没有编、校这类工作；再说，过去只有人研究文学史、经学史、著述史，而没人研究编辑史，所以，没有把编辑这部分工作分离出来，并且研究它发展的历史轨迹，因而造成今天有人把编辑活动当著作方式，是不奇怪的。但是如果尊重实践、尊重科学的话，应该承认编辑活动有它自己的萌芽、发展的演变史。而决不是雕版印刷一出现，编辑活动就自天而降。这样，如何看待雕版印刷之前大量存在的书籍，难道都只有著作而没有编辑？甚至连刘向父子的工作也不算编辑，都予以否定？这恐怕不能说是科学的态度吧！⑧至于孔子有没有编过教材，此事无关大要。因为教育形式也是发展的。中国的教育界、学术界，从来没有因为当时没有教学大纲、讲义，而否定孔子是教育家。⑨有人说，由于研究编辑史、编辑学，而搅乱了孔子未曾删诗的所谓"定案"。这无非是学术上百家争鸣的问题，事实总归是事实，学术上有一些不同意见的争鸣，有何不可？何必用"定案"来压人？而且前面说过，编辑学讨论的主要不是孔子这个人物的思想内容，而是实践形式，谈不到尊孔非孔的问题。老实说，孔子这个人，在中国历史上的地位和作用，并不因为他是中国历史上有名有姓的第一位编辑家而会受到褒或贬，编辑学界根据事实说话，是符合对历史人物必须进行具体的历史分析的原理的。

综合上述，笔者基本上赞成第一、三种看法，而对范文澜先生的三条准绳，尤表赞赏，并且还想再加一条，即"思无邪"。正如《论语》所说："《诗》三百，一言以蔽之，曰：'思无邪。'"这也是笔者在80年代提出的观点。

（八）关于编辑学研究范围的讨论

中国的编辑学研究是从报纸编辑学开始的，这一点无论是40年代萌芽时期，或者是在80年代初开始升温的时期，都是这样的。但是在发展中，图书编辑学、期刊编辑学进展较快，报纸编辑学也出了几本。这些论著中，对编辑学研究的范围，有两种不同见解：一种意见认为编辑随着媒体的发展而多样化。如有图书编辑、美术编辑、期刊编辑、报纸编辑、影视编辑、广播编辑、电子出版物编辑。又如图书编辑中还可分为社科读物编辑、科技读物编辑、少年儿童读物编辑、辞书工具书编辑……期刊编辑也可为分社科期刊、科技期刊等。它们各有特点，都应该研究，可以建立各门类读物编辑学。但它们又有可以涵盖各种媒体的共性和普遍规律。这就是说，可以而且应该建立反映共同规律的普通编辑学或理论编辑学。持这种意见的人还认为：现代编辑工作的范围日益扩大，编辑学研究停留在书刊范围之内，已不能适应实际工作的需要，又不能反映现代编辑工作的多样性。认为，报纸、广播、电视、音像制品和电子出版物等方面的编辑工作都应该研究，这些方面的学术研究成果，可以为普通编辑学的建立奠定基础。

另一种意见认为：书刊、报纸、影视等编辑工作，彼此间差别很大。例如：编辑工作在书刊出版工作中是中心环节，地位很重要。但在影视工作中，编辑不居"中心"地位，也没有导演、演员、摄影和节目主持人……那样重要。书刊编辑重选题、组稿、审稿；报纸编辑则是组织报道、选择新闻、组合版面；电视编辑通常兼做文字作者和导演的工作，有的只是挑选剪辑镜头。这说明彼此之间缺乏共同点，把他们勉强地捆绑在一起，只能是一种胡思乱想，是不实际的。这个分歧，归根到底，还是对编辑工作的共性和个性的认识问题，也是对编辑工作的多样性缺乏应有的了解。如果我们深入观察书刊编辑工作的话,各门类书刊的编辑工作,同样存在着很强的个性和特点。如果我们认为编辑工作只存在书刊生产过程中,我们要研究的只是书刊编辑学,那实际上就会把编辑学支解为各种媒体的附属品,忽视了对编辑工作的共同特点和普遍规律的研究,结果是无法建立适应各种编辑工作需要的普通编辑学的。从而,把编辑学建设成为一门独立的学科,也就成为一句空话。为此,必须加强编辑学与邻近学科关系的研究,明确编辑学不同于其他学科的个性;同时强调对各种编辑工作的研究,弄清它们的共同特点,找出它们的普遍规律,形成普通编辑学,才能把编辑学真正建设成为一门独立的学科。

(九)关于编辑工作导向性问题的研究

编辑工作是一种社会文化活动,属于精神生产的性质。因而它的目的性是很清楚的,就是给人以思想、知识、技能,引导人们的知和行,影响人们的观念形态。就像我们通常所说的,就是影响人们的精神世界,指导人们的社会实践。这一切都说明编辑工作是一种意识形态工作,是一种知识传授工作,是一种技能辅导工作。一句话,具有很强的导向性。也就是说,社会主义编辑工作的根本目的,是武装读者的头脑,引导社会的舆论,传播科学文化知识,陶冶人们的情操,就是要繁荣出版,提供优秀的精神食粮,要以培养"有理想、有道德、有文化、有纪律"的社会主义公民为目标,是社会主义精神文明建设的一个重要组成部分。在这个问题上,持反对态度的人,即认为编辑出版工作可以不讲导向的人,可以说没有,至少公开这样说的人没有。因为出版物的导向是客观存在,承认不承认都不会改变。但这并不等于思想上、认识上完全一致。实际上至少存在两种情况:一种情况是,口头上不反对讲导向,但实际做的时候,却是另外一套。另一种是所谓对导向理解不同,他们也讲导向,但认为编辑工作要以市场为导向,换句话说,要以价值规律为依归,以盈利为目的。这两种情况的结果是一样的,就是在工作中提倡"时间就是金钱",搞"短平快"编书出书、抢选题、搞重复出版,甚至见利忘义，与不法书商勾结，参与非法出版活动。在这些人眼里，编辑工作不是社会文化活动，不是意识形态工作，而是一种商业工作，是一种经营活动，甚至是一种投机活动。总之，搞编辑出版工作是搞文化建设这种观念，在某些人的头脑里，已经日益淡薄，甚至所剩无几。这种看法，当然是非常错误的。我们说在社会主义市场经济条件下，出版系统是一种文化产业。为了销售，出版的图书是商品，或者说是一种文化商品，发行也确实是商业活动，印刷还是一种工业，但这些都不能改变编辑工作是文化活动，是意识形态工作，是一种精神生产的性质。即使图书发行、书刊印制，是商业和工业，但它们仍然具有很强的思想性。有的书不能印、不能卖，就是这个道理。因为坏书、不健康读物一出去，就会给社会带来负面影响，有负社会主义编辑出版工作的初衷。所以，编辑学首先要研究导向。因为编辑学研究的是一种政治性、思想性、科学性很强的编辑工作，是为加强社会主义精神文明建设服务的社会学说，它必须讲方向、讲原则的，不是只就工作讲工作，不是只讲编辑工艺、编辑技巧，否则就会走入误区。导向性是任何一种出版物都存在的，社会主义编辑工作强调的是动机与效果的统一，是掌握导向的自觉性，这是编辑学研究的首要问题。

（十）关于编辑劳动的性质和作用问题的讨论

这个问题也有几种不同的意见。一种意见认为：编辑劳动的性质和作用在于中介性。就是说在一般情况下，编辑劳动不直接创造文化知识，编辑活动的过程也不是直接创造文化知识的过程。文化知识的创造者，是那些写出了文学作品、学术论著的作家、理论家和科学家，是那些创造着别具风格的画品和乐曲的画家、音乐家。只有当这些人的成果需要向社会公布，或进入大众传播渠道时，才能和编辑及编辑活动发生联系。

另一种意见认为：编辑劳动的性质在于加工性和创造性。因为编辑活动是对他人作品和资料进行收集、选择、整理和加工，使之适合传播目的与复制要求的精神劳动，一般不独立创造新的精神产品。从这个意义上说，编辑活动是一种加工性劳动。但它同时又是一种创造性的精神劳动，在图书的精神生产过程中，编辑活动具有规划设计和选择加工等多种功能，具有直接创造和间接创造的双重性质。有的学者则认为编辑工作的基本特征是一种创造性的精神劳动，认为编辑工作本质上是一种复杂的精神劳动。编辑以书稿为对象进行的工作，是一种重要的智力支出，要耗费大量的脑力劳动。这种复杂劳动是创造性的精神劳动，一部书稿经过编辑人员的处理，不仅使作者创造的价值和使用价值得到社会的承认，并且创造了新的价值和使用价值。这是编辑劳动的作用，也说明编辑劳动的性质。

再一种意见认为：编辑劳动具有独立性、潜隐性和创造性。编辑劳动作为一种社会专门职业，具有独立性。他的特点是把自己的智慧、才能，贡献于他人的成果之中。一般说来，作为一种精神产品，一部图书的问世，编辑并不是全部劳动的主要承担者，主要劳动者应该是图书的作者。所以，乍一看编辑劳动是一种辅助性劳动。但实际上，编辑是把自己的智慧、研究成果、生活体验等都融入到作者的作品中去了。这就是编辑劳动的潜隐性，所谓"为他人做嫁衣裳"。但这种潜隐性，并不影响编辑劳动崇高的社会地位，以及编辑在精神生产过程中的重大作用。编辑劳动在精神生产过程中的潜隐性只说明编辑和作者的社会分工不同，劳动的形式不同，并不是社会地位不同。因为编辑劳动以出版工作来说，不仅是一种不可缺少的劳动，而且是"整个出版工作的中心环节"。编辑要制定编辑方针、原则和规划，选题、设计和策划，选择优秀的精神食粮，并把它们组织、生产成为成品，提供给读者，起着引导读者、教育读者、陶冶读者情操的作用，这些方面，编辑甚至比作者负有更大的责任。编辑这种既负有重大社会责任，又具有潜隐性的劳动，正是编辑不同于学者、作家、演员、教员、雕塑家、画家等精神产品生产者的地方；编辑这种既负有设计又负有生产精神产品任务的特点，正是他们不同于建筑设计师和建筑工程师的地方。这也说明编辑劳动具有不易被人发现的重大创造性的本质。

还有一种意见认为：编辑劳动在继承、发展和弘扬祖国的文化科学方面，有着不可磨灭的作用。仅以中国古代几十万种书能够出版，并保存流传至今，就可以看到编辑起了至关重要的作用。历史上许多史书、典籍、名著，至今仍为我国文化珍品，都有编辑耕耘的功劳。历史上许多史官、著作家都做了大量的编辑工作，用现在的眼光看，他们同样是有成就的编辑。许多书籍，久传不衰，影响之大，不可估量，编辑应该是中国文化的重要缔造者、积累者和传播者。

笔者的看法是：仅仅把编辑活动的性质和作用看成中介性和传播性，是很不够的，应该充分肯定编辑劳动的创造性，它不仅在传播文化而且在积累文化方面有着重要的作用。对"为他人做嫁衣裳"的理解，不仅要看到编辑为他人的奉献精神，这是重要的，更要看到他们为他人"做嫁衣裳"的作用。没有他们，难道新嫁娘自己为自己做嫁衣裳吗？

由于对编辑工作的性质，尤其是对其作用的不同认识，于是就提出了讨论编辑主体及其能动作用的问题。

（十一）关于编辑主体及其能动作用问题的讨论

编辑主体，这里指编辑工作者本身，指编辑队伍；编辑客体是指编辑所处的社会环境、生产发展水平，也指稿件、作者、读者、印刷、发行……即指编辑工作者面临的外部环境和条件，以及它们和编辑工作的关系。文化是经济的反映，文化的发展离不开经济发展和社会进步，两者应该是同步的，这是一种客观规律。鉴于此，编辑学的理论要研究外部环境和社会关系，主观和客观的条件，这是毋庸置疑的。老实说，一门学科的建立，不研究外部环境、条件、与其他学科的关系，这门学科是很难建立起来的。这说明必须研究客体。我们过去的10多年，差不多快20年，正是这样做的，而且是有成就的。

但是，经过10多年的实践，也告诉我们，编辑工作不同于商业，商业工作者面对的是生产者的成品，他们对产品的质量很难有改变的可能；也不同于工业，工业生产者面对的是具体的质量标准、用料计划和工艺规程。产品的质量如何，除特殊情况外，也不取决于某一个操作者。编辑工作者面对的是具有某种技师可变性的精神生产成果或半成品，编辑的努力程度不同，质量也就不同，更何况一般精神生产的每一个生产过程（即使表演艺术、展示艺术）都具有创造性。因此，编辑的能动作用，对产品质量具有非常重要的意义。这就告诉我们，必须认真研究编辑主体，即编辑者自己，包括他们的思想、知识结构、道德和业务水平，甚至他们的思想方法、工作作风和心理素质。比如，一个编辑能不能严格要求自己，是不是竭诚为读者服务，是不是具有奉献精神，作风是不是认真细致等，这些都可能对他所处理的书稿产生影响，甚至是重大的影响。为此，编辑学应该强调研究编辑主体，这一点在编辑学的理论体系中，应该占有很大的比重。这样就涉及如何认识编辑的能动作用问题。在这个问题上，历来存在两种不同的看法。一种意见认为：出版物的质量取决于作者，作者写得好与不好，编辑很难改变面貌，编辑的作用主要是对已有成果的选择、把关，其作用无非是选、审、改，总体上是被动进行的，即所谓"剪剪贴贴，改改错别字，看看标点"，认为编辑的能动作用难以发挥，或者说很有限；另一种意见认为：编辑由于职业的需要，可以通过编书编刊广泛地接触社会，掌握信息，创意、设计、策划和制定选题，可以通过编书编刊引导科研、学术的发展趋势；通过审读书稿，加工修改，可以提高作品的质量；尤其是"把关"，掌握作品的生杀大权。编辑可以编好一本书，也可以编坏一本书，效果可以截然不同。所以，编辑工作不仅责任重大，而且是一种不可缺少的精神生产过程，是一种创造性强的社会文化活动。编辑在其工作中不是无所作为，而是大有作为的。为此，应该充分发挥编辑的能动作用。持这种观点的人认为，编辑能动作用发挥的大与小，对编辑工作的成败或成就的大小，关系极大。

因为编辑工作是一种弹性很大的智力支出，比如，一个选题可以这样设计，也可以那样设计；审读加工，可以审是非，改正错误，也可以审高低，把自己的经验、知识、成果融入于稿件之中，使作者的作品更加丰富、充实、完美。所以应该提高编辑的地位，提倡编辑的能动作用，使编辑的劳动价值得到充分体现。这将大大促进精神生产的健康发展，有利于思想文化建设的顺利推进，促进社会主义现代化建设胜利完成。

笔者认为：强调研究编辑主体及其能动作用，目的在于提高编辑的社会地位和劳动的意义。应该看到，每一种书刊的出版，都是作者和编辑共同创造的。编辑劳动不是可有可无，从而提高编辑的社会责任感，进而使编辑自觉地提高思想、业务素质和道德水准。我们不是要把编辑的作用夸大到不适当的地步，甚至认为编辑应该凌驾于作者之上，这是不科学的。应该看到编辑对书刊的策划设计、宏观构思和微观控制是不可缺少的，在一定条件下也可以起主导的作用，在市场经济条件下尤其是这样。但这一切，都离不开作者的创造性劳动，没有作者的支持，任何构思、策划、选择以及其他微观控制，都不能实现。因此，作者的劳动具有决定性的作用。尽管他的著述有时是根据编辑代表社会需求作出的意图进行的，但著述者毕竟是作者。

（十二）编辑学与邻近学科关系的研究

一些学者认为，任何一门独立学科的建立，必须确立起自己的基本概念、概念系统和基本的理论体系，也就是要明确自己特定的研究对象、研究范围。但是，现在许多老学科已经自成体系，渗透到历史和现实的各个领域，新学科又如雨后春笋，与日俱增，彼此纵横交错，互相撞击。因此，必须用科学的分科眼光，划清各自的特定对象和研究范围，既不扩大，也不缩小，这样才有助于学科的建立。从编辑学学科建设的角度看，研究编辑学与出版学、新闻学、传播学、校勘学、目录学、方志学等邻近学科的关系，十分重要。

编辑学与出版学的关系。一种意见认为：编辑学属于出版学，是出版学的分支学科。理由是有出版才有编辑，出版产生以前的编辑不是编辑学要研究的编辑。不同意这种意见的人认为：出版学属于编辑学，编辑工作是整个出版工作的中心环节，没有编辑这个中心环节，就没有出版工作，也就没有出版学了；我国古代出书，都是先编撰好以后，然后付梓刊刻，如果只有刻工、作坊，没有稿子，是无法刊刻（出版）的；到了近现代，主要的编辑工作归于出版社，这从形式上看：似乎变成编辑学应属于出版学，但这只是一种经营组合形式，它不反映学科的从属关系。不然，一般著作都经出版社才能出版，有的出版社内就有作家，是否著作学也属于出版学。再一种意见认为：编辑学、出版学都是独立学科，彼此没有从属关系。理由是：编辑工作不仅出版有，新闻、广播、影视、戏剧都有编辑工作，它只能是独立的。持这种意见的人认为：编辑学的分支学科——图书编辑学、杂志编辑学，可以是出版学的主干学科；报纸编辑学可以是新闻学的分支学科；影视编辑学也可以是影视艺术的分支学科。这是它们各自的不同地位决定的。这种交错，不影响编辑学作为一门独立学科而存在。

编辑学与目录学的关系。在中国古代只有校雠学，没有分为目录学、校勘学等，统称为"治书之学"，所谓"版本、目录、校勘皆校雠之事"。其实是把版本的考订、文字的校勘、目录的编制、篇章条理，定书名包括写序跋都包括在里面了，而这些大部分就是编辑工作。所以认为目录学、校勘学、编辑学，是同宗同源，都出自校雠学。目录学所以较早就形成独立学科，是因为校雠学是一门综合性学科，随着生产发展，社会分工细化，一些相对独立、比较具体的专门工作，由开始分工而分离出来，慢慢地自成为一门独立学科。好像综合性的飞机制造厂，慢慢分离出来形成某一个部件的专门制造厂。而校雠学本身随着社会的进步，也不断演变、延伸、扩展，使著、编、校逐步分离，而编辑活动的内容和形式比较复杂，所以形成独立学科也就比其他学科来得晚。好像许多部件都成立了独立的分厂以后，综合性的工厂变成了以装配为主的独立的工厂一样。

编辑学与大众传播的关系。一般认为不是彼此谁隶属于谁的关系，而是有联系又有区别。所谓联系：①大众传播学开始不包括图书，只是到了后来，有的人才把大众传播分为印刷媒介和电子媒介，而在印刷媒介中包括了图书；②在受众方面，开始仅指听众和观众，后来又增加了读者（既是读者，当然也可指图书的读者）。所谓区别：①认为传播学是一门边缘学科，它的研究对象十分广泛，而编辑学的研究对象就是编辑活动，既明显又具体；②传播以广泛、迅速、连续性为传播的主要特点，而编辑学并非仅仅服务于大众传播，也不以广泛、迅速、连续性为唯一特点；③编辑工作还包括文书、档案、密码等等，这不属于大众传播的范围；④认为有一些编辑学的分支学科，如报纸编辑学、广播编辑学、影视编辑学可以是大众传播学的分支学科或交错学科。但编辑学有自己的概念系统和理论体系，它是和传播学并立的独立学科。

笔者认为上述编辑学与其他学科的关系的研究，有一定的见解，有的有一定深度，也可成一家之言。但总的看来，编辑学与邻近学科的关系的研究，还需要进一步加强，进一步拓展。

（十三）关于编辑学学科体系的讨论

这个问题在高等学校编辑学专业的教研人员中比较关心，问题也是由他们提出的。这些教研人员认为，编辑学研究已10多年，取得了一定的成果；高校编辑学专业有的也已办了10多年，取得了一定的经验。但是，目前各校的教育内容，各有一套，希望能够通过研讨交流，取得某种共识，对学校教育、人才的培养将是有利的。

首先是编辑学的学科体系应该包括什么？一种意见认为：高等学校编辑学专业培养的是新时期的合格编辑，因此，作为一个编辑须知应知的知识，都应该包括在编辑学的学科体系之内，否则不能称为体系。另一种意见认为：编辑不是演员，演员的功夫在于演和唱，有的甚至就只学几出戏。编辑要面对各种各样的书稿、各种各样的视听读物,出版物从形式到内容都是非常广泛的,无论哪一个编辑,应知须知的东西很多,需要一部百科全书。因此,只能列入重要的科目。一个编辑学专业的毕业生,学上 30 门左右的基础课,也就差不离了。又一种意见认为:编辑学的学科体系,不同于一个合格编辑须知应知的知识,而且各门类读物,各学科编辑须知应知的知识也不相同,都要须知应知,即使再博学厚积,也难办到;编辑学的学科体系,也不同于高等学校编辑学专业本科生应开的课程,这种课程大都是按照一个大学毕业生应该达到的知识水平开设的。如现在一般都有外文、计算机课程,这些是许多专业都不可少的课程,就不能说成是编辑学学科体系的专业内容。

有人提出:编辑学学科体系主要包括编辑理论、编辑业务、编辑美学、编辑管理学、编辑战略学和编辑史;也有人认为可以分为编辑学概论、编辑史、编辑开发学和编辑价值学;有的则认为编辑学的学科体系是一个层次清晰、较为庞大的网络系统。它的第一层次包括普通编辑学(或曰理论编辑学)、实用编辑学(或曰编辑工程学、编辑过程学)、编辑历史学和编辑方法论;以下层次是编辑信息学、编辑传播学、编辑语言学、编辑心理学、编辑社会学等交叉学科;再就是编辑学的分支学科,如图书编辑学、期刊编辑学、报纸编辑学、影视编辑学和电子出版物编辑学等;如果再往下延伸,那就是图书编辑学中,再分为文艺读物编辑学、科技读物编辑学、辞书编辑学、美术图书编辑学……期刊编辑学、报纸编辑学也是如此。经过讨论,比较一致的看法认为编辑学的学科体系,至少应该包括:编辑理论、编辑业务、编辑史和编辑学方法论。其中理论部分是核心和灵魂,没有成熟的编辑学理论,要把编辑学建成为具有现代科学形态的专门学科是难以设想的。从过去 10 多年的情况看,应用编辑学、编辑业务和编辑过程的研究比较多;对编辑史研究,虽然有一些专著和专论,并在一些问题上开展了争论,但不够系统;在理论编辑学研究方面,应该说论文不少,许多专著、教材,也多有涉及,争鸣也有一定开展，但成果比较分散，不够系统，尤其缺少总结、归纳、概括、梳理，使之条理化。这正是今后编辑学界要着重花力气研究的问题。如果我们把已有的研究成果条理化的工作做好了，那么，我们就可以更明确地找到新的起点，并在这个基础上大踏步地前进。

五、加强理论研究，使编辑学成为一门成熟的学科

在过去近20年的时间里，也就是从党的十一届三中全会以来，中国出版业经历了并正在经历着三个重大的转变，即：出版社由生产型向生产经营型转变；出版体制由计划经济向社会主义市场经济转变；出版发展从扩大规模数量为主向提高质量效益为主转变。这些转变为理论研究提供了基础，也提出了问题。像出版这样意识形态性非常强的部门，更需要科学的理论做支撑，从而避免盲目和被动。编辑学的研究，无论是基础研究还是应用研究，最终都将直接或间接地对出版决策产生影响，都直接或间接地为两个文明建设服务。江泽民同志最近对一份科技工作的材料做了重要批示，他说："基础研究很重要，人类近现代文明进步史已充分证明，基础研究的每一个重大突破，往往都会对人们认识世界和改造世界能力的提高，对科学技术的创新，高技术产业的形成和经济文化的进步，产生巨大的不可估量的推动作用。"编辑学出版学的研究也是如此，加强这方面的研究，目的正在于使出版工作更好地创新、发展、健康、繁荣。

但是，学术研究和实际工作不同，它有自己的发展规律。编辑学在已有成就的基础上，今后要着重从宏观上考虑理论体系的构建，同时又要从微观上考虑对一些理论难点问题上的"攻坚"。要这样做就有必要在一定时期组织大家集中讨论一个课题，使学术交流在某一点上"聚焦"，从而在一个方面有所突破，求得共识，取得进展。

综合各方面的观点，可以认为作为一门学科，在理论上是否成熟，

主要标志是这样几条：一是要有本学科的基本概念，并由基本概念、一般概念与专用术语组成的一个层次分明的概念系统；二是要揭示本学科的主要矛盾和理论原理；三是要有一个较完整的理论体系。就是说从基本概念出发把有关知识按照一定的层次结构和逻辑结构组织起来，形成本学科独具的理论体系。这三条都属于理论部分，也就是编辑学今后需要着重做好的学科建设的重要课题。

科学学告诉我们，一门独立学科的理论体系，应包括足够的事实和材料，揭示研究对象本质和共性的概念系统，本学科特有的研究方法，建立在已有知识和材料上的假说，一般原理、原则和规律，反映客观规律的定律，以及高度概括和系统化的理论结论。编辑学的建设应该朝着这个方向，不懈地努力。

1998 年 8 月

《出版广角》1998 年第 5、6 期；《20 世纪中国的编辑学研究》P1，河北教育出版社 2000 年 1 月版

书稿的审读、加工工作要重视再重视

中国编辑学会第四届年会于 1998 年 7 月 13 日—17 日在西宁市召开，中心议题是：讨论编辑审稿、加工整理的理论和实践。遵循党的十五大对出版工作要求"加强管理，优化结构，提高质量"的指示，进一步贯彻新闻出版署颁发的《图书质量保障体系》（以下简称《体系》），认真加强编辑审稿工作，以求进一步提高出版物的质量。

编辑学会的年会讨论编辑审稿问题，本来是分内之事，但是我们这一次的讨论更具有重要的现实意义。

从中国出版史上看，商周汉唐宋明清都是出版发展的重要时期，在中国历史上，有的是在世界历史上有着辉煌的记录。而近 50 年尤其是最近 20 年的出版发展，更为中国出版史写下了空前繁荣的篇章。正是这个时期的出版，重新整理和弘扬了中国的传统文化，广泛而有选择地吸纳了各国先进的科学技术和文化学术成果，展现了中国人民思想道德、精神风貌的新境界，为我国社会主义现代化做出了重大的贡献。应该说这是与我国出版整体水平的发展和出版物质量的提高分不开的。特别是在最近两三年来，开始了从扩大规模数量为主向提高质量效益为主的转变，好书迭出，图书的重版率得到合理的提高，书籍的寿命不断延长，这是图书质量提高的重要标志。

当然，图书质量问题是一个长期以来的专门话题，几十年来，我们没有一个时候不强调图书质量问题，也没有一年不抓图书质量问题。作为一个负责任的出版工作者，也没有一刻不关心图书质量问题，或者不受到图书质量滑坡的压力。因而，毋庸讳言，提高图书质量是出版工作者共同关心并且努力为之奋斗的重要目标。正因为这样，在当前有些图书质量滑坡的时候，讨论对提高图书质量有决定意义的审稿工作，就显得格外重要。

在实际工作中审稿的现状究竟怎么样？应该是一分为二，一方面，我们有许多出版单位，特别是一批比较老的出版单位，包括一些社会责任感比较强，作风比较严肃的单位，是很重视、很认真的；在我们编辑队伍中的多数人，特别是敬业精神比较好的编辑，他们对审稿是从来不放松的，是非常细致的。这也是我们许多高质量图书所以能够出版的保证。但是另一方面，我们也有一些出版单位和编辑人员，存在这样那样的问题。这次会议收到的两篇文章，可以引起我们的关注。一篇是吉林的年轻编辑侯颖同志写的《浅议如何改善编辑审稿工作》，她对编辑审稿、加工工作做了一次不同地区、不同出版社、不同学历、不同年龄编辑的随机抽样调查，她的调查表明：负责复审的人员中"只有10%左右的人浏览过稿子，其余都是签个名了事"。在编辑当中，又看又不看的占41.8%，干脆不看的占10.9%，两者相加超过了52%；对稿件不做任何修改的编辑占30.4%。

另一篇是浙江的资深编辑严麟书同志写的，题目是《要大声疾呼：重视审稿和编辑加工》。他说："有的编辑对案头工作不屑一顾，拿到书稿不严审精编，或请人外审外编，或过分相信作者，或像终审那样抽查一部分，就标标字号，匆匆付排，甚至连校样也不看就出书了。"

这两位同志一老一少，一南一北，他们的接触面都是比较广的，但所提的问题差不多，一个说"审稿现状令人堪忧"，一个说"要大声疾呼"。这些调查是否全面，姑息不论，但它所反映的情况（即使其中一半符合实际）也着实令人震惊，可见问题的严重性和相当的普遍性。这说明实际工作迫切需要我们研究如何加强审稿的问题。

反映在理论研究上，同样也存在着对书稿审读不够关注的问题。有的人过分强调研究选题策划，而忽视研究审稿等案头工作；有的人认为审稿是具体业务问题，没有多少好研究的，一篇文章就说清楚了；也有人提出要"简化"三审制，灵活对待三审制；更有人认为出版产业化的发展，传统的单纯以"文化"为支点的出版，将被以"市场、法规、文化"三者为支点的出版产业所代替。这可能被解释为出版的文化性将降低，经济性将加强。这样审稿的性质和地位也就可以矮化；还有人说，外国出版是"文责自负"，根本就不审稿，因而我们也可以和西方国家一样，拿到稿子，管管文字、标点符号等业务技术问题就可以了，美其名曰：是"和国际接轨"。这实际上是说审稿是多余的了，因而懒得审稿、不审稿变成有理了。这说明思想理论上存在混乱，迫切需要我们加强对稿件审读这个工作的必要性、重要性，它的地位和作用的研究，从理论上做出认真的回答。

这次讨论书稿审读问题，更重要的是为了进一步贯彻新闻出版署1997年6月22日正式发布的《图书质量保障体系》（以下简称《体系》）和1997年3月转发的《图书编辑工作基本规程》（以下简称《规程》），《体系》和《规程》以条规的形式对审稿活动做出了行为规范，《体系》明文规定"坚持稿件的三审制度"。指出："审稿是编辑工作的中心环节，是一个从出版专业角度，对书稿进行科学分析判断的理性活动。"《体系》的这些规定，从政策上强调了审稿的必要性，从理论上阐明了坚持三审责任制度是出版专业工作不可缺少的重要组成部分。并且以政令的形式规定了必须重视审稿工作，必须坚持三审制，明确审稿是图书质量保障机制中的根本举措，也是整个编辑工作的中心环节。

现在越来越多的人都在谈论信息社会和知识经济，这已经不是什么远在天边，遥遥无期的事。江泽民同志最近在一次讲话中明确指出：当今世界科学技术突飞猛进，知识经济已见端倪，国力竞争日趋激烈。全党和全社会都要高度重视知识创新、人才开发对经济发展和社会进步的重大作用。这一重要讲话表明：一个崭新的时代——知识经济时代已经开始出现。知识经济时代最重要的支柱产业就是信息产业，它将成为世界上的第一大产业，它的资本和手段就是创新知识，主要靠知识的不断创新、加工、传播和应用，出版作为重要的信息产业，编辑作为知识的重要选择、加工、传播者，编辑成果——出版物作为重要的知识传播载体，在知识经济时代编辑和编辑活动将有其特殊重要的意义。而编辑的成果能不能创新，出版物是不是具有高质量，与知识经济的发展壮大又有着休戚相关的联系。这说明编辑在现代社会发展中的作用，将越来越大，新的时代正在要求出版业提供精品。这十分紧密地关系着我们的国家和民族在剧烈竞争的 21 世纪，能不能顺利地持续发展和始终立于不败之地的大事。如果我们的出版物信息滞后，或者任何疏漏和差错，都可以带来远比农业社会，或者工业社会时期更为重大的危害。这又说明编辑审稿、加工整理的重要性和必要性，在以信息为支柱的知识经济时代只能更加突出，而不能削弱和简化。总之，稿件的审读和加工必须重视，要重视再重视。

现在我国出版工作的形势很好，党的十五大提出的三句话，十二个字，抓住了当前出版工作进一步发展的关键，为筹划面向 21 世纪的出版工程确定了指导思想，出版领导机关已经提出把加强管理作为全面加强出版工作的重点，把优化结构作为深化出版改革的重点，把提高质量作为全面实现阶段性转移的重点。应该说思路是十分清楚的。我们有了 20 年出版改革开放所取得的成果，特别是党的十四大以来，持续、快速、稳定发展取得了一定显著的提高。我们现在有 73 家出版社发行码洋超过亿元，其中 31 家超过 2 亿元，7 家超过 4 亿元，2 家超过 5 亿元。与 1995 年当时只有 20 家发行码洋上亿元（其中个别的上 2 亿元）相比，仅仅两年，发展还是很可观的，特别是根据总的发展战略制定的国家"九五"重点图书出版"1200"工程正在积极实施，到 1997 年底，已完成 276 项，占规划总数的 23%，预计本世纪末可以全部完成。根据中央政治局常委提出的抓好"三大件"的指示制订的中国儿童动画出版"5155"工程，也已取得显著进展，外国卡通满天飞的状况，已经开始扭转。尤其是这两年《出版管理条例》《图书质量保障体系》和《图书、期刊、音像制品、电子出版物重大选题备案办法》等法规性文件先后出台，为净化出版环境提供了保证。使 12 家出版社在治滥治散中受到了查处，近 50 种六类图书，即有政治性问题、有民族宗教问题、宣扬封建迷信和伪科学的图书，违反专题报批规定，属于严重质量问题和格调低下，内容不健康的图书做了处理。这说明，我们的出版工作正沿着提高整体水平、促进长期健康繁荣的道路前进。目前出版的外部环境和内在的发展条件是好的，只要我们认真做好编辑工作，出版物的质量一定能得到大幅度提高的。

1998 年 8 月

《编辑的心力所向》P95，贵州人民出版社 2004 年 10 月版

祝贺与怀念

——为职教期刊编委会成立 13 周年而写

"山不在高，有仙则名。水不在深，有龙则灵。"职教期刊编委会在报刊如林的中国，能争得一席之地，诚不易也。这说明他们做了工作，并且取得了成绩。一没有编制，二没有饷银，能够做到这一步，关键在于有热心人。他们不计名位，不计报酬，只是想为人民做一点事，做一点多少有益的事。他们在默默无闻中奋斗，有时甚至是艰难地挺进；平时他们并不引起人们的注意，有时还不被某些人所理解。但一旦没有他们的时候，就有人感到寂寞，有人感到失落。这说明社会需要他们，需要他们的奉献；他们也从中得到最大的安慰与满足。

但愿我们的社会多一些这样的热心人，特别是在看来并不起眼的角落里多一些这样的热心人。那么，我们的社会才能更快地全方位地向前发展。

1998 年 8 月

《20 世纪中国的编辑学研究》P426，河北教育出版社 2000 年 1 月版

论书稿审读

"编辑工作是整个出版工作的中心环节"，这是 1983 年 6 月中共中央、国务院《关于加强出版工作的决定》中明文规定的。那么，编辑工作有没有中心环节？如果有，又是什么？回答是：不仅有，而且很明确，就是"审稿是编辑工作的中心环节"。这是 1997 年 6 月新闻出版署颁布的《图书质量保障体系》第八条规定的。

出版工作是生产精神产品的，负有宣传思想理论、传播知识、积累文化的崇高使命。图书是人类活动的记录，社会历史的写照，也是前人对后人的遗言、交代和嘱托，又是国家、民族的历史档案。所以，出版工作应该是对人类负责的，对历史负责的，对社会负责的。你出一本好书就留下一个好的档案，出一本坏书就留下一个坏的记录。这一点无论在东方或者西方，不论是过去或者现在，都是一样的。

我们目前正在进行社会主义现代化建设，出版工作就是整个社会主义现代化建设的一个重要组成部分，又是为社会主义精神文明建设服务的。我们的出版工作，按照江泽民同志所说的，必须"以科学的理论武装人，以正确的舆论引导人，以高尚的精神塑造人，以优秀的作品鼓舞人"。目标很明确，就是党的十五大告诉我们的，包括出版在内的我国社会主义文化建设的目标，即培育"有理想、有道德、有文化、有纪律的公民"。也就是要提高全民族的思想道德素质和科学文化素质，为经济发展和社会进步提供强大的精神动力和智力支持。社会主义的出版工作，从根本上说，就是引导人们树立正确的世界观、人生观和价值观，掌握科学技术、文化知识，使读者获得充实的精神生活，在全社会形成共同的理想，获得共同进步的力量和智慧。为了完成这样神圣的任务，所有的出版工作者，都应兢兢业业，不断提高出版物的质量。首先是要做好作为整个出版工作中心环节的编辑工作,其中又要花大力气抓好编辑工作的中心环节——稿件的审读,决不能有任何的忽视。这是实现上述神圣使命的重要保证,是出版人能够着力提高自己产品质量的主要手段,是出版的一种专业工作。

审稿是编辑工作的中心环节

为什么说审稿是编辑工作的中心环节,应该怎样看待它的地位和作用? 我们不妨从分析整个编辑工作的全过程入手。

编辑工作,大家知道有这样几个环节,即:选题、组稿、审稿、加工整理、发稿、看样。有人称之为"六艺"。也有入主张选题前再加掌握信息(调查研究),中间加装帧设计,最后加宣传评介,变成"七艺"、"八艺"或者"九艺"。但是,不管多少艺,作为编辑工作来说,中心环节只能是审稿。从决定出版物质量来说,这是重中之重、关键中的关键。因为选题固然很重要,而且是一种决策性行为,组稿这个环节也不能小看,只有找到合适的作者才会写出好的稿件。但这些对审稿来说都是准备和前提。加工整理对提高出版物质量有很大作用,在一定条件下可以起某种决定性的作用,但对审稿来说,它是审稿的继续或延伸。只有审稿以后,才能进行加工整理,因为加工是以审稿为基础的。现在有些地方把审稿和加工混合为一个工序,同时进行,这是不适当的。因为从理论上或者实践上看,只有审稿以后才能加工,加工不可能与审稿平行,这是常识。至于发稿、看样,肯定不能少。但和前面几个环节比较,基本上属于后续性的工作,是圆满实现整个编辑过程,使书稿顺利出版的不可缺少的过程。所以,从编辑工作的全过程看,审稿是编辑工作的中心环节。

审稿之所以重要,是因为通过审稿,要对稿件的形式和内容,进行全面深入了解,对稿件的政治性、思想性、科学性和艺术性作出评价;对稿件的文字表达、逻辑结构、语法修辞,包括特定读者的可接受程度加以审视；尤其要对稿件的出版意义，也就是价值取向，包括是否符合特定出版社的出书特色等做出明确的判断，即决定其取舍；在对总体上可以出版的稿件的质量做出评估的同时，还将对它的不足提出修改意见。总之，稿件的审读要求对稿件的命运做出决断。

人们常说，编辑的主要功能是选择。选题就是一种选择，但这种选择只解决了要出什么样的书的问题，基本上属于一种意向，即使订了约稿合同，也还只是一种计划。审稿，才是编辑选择功能的主要体现。通过审稿，发现和肯定一部有价值的稿件，可以造成很大的社会效益；否定一部不能或不宜出版的书稿，避免负面影响的产生，也是一种效应。这就是人们常说的编辑"把关"。不对一部可以出版或应该出版的稿件"亮红灯"，也不对一部不该出版或不能出版的稿件"开绿灯"。这就是编辑审稿的实质。

"三审制"是符合我国实际的书稿审读制度

我国目前推行的是稿件三审责任制度，简称"三审制"。即初审由责任编辑担任。要求在审读全稿的基础上，负责从出版的专业角度对稿件的社会价值和文化价值进行审查、判断，把好政治关、知识关和语言文字关；要对稿件提出取舍意见和修改建议。复审一般由编辑室主任或有相应职称的人员担任。要求审读全稿，并对稿件质量及初审报告提出复审意见，做出总的评价，并回答初审提出的问题。终审由社长、总编辑或相应一级的人员担任。要求根据初、复审的意见，负责对稿件的内容，包括思想政治倾向、学术质量、社会效果，是否符合党和国家的政策法规等方面作出评价。如内容涉及按规定应经有关部门审批者（如地图上的国界标定、医学上有些药的推广使用等），应按规定办理；如遇初审、复审意见相左者，终审者应通读稿件，并在此基础上作出取舍。这就是三级审稿责任制。所以，"三审制"的每一审级都享有相对独立的职权，它保证三个不同的编辑都能够参加审读稿件，能够反映出不同层级编辑对书稿的意见，可以避免某个编辑知识结构单一的缺陷。它是一种既重视各级编辑的责任，尤其是总编辑的终审责任，又加强总编辑监督管理的领导责任的审稿制度。"三审制"在目前是比较符合我国政治、经济体制，符合我国出版队伍情况，有利于调动各级编辑人员的积极性，有利于提高出版物质量，有利于出版传媒事业健康发展的制度。实践证明，认真坚持"三审制"，就可以多出好书、多出精品。反之，则难免坏书和不健康读物出笼，平庸书乘隙过关，对读者、对社会造成不良影响。

目前稿件审读工作中存在的一些问题

稿件审读是保证和提高出版物质量的关键，是一个编辑最基本的工作，这是最起码的常识。从总体上看，应该说，在我们大多数出版社，大多数编辑人员当中是做得好的和比较好的，尤其在一些老社和作风严谨的出版社是这样。但是我们也不能不看到，在某些地方、某些编辑同志那里，恰恰在这个关键问题上，存在一些缺点，以至出现如下一些这样那样的怪现象：

怪现象之一，是不看稿。一部几十万字的稿子，某些负责终审的总编辑根本不看，把初审、复审找来，问一问有什么问题，把稿子像玩牌那样翻一下，签字完事。有的负责复审的室主任也不看稿，至多看一看初审意见，批上"同意"拉倒。少数负责初审的责任编辑也不看稿。他们说，质量高低关系不大，关键是要先占领市场。出得晚了，市场被别人占了，质量再好也没有用。

怪现象之二，所谓"抓重点"，放弃一般。有的编辑说：品种很多，四只眼睛也看不过来，只好抓"重点"，抽读一部分，一般的稿件就顾不上了。

怪现象之三，是"快速审稿"。一部20万字的书稿，上午编辑室主任交给编辑审读；下午编辑就把稿子送还给主任，说："看完了。"

怪现象之四，是"三审制"有名无实，或者叫流于形式。说："初审是十字路口,有红灯绿灯；二三审是现代化立交桥,转个圈子就过来了。"

怪现象之五，一个编辑，年发稿字数几百万、上千万，从来没有写过上千字的审读报告。

怪现象之六，稿子经常发，审读报告老是这么几句话，只要把作者名字、书名和书稿字数改一下就可以了，被人称为"通用牌"审读报告。

不重视审读的原因试析

出现上述情况的原因，可能是多种多样的，归纳起来大体上有这样几种：

一是认识问题，认为在社会主义市场经济条件下，编辑工作的重心前移了，关键是要搞好选题策划，抓住好的选题。至于质量高低，并不那么要紧。甚至说，"审读、加工整理，忙了几个月，质量提高了，市场丢掉了"；"质量好不如选题好，选题对路出书快，比什么都重要"；"利润是显性的，质量是隐性的"。正因为这样，他们把审读、加工整理看作可有可无的事。其实，这是一种短视行为。应该说，选题是重要的，选题抓得准，是出好书的第一步。但选题好，同时必须有质量高做保证。不然，选题好只能得势于一时。只有质量高才能施益于当世。请看哪一个出版社的长效书、常备书、读者中有影响的书不是靠质量取胜的！反过来说，那些黄色的、灰色的、黑色的，甚至打着揭"秘闻"、写"内幕"的书，其选题不可谓不奇，书名不可谓不怪，可是买者寥寥。这是为什么？因为这些东西不外乎无中生有，颠倒黑白，混淆是非，扰乱视听。买这种书的人除了上当受骗，就是受骗上当，岂有他哉。只是那些原来想借此大捞一把的非法出版商，到头来得不偿失，有的还因此走进班房，"冷暖自知"了。

编辑出版工作者，被人称为"人类灵魂的工程师"。我们出一本书，总不能只是为了好销，而是要给人们一点真善美的东西，给读者留下一点长远起作用的好东西，才能避免自己的短视，才算尽到了当编辑的责任。

二是有些编辑人员心不在"编"，心情浮躁，思想不到位。说审读重要，加工整理不可缺少，不是不知道，也不是不会做，讲起来也还是一套一套的，但就是整天忙忙乎乎，BP 机吱吱叫，电话上侃个没完没了；满脑袋的股票、债券；成天惦记着和书商打交道，计算着发行折扣，到手奖金多少。他们坐不住，静不下心来，稿子放在面前也看不进去。有人说他们是"离书稿而空谈是非，废业务而只讲关系"。这样的人在编辑队伍中当然是极少数，但影响很坏。这种人心不在"编"，当然做不好审读工作。对他们来说，也有认识问题，但更重要的是态度问题，只有先坐下来，才谈得上怎么干的问题。

三是作风不细致、不踏实，马虎搪塞。有的编辑人员，审读、加工时不查引文，不核对数据，想当然，图方便。结果，图书的包装精美，而错误百出：一首七言诗，可以错三个字；一个公式，可以牛头不对马嘴。读者怨声不绝，连工厂里的工人也提出批评说："编辑同志，你睡醒了没有？"

要切实加强对稿件审读的具体管理

图书的编校质量滑坡，不是一个小问题，已经严重地影响了出版界的声誉，损害了编辑出版工作者的形象。这种情况，出版社的老总们不是看不到，如何对待，也有几种情况：

一种是认为图书质量是软指标，有几个错别字也不值得大惊小怪，只要有得奖书、有创牌子的书就行了。

再一种，不是不想解决，但认为不那么容易解决，现在出版社自负盈亏，要发得出工资、奖金，要买得起房子，要稳得住队伍，要维持再生产，但一下子又走不上优质优效良性循环的道路，不得已只好扩大品种，明知编辑看稿子字数超负荷，压力过大，只好睁一只眼闭一只眼。他们心里也有苦衷，有的甚至认为自己是坐在火山口上，走在地雷阵里，不知什么时候爆炸，所谓"提心吊胆过日子"。

又一种是有些担负终审、复审的负责人，也知道编校质量有问题，审稿加工中存在这样那样的毛病。但不好讲，不能讲，因为各种问题的造成，自己也有份，所谓"你中有我，我中有你"。只要不出大问题，也就得过且过。有的尽管自己比较严格，但认为现在政治思想工作薄弱，只要不违法乱纪，也不好说什么。不然，人家说"就你能！""看你坐着说话不腰痛！"所以尽管审稿、加工中问题不少，宁愿自己辛苦点，多把一下关，也懒得去说去管。

当然，各个出版社情况不会一样，三审者的心态也不相同。但是，在这些人的身上，对审稿、加工整理，多少都有一个不重视的问题，至少是没有把它放在编辑工作的中心环节上来考虑。这可能是问题的症结所在。

关键是要从根本上提高认识

这个问题怎么解决，各地各单位的做法也不一样。关键是要从根本上提高认识，解决好编辑观、出版观的问题，也就是出版价值观的问题。

应该说，有的单位现在比较注意审读了，图书质量也有了提高，但这是用很大的代价换来的。当然，能够从失败和错误中吸取教训，改进工作是好的。许多教训，已经充分证明，在审读工作上，我们如果不能自觉地认真对待，把它当作编辑工作的中心环节来抓，那么，迟早会吃大亏。这决不是危言耸听。

要解决目前存在的一些单位、一些编辑人员身上不重视审稿的问题，首先是要提高认识，要真正认识出版工作的性质、任务和意义，弄清出版的根本价值究竟是什么，要树立起正确的编辑观和出版观。不从思想理论上解决编辑观和出版观的问题，就只能是紧一阵、松一阵，风声紧的时候抓一抓，风声小的时候放一放，那是没有用的。提高认识，既要从实践中解决，又要通过学习和培训干部来解决。

说到培训干部，这几年是大大重视了，已经收到明显的效果。但也有一些地方的培训，还存在这样那样的问题，如强调工作忙，不参加；或者一边参加培训，一边捧着两本稿子；课堂里 BP 机的呼声不绝，身在课堂心在市场；有的地方还把培训时间缩短再缩短，培训的课程减少又减少。还有的培训班，只讲业务操作，不讲或很少讲思想理论，更谈不上什么编辑观、出版观，结果是培训班毕业了，持证上岗了，但审稿仍然不重视，差错率照样下不去，质量还是上不来。只有既务实又务虚的培训，才是治本的，才是长期起作用的。

重视稿件审读，还要建立相应的行之有效的审读机制。现在不少地方建立了审读室，聘请一些有经验有水平又有职业道德的资深人员（包括已离退休的老编辑），根据总编辑、室主任的委托，做复审和终审的工作，效果很好。这是值得提倡的。但是一定要做好审读人员的选择工作，同时注意分配任务要适量。

要加强管理和监督，一本书出版过程中的档案必须齐全；选题设计书、论证纪要、各个审次的审读报告书、记录、加工整理的方案、意见书、各个校次的校样、校对记录、约稿合同、出版合同、与作者有关稿件的来往信件，再版文件以及版权契约、书号登记等各种材料，均需一应俱全。这些既要强化管理，不能敷衍塞责，又要专人负责，加强监督，真正落实。

只有建立正确的出版观，提高加强审读质量的自觉性，同时按照规范操作，并建立扎实的档案制度和有效的监督机制，认真坚持三审责任制度，才能保证图书质量得到真正提高。

1998 年 9 月

《20 世纪中国的编辑学研究》P316，河北教育出版社 2000 年 1 月版

编辑

——简说编辑的地位、作用、职业道德和优良传统

一、什么是编辑

谈到什么是编辑，这个问题说法可多了。有人称编辑为"编辑先生"，有人说是"编书匠"，有人把编辑比作厨房里的烹饪师，又有人把编辑比作成衣铺里的裁缝；当市场经济兴起之后，还有人把编辑叫老板。再说，有些当编辑的人，即使知道一点，也说不得那么清楚、全面、科学。就是在文化学术界、教育界，包括各种权威的工具书，对"编辑"概念的界定，同样存在着多种不同的说法[①]。

那么，究竟什么是编辑呢？我学习和分析了古今中外对"编辑"一词的解释，认为：编辑，是根据一定的指导思想，以相应的信息或著述材料为基础，进行优选创意和优化组合等创造性的精神生产过程，使精神成果适合于制作特定载体的综合性智力劳动。

所以这样说，总的是要说明编辑活动是一种精神生产活动，是一种为社会进步、生产发展服务的文化活动。它既是文化建设的手段，又是文化建设的重要内容。这个活动不是随意的，它是根据社会的需要，按照一定的指导思想，并依赖一定的载体来实现的，是有广泛的社会性和具体实践性的社会文化活动。从事这种活动的人就是编辑，他们一般栖身于传媒机构和文化教育部门。

---

① 参见前文《20世纪中国的编辑学研究》。

二、编辑的地位和作用

我们前面说过，编辑工作是一种社会精神生产活动，这就是说，编辑工作的性质是一种意识形态工作，是一种教育工作，它的本质就是它的政治性、思想性、科学性和专业性。它属上层建筑范畴，任何时候都为经济基础服务，在社会主义国家里，首先是要为巩固发展社会主义制度、建设有中国特色的社会主义服务。在社会主义市场经济条件下，出版社是生产经营性单位。所以，研究出版社的编辑工作，就要看到它的职业性，它的成果的商品性，看到它有作为编辑人员谋生手段的一面。但这些最终都不能掩盖、模糊，甚至否定编辑工作的政治性、思想性和科学性。否则，将会削弱编辑工作作为社会文化活动在社会主义精神文明建设中的意义。现在有人主张"远离意识形态"，这是一种骗人的鬼话。试问哪一本书，哪一部电影、电视剧、戏剧，哪一首诗歌，不在宣传一定的思想观点？要求"远离"东面，不过为了"贴近"西面，这是毋庸置疑的。

在1994年1月召开的全国宣传思想工作会议上，江泽民同志指出，宣传思想工作的根本任务是：以科学的理论武装人，以正确的舆论引导人，以高尚的精神塑造人，以优秀的作品鼓舞人。宣传思想工作的任务，当然也是编辑工作的任务，就是编辑工作要为社会主义精神文明建设服务。党的十五大为我们制定了走向21世纪的宏伟蓝图和行动纲领。指出："社会主义现代化应该有繁荣的经济，也应该有繁荣的文化。"并且指出："有中国特色社会主义文化，就其主要内容来说，同改革开放以来我们一贯倡导的社会主义精神文明建设是一致的，文化相对于经济、政治而言，精神文明相对于物质文明而言。只有经济、政治、文化协调发展，只有两个文明都搞好，才是有中国特色的社会主义。"

党的十五大明确指出："建设有中国特色社会主义的文化，就是以马克思主义为指导，以培育有理想、有道德、有文化、有纪律的公民为目标。发展面向现代化、面向世界、面向未来的，民族的科学的大众的社会主义文化。"这和《中共中央关于加强社会主义精神文明建设若干重要问题的决议》中指出的："社会主义精神文明建设的根本任务，是适应社会主义现代化建设的需要，培养有理想、有道德、有文化、有纪律的社会主义公民，提高整个中华民族的思想道德素质和科学文化素质。""精神文明建设包括思想道德建设和教育科学文化建设两个方面，渗透在整个物质文明建设之中，体现在经济、政治、文化、社会生活的各个方面"，是完全一致的。

鉴于上述社会主义精神文明建设和建设社会主义文化的这种一致性，为了叙述方便起见，我们不妨从社会主义精神文明建设的角度来讨论编辑的地位和作用。

（一）编辑的重要地位

党的十五大和党中央历来的指示都十分明确，编辑工作就是要以培育"四有"公民为目标，把建设社会主义精神文明作为自己的根本任务。这样的根本任务和党的十五大关于发展文学艺术、新闻出版、广播影视等事业，是文化建设中的重要内容的论述，是对编辑在社会主义精神文明建设中，在我国现代化建设中的重要地位的最明确的规定。

党的十五大又提出："知识分子要加强学习，提高自己，努力成为先进思想的传播者、科学技术的开拓者，'四有'公民的培养者和优秀精神产品的生产者……"这个指示，对编辑人员来说，是十分贴切的，有很大的针对性。它不仅给广大知识分子提出了要求，也为编辑人员指出了前进的方向和应该发挥作用的用武之地，也说明了编辑的重要地位和作用，具体可以从几个方面来说：

1. 编辑是社会主义精神文明的重要建设者

邓小平同志说："我们要建设的社会主义国家，不但要有高度的物质文明，而且要有高度的精神文明。"（《邓小平文选》第2卷，367页）"不加强精神文明的建设，物质文明的建设也要受破坏、走弯路。"（《邓小平文选》第3卷，144页）"光靠物质条件，我们的革命和建设都不可能胜利。"（《邓小平文选》第3卷，144页）这说明社会主义精神文明建设在建设有中国特色的社会主义事业中的无比重要性，忽视它、轻视它、贬低它，就会走弯路。

由于社会主义精神文明建设对整个国家建设的重要意义，所以，它是全党全国、各条战线和一切部门不可推诿的共同任务。当然，首先是思想文化部门的任务。正因为这样，党和政府特别强调要加强新闻、出版、广播、电视这些部门的工作。因为它们直接关系着精神文明建设的成败。现在我们不妨冷静地想一想，这些部门的工作要做好，哪一家离得开编辑？搞新闻的没有编辑，消息再多，报纸能出得来吗？报纸讲究版面，要分清轻重缓急，先后主次。否则，哪还像一张报纸？如果版面"五官不正"，眉毛胡子分不清，叫人怎么看？广播能没有编辑吗？哪个播哪个不播，先播后播，时间长短，甚至声音的顿挫扬抑，都有编辑的工作，同样离不开编辑。不仅离不开，而且编辑工作对这些部门来说，都是重头戏，都是关键部位的工作，是不可缺少的。

从出版说，更离不开编辑工作。著名编辑家、出版家、翻译家王子野先生讲过一件事，令人难忘。他说："任何一个高明的作者都不能保证自己的作品一点差错都没有。如郭沫若同志，是第一流学者，他的著作当然是高水平的，但他从不认为自己的著作绝无失误和差错。他早期的名作《中国古代社会研究》，30年代在上海出版。解放后，从1954年起，改由人民出版社重排出版。看来这样的书只要照排照印就行了。可是郭老自己重新审阅修改一遍还不放心，他特别嘱咐出版社的编辑，要认真阅读，尽量提出问题，不要有顾虑。出版社的编辑果真提了大大小小100多条，送请郭老复核。退回的书稿，除少数几条外，他基本上都同意照改。"郭老在新版的引言中还说："感谢出版社的同志们，费了很大的功夫从事整理，核对引文，校勘全著，订正了不少文字上的错误。"子野先生说："由此可见编辑不是可有可无，而是大有作为。"接着，他又谈到著名编辑周振甫与著名作家钱锺书的关系，说他们既是编辑与作者，又是要好的朋友，周在为钱锺书的著作《谈艺录》做责任编辑时，"对原稿作了认真的校订，书出版后钱先生很满意，写信表扬道：'校书者非如观世音之千手千眼不可。此书蒙振甫道兄雠勘，得免于大舛错，拜赐多矣。'像郭沫若、钱锺书这样的大学者都如此重视编辑工作，其余的作家谁能不承认编辑的作用。"（参见 1992 年 10 月 13 日王子野在中国编辑学会成立大会上的讲话）观世音之千手千眼，这句话的内容十分丰富。编辑不仅要有各方面的知识、能力，又要非常认真细致。一本书如此，哪一本书不如此？而且在更多的书稿上，编辑所花的心血，要比这两本书稿多得多，因为这两本书的作者，毕竟都是著名学者。任何伟大的作家、高明的学者、杰出的领导者，其作品的出版，都离不开编辑，尤其是重要人物的书稿，出了差错，无法挽回。这充分说明了编辑的地位和它的重要性。

再说，编辑工作是整个出版工作的中心环节，没有编辑就谈不到出版，在坚持编辑中心环节论问题上，一度曾有人怀疑、动摇甚至否定。有人说，出了书卖不出去，书编得再好也没有用。所以，发行应该是龙头。其实，图书发行，是图书生产以后的流通活动。流通是生产的继续，当然很重要。依赖于生产，生产决定流通，没有生产根本就谈不上什么流通。生产和流通是一种分工，强调流通的重要性是必要的，但不能因此得出流通比生产更重要，或者生产不重要的看法。不然就会滑向流通决定论，也不利于生产。从图书出版看，流通的重要性要讲够，特别是在社会主义市场经济条件下，但不能因此而否定编辑工作是整个出版工作的中心环节。正确的应该是：出版是基础，编辑是中心，发行是关键。各有各的个性。

综上所说，编辑工作十分重要，正是编辑在自己的岗位上，坚持党的出版方针，努力为人民服务，为社会主义服务，认真严肃、艰苦细致地劳动，社会主义精神文明建设才能在出版这样一个重要的方面，顺利地发展。所以说，编辑是社会主义精神文明的重要建设者。

2. 编辑是社会生产发展的积极推动者，是综合国力的创造者

编辑不仅是社会主义精神文明建设的重要建设者，而且是社会主义物质文明的建设者和推动者，也就是说编辑是社会生产发展的积极推动者。具体可以从三方面来说明：

首先，编辑工作本身是一种社会生产力，这种生产力是精神生产力。马克思在谈到生产时，认为精神生产和物质生产是并存的，对它们是同样重视的。他说："支配着物质生产资料的阶级，同时也支配着精神生产资料；统治着物质生产的阶级也统治精神生产。"这说明马克思认为精神生产和物质生产是同样重要的。爱因斯坦也说："提出一个问题比解决一个问题更重要……提出新的问题，新的可能性，从新的角度去看旧的问题，都需要有创造性的想象力，而且标志着科学的真正进步。"可见，精神生产者本身就是一种社会生产力，他们同样推动着社会生产向前发展。

其次，编辑工作作为上层建筑，它可以促进或者延缓，甚至阻碍社会生产的发展。编辑工作是一种社会文化活动，它与经济发展应该是同步的、相适应的，它既是经济基础的反映，又可以反作用于经济基础，影响社会生产发展。编辑水平高一些，编辑工作做得好一些，能够出版许多好书，不仅是社会主义精神文明建设成就的体现，也会推进物质文明建设的发展，推动包括文化在内的综合国力的增长。反之，出版了坏书或不健康的书刊，就会对精神文明建设造成负面效应，削弱综合国力，也会影响物质文明建设的成就。

再次，编辑是科技发展的积极推动者。科技是第一生产力，在知识经济的社会里，科技、知识对社会进步、生产的发展，作用越来越大。编辑的工作不周，就会起不好作用。早在几十年以前，就发生过这方面的憾事。创立遗传分离定律和独立分配定律的奥地利神甫孟德尔，他的主要论文，开始没有获得审稿人——瑞士某著名物理学家的青睐，直到35年以后，才被一位荷兰生物学家发现，致使现代遗传学的研究因此而

被推迟了 30 多年。几年前，正当河南烤烟生产出现问题，广大烟农十分焦虑的时候，出版社的编辑马上走访国家机关和科研单位，及时出版了有关烤烟生产的图书，及时解决了当时生产上碰到的问题，被当地誉为"雪中送炭"。所有烟农，争相阅读，一印再印，基本上普及生产技术知识，改变了烤烟生产面貌。总之，编辑不仅是社会生产中的一种精神生产力，而且是科技进步的积极推动者。

3. 编辑是社会政治活动的积极因素，是社会稳定的重要砝码

出版，无论是报纸、杂志、图书、电影……都是一种舆论，各种政治力量，无论是占主导地位，还是不占主导地位，只要是政治力量，有政治倾向的，都想利用它，都要利用它。毛泽东同志说："凡是要推翻一个政权，总要先造成舆论，总要先做意识形态方面的工作。革命的阶级是这样，反革命的阶级也是这样"，"一个新的社会制度的诞生，总是要伴随着一场大叫大喊的，这就是宣传新制度的优越性，批判旧制度的落后性"。从我国现代出版的发展，也可以看得很清楚，戊戌维新酝酿之际，维新派兴办了一批报纸，如《清议报》《新民丛报》《中国妇女报》《民报》《醒狮》等，这些都是适应维新运动的需要而办起来的。以《新青年》为代表的一大批革命报刊，则是在五四运动前后诞生的。以知识分子为主体的开明书店也是在五四以后成立的，它一开始就出版了《新女性》《中学生》等宣传民主和科学思想的刊物。据不完全统计，1919—1927 年，全国共有期刊 526 种（其中周刊 122 种、旬刊 26 种、半月刊 36 种、月刊 170 种、双月刊 5 种、季刊 33 种，另有 134 种刊期不明）。所有这些报刊和出版社都宣传自己的主张、观点，在当时发挥了各自的作用，而这些报刊的编辑，后来大多数不是成为革命家，就是成为社会活动家，或者著名的文化人。这也反映了我国一代编辑的面貌，充分说明了编辑是社会政治活动中的积极因素。

从另一方面看，舆论的力量，使形势很快稳定下来的事，也是屡见不鲜的。十月革命后，俄国人心浮动，列宁为了迅速向群众宣传新思想、

新制度，不顾当时经济状况的极端困难，抓紧编辑印刷图书，免费发给群众，很快稳定了形势，使新政权得到巩固。1989年"六四风波"后，一度谣言很多，宣传单位在中央统一领导下，用报刊、广播、电视、图书，集中宣传中央的方针政策，使社会很快地得到稳定。这些例子既可以看到编辑地位的重要，也告诉我们，在涉及社会稳定的问题上，需要我们非常的重视。这说明编辑是社会政治活动中的一支重要力量。所以，当编辑的人，一定要讲政治。

一定要讲政治，江泽民同志最近讲过多次。他说："一定要讲政治。这里所说的政治，包括政治方向、政治立场、政治观点、政治纪律、政治鉴别力、政治敏感性。在政治问题上一定要头脑清醒。"他强调："讲政治，核心是坚持正确的政治方向、政治立场，各级领导干部一定要努力提高政治素质，在原则问题上一定要旗帜鲜明。"这个指示对于做好社会主义市场经济条件下的编辑出版工作，有很强的针对性和指导意义。出版物的政治导向，对广大读者的政治方向、立场、鉴别力，有引导的作用。坚持正确方向，导向就可以正确。反之，则会发生误导。出版物的政治倾向，集中体现了编辑自身的政治方向、他的政治鉴别力和政治敏感性。反过来说，一个编辑的政治水平、政治鉴别力不只是他个人的问题，而会影响出版物，进而影响读者。编辑要讲政治，是他的工作性质和任务所决定的。

我国的出版事业是社会主义建设的一个重要组成部分，编辑工作又是整个出版工作的中心环节，编辑是社会主义精神文明的建设者，是人类共同的进步文化建设者，是社会进步、生产发展的推动者。所以，编辑不是编书匠，不是仅仅编几本书，一年完成多少经济指标的问题。我们担负着推动社会进步、国家兴旺、民族强盛的崇高的历史使命和光荣的职责，这是每一个编辑的天职。

编辑这个角色，在社会主义精神文明建设中，既是战斗员，在某种意义上说，又是某一个方面的指挥员。所谓指挥员，就是他们必须有远大的眼光和气魄，从宏观上考虑整个国家、民族乃至世界的文化建设工程，关怀各阶层人民的实际需要，进行总体的设计和建设。过去有一位领导同志说过，编辑要踱踱方步，想想大事，考虑如何为人民服务，为社会主义服务，不要当鼠目寸光的小人。从微观上说，他又要精雕细刻，注意一逗一点，字字句句对人民负责，对社会负责，对读者负责，不能当个"马大哈"。他好像一个在前沿阵地站岗的哨兵，一点儿也不能疏忽大意。

综上所述，我们可以看出编辑是社会进步的杠杆，科技发展的推动者，思想战线上的哨兵，精神生产的生产者和督导者。

（二）编辑的重要作用

前面讲编辑、编辑工作地位的时候，实际上也谈到了编辑的作用，这里只想就比较具体的方面再做一些补充。

1. 编辑是出版文化的设计者、组织者和生产者

中国历史上出过多少书，一般都用浩如烟海这句话来形容，究竟是多少，我们不妨计算一下。

中国古代，即辛亥革命以前	出书 18 万种
辛亥革命到 1949 年	出书 10 万种
1950 年到 1987 年	出书 80.9 万种
1988 年到 1997 年	出书 94.1 万种
	合计 203 万种

自古到今，尽管每一种书中，著编校分工不同，编辑的参与也不尽相同，但在编辑这方面的工作总是有的。

编辑的作用是什么？具体表现在：

（1）编辑是出版文化的设计者。出版文化的重要方面是出版物。出版物是一种广泛的概念，不仅是书、刊，现在还有音像、电子出版物。每一种出版物的出版，都要有编辑设计，这包括读者和市场的调查，同类出版物的比较，编辑指导思想的确定，全书和报刊总体结构的形成，

作者的选择，出版发行的预计，这是设计；各种规划、计划，如宏观的有长期规划、年度计划，中观的有季度或月的发稿计划，微观的有一本书、一期刊物等的发稿计划，这也是一种设计。还有对书报刊内容的设计。如对书稿中章节篇目的设计或调整；小说中还有人物情节设计，这种设计，虽然主要由作者做，但编辑有时也要做，至少要补充、润色。如《红岩》，这部在爱国主义教育中发挥了巨大作用的长篇小说，是在《在烈火中永生》这个回忆录基础上铺设丰富起来的，编辑自始至终和作者一起参加了设计和构思。其中，重庆地下党的主要领导人，在小说第四稿的校样中，还把重要人物的党内职务做了调整，把李敬原作为党的领导人，放在监狱之外，强调了李敬原识别叛徒、判断形势的能力，而使第二把手许云峰被捕。许入狱后，坚贞不屈，继续领导监狱内的斗争。这样，把监狱内外两位党的领导人的思想更加紧密地联系起来，显得更加有血有肉，有声有色。这一构思得到作者的积极赞同，认为是增加了"党的领导形象和领导力量"。又如，中国大百科全书，这个构思，最早是姜椿芳先生在"文革"中被诬入狱，在监牢中形成的。他一出狱就给中央写报告，后来，才成立中国大百科全书出版社。大百科全书的每一卷，都有一个框架设计，有的卷可能还有两个学科的框架设计。从出版实践来看，每一本书，除了作者已经写好的现成书稿之外，都有编辑设计。即使是现成的书稿，编辑也要审核作者的构思和设计，包括对书中应该突出的重点，应该增加的材料，必要的辅文、附录、注释，也都要编辑设计。从目前我国实际情况看，设计构思这一环大多由室主任担当，或者是以室主任为主，吸收一两个编辑参加。总编辑当然更要着重考虑这方面的事。现在有的地方，推行策划编辑制，其实策划就是设计。

（2）编辑是出版文化的组织者。设计好像是建筑中的设计师搞建筑设计，设计以后要组织施工。建筑的施工，是由建筑师完成的，设计师不管施工，只负责工程监督。但编辑工作不同，设计以后，还有组织实施，不做组织工作，这个设计就不能落实。从书籍出版看，组织工作的一个重要方面，是找作者，找合作伙伴。如 73 卷本的《中国大百科全书》，不仅有总编委，每卷有学科的编委，还有许多作者，这部书共组织动员了 20672 位专家学者参与，其中军事卷就有 2300 余人，中科院第 4 届 400 位学部委员，有 366 人参加了编写工作。《出版词典》只是一部 140 多万字的中型词典，与编辑部直接挂钩的编写单位就有四五十个，至于和这四五十个单位联系的人就更多了，参与工作的有 1500 余人。把这些单位、这些人组织起来，也不是一件轻而易举的事。有的不仅要组织作者，还要组织审稿者，组织社外专家审稿，甚至成立社外编辑部等等。

组织工作的另一方面，就是稿件的组织。稿件的组织与作者的物色分不开。但是稿件的组织有时更复杂，要看多方面来的材料，研究稿件有无重复、有无缺漏，体例是不是一致，要做删繁补缺的工作。总之，以编辑为职业的人，每年每月都要组织各种各样的稿子。这些稿子到哪里去组，这需要平时的信息和知识的积累，无论看稿、看书、看报、看电视、逛书店、看展览、听报告……任何时候，都要注意，要有意识地把各种信息储存起来。总编辑和编辑室主任更要做好这方面的工作。

（3）编辑是出版文化的生产者。以书为例，每一种书，都是作者和编辑共同创造的。任何一种书的出版，都包括着编辑的作用。古代编辑的活动内容是相当庞杂的，诸如校勘、整理、辑佚、修订、注释、抄纂、汇辑等等，都是编辑要做的工作。随着历史的推移，编辑活动也是演变的。现在的编辑活动，有了很大的发展，包括调查研究、收集信息、制订选题、组稿、审稿、加工整理、美术设计和技术设计、发排、读校等，没有这些工作书是出不来的。还有宣传评介，书出来了，读者不知道，就要搞图书评介。在市场经济条件下，有的编辑还要抓经营。所以说，编辑是书刊的重要生产者，也是出版文化的生产者。

编辑是出版物的设计者、组织者、生产者，决定了编辑劳动是一种创造性的劳动。这是 1983 年《中共中央、国务院关于加强出版工作的决定》（以下简称《决定》）中明确规定的。《决定》说：编辑工作"是政治性、思想性、科学性、专业性很强的工作，又是艰苦细致的创造性劳动"。"应当肯定编辑人员的重要作用和贡献，尊重编辑人员的创造性劳动"。苏联《图书学百科词典》有"编辑"条，说"编辑工作始终是创造性的过程，这是由每一部作品的内容、结构的新颖性、作者思想的独特性，他的行文的风格特点，未来出版物的风度和读者对象等因素决定的"。说得简单一点，一个玻璃杯，模型一旦形成，可以生产许多次。有人甚至开玩笑地说："某某产品是 30 年一贯制"。但编辑碰到的稿子每一本都不一样，他们对每本书稿的处理方式不可能一样，付出的劳动也不一样，他们在每本书稿上都会碰到新问题。所以编辑的劳动就不能不是创造性的。

创造性表现在编辑工作的各个环节上。首先是选题，它是编辑创造性构思的产物。以优化、创新为目标，建立在对社会、读者需要的调查上，对有关文化学术领域的历史和现状进行分析的基础上。选题的开拓，既要靠编辑的政治文化素质、科学的预见，又要靠辩证的思想方法。选题在精神生产中起着导向作用。如《十万个为什么》提出以后，就出了许多个"为什么"。有的选题一出来，就会带来某一类读物的"热点"。应该说，好的选题，不仅是出好书的前提，而且对整个学术思想上都会有突破，有创新，有鲜明的时代性，是高度智慧的产物，这是编辑创造性的重要表现。

组稿、审稿，需要编辑有敏锐的观察力，精确的选择能力，物色合适的作者，正确把握稿件价值的能力，是一种重要的创造。加工、装帧设计，使产品优化、美化，使之具有个性特色，也是一种创造。从编辑实践看，编辑劳动的创造性十分明显。即使有些看来很简单的工作，如编务、答复读者来信，也都有创造性。有的读者，由于受到编辑回信的鼓舞和启发，取得了成就，他们一辈子都忘不了这些编辑，这种例子是不少的。

有的书稿，开始可能不成熟，经过编辑的劳动成为好的作品，也不乏其例。60 年代，出过一部长篇小说，是反映一个民族地区的人民革命斗争的。作者是一个少数民族青年，是一个地区的宣传干事，文化水平不高，但掌握许多材料。作者是挑了两麻袋稿子，到一个出版社投稿，所谓稿子，大部分是原始材料，断断续续，错别字不说，还有许多记号和空白。出版社一看素材很好，作者生活底子很厚，就让他住下，派了一个老编辑和他生活在一起，日日夜夜，听他讲故事。然后逐步把他的稿子进行整理、修改、充实、调整，终于出版了一本比较好的反映某一个少数民族地区人民革命斗争的长篇小说，政治上也不错，文字上也过得去。作者通过这本书的出版，文字水平也有很大提高，后来成为一名作家。相信这样的事，在当时绝不止一个出版社碰到过。这充分说明，编辑劳动是政治性、思想性、科学性、专业性都很强的工作，是艰苦的创造性劳动。

2. 编辑是文化科学知识的积累者和传播者

中国是文明古国，编辑对中国历史文明的积累、传播、延续和发扬，起了很重要的作用，可以说功不可灭。国际上研究人类文化史的学者认为，人类文明最早可能分为若干个实体，但直接从原始社会产生的文明只有 6 个，即古代埃及、苏末、米诺斯、马雅、安第斯及古代的中国文明。至于其他文明，包括古希腊，都是在这 6 个社会文明以后的事情。可是在这 6 个当中，苏末、米诺斯、马雅、安第斯文明早已消失，只留下一些建筑遗迹和稀有文物。近代埃及的文明，也并非古埃及文明的继续。认为远古以来的一切文明中，经过几千年的风风雨雨，包括战火纷飞，改朝换代，能够维持文明性格一贯性的，唯有中国文化。

原因在哪里？学者们有许多看法：一种叫地理环境决定论，认为中国西有高山峻岭，浩瀚大漠，东临沧海汪洋，是一种孤立的封闭环境；一种是田园经济论，认为中国长期以来是自给自足的小农经济，依靠自我调节和内聚力来维系这种文明性格的一贯性；再一种叫做融洽论，认为中国是多民族国家，文化是多元多维的，是经过长期的融合而成为多民族文化的集合体；另外还有方块文字论，认为别的文字无法渗透进来改造中国文化。当然也还有从历史背景、发展过程做分析的其他看法。

但也有学者认为，考察中国文化，不能不看到中国有大量的持续不断的历史文化典籍的存在。这些书籍是中国文化不灭的载体，它不因王朝更迭、战乱而全然中断，是维系和促进中国文明连续性与稳定性的一个重要因素，而这种持续性是依靠编辑来维系的。编出来的书，一旦广为流传，就没有时间和空间的限制。历代先民在思想、文化、科学等方面对人类社会的贡献，无不通过图书或主要依靠图书记录下来，流传下来。最古的文献、书籍所以能够保存下来，就是靠最早的编辑工作。龙山文化中十六块钻了眼的卜骨，殷商的大批甲骨和以后的竹简、木牍、帛书直至印品书，都是文明的重要传播和积累的工具，直到现代的音像电子出版物，编辑在文化科学发展中的作用越来越大，地位越来越重要。比如前一段的"《周易》热"，热得不得了，而《周易》最早就是侍奉周王的太史太祝太卜太士这些文化和宗教官吏，把朝廷的诰辞训令、历代史官收藏的重要文件，参照周代的礼乐制度，陆续汇集、厘定、增补，或以档案查存，或当法定制度加以执行的东西。这些在今天看起来很简单的编辑工作，都使成果保存流传下来，又经过许多人的增订编纂，其中有些典册就成了《周易》《尚书》等儒家经典的原始依据。如果没有早期的编辑工作，也就没有《周易》流传下来了。

春秋的诸子百家，并非都是本人的著作，许多是依赖门人、弟子、亲朋、仰慕者、研究者，记录、收集、汇合、编订起来的听讲笔记，或论学的言论积累而成的。孔子自己编选《诗经》；他的弟子记录他的主张观点，又成《论语》，就是最好的证明。吕不韦要三千门客，各著所闻，编成体例严谨、内容丰富的《吕氏春秋》，更是依靠编辑工作才得以保存、积累和流传下来的。否则，三千作者的稿件难免失散，如何能够保存流传下来呢？

从另一方面说，在西方，比孔子晚生167年的亚里士多德，是公元前4世纪西方最渊博的学者，他的学术思想迄今仍有影响，但他的著作大部分都已佚失，仅留47种，是由安德罗尼柯在公元前60年编辑发表的。

那时，亚里士多德已去世 280 多年，如果没有后者的编订整理，这 47 种也将随岁月的流逝而消失。那么，后世谁还能知道有过亚里士多德这样一位学者？位于我国新疆境内塔克拉玛干大沙漠东缘的楼兰古国，是公元前后活跃在古代丝绸之路上的一个非常重要的国家。可是除了书上有记载之外，别的什么也没有了。直到本世纪初，有探险家根据书上的记载，终于发现了遗址，这难道不是编书者对文化积累的功绩吗？

可以说，人类的一切智慧、思想文化和科技成果，只有通过一定的物质载体，才能留存下来，传播开去，而成为全人类的共同财富。编辑活动就是使人类的这些知识和经验得以留存传播的决定性环节。

3. 编辑是新知识领域的开拓者和新成果的催生者

（1）编辑的职责决定了他们要开拓新的精神产品。编辑作为一种社会职业，就是要把握和了解一定文化科学领域内学术发展的动态、方向，掌握最新的情报信息，洞悉有关学科中尚未解决、或正在解决的课题，职业的需要使他们有可能有条件有能力将某一学科的最新结论、成果，通过自己的选择、加工、整理、编纂，使它成为依附于某种载体的精神产品，提供给社会，达到进一步开拓的目的。

从 20 世纪 40 年代开始，人类文明进入了一个崭新的阶段，科学技术突飞猛进，创造发明层出不穷，信息量急剧增加，既为编辑工作开辟了广阔的天地，又为编辑工作增加了极大的责任。首先，编辑的职责决定了他们要组织、收集以个体生产为特征的精神生产者的成果，并且通过出版物引导他们向新的目标、新的领域推进，这就是开拓；其次，发现、扶植那些还处在萌芽状态的精神产品，使之成长成熟；再次，是积极鼓励、支持有创造精神的新人，使他们脱颖而出，这都是开拓。

（2）编辑的职责决定了他们必须不断地去促进精神产品的更新。精神产品不是凝固不变的，它始终处在不断的更新的过程之中，在社会大变动时期，尤其是这样。编辑的工作就是致力于促进这种更新。因为编辑始终处在调动精神生产者能动性的地位，可以提供各种信息，扩大视野，促使他们做新的探索。因为编辑需要或者说可以把自己对精神产品的理解和领悟，提供给精神生产者；有的还可以通过审读、提意见、加工，给精神产品注入新的内容、新的思索。编辑可以为某一个学科出一本书，发表一篇文章，或者组织有关的学者，把自己的观点、见解、实验结果写出来。这样，对这个学科来说，就是一种推动、促进。所以，编辑活动实际上是新成果的一种催化剂，编辑则是催生者。

（3）编辑的职责决定了他们要扩大精神产品的影响。任何一种新的精神产品，都需要扩大影响，为广大群众所接受。所以就要宣传、推广。编辑就要做这种工作。把新知识、新观点、新经验，介绍给广大读者，就起到了宣传、推广和引导的作用，这也是一种开拓。

4. 对精神产品的鉴别和把关的作用

编辑活动的根本目标就是最大限度地以健康的精神产品满足广大的不同层次读者的需要，促进社会进步、经济发展。所以编辑工作很重要，编辑负有重大的社会责任，就是要对社会负责。或者说，编辑这个职业，这个工作，决定了它应该对社会负责，应该有社会责任感。

（1）编辑要担负社会责任，就要做到：讲究社会效益。我们的国家是为人民服务、为社会主义服务的，国家、民族、党和人民的利益是我们的根本利益，建设社会主义现代化强国，是我们现在的目标。所以，编辑工作要时刻体现国家和人民的意志，忠实地执行和宣传党的路线方针政策，把党的方针变成自己的思想，融入到出版物中去，以此来教育和宣传群众，为党和国家的既定目标奋斗。

说到把关，除了统观全稿的政治方向、思想倾向、科学水平、艺术和文字质量之外，在一些敏感的问题上，诸如民族问题、宗教问题、边界问题和国与国之间的问题等，尤其要采取审慎的态度。

（2）要把好出版物的质量关，讲质量首先是讲政治质量，同时也还有精神产品本身的文化含量、思想境界、文化品位、学术和艺术价值等方面。对不符合党的方针政策，不适应社会进步，甚至与此相抵触的稿件要把关，对质量不高的缺乏艺术价值的稿件也要把关。这关系到我们出版业的形象，整个国家的文化形象，关系到对于子孙后代的教育水准，不能听任其出笼。编辑工作中有一种说法，叫"文责自负"，并且以此为借口，放过一些质量不高，甚至不健康的东西，包括黄色的、灰色的、黑色的东西。这是一种不负责的态度。什么叫"文责自负"？哪个出版社出版的书有问题，就由哪个出版社负责任。现在许多问题，一般不追究作者的责任，只追究出版者的责任，因为彼此分工不同，就是作者有创作自由，编辑有把关的责任。作者的东西，你不出版，它只是一种原稿，即使私下传抄，影响也很有限，大量扩散，是不合法的。但出版了，就表示社会承认，而且广为流传。所以，责任在出版者，在编辑者。

鉴别把关的作用，贯穿在整个编辑工作的全过程中，不能认为只有审稿加工才有这个任务，如属政治上思想倾向上的问题，即使在检查样书时才发现，也要做严肃处理。当前，随着"从扩大规模数量为主向提高质量效益为主"的阶段性转移的实施，我们的出版物在效益方面又取得了新的进步，质量也有新的提高，从图书重版率提高，就可以看得清楚。比如，1994年图书重版率为32.8%，1995年是41.5%，1996年达到44.6%，是逐步上升的。另一方面，图书品种得到了控制，1995年，不仅第一次遏制了过去10多年的品种快速增长，而且出现了总数下降2.4%，其中新书品种下降5.2%的势头。这都是图书质量提高的证明。但也要看到，有的地方，买卖书号，不审稿，也出了不少问题，为宣传思想战线添了乱，非但没有好的社会效益，反而增加负效益，尽管为数不多，但影响很不好。这方面不警惕，不改正，要吃大亏的。

5. 造就和培养人才的作用

编辑工作是培养造就各类各科人才的一个重要途径。这种作用表现在三个方面：

（1）编辑通过出版物对读者的教育和培养。每一种书刊都可以影响读者、教育读者、指导读者的思想和行为，帮助读者树立正确的世界观、人生观和价值观，掌握新的知识和技术，提高全民族的文化科学素质。这也是编辑出版工作的根本目的。任何人的成长，任何人才的造就，都不能和出版物分开。比如，一个青年人，在一个阶段里，能够认认真真地读上二三十本有价值的书，或者基本理论、基础知识读物，那么肯定可以在思想上、认识上得到一个很大的进步。如果能认真读一二百本书，打好基础，那就可以受用一辈子，当然，这些书必须是好书，如果是坏书，那也肯定受害无穷。

（2）编辑对作者的帮助和培养。一本书的出版过程，也是作者清理自己的思想，吸收别人的见解，获得提高的过程，尤其是年轻作者，通过编辑对他的影响，能够使自己更加成熟，更快地成长，实际上是对作者的帮助和扶植。比如，编辑可以通过选题，引导作者去思考、研究某个学科的某一个课题，给作者以探索方向和研究目标，一旦书稿得到出版，本身就是对作者学术成就上的重大支持，也是培养人才的一种很好的方式。

（3）编辑在工作中的自我教育和自我提高。编辑编书，不仅教育别人，也是教育培养自己，提高自己认识的过程。我们有许多编辑，通过编辑工作的锻炼、积累知识、增长见闻，终于成为学者、专家、教授、作家的，不在少数。他们都是在从事编辑多少年以后，也就是说是在编辑工作中造就自己的。

总之，编辑工作的作用十分明显，非常重大。这说明编辑肩上的担子很重，所以，每个编辑都要认识自己的历史使命，认真做好工作，尤其是担负一定领导工作的编辑骨干，担子更重。只有认认真真、兢兢业业，从大处着眼，从小处入手，一字不疏，一丝不苟，才能做好工作，并在教育别人的过程中同时提高自己，在改造客观世界的过程中，改造自己的主观世界。

三、编辑的职业道德

（一）各行各业都有自己的职业道德

道德是人们的一种行为规范，是识别、评价人们行为的一种尺度，也是一种精神力量。道德这种行为规范在不同的范围、不同的领域，可以有不同的层次。在现代社会生活中，人们有公共的行为尺度，这叫社会公共道德，或曰社会公德。社会生活的一个重要方面是职业活动，为了职业活动有序地进行，也需要有某种与之相适应的行为规范，这就是与一定职业相联系的职业道德，如商业道德、体育道德、新闻道德、医德等等。这正如恩格斯所说的"每个阶级，甚至每个行业都各有各的道德"。

特定的职业道德既然是从事某一职业的人共同的行为规范，也是从事这种职业的人所必需的约定成俗的行为准则。社会主义社会的职业道德，从思想体系来说，属于共产主义道德的范畴。社会主义职业道德的基本内核，就是符合社会主义发展的需要，体现广大人民群众的根本利益，基本点就是全心全意为人民服务，为社会主义服务。离开了这个基本点，就不成其为社会主义的职业道德。

其实，职业道德，并非今日始，是历来就有的。如在我国唐代，著名史学家刘知幾就谈到，史学家要讲史德，即写历史的人要有"秉笔直书"的品格；新闻道德在世界上大概也已讲了 100 多年。因为新闻事业出现以后，"无冕之王"捉笔如刀，褒贬之权甚大，新闻的职业道德也就引起人们的重视了。可见，讲职业道德并非新事。

出版工作者的职业道德，也可以叫做出版伦理、出版道德。它是编辑出版工作者在长期的实践活动中形成的，是正确处理与作者、读者、同行和社会各界之间关系的行为规范，是编辑出版工作者应有的品格、思想、作风以及处理出版单位内外关系的伦理准则。

编辑工作是整个出版工作的中心环节，是出版为两个文明建设服务的主要关键和基本保证。这就说明了编辑职业道德在出版工作中的重要地位。编辑的职业道德是基于编辑工作和特点而形成的。它是自从社会分工出现了以编辑为职业的人以后就存在的。尤其是随着出版事业的发展繁荣，编辑在社会生活中的作用越来越大，因而更有必要提出编辑工作者如何正确对待社会、对待相关者的伦理问题，也是编辑人员在编辑工作中应当自觉遵守的行为规范。

（二）编辑讲究职业道德的重要性

（1）当编辑的人一定要讲究职业道德。这是因为编辑工作是一种精神生产，是一项文化活动和科学活动。它的根本任务是要向读者提供优秀的出版物，也就是有质量的出版物。出版物的质量取决于作者，首先需要作者提供有质量的原稿；但是编辑的介入，也可以影响原稿的质量，有时也可以起决定性的作用。这是从一本书讲的，或者说是从微观讲的。从宏观讲，也就是从整个出版物面貌讲，或者说从一个出版社一定时期的出版物总体来讲，作者的书稿水平如何，当然起着决定性的作用；但更重要的是取决于编辑，因为编辑可以在众多书稿中选择，也可以通过加工提高原稿的质量，从而决定整个出版物的面貌、水平或者说是总体质量。由此可见，一个出版社能不能提供优秀出版物，既取决于作者，也取决于编辑，从一个出版社整体运转上讲，编辑的作用尤为重要。也正因为这样，编辑就更要讲职业道德，使自己在工作中时时刻刻用一定的行为规范来约束自己，保证提供内容和形式俱佳的出版物，更好地鼓舞读者为两个文明建设作出更大的贡献。

（2）在社会主义市场经济条件下，编辑的职业道德显得更加重要。社会主义市场经济的发展，为编辑出版工作带来了机遇，增强了活力，同时也是一种巨大的冲击，致使编辑队伍中一些不明事理，或见利忘义的人，做出一些有悖于编辑职业道德的事。诸如：出版一些品位不高、格调低下、封建迷信，甚至夹杂着一些低级下流、黄色内容的图书；有的把组到的能赚钱的书稿转给别的出版社，或转卖给个体书商，中饱私囊；拿到书稿，根本不看，或一目百行，浏览一遍，批个书号，就发排付印；有的明知书稿中文字不通、标点不清，也既不加工，又不润色；有的经手加工修改的稿子，要求和作者共同署名；有的对读者来信，尤其是对来自读者的善意批评，置之不理；有的还拆同行的台，盗窃别人已经组稿的选题，或者利用种种借口，或明或暗地印制兄弟单位的畅销书出售……这些人、这些行为，在编辑队伍中虽属极少数，但危害极大，如果任其发展，不仅坏了编辑队伍，坏了出版业自己，也贻害于广大读者。这些现象的发生，据说一个重要原因，是有人误解了价值观的转变，认为价值观的转变就是由过去讲究社会效益转变为现在只讲经济效益。因而，自觉不自觉地把单纯追求经济利益当作编辑出版的唯一目的，从而走入了误区。什么是价值观念的"转变"？就是既要按市场经济规律办事，又要坚持以社会效益为最高准则，也就是要追求优质高效，只有优质才能高效。这说明以有中国特色社会主义理论为指导，坚持"二为"方向，坚持为大局服务的社会主义编辑出版工作的世界观、人生观与价值观从来都是一致的，他们最终都是为了实现"以科学理论武装人，以正确舆论引导人，以高尚精神塑造人，以优秀作品鼓舞人"的目的，这是编辑出版工作者的根本任务，也是编辑职业道德的基本要求。可见社会主义市场经济条件下的编辑出版工作，要不走偏方向，要为读者提供优秀的精神食粮，就更加要讲究职业道德。

（3）新时期、新形势和新的任务要求编辑必须讲求职业道德。党和国家已经作出规划，要求在下个世纪初，在未来的15年中，把社会主义精神文明建设放在更加突出的地位，还要求加强出版工作，让它做出更大的贡献。毫无疑问，在新的世界里，我国的经济会有更大的发展，人民的生活水平也将有很大的提高。特别是实现了小康以后，人们经济生活水平的提高，必将对出版文化提出更新更高的要求，因而对编辑工作的要求也会越来越高。同时，在新的世纪里，随着改革开放的发展，国际贸易的增长，尤其是多媒体迅速发展，计算机网络的进一步开通和信息高速公路的建立，信息和文化交流必将大幅度地增长，思想的渗透和交流、文化的交流和冲突，也将进一步加剧。在这种情况下，编辑作为精神产品的催生者和把关者，出版文化的设计者，必须把职业道德放到更加突出显著的地位。

以上说明，编辑要讲究职业道德是职业的需要，形势的需要，也是编辑自身修养的需要。

（三）编辑应该有哪些职业道德

编辑的职业道德，人们有多种议论，有人说五六条，有人说七八条，甚至还有 10 多条的，这是因为角度和层次不同，无可厚非。但按常理说，研究编辑的职业道德，首先应该从编辑工作的特点出发。据此，最基本的是应该有这样几条。

（1）坚持用稿标准，不以稿谋私。编辑的权力，主要表现在对稿件的褒贬取舍上。因此对待稿件必须按照客观标准办事，这就是原则，这就是职业道德。但实际上，有的编辑在用稿上或多或少带着人的因素，感情的因素。如关系稿、任务稿（上面安排下来的），还有观点不同、门户之见，甚至包括个人之间的恩恩怨怨……这些，往往会从取舍稿件上反映出来。有的单位明确表示"三不出"，即：赔钱的书不出、不赚钱的书不出、赚钱少的书不出。一听说作者可以包销多少万册，或者赞助多少钱，则降格以求，明知稿子不怎么样，也照出不误；一看这本书要亏本，明知稿子不错，也不愿将盈补亏，尽管在其他书上赚了不少钱，也不愿拔一毛而救活一本好书。对他们来说，出书不出书，全凭一个"钱"字。至于什么办社宗旨，对不起，真还没有往心上想过。这种出版社，说真的还不如不办。因为出质量不高的书，对读者没有什么好处，出不好的书，还会害人。在编辑工作中，完全为经济利益所驱动，这是一部分图书质量滑坡的重要原因之一，是当前相当突出的问题。所以，一个合格的编辑，讲职业道德的编辑，对待稿子一定要秉公办事，按标准取舍，排除感情因素，也不能搞"唯利论"，更不能凭作者地位高低、名望大小，或者门户亲疏、个人偏见。在审稿标准面前，应该人人平等。韬奋说：

"我对于选择文稿，不管是老前辈来的，还是幼后辈来的，不管名人来的，或是'无名英雄'来的，只须好的我都竭诚欢迎，不好的我也不顾一切地不用，在这方面，我只知道周刊的内容应该怎样才精彩，不知道什么叫情面，不知道什么叫做恩怨，不知道其他的一切。"他说到做到，对李济深、黄炎培的稿件，也坚持修改，而且退过熟人名人的稿件。这才是编辑的楷模。

（2）认真奉献，为他人做嫁衣裳。一部稿子能不能成为广大读者阅读的书。一个人或几个人的思想观点、主张学说，能不能进入大众传媒的载体，成为广大群众学习、参考、研究的材料，甚至是指导人们实践、引导群众前进的航标，关键在于编辑。编辑把一部不成熟的稿子加工修改为成熟的作品；把一部有错误、缺点的稿子，修改成对读者有用、为社会接受的作品；把一部质量平平的稿子，经过修改、充实，使之成为一部有质量的好书；把一部影响不大的作品，经过宣传评介，使之成为一部有影响的图书；从无数投稿者中发现新人，并扶持他成为著作人，关键也在于编辑。作者写一部书稿需要用几年、十几年，编辑修改一部稿子也需要几个月、几年，编辑把自己的心血汗水融化于他人的作品，把自己的知识经验充实到作者的成果中，等到书一出版，作者名声雀起，编辑却依然故我。书上，尤其是过去，编辑连一个名字也不署，留下的只是他的奉献。正因为这样，在中国历史上，当编辑的人大都是"无名英雄"，所以有人用唐秦韬玉的两句诗"苦恨年年压金线，为他人做嫁衣裳"来形容编辑的这种奉献精神，很有道理。编辑就是这样的人，从他的工作性质看，就是一种奉献，是一种把自己的所学所得纳入到他人成果中去的创造性劳动，这也正是社会对编辑的基本要求，也是编辑职业道德的重要内容。

（3）竭诚为读者服务，对社会负责。编书出书是给读者看的，一定要考虑读者的实际需要和可能，不从读者出发，编辑的工作也就失去意义。所以，树立为读者服务的思想，是编辑工作的第一要求。为读者服务，简单说，就是要想读者之所想，想读者之未想，在把握社会政治文化总体背景的前提下，找准焦点、热点、重点，编辑出精品书来。切实担负起引导教育读者的职能，以书育人，一切从读者的实际出发，还应根据特定的读者对象，设计图书的内容和形式，以及辅文的安排，校对质量的保证。一段引文、一个注脚、一句古诗、一个公式，务必悉心核对，确证无误，才能放过，不要想当然，弄得书一出来就留下了无法弥补的遗憾。为读者服务的根本目的就是对社会负责，就是编辑通过自己的工作使读者真正成为有理想、有道德、有文化、有纪律的社会主义公民，并且通过读者的作为去为两个文明建设服务，促进社会的发展。为读者服务和对社会负责是完全一致的。但是要达到这个目的，编辑一定要讲求职业道德。否则，是不可能实现的。

（4）尊重作者，真诚待人。编辑和作者的关系，是互助合作的同志关系，《中共中央、国务院关于加强出版工作的决定》中明确指出："社会主义的出版工作，是出版工作者和著译者共同的工作，他们之间的关系是同志式的互助合作关系。图书的内容是人类文明成果的综合反映，要搞好出版工作，必须依靠从事思想、理论、科学、教育、文化工作的宏大队伍。"可见编辑和作者的关系是非同寻常的。但编辑必须尊重作者。其原因，从根本上说，有三条：①书稿是出版工作得以进行的必不可少的基础。而稿子是作者写的，作者是精神产品的主要生产者，没有书稿，巧妇难为无米之炊，出版只好停止运转。所以编辑必须依靠作者，尊重作者。②出版文化是社会文化的综合反映，这种反映又是各种专业的汇总，必须要有各方面的专家，这就需要依靠各方面的作者，他们"业有专攻、学有专长"，只有特定的作者才能写出某一方面的优秀书稿来。编辑也要有专长，但他要面对许多稿子，不可能都是自己的专长，所以，也应该尊重作者。③我们编辑所以尊重作者，因为作者虽在其他领域，但他们支持出版，为繁荣出版事业服务，为编辑所从事的这个行业出力，理所当然地应该尊重他们。说到底，没有作者就没有编辑，一个好编辑应该有一批真诚相待的作者朋友，通力合作，共同为社会主义现代化建设服务。现在，有的地方编辑和作者的关系不正常。有的编辑自视高人一等，作者反而低三下四，因为编辑不给出书，作者毫无办法。结果作者向编辑送礼，要编辑共同署名。不然，把稿子压两年，作者也不敢吭一声。这种把出书当做给作者的恩赐，当然不能说是尊重作者，也不符合编辑的职业道德。

（5）在同行之间，互相支持，互相帮助，这是一种起码的职业道德，应该不难理解。但实际上，现在有的人却不是这样，他们把同行看成对立的一方，到处探听别人的选题，发现有好的，抢先刊出广告，造成我比你早的局面；有的用超过别人的稿酬，把其他出版社的畅销书稿抢过来……这种状况，是和高尚的职业道德不相符的，是编辑在坚持职业道德时需要十分重视的一条。以上五条，一孔之见，未必妥当，仅供研究。

（四）法规与职业道德

法规和职业道德，都是规范人们行为的尺度，但性质和层次不同。职业道德是约定成俗的东西，靠人们自我约束和社会监督来实行的，法规是强制性的，当然也需要人们自觉遵守，因为守法是公民的义务，不遵守就是犯法违纪，是要受到法律和纪律制裁的。如买卖书号，有人把它当做职业道德。其实这是违反法纪的，因为政府机关曾明令禁止买卖书号。正因为这样，最近，成都出版社、山西高校联合出版社因为买卖书号，被新闻出版署明令撤销。当然，违反法纪的行为，一般说来自然也是不符合职业道德的。另一方面，不符合职业道德的行为，在一般情况下，并未达到犯法的程度，也有一些看起来是合理合法的，但从职业道德来看却显得有些欠缺，也是有的。如医生给患者治病，本来看一次，服点药，就可以治愈，但医生为了某种原因，开的药量不足，使病人看好几次才得以痊愈，这对医生来说，属于医德问题，但并不犯法。如有的出版社按规定购买国外的版权，把国内兄弟出版社出版多年的看家书的版权买了过来，并受到了法律的保护，是完全合法的。但它如果在购买前，对兄弟出版社连个招呼都不打，就把别人多年的图书的版权买了过来，这从职业道德上讲，似乎并不完美。还有的编辑出书时"打擦边球"，当然也不犯法（犯法就不属擦边球了），但有的内容也并不好；如有一本书，据说内容并不坏，但书名极庸俗。这恐怕也属于职业道德方面的问题。

总之，编辑是搞精神生产的，职业道德对编辑来说极为重要。让职业道德不好的编辑去生产优秀的精神产品，用一个"利"字去指导出版活动，后果将是不可思议的。因此，当编辑的人应该看重职业道德，并且把它看成是自己的"职业生命"。

四、编辑的优良传统

（一）什么是传统

"传统"一词的拉丁文为 Traditum，意思是从过去延传到现在的事物。换句话说，传统就是世代相传、具有一定历史特点的社会因素。它是历史发展中形成的一种社会习惯，是一种无形的力量，对人们的社会行为起着某种制约和推动的作用，它具有自然的延续性和历史继承性。如风格、道德、思想、作风、艺术、制度等。它存在于各个领域，表现在各个方面，大至整个社会，小至某个家庭和个人。

美国有一位潜心研究传统问题达 25 年的教授，叫 E. 希尔斯，他认为：传统是围绕人类的不同活动领域而形成的代代相传的行事方式，是一种对社会行为具有规范作用和道德感召力的文化力量，同时也是人类在历史长河中的创造性想象的沉淀。他又认为：传统是一种社会文化遗产，是人类过去所创造的种种制度、信仰、价值观念和行为方式等构成的表意象征；它使这一代与那一代之间、一个历史阶段和另一个历史阶段之间，保持了某种连续性和同一性，构成了一个社会创造与再创造自己的文化密码，并且给人类生存带来了秩序和意义。

传统，有好的和不好的，有些好传统中又包含着若干不好的因素，它往往还带有阶级和民族的历史印记，抽象的传统是没有的。我们今天所要提倡和继承的当然是传统中的积极因素，即好的、优良的传统，因为它对时代具有推动作用。

毛泽东同志曾经指出："中国在长期的封建社会中，创造了灿烂的古代文化。清理古代文化的发展过程，剔除其封建性的糟粕，吸收其民主性的精华，是发展民族新文化提高民族自信心的必要条件，但是决不能无批评地兼收并蓄。必须将古代封建统治阶级的一切腐朽的东西和古代优秀的人民文化即多少带有民主性和革命性的东西区别开来。"① 江泽民同志最近也明确指出，对于传统的东西要做具体分析，陈旧过时的要敢于抛弃，正确的优良的要善于继承和发扬。研究中国古代的编辑出版传统是如此，研究近现代的编辑出版家的传统也应如此。

中国作为四大文明古国之一，有着悠久的历史与文化传统。如何将中华民族优良的文化传统记录、保存下来，使之传之后世，就成了出版工作者义不容辞的责任。我国是世界上最早有编校活动的国家之一，在印刷术发明以前，历代官府和私家学者就致力于编书、抄书。印刷术的发明，使书籍这一文化载体有了大量复制的可能，广为流传成为现实，在出版历史的长河中，我们的先辈创造和积累了丰富的经验，也继承了许多优良的传统，至今仍为人们传颂和继承。

我国的古代文明值得大书特书，具有历史继承性的近现代出版文化也同样具有丰富的内涵。从时间上看，近现代历史经历了百年，包括了旧民主主义革命和新民主主义革命两个历史时期；从空间上看，包括了上海、北京、广州、延安、武汉、重庆、桂林、香港等许多城市的出版事业，其中有一批在国内外享有盛誉的出版单位，如商务印书馆、三联书店（生活·读书·新知）、中华书局、开明书店等；从性质上看，既

---

① 见《新民主主义论》《毛泽东选集》701 页。

包括国统区进步的出版业，也包括中国共产党直接领导的革命的出版事业；从出版界的成员来看，不仅包括数以万计的普通的编辑、出版、发行工作者，也包括一大批为我国的文化事业作出杰出贡献的编辑家、出版家；从出版工作的作用上看，近现代出版业不仅对传播和积累科学文化知识，提高民族的文化素质，发挥了重大作用，而且为在我国传播马克思列宁主义，教育人民参加反对帝国主义、封建主义和官僚资本主义的革命运动，都发挥了重大作用。因此，在尖锐激烈的阶级矛盾和民族矛盾的影响下，在灾难深重的旧中国发展起来的中国近现代出版业，就必然要形成自己的历史传统，其中重要的积极因素，也就是我们所说的优良传统。这些优良传统应该得到继承和发扬，让它为社会主义出版事业的蓬勃发展起应有的作用。因而总结近现代编辑家的优良传统，正本清源，弄清楚哪些传统是可以继承的，哪些是可以发扬的，哪些是可以创新的，就有着重要的意义。所以研究传统，既是对历史的总结回顾，更是对未来的发展与开创。

（二）当前学习和弘扬我国近现代编辑出版优良传统的必要性

在新的历史时期，我国的出版事业取得了前所未有的成果。近 15 年来，出书的数量和范围都远远地超过了近代，超过了 19 世纪上半叶，也超过建国后的头 30 年。编辑队伍日益壮大，特别是改革开放以来，我国出版事业发展迅猛，繁荣的程度是空前的。从总体上看，我国近现代出版事业的优良传统已经得到了广泛的继承，并且在许多方面有了创新和发展。在改革开放的大潮中，我们在坚持发扬优良传统的同时，积极吸收国外的优秀文化，进一步印证了中华文化的精深，丰富了它的内涵，表明它具有非凡的创造性和巨大的吸引力。这是新时期我国出版事业所以能够健康发展的根本原因之一。但是我们也要看到，目前在社会主义市场经济条件下，出版工作仍然存在不少问题，有的还相当突出。由于资产阶级自由化思潮的侵蚀和价值观念的转变，编辑队伍中受"一切向钱看"的影响相当严重，不顾社会效益，只抓经济效益，讲实惠，甚至以出版不健康的读物来牟取利润。买卖书号已引起社会舆论的强烈不满；图书质量下降；粗制滥造、内容低劣的书刊，充斥市场；抄袭成风；"身在曹营心在汉"，人在社内干外活、捞外快的现象，屡见不鲜；黄货泛滥，屡禁不止。编辑人员的责任感、使命感淡漠，以权谋私的现象时有发生，无错不成书已司空见惯。这些现象的存在显然与我们古已有之的编辑出版优良传统不符，更与我们党的出版方针、编辑指导思想背道而驰。面对这种局面，一些老同志、老编辑痛心疾首，他们深感研究并弘扬我国近现代编辑出版家的优良传统是当务之急，对青年编辑进行传统教育也势在必行。

另一方面，一些青年编辑由于不了解我们过去的优良传统，对传统的理解等同于保守，甚至认为继承发扬编辑家的优良传统与改革开放、开拓创新是矛盾的。

为了解决编辑出版队伍中存在的一些不良作风，澄清有些编辑头脑中存在的错误观念，研究和弘扬近现代我国编辑出版家的优良传统就有重要的现实意义，它可以使我们更清楚地看到当前出版工作中存在的问题和差距，从而更加认识到加快改革的必要性。同时从中获得启迪，为加快出版改革提供思路，为建设有中国特色社会主义的出版体制发挥应有的积极作用。

（三）弘扬优良传统与改革创新的关系

在改革开放的新形势下，尤其在社会主义市场经济条件下，商品化的大潮冲刷着社会的各个角落，出版业也需要面向市场。从出版业本身说，当前与社会主义市场经济相适应的出版体制正在逐步建立，出版发行的经营管理体制也需要突破旧有模式，出版社深化改革已全面铺开，书店的改革需要从自己内部找到更加能够鼓励销售的合理契机，这时对广大的出版工作者提出了开拓创新的要求。

如何认识在改革开放的同时，发扬优良传统？有人认为改革就是破旧立新，就是要破旧的框框，就是要摒弃旧的传统；有的认为传统中有好东西，但大都已经"过时了"，是绊脚石，束缚了手脚，片面强调照搬西方模式，西方的编辑不审稿，我们的编辑也不应该审稿。背离中国国情，将开拓创新与弘扬优良传统截然对立起来。但改革的实践已经证明，在这种思想指导下的"开拓创新"，只能使出版工作走上歧路，与社会主义方向背道而驰。要改革就要创新，就要发扬优良传统，这不是对立的。江泽民同志提及：我们的改革是社会主义制度的自我完善和发展，这种改革的性质，就决定了在改革过程中必须抓好几个基本环节，一是坚持我们基本的政治经济制度，充分肯定和发扬过去的好传统好做法；二是坚决革除现行制度中的各种弊端；三是根据生产力发展和社会进步的要求，大胆进行合乎实际的新创造。这里把改革、创新和发扬优良传统的关系讲得非常清楚了。

所以，坚持弘扬优良传统，积极开拓、创新就是在一定基础上的再发展。如果我们割断历史的延续性，离开新中国成立 40 余年积累的成功经验，抛开近现代编辑出版家的优良传统，去空谈开拓、创新，那么开拓、创新也就成了无源之水、无根之木。相反，弘扬优良传统与开拓创新二者是相辅相成的，只有发扬优良传统，开拓创新才能有坚实的基础，也只有不断开拓创新，才能弘扬中华民族优良的文化传统。

我们今天研究近现代编辑出版家的优良传统，不是为了怀念已经消逝的历史，更不是为了发思古之幽情；不是为了颂古非今，而是要取其精华，古为今用。弘扬优良传统也不是抱残守缺，而是在新形势下的一种开拓创新。江泽民同志曾经号召大家"学习历史，创造明天"。他明确指出：要努力学习中国历史特别是中国近现代历史和党的历史，并通过这种学习努力掌握和发扬中华民族的优良传统和党的优良传统。他说：小平同志非常关心和重视发扬党和民族的优良传统，继承和发扬我们民族我们党的优良传统，也是改革的题中应有之义，这就要求我们既要有勇于开拓创新的精神，也要善于弘扬优良传统，使优良传统在今天的出版改革中注入新的因素，只有二者紧密结合，才能在新形势下走出一条具有中国特色的繁荣出版的新路子。

编辑出版家在本质上应是先进的思想家，通过出版图书来积累和传播先进的思想和文化，以推动社会生产力的发展和生产关系的进步。我们通过总结、归纳、梳理近现代编辑出版家的优良传统，努力从理论上做到"正本清源"，弄清了优良传统的内涵，从而看出真正的优良传统在今天仍然具有强大的生命力，并大力加以提倡。只要我们在深化出版改革中，弘扬近现代编辑出版家的优良传统，摒弃不合潮流的东西，就一定能够为建立适应社会主义市场经济体制的具有中国特色社会主义的出版体制作出更大的贡献。

（四）近现代我国编辑出版家优良传统的历史特点

近现代的中国社会经历了一个特殊的历史时期，是一个大动荡、大变革的社会，是帝国主义、封建主义、官僚资本主义侵略、掠夺、压迫中国人民的年代，也是中国人民反侵略、反掠夺、反压迫的斗争年代。从国际上看，这个时期是世界科学技术迅猛发展的时期，同时也是国际无产阶级革命运动蓬勃兴起的时期，特别是俄国十月革命以后，中国的一部分先进的知识分子，开始接受了马克思主义的理论，积极寻求救国救民的真理。新文化运动的发生，《新青年》的创刊，更使中国人民逐步解放思想，大量吸收各国的先进思想和现代科学技术，有力地推动着中国人民的觉醒。

这种特殊的历史时期，造就了一批具有进步思想的文学家、文艺评论家、思想家。他们拿起笔，从事翻译、创作和编辑；他们通过办刊、办报把外国的先进科学技术、文化艺术、学术思想介绍到中国来。所以，这个时期的编辑出版家，有两个明显的特点：①他们既是编辑出版家，同时又是文学家、文艺评论家、翻译家。②他们从事的编辑活动，大多属于开发民智、催人奋进，或鼓励人民进步、革命，带有明显的时代特色。这种优良传统对我们今天推进出版改革具有十分重要的意义。

1998 年 10 月

《编辑之友》《中国编辑研究》（2000 年刊）P51，人民教育出版社 2001 年 2 月版；《20 世纪中国的编辑学研究》P59，河北教育出版社 2000 年 1 月版

访台简记

应台北市出版商业同行公会理事长曾繁潜先生的邀请，中国编辑学会代表团一行 9 人，于 1998 年 9 月 14—22 日赴台进行了编辑业务和学术交流。历时 9 天，先后访问了台北市、彰化县（台中）、高雄市（台南）和花莲市（台东），超过了横贯公路，东南西北的城市基本上都到了一下。接待单位和接触到的出版业者，都比较热情。

抵台时，曾繁潜理事长和同业公会总干事等到机场迎接。15 日同业公会专门组织了台北一些高校的出版教研工作者、出版业者（包括出版研究所的研究生 10 余人）和代表团座谈。到会的估计超过 60 人（我们带去 50 份材料全部发完，还有不少人没有拿到，工作人员表示要复印了补发给大家）。笔者介绍了大陆改革开放前后的出版概况和近 20 年来编辑学研究的进展状况；蔡学俭介绍了大陆出版教育情况；上海市编辑学会副会长、上海教育出版社社长陈和及代表团其他成员也发了言。台方曾繁潜和华南管理学院出版研究所所长陈信元、《出版界》杂志负责人吴兴文等介绍了台湾的出版现状和出版教育情况，五六所大学的教授也分别谈了本校的情况（一般都是新闻系的）。当地对这次活动比较重视，一些报纸，如《联合报》还做了报导（见该报 1998 年 9 月 16 日文化版）。

16 日又在锦绣出版公司进行了座谈。董事长许钟荣、总编辑郭震唐、副总编辑简淑美等负责人以及资深编辑 10 余人和代表团一起进行座谈。晚间许钟荣设家宴欢迎代表团，热情亲切，座谈涉及的主要是编辑工作的性质、地位和作用等问题。

代表团还受到新学友书局、五南图书公司等宴请，并和有关负责人进行了业务交流。参观了诚品书店。一些代表团成员还与台湾若干出版社签订了合作出版、版权贸易等协议书或意向书。

台湾出版现状：目前核准而未注销的出版社共有 5300 余家，经常出版有一定数量图书的约有 100 家。全台湾近几年每年出书 2 万余种（出版社分布和资金情况见附表）。

通过这次学术交流，我们感到两岸出版工作者在对编辑工作的认识上，和我们有着相同或相似的看法。编辑出身的锦绣董事长许钟荣说："锦绣出书，发动点是编辑。书稿的内容、框架，都是编辑发动和主导的。"他说，"锦绣的书稿，作者往往不是一个人，是多人劳动与创作的结合，其中，运作是以编辑为中心的。""编辑是出版创造的中心。"他认为："编辑运作很复杂，他们的劳动是多职能的，不是非常静态的。"《大地》杂志的主编吕石明说他"现在占有 15 万张图片的资料，是请世界各地的摄影家拍摄的。依靠这批资料，先做套书，销售得不错，再做杂志，不是把老照片拿来照登，而是把 20 年来积累的资料进行大的整合，一本 32 页的杂志，所用的照片，是从几千张图片中挑选出来的。"这里，他虽然没有用编辑工作的特征是"选择"这个词，却非常生动地说明了选择是编辑工作的基本特征。台湾的出版人强调要重视读者的意见，他们说读者意见只要能满足的，一定要想办法满足，读者不满意的事情，千万不要做。郭震唐说，他主编的《知识图书馆丛书》，完全是从调查读者、了解市场开始的，整套书的选题，都与过去已出版的书不同，是新颖的。他认为读者的要求和市场的需要是变化的，出书也要有变化。而这种变化只有在编辑主导下才能完成，才能有效地避免千篇一律和许多作者各写各的毛病，以及交错重复等问题。这实际上也以不同的实践，说明了编辑工作必须创新的观点。

对这次学术和业务交流，他们的反应是积极的。曾繁潜在座谈会上说，两岸编辑出版面临的许多问题是共同的。可以做更多的交流，这次编辑学会代表团来台，专门讨论编辑工作是首次，是一个重要的里程碑。两岸的研究人员和编辑人员，不久可以再做一次专题讨论，可以更深一点。尤其是关于人才培养、人才教育问题，对做好出版工作意义重大，两岸可以有更多的交流。陈信元说：大陆高等学校，开办编辑出版专业，已经有近20年的历史，台北除新闻系办得较早以外，图书编辑专业现在还没有，显得落后了。郭震唐说："听了发言，感到编辑学研究很重要，大陆走在前面了。目前，台湾许多编辑不知编辑是干什么的。许多出版单位也只是考虑给求职者一个职位而已。现在想一想，这个职位应该给谁，不能只看学历、文凭，还要看他是不是合适做编辑工作，看他读过多少书，读的是什么书，不只是看小说。"知音出版社社长何志韶说："6年前，邵益文先生送给我一本《编辑学研究在中国》，这本书读起来很枯燥，但读了以后，觉得很得益。台湾出版界的许多问题，和大陆是相同的，两岸应该加强这方面的研究和交流。"许钟荣看了代表团的发言材料以后，很客气地说："我最佩服的是把古今中外的'编辑'定义统统收编在一起，这是一种很好的学习材料。"除了上述在座谈会的发言以外，在会外闲谈中，他们说大陆同行来台不容易，台湾人去大陆很方便，随时都可以去，双方找一些有经验的人，有准备地做业务和学术交流非常必要。我们同样认为加强两岸交流、密切两岸关系是十分重要的。

代表团成员离台后进行了座谈，大家认为这次访台是有收获的、成功的、气氛是好的。两岸交流，从80年代开始，逐渐增多，但作为编辑理论研究，学术交流是首次，双方都做了准备，学术空气是好的。这是一个很好的开端。有的同志说，原怕对方在政治上刁难，也担心社会秩序不好。来了以后，感到台湾同行比较友好，从内心里大家都是中国人，同宗、同文，容易谈到一起，统一在群众中是有基础的。社会秩序方面，报上报导凶杀较多，直接的也没看到什么问题。有好几次听到台湾的居民对我们说："一看你们的气色很好，就知道是大陆来的。"可见，他们认为大陆是好的。有的同伴说，过去也接触过一些台湾人，但比较一般，这次来看一看，了解一下民情民风，对台湾知道得更具体形象，对今后进一步做好编辑出版工作，特别是两岸的出版合作是很有意义的。

对台湾出版界的印象，通过几天的接触，感到台湾的出版业者，虽多以"文化人"自居，但其出版活动却深受商业行为的影响和市场"供需"规律的支配，他们认为："文化固为出版事业之核心，商业则为其活动之筋络。"说明出版为商业利益所驱动。这也反映在台湾出版物的实用性比较强，目的在经济利益方面的较多。对编辑学、编辑经验研究有兴趣，但重点在实用的业务性方面，理论探索方面较少。有的同伴看了几个书店以后，把台湾的出版物概括为"三多"，即大众化的东西多，快餐式的东西多，编译的东西多。长处是面向广大读者，不足的是需要提高。所以，台湾有见识的出版商愿意与大陆合作出版高层次的东西，不是偶然的。

代表团一些同仁认为，通过这次交流，感到台湾出版业有些东西是值得借鉴的，如与国际接轨，注重国际市场，台湾搞得比较早，如锦绣，仅18年，发展这么快，很有特色。这个出版社开始没有多大资金，所以能很快站住，主要是解决了定位和出版物的特色问题。这说明，一个出版社要发展壮大，要有自己的指导思想，东一榔头，西一棒子不行。认为台湾出版业服务读者这一点，引人注目。如新学友书局、诚品书店从经营思想到布局，既考虑方便读者，又有文化气息，可以借鉴。一些同仁认为，台湾由于考虑出版的经济利益，在图书销售上也用了心，费了力，效果也是不错的，尤其是销售方式的多样性，给人留下了很深刻的印象，无论是门市部、连锁店、书摊或者系统发行、代销或者寄销、邮购、直销或电话推销，各种形式，无所不有，十分活跃。就说书店，他们对读者甚至作者的服务设施，十分多样，上述书店的门市部，都不单单卖书，还有茶室、咖啡座、小吃部、阅读室（读者可在那里看书，甚至作者也可以在那里坐下来查找参考材料，进行写作）。还出租会议厅、放映室、只要读者愿意，可以待一天不出来。这些都对我们有启发，是可以借鉴的。

代表团成员也认为：通过几天的短暂接触，感到两岸的编辑出版也面临着一些共同的问题。如文化性和经济性的矛盾，尽管经济性质不同，但表现形式差不多。如出版物上的差错问题，不仅大陆有，台湾更严重。

他们说，大陆要求差错不超过万分之一，台湾根本做不到。

　　另一方面，也要看到台湾出版有其局限性。尽管台湾出版技术比较先进，印刷质量较好，但有一些不可克服的弱点，主要是人口少，发行量不可能很大。所以，台湾要扩大出版，不是很容易。华人地区，市场有限，而且许多已被香港占领，所以台湾不能不注视大陆；同时，台湾的著述力量和编辑力量，毕竟有限，因而也不能不利用大陆的力量，但方式方法上常有变化。比如，最早台方主要是向大陆购买版权（后来觉得划不来），改为在大陆找作者、组稿，到台湾制作出版。但编辑力量不足，现在又改为和大陆合作出版（即在大陆完成写作、编辑工作，然后在两地印制，或单独在台湾印制，台湾的繁体字本又便于销往海外华人世界）。这种合作，台方称之为策略联盟，这可能是两岸交流比较活跃的重要原因之一。

　　1998 年 10 月

表一　台湾地区出版社分布统计

年度 地区	1988	1989	1990	1991	1992	1993	1994	1995	1996
基隆市	13	13	14	13	13	13	16	18	19
新竹市	26	26	27	29	33	37	45	53	61
台中市	160	183	182	195	214	242	281	324	361
嘉义市	34	26	27	28	30	34	35	36	41
台南市	158	158	162	170	178	188	192	201	208
台北县	189	199	224	262	293	336	384	436	484
宜兰县	3	4	4	5	5	6	9	9	10
桃园县	26	27	29	34	40	47	52	53	64
新竹县	5	5	5	6	10	10	9	12	14
苗栗县	9	9	9	9	12	13	15	16	16
台中县	31	34	32	40	42	44	48	51	66

年度\地区	1988	1989	1990	1991	1992	1993	1994	1995	1996
彰化县	28	29	33	38	43	45	47	54	65
南投县	6	6	6	8	10	11	12	13	17
云林县	9	9	9	8	9	10	11	12	14
嘉义县	2	2	3	3	3	4	6	9	11
台南县	21	22	24	25	31	29	37	44	49
高雄县	18	19	22	25	28	31	32	36	43
屏东县	21	21	21	23	24	24	20	21	23
台东县	0	0	0	0	1	1	2	2	2
花莲县	5	5	5	6	6	6	7	9	11
台北市	2315	2501	2276	2421	2585	2837	3024	3197	3537
高雄市	113	113	125	142	155	148	154	170	179
合计	3192	3411	3239	3490	3765	4116	4438	4776	5313

表二　台湾地区出版社成立时间一览表

成立时间	社数	%
5 年以下	2388	44.92
5 年至 10 年	1106	20.80
10 年至 15 年	699	13.15
15 年至 20 年	404	7.60
20 年至 30 年	710	13.35
30 年以上	8	0.15
合计	5315	100

表三　台湾地区出版社资本额统计表

资本额（新台币）	社数	%
50 万以下	2769	52.09
50 万至 100 万	550	10.34
100 万至 200 万	767	14.43

资本额（新台币）	社数	%
200 万至 300 万	180	3.38
300 万至 400 万	118	2.22
400 万至 500 万	17	0.31
500 万至 1000 万	618	11.62
1000 万以上	296	5.56
合计	5315	100

表四　台湾地区出版社资金形式一览

组织形态	社数	%
独资	2313	43.51
合伙	148	2.78
有限公司	2559	48.14
其他	295	5.55
合计	5315	100

注：1. 一美元约合 34 元新台币。

　　2. 以上均为官方统计，截止到 1996 年底。

《编辑的心力所向》P353，贵州人民出版社 2004 年 10 月版

创新、市场、队伍

——进一步发展少年儿童读物的一些想法 ①

少年儿童读物的出版工作，一直受到党中央的高度重视和直接的关怀。1996 年，江泽民同志亲自题词：出版更多优秀作品，鼓舞少年儿童奋发向上。同时，又把加强少年儿童读物与繁荣电影电视和长篇小说一起，作为"三大件"，要求认真抓紧抓好。中央许多领导同志先后参观了中国少年儿童出版成就展，并且给予很大的鼓励和重要的指示。几年来，中宣部、新闻出版署已先后召开过多次全国少年儿童读物出版工作会议，这是为其他各种读物所少有的。在党和国家的亲切关怀下，1997 年，我国出版的少年儿童读物已超过 5770 种，其中新版图书 3000 余种，总印数达 32077 万册。目前，全国已有少年儿童出版社 30 家，编辑 1800 人，专职编辑 1007 人，平均每年出书可达 3000 多种。从质量看，思想性、科学性、艺术性、可读性都有比较大的提高。首先是图书的结构得到了优化，优质图书的比重进一步加大。尤其是弘扬主旋律、注重爱国主义和思想品德教育读物的出版品种激增，编辑出版了一大批具有时代精神，鼓舞少年儿童奋发向上的优秀读物，对加强少年儿童的思想教育发挥了积极的作用。其次，图书的装帧设计、印制质量在普遍提高的基础上，有了大幅度提高，把它们和国外同类读物相比，可以说毫不逊色。从门类说，动画、科普、科幻和原创性文艺作品取得了更为显著的成就。特别是动画，在中央直接关怀下，我们用了短短几年时间，编创了大量优秀的和比较优秀的动画作品。据统计，从 1995 年到 1997 年，共出版了中国童画图书 364 种，印数达 1 500 万册。由于大力发展中国童画，终

---

① 本文是作者在"中国编辑学会少年儿童读物专业委员会 1998 工作会议"上的发言。

于改变了外国卡通满天飞的局面，这是一个重大的成就，重要的转折，不可小看，值得编辑史、创作史上写上浓重的一笔。近年出版的科普读物，提高了科技含量；科幻读物，增加了趣味性，发挥了丰富的想象力。这些都获得了社会的好评。原创性的文艺作品显著增加，佳作迭出，初步扭转了只注意改编、汇编，不重视创作的现象。这些新作适应孩子的特点，更加贴近他们的生活，加强了可读性，为小读者所欢迎。少年儿童读物出版工作的这种引人注目的变化，表明它在整体水平上已跃上了一个新的台阶，这是值得称道的。

以上这些成就都是和广大少年儿童工作者、少年儿童出版工作者的辛勤劳动分不开的。

我们少儿出版工作是为 21 世纪培养建设人才，21 世纪的中国将是一个什么样子，完全取决于人才。换句话说，与我们今天的工作，有着十分密切和十分重要的关系。

谁都知道，21 世纪是一个科技高度发达，经济大大发展，文化繁荣，人民生活水平有很大提高的社会，同时，也是人们思想觉悟、道德水平大大提高的社会；国内国外各种思想的交流、融合和碰撞也将是很激烈的，如果居安思危，我们也要看到各种利益的矛盾和不同力量的斗争。只看到前者，看不到后者，是不全面的。但是，无论我们是从全面的，还是从各个不同的方面，不同的角度去估量 21 世纪，我们都可以感到，我们出版工作者的任务是非常艰巨的，肩上的担子是很重的，尤其是肩负着为 21 世纪培养建设人才的少年儿童读物的出版工作者。

为了给 21 世纪造就合格的建设人才，为了为 21 世纪培育"有理想、有文化、有道德、有纪律"的"四有"社会主义公民，我们一定要面向 21 世纪的需要，使少年儿童读物的出版工作取得新的成就，作出新的贡献。这个新，"新"在哪里，主要就新在出版物的质量上、结构上（包括研究出版如何运用高科技成果的问题）。

要在少儿出版工作上取得新的成就，就要设法找到一些突破口。

现在一说到少年儿童出版工作，已经有了一些套话，所谓成套书多、单行本少；重复出版多，原创性作品少；图画本多，文字本少；适合城市儿童的多，适合农村儿童的少。还有什么"老面孔、老祖宗、老外、老作家"等，正是所谓"四多""四少""四老"。我觉得这些话要分析，比如"老"的不一定都不好，但不能只有老的，必须要有新的。新的哪里来，这就要靠我们自己，逐步地把新老比例调整到适当的地步。

要克服"多、少、老"，关键在于创新。这是编辑工作中头等重要的大事，创新是我们的目标，创新是把少年儿童出版工作推上新台阶的重要手段，尤其在即将到来的知识经济时代，信息激增，信息成为最主要的资本，知识经济社会的发展就是靠各种信息来不断创新。这种知识创新，就是靠对信息的选择、加工、组合、传播。所以，知识经济时代，编辑的工作越来越重要，因为编辑工作的本质特征就是创意、选择、加工、组合，以便于传播。过时的不科学的东西，在重新选择、加工的过程中，陆陆续续地被淘汰，新的科学的符合时代发展精神的被创造出来，逐步地站住脚跟，取代旧的东西。

比如在动画中，我们应该创造新的形象，创造少年儿童们喜闻乐见、寓教于乐的生动形象。这几年，中国动画所以取得成功，重要的一条，就是创造了一些使孩子们乐于接受，不易忘怀的形象，如霹雳贝贝、神脑聪仔等等，在孩子们当中有一定影响。邻居有一个调皮的孩子，把爸爸当马骑，要奶奶变狐狸，真是闹个不停，吵得不行，但是一看狮子王，马上聚精会神，谁叫他也不吭，可以说是雷打不动，可见，"形象"的威力。

老的形象有的是很不错的，但需要创新，"三毛"从40年代开始，已经活跃了足足半个世纪。在那个年代具有很强的时代气息（张乐平开始画"三毛"是1937年），教育了许多人。现在《三毛流浪记》《三毛从军记》，是进行传统教育的好教材。但和现实生活远了些。我们要研究让"三毛"获得新的时代精神的方法。孙悟空这个形象很好，从《西游记》诞生算起，已经活跃了400多年，寿命很长，教育意义是可想而知的，但它也有自己的历史局限性。从这里，我们可以看到形象的重要性，一个好的形象可以活很长时间，教育许许多多人。我们应该从各个角度、各个方面创造弘扬主旋律，又具有时代精神的新形象来教育孩子。弄好了，这个形象不仅可以走出省外，还可以走向世界。大家不要看不起"三毛""孙悟空"，他们可都是国际风云人物。

要创造新的形象，困难当然是有的。首先是投资很大，有的出版社可能力所不及。能不能搞些联合，比如出版社之间联合，和其他企业的联合，或者先把书出来。总之，要找到一点门路才行。

编辑工作的创新，当然不限于创造形象，包括图书的定位、整体结构、选题、稿件审读和加工，直至阅读研究和答复读者来信，只要用心，到处都可以创新。创新是编辑工作的基本职责，在市场经济条件下，编辑创新尤为重要。人家用过的材料，自己用过的资料，不是不能再用，问题看你怎么用，如果照搬照抄，人家搞10万个为什么，你就跟着搞20万个为什么，就必然造成重复出版。到处都是复习资料，到处都是试题解答，就不可避免地会造成重复出版。结果库存量上升、资金积压，出版社周转不灵。所以，编辑创新，保证出书适销对路，是搞活出版，使一个出版社兴旺发达的基本条件之一。

要在少年儿童出版工作上取得新的成就，必须找到广泛的市场。我们的市场在哪里，在国外还是在国内？

现在许多人都在讲走向世界，与国际接轨。这一点少年儿童读物是做得比较好的。首先，从卡通、连环画看，我们过去向外国买进版权的不少。如果讲出口，那么，在各类读物中，少年儿童读物的比例也是比较大的。因为许多是图画本，没有语言障碍或者说语言障碍比较少，国外比较好接受。所以，少年儿童读物走向世界，今后仍然是我们的一个重要方面，还要不断加强。

除了图画书以外，其他读物要走向世界，还是有很多困难的。首先是文字障碍，其次是文化背景不同，再说还有一个思维方法的问题。

如果说中文书，它的国际市场是很有限的。有人估计，全世界中文图书市场总量是 50 亿美元。其中大陆本身 20 亿，台湾销售数也是 20 亿，香港 5 亿，其他世界各地全部加起来不超过 5 亿美元。汉语人口，97%～98% 是在大陆和港台。所谓走向世界，不是三地争其他地区的 5 亿美元，就是走向大陆。港台现在很明确，市场在哪里，就在大陆。要到大陆来争得市场份额。

走向世界，还有一个路子是出外文书，把中文翻译成外文。但这个困难也很大。首先要有能翻译的人，现在能把中文译成外文的人不是很多，翻译了外国人看不懂，因为文化背景和生活习惯等不同。在国外，中国名家翻译的往往不及外国人翻译的好销。即使译成了外文，出了书，向国外销售也是一个问题，外国的批发商不接受，就算能接受，要的价格高，结果是销售很困难。所以，只有一条路是出卖版权。但总的看来，我们是卖出去的少，买进来的多，这种状况，希望今后能逐步有所改变。所以，走向世界，说起来容易做起来难。费了九牛二虎之力，得到的好处不多。这是一个需要我们很好考虑、很好研究的问题。

再说，国内市场主要是 3 亿和 9 亿的问题，也就是 3 亿城市人口和 9 亿农村人口的问题。从少儿出版来说，也就是要注意 2 亿多农村少年儿童的问题。农业是我们的基础，是我们的命脉，不把农村建设好，不提高 9 亿农民的思想文化、教育科技、道德情操和生活水平，建设有中国特色的社会主义就是一句空话。出版工作者无论是从文化建设的角度看，还是从找市场的角度看，都要面向农村，老老实实地面向农村。把抓好农村读物问题放在重要的议事日程上来，谁先抓住这个问题，谁就先获得广阔的市场，谁就为农村社会主义建设做了贡献。现在一说到农村，首先有一个注意不够的问题：现在有的书，城市味、外国味太浓。对农村读者来说，格格不入，不对"胃口"。最近我看到一本通俗儿童读物，上面说：小芳 10 岁了，爷爷、奶奶给她 200 元钱，说"你不是想要有一个录音机学英语吗？你就拿这个钱自己到对面商业大厦去买吧！

作为爷爷奶奶送给你的生日礼物"。应该说，这个内容在城市是很普通的，可在农村肯定不适用。有的出版社这几年注意了农村，但问题也不少，一是发行渠道不畅，销售不出去；二是农村买不起；三是看不懂。真正要为农村少年儿童出书，要解决许多问题，从编辑角度看，首先要解决认识问题，有的还是思想感情问题。其次，从图书的内容、关注的重点、结构、装帧设计、篇幅大小一直到定价，都要认真地加以考虑。有人强调现在图书的内容、形式没有问题，主要是发行问题。我前面说过，发行问题确实有，而且很严重，但不能说图书内容没有问题。我们出版社有的编辑，到农村去送书，问孩子喜欢不喜欢，孩子当然说喜欢。他没有书，你送给他，有什么不喜欢的。把书送到农村去，是好事，应该大大提倡，我不是想否定给农村送书。但送书总是有限的，主要的是要农村儿童能买书。这就要做到使农村儿童能够喜闻乐见，能够见了你的书就想买，而且买得起，看得懂。如果我们真正把农村读物抓起来，作出了成绩，无论从社会效益，还是经济效益来看，都是不可估量的。我们的少儿出版工作也一定可以取得新的成就。

要在少年儿童出版工作上取得新成就，关键还是在人，就是要有一支好的编辑出版队伍，也就是要把我们的编辑出版队伍进一步建设好。我们现在已经有了一支不错的、2万人左右的队伍（包括编辑出版发行……），这是一支爱岗敬业，有很大创造力的队伍，是我们今后取得更新成就的依靠力量。所谓队伍建设，主要就是要使这批人的素质进一步提高，从思想理论、知识水平、业务能力到道德修养，各个方面都要进一步的提高。关于21世纪编辑队伍建设问题，中国编辑学会和《新闻出版报》曾在报上开展过专题讨论，其他报刊上的文章也很多，可以参考，我就不多讲了。

在少年儿童出版工作上取得新的成就，作出新的贡献，应该说，是有比较好的基础的。首先，是党和国家的领导很重视这个工作；第二，我们有得天独厚的专业分工做保证，有比较稳定的读者群；第三，各个少年儿童出版社已经具有一定的实力；第四，由于独生子女的增多，家长比较重视对他们的教育，因而有一定的购买力，这些都说明发展少儿出版物是有很好的条件和基础的。

只要我们认真学习、贯彻党的十五大和十五届三中全会的精神，站在为 21 世纪培育合格建设人才的高度，认识我们自己担负的责任，很好地总结经验，展望未来，开拓视野，革新思路，努力创新，相信在 21 世纪，我们一定能够使少年儿童出版工作出现一个崭新的局面。

1998 年 11 月

《20 世纪中国的编辑学研究》P343，河北教育出版社 2000 年 1 月版；《一切为了读者》P118，首都师范大学出版社 2010 年 7 月版

特色、热点及其他

——一些编辑出版类刊物读后感

我们现在有编辑出版类专业刊物 30 多种，其中有的是内部发行的，如果加上出版类报纸（含内部发行的），总数有五六十种，是出版界的一支很重要的力量。这些报刊虽然都为编辑出版服务，但性质、任务不完全相同，有的是指导性的（包括工作指导性，或学习、读书指导性的），有的是信息性的，有的是学术性、评论性的（包括书评），也有的是资料性的（包括史料方面的），但是，目的是一致的，就是建设有中国特色社会主义出版事业。

党的十一届三中全会以来，特别是党的十四大以来，编辑出版类专业刊物在宣传党的路线、党和国家的出版方针政策，交流编辑出版经验，沟通出版信息，研究出版实践，探讨出版发展战略，探索编辑出版理论，评介书刊和指导读者阅读，提供出版资料，积累出版史料，加强出版工作者的自我教育，监督出版自律，揭露和抵制非法出版活动，以及宣传培养编辑出版人才等方面，做了许多工作，取得了很大成绩。为贯彻党的出版方针，坚持正确的出版导向，弘扬主旋律，提高出版物的品位，保证图书质量，促进出版工作的"阶段性转移"，为正确认识编辑的社会地位和主体作用，为出版事业的健康繁荣，作出了不可磨灭的贡献。

这说明，它们是我国出版界一支很重要的力量，是研究编辑出版理论的基本阵地，是出版健康发展不可缺少的支柱，也是出版繁荣一个不可缺少的组成部分，忽视或者低估这支力量，对建设有中国特色社会主义出版事业将是一种不可挽回的损失。

编辑出版类专业刊物的编校出版人员是一支很好的队伍，他们一直是很努力，很辛苦的。因为，这些刊物一般说来，经济自主权不大，人手不足，两三个人，有的是一两个人，最多的也只有四五个人，大事小事一手抓，拳打脚踢闯天下；有的刊物从主编到发行，就是一个人，什么都亲自动手。好处是思想容易统一，困难是做不完的事，加不完的班；领导上不能说不重视，但一到具体问题：人的问题、经济的问题、职称的问题、住房问题，往往排在其他部门的后面；困难还在于平时做好了没人夸，出了差错有人抓。说到评奖，刊物评奖本来不多，编辑出版专业类刊物评奖更是十分难得。总之，他们是一批正在困难中奋斗、默默中作出奉献的人。在这里，我们要向辛勤战斗在编辑出版书评专业类刊物工作岗位上的同志们，表示慰问，并向他们致以崇高的敬意。

这里我想顺便提几个问题，供有兴趣的同志思考。

（1）关于办刊特色问题。办刊要有特色，这是老话，也是最起码的要求。在我们现有刊物中，有些是很有特色的，有一些则不鲜明。如有的非指导性、学术性刊物，却带有指导性、学术性，有的时候，甚至喧宾夺主；有的本来是学术性刊物，又有许多指导性的东西。原因是什么？当然很复杂。有的是为了"紧跟形势"，有的是奉命行事，有的只是为了扩大读者的涵盖面。所以，自觉不自觉地把"手"伸长了。这样的刊物，当然也能办，但难以在读者中树立起鲜明的形象。读者看不清你的面目，实际上不利于刊物的发展。可见，讲特色，虽说是起码要求，要做到也不容易。如果我们考虑一下，为什么有的刊物特色很明显，有的则办不出特色。看来，其中重要一条是刊物的定位问题。所以，要办出特色，第一条要把定位问题解决好。第二条，解决了定位问题以后，还要敢于排除干扰，不能拣到篮子里便是菜，要有所为，有所不为。什么都不想割爱，什么都想要，肯定办不出特色。有人说，杂志要"杂"，似乎越杂越好，这可能有点片面。杂志要杂是对的，但要杂而有章，不是杂乱无章。在一定的框架结构之内、定位之中来讲杂。任何一本办得好的刊物，都是一个有机的整体，如一个人一样，有五官、四肢、躯体，各方面都匀称合适，才体现出一个美字。不然，大千世界，林林总总，岂能把风马牛不相及的东西，都捏到一本刊物中去，那就用不着编辑了。只有坚持发表有利于突出办刊特色的作品，排除或减少不利于表现办刊特色的东西，刊物的特色才能显示出来。所谓除去杂草，花朵才能更鲜艳。第三条，要持之以恒。办出特色不是一两期、三四期刊物，就能表现出来的，要坚持再坚持，毫不动摇，办它一两年，三四年，甚至更多时间，刊物的特色就出来了。就是看准了，要一条道路走到底。

（2）关于理论色彩问题。我们编辑出版书评类专业刊物，除了少数信息性（如新书目等）、资料性（如史志等）刊物外，应该有一定的理论色彩。因为我国的国民经济体制正处于转型期，我们的出版工作也面临着新的形势，出现一些从未有过的新问题，需要探讨。所以，在加强实际工作研究的同时，要格外重视理论方面的研究，因为我们要建设的是有中国特色的社会主义出版事业。这是崭新的事业，没有现成的经验可以借鉴，一切靠我们自己去摸索、创造。而创新不是一件容易的事，特别需要有科学的理论做支撑，才能少走弯路。要在马克思主义、毛泽东思想，特别是邓小平理论和党的十五大精神的指导下来进行。搞编辑出版不仅仅是为了完成若干经济指标、搞产业经济，更要有自己更崇高的理想和目标。正如党的十五大所规定的，它是社会主义文化建设的重要组成部分，根本目标在于培养"四有"社会主义公民，提高全民族的思想文化科学素质，是建成现代化社会主义国家不可缺少的重要内容——实现社会主义精神文明建设。那种过分强调出版的经济效益而忽视其建设精神文明实质的想法和做法，是不符合邓小平理论中关于建设社会主义要两手抓、两手都要硬的思想的。物质文明建设和精神文明建设，两者不可偏废。出版是精神生产，更不能没有理论支持。这一点有许多人认为是不言而喻的事情。其实要真正把握理论做工作，并不容易。不然有的报纸上怎么会出现对国有企业改革提出要突出"卖"字、搞好"股"字、推动"私"字，"要在本县建立非公有制为主的"经济结构，甚至宣传所谓"西方的民主才是真正的民主，中国从来就没有出现过真正的民主"等错误论调。不要以为这只是某张报纸上的东西，一旦见报，就成为舆论导向的问题了。也不要以为只有新闻方面有这类怪论，出版就没有？如果你仔细研究一下当前有些出版社的动向，也是不那么平静的。别的不说，只讲卖书号这类丑事，至多也只能说有所收敛，谁敢说已经根绝了呢？在出版类专业刊物上，也有一些文章的观点是令人奇怪的，比如说，讲出版规律只讲市场规律，只说竞争规律。说起来，讲市场经济当然要讲竞争规律，但如果只讲竞争规律，只讲抢占市场份额，哪里还谈得到出版工作既要适应市场经济体制，也要适应社会主义精神文明建设的需要，又要符合出版自身规律的要求。有些文章洋洋洒洒，乍一看，讲得头头是道，可是经不起推敲。如说搞产业化、集体化，规模扩大了多少多少，品种增加多少多少……相当辉煌。但仔细一想，这和从规模数量向优质高效转变的"阶段性转移"的战略，是否非常合拍？再比如讲编辑工作，只讲策划，不讲审稿。又比如，讲编辑教育，只讲业务知识，不讲方针、方向，不讲职业道德，等等。所以，要很好地注意理论动向，加强正确的理论宣传，既使自己增强一些理论色彩，也使出版业的发展更多一点自觉性，少一点盲目性。

（3）要正确处理当前出版工作中热点和冷点的关系。热点的东西，一般是大问题，大家比较关心的问题，考虑的人也多。但也并不都是这样，有些事并不大，开始也不一定有人关心，但被一些好事者炒来炒去变成了"热点"，甚至搞得过分出格。比如名人出书的问题，本来如以平常心对待，也不存在什么问题。但有人偏要大做文章，一度被炒得沸沸扬扬。这些书中，有相当一部分，说讲理论没有，讲知识不多，讲文采一般，内容无非是张三和我、李四和他等等，不知为什么被一些人捧得高高的，吹得大大的。其实充其量是一本平庸书，除去水分和空气，不知有多少有用的东西。对待这件事，没有必要多费舌唇，只要求"名人"自重自律，严格要求自己，好事者不要起哄。冷点的东西，也就是目前还不引起人们注意的问题或者是人们暂时还顾不上考虑太多的问题。需要编辑人员有远见，从大局出发去考虑。比如农村读物，叫了多少年，收效不大。这次党的十五届三中全会，专门讨论农村问题，做了决议。这对出版来说，是关系重大的，要实实在在做点事，下苦功夫解决些问题，使它有个较大的转变。12亿人口，农村有9亿，占了四分之三。建设有中国特色的社会主义，农村是个大头，农村没有建设好，中国怎能建设得好?3亿人奔小康，9亿人跟不上，也就没有中国人民的小康了。没有农村读物出版工作的发展与繁荣，中国出版的繁荣也要打折扣，发展也会受影响。

农村读物的出版和销售，目前困难比较多，但是总要着手去解决，要有人去抓才行，老是不抓，就老解决不了。

要为农村出书，首先要解决编辑思想问题，决不是把现有的书往农村一送就能解决的。为农村编书，就是要我们去面对不同于城市生活方式的以初中和高小文化水平为主的读者群。要为他们出书，首先要了解他们，向他们学习，要认认真真地做调查，不是调查一次，而是调查好多次，才能熟悉他们。编辑要交几个农村读者朋友，然后才能知道他们需要什么样的书。现在的套书、丛书、文库送往农村，当然可以；若要农民自己买，恐怕是很难的。第一，他们买不起。第二，没有时间看。第三，可能还看不懂。所以，要为农民出书，不是一件容易的事，不是把本子搞得薄一点、文字搞得浅一点就叫农村读物。重要的是要根据农民的切身利益，适应农民的自身经验出书。农民有自己的生产、生活习惯，农村有不同于城市的周围环境，有自己的接受水平。说实话，一个编辑要熟悉学生、干部、教员、医生、科研人员，并不很难，因为生活环境相仿，都有一定的知识水平和文字能力。但要熟悉农民就不那么容易了。然而不熟悉农民，要想出版为农民喜闻乐见的书，是不容易做到的。

给农民出书，要为农民着想，要考虑农民的劳动时间，区别农闲和农忙，研究他们有多少时间看书、他们最迫切地要看哪些书、他们应该看哪些书，以及他们有多少钱买书，都要心中有数，然后才能对症下药，推出精品，去满足他们的需要，这才是真正为农民服务。每个出版社，如果真正能够拿出若干思想作风好的编辑出版人员，每年先出多少种真正能够使农民欢迎的精品书，为他们解决生产生活中遇到的各种问题，提高广大农民的文化科学素质，才能算是真的为农民出了书。如果不了解农民，不熟悉农民，弄不好就会把平庸书推向农村，甚至成为某些人减少库存率的手段，效果也将适得其反，那就有悖于初衷了。

有一种议论，说现在农村里的青年人，都进城打工了，留在村子里的都是老头老太太，你出农村读物给谁看？这种看法，不说全错，至少是以偏概全，把个别村镇的情况当作全面情况。他们不想一想，自己吃的粮食是谁种的，都是靠老头老太太吗？如果持这种认识怎么能出好农村读物呢？

所以，为农民出书，就要求我们的编辑出版人员，包括发行人员，首先要认真树立起全心全意为农民服务的思想。要坚定不移地站在党的十五届三中全会的高度，面向 21 世纪，从建设有中国特色社会主义着想，为农业现代化服务，为提高包括广大农民在内的全民族的思想文化科学素质服务，艰苦奋斗，使自己从思想观念到工作作风有一个大的转变，才能把农村读物出好、销好，并使读者读好。可见，为农民出书，为农村服务，对出版社领导来说，也不是写写文章、做做报告所能解决的，重在身体力行。我们的出版专业类报刊，如果能够发表几个调查报告，报导或评论一些出版社农村读物规划，树立几个编辑到农村去，交农民朋友，出好农村读物的典型，报导一些书店或发行工作者如何解决农村发行工作的难题，如何做好农村发行工作的先进事迹，这就是我们贯彻党的十五届三中全会精神所做的一种努力，那将是非常有意义的。

这里说编辑出版类专业刊物，对出版工作中的热点要了解、关注，但不要去炒热点，不要起哄，要从大局出发，冷静地全面分析读者的长远需要和当前需要以及出版的发展趋势，来确定我们应当关注什么，提倡什么。更不要乱提口号，去追求什么轰动效应，要辩证地处理冷与热的关系。

（4）加强舆论监督，关注自身建设。舆论监督是必要的，是改进工作的一种重要手段。这方面，我们有些报刊做得比较好，有些地方则需要很好地加强。比如经常发现一些文章、批评书刊上的文字差错，或者一些常识性错误。还有批评图书高定价、低折扣，或者出版不到 12 个月的新书就降价销售等。总的来说是好的，读者比较满意，有一定的积极作用。但也有把舆论监督当作舆论吹捧的问题。如有的书评，只说好的，不说差的、不足的；对某些人物的评价，一好百好，一点小缺点都没有，这就不合辩证法了。

舆论监督重要的是要注意把握好监督的"度"。舆论监督，一定要事实准确，态度鲜明，说话中肯，帮助改进工作。涉及批评具体人的稿件，发表前要征求有关方面的意见。总之，舆论监督要加强，但目的在于把工作做得更好，在于加强自我教育，加强我们队伍的自身建设。

1998 年 11 月

《20 世纪中国的编辑学研究》P351，河北教育出版社 2000 年 1 月版

编辑应该是一种新型人才

北京大学信息管理系召开面向 21 世纪编辑出版人才培养座谈会，很及时，很重要。

编辑是干什么的？中国编辑学会会长刘杲在今年 7 月召开的学会第四届年会上，做了一个明确的概括：编辑的本质特征是选择和加工，这也是编辑活动的客观规律 ①。这个概括是很简练，很明确，很有深度。不久前，我在一篇回顾性的材料中也对"编辑"一词做过表述："编辑，是根据一定的指导思想，以相应的信息或著述材料为基础，进行优选、创意和优化组合等综合性的精神生产过程，使精神成果适合于制作特定载体的创造性智力劳动。"同时，还对优选创意和优化组合做了一些说明 ②。这两者的含义，大致相同或相似。

明确了编辑的性质和特点，我们再来看 21 世纪的编辑将面临什么样的环境和承担什么样的任务。

大家都说，21 世纪是科学技术高度发展的社会，是知识经济时代，其中最重要的支柱产业就是信息产业。它的资本和手段就是创新知识，就是依靠知识的不断创新、加工、传播和应用。而各种媒体的编辑基本职责，就是创意策划、选择、加工和传播。可见，在知识经济时代，编辑和编辑活动有着特殊重要的意义。所以，培养面向 21 世纪的编辑人才十分重要，它对未来社会的发展具有不可估量的作用。

由于 21 世纪编辑人才的重要，所以，培养教育编辑人才的工作也是非常艰巨、非常迫切的。

编辑的知识结构，有人主张 T 字型，即某学科的专业知识和一般知

① 参见《编辑学刊》1998 年第 5 期。
② 参见《编辑之友》1998 年第 5 期。

识；有人主张 II 字型，即在前两者的基础上，加编辑业务知识。我则认为，编辑人才是一种复合型人才，他的知识结构应是 # 字型。左 | 代表编辑必备的某一学科的专业知识；右 | 代表编辑业务、编辑学和编辑理论、编辑史和中文知识，要有流畅的语言文字功力和至少精通一门外文，计算机操作能力，还有必要的审美知识；上一横代表政治素质、思想理论水平、政策水平、道德品质和社会活动能力；下一横代表编辑应具有的广博的社会和科技知识，起码能为解决编辑工作中的疑难问题迅速地找到门牌号码。

根据以上知识结构，系里原来提出的学科设置基本上是合理的。但要认真加强政治理论、道德品质课，增加选修课，以求得广博的知识。更加强爱书和尊重读者教育，一个自己不爱书、不读书的人，是当不好编辑的。同时还要加强古今中外编辑工作成败的个案教育，这也很重要。

1998 年 11 月

《20 世纪中国的编辑学研究》P359，河北教育出版社 2000 年 1 月版

《20世纪中国的编辑学研究》后记

一、收入这个集子的拙文，大都写于1995年至1998年这四年。也有少数几篇是1995年以前写的。把它收进来，是为了把同类性质的、或内容相关的文章放在一起，使得前后有一个呼应，让关心这些问题的读者，能够了解更多的情况。

出版这个集子是想提供我国编辑学研究的有关情况，特别是新中国成立以来编辑学研究的一些情况、进展以及各种不同的观点。让有兴趣的同仁了解一个大概。

二、50年来，特别是最近20年来，编辑学研究取得很大成就，这是大家所公认的；编辑学界的艰苦奋斗，努力进取，也是人所共知的。但是，尽管有很大发展，我们还不能说，编辑学的学科已经建成，更不能说编辑学已经是一门成熟的学科，要达到这个目的，还要做很大的努力。不久前，有一位高等学校的教员和我聊天。他说，他将去国外进修传播学，但对编辑学的学科建设现状难以判断。有的说是潜科学，有的说是开创阶段，有的说编辑学的理论体系已初具轮廓，有的说理论框架大体已经形成。究竟应该怎么看？我一时为之语塞。后来想了一想，我说：这些说法，可能是不同的人在不同时间说的，它反映了编辑学研究中百花齐放的现实。编辑学从诞生到现在，已有50多年，真正热起来是最近20年。如果与老的学科（如语言学、形式逻辑）比，它只是襁褓中的孩子；与新闻学、博物馆学、图书馆学相比，它还是小弟弟；如果把它与大众传播学等新学科相比，都还是发展中的学科；再把它与一些这几年新兴起的学科相比，编辑学可能比它们还老练一些。问题是一个学科，如像编辑学这样的学科，是不是已经建成？它的标志是什么？这一点我在前文虽已有所涉及，但也只是个人一些不成熟的看法，仅供参考而已。实际上即使是一种比较成熟的学科，但在一些基本问题上，迄今仍争论不休的，也常有之。比如新闻学界对什么叫"新闻"这个定义，目前不同的界定，据说不下 100 个，但人们并不因此而说新闻学还不成熟。这里的关键是论者能否自圆其说，是否符合客观实际，能否经得起不同观点者的批评。其实，任何一个学科建设，都是一个发展过程，其中要经历许多量变到质变，以及部分质变的过程。不能说，达到某种阶段就"为止"了，不发展了，那是形而上学的看法。编辑学现在有这么多专著，应该说有一些是比较好的，或者是在某些方面（有的理论方面，有的业务方面，或者有的在图书编辑学方面，有的在杂志编辑学方面）比较好的，但这些都是局部的，某个特殊门类的。现在需要从普通编辑学的角度，做进一步的概括、抽象，使局部与全局、特殊性与普遍性能够更好地呼应。几年来，我们提出以图书编辑学为主攻方向，这无疑是正确的，也是有成绩的。但也要看到，一个局部的成熟，需要从全局范围中来考虑。研究局部或分支学科时，要看到全局；全局取得的进展，也可以推动、促进局部或分支学科的研究，它们是相辅相成的。这里，我把普通编辑学当作整体、全局、普遍性的东西，而把图书编辑学看成部门编辑学、分支学科或具有特种性的东西。说明在一定条件下，两者的研究可以互相促进，而很难要求每个分支学科完全成熟之后，再来研究涵盖各个分支学科的普通编辑学。今天，在图书、杂志、新闻编辑学取得一定成就的条件下，来提出这个问题，看来是必要的。也就是说，只有普通编辑学研究的深入，并且取得相当的成就，才有可能谈及编辑学学科建设是否已经建成，这也是个人一得之见，供专家学者参考。

三、感谢刘杲同志为这个集子作序。他在文章中对我说了许多鼓励的话，做了很高的评价，我实不敢当。他自谦在中国编辑学会"做的工作很少"，其实，他是决策者、指导者，而我充其量不过是众多执行者之一，跑跑龙套、打打杂而已，有的时候我工作的失着，还由他给我挡着，这一点我心中是非常清楚的。

这个集子出校样的时候，我正在病中，承老友滕明道同志对全稿做了读校，减少了许多错漏，我十分感谢他。

我也不能忘记我的家人，平时为我改正笔误、查找资料所付出的辛劳。

河北教育出版社在当今时风"言必及利"的时候，能够亏本出这个集子，我为他们的风格所感动，对他们这种为编辑学研究所做的积极贡献，由衷地表示感谢。责编杨惠龙同志和河北人民出版社的李大星同志，为使这个集子及早出版做了许多工作，甚至牺牲了节假日，这些都是我永铭不忘的。

希望21世纪的编辑学研究取得丰硕的成果。

祝编辑学的学科建设及早攀登科学高峰。

1999年1月

《20世纪中国的编辑学研究》P429，河北教育出版社2000年1月版

祝编辑们自己的刊物大有所为

《编辑学刊》是编辑自己的学术性园地。

编辑是一种古老的行当，编辑学却是一门新兴的学科。这说明编辑活动经历了从无到有，从小到大，从工艺操作到理性思维的发展过程。无怪乎在我国现代辞书当中，编辑开始被定义为"收集材料，整理成书"。后来逐渐演变，到现在编辑工作的范围已不断扩大，至少已不限于图书，它还包括期刊、报纸、影视、电子出版物，甚至多媒体等等，即使你新年里挂到墙上的挂历，也包含了编辑的智慧和劳动。所以，对"编辑"这个概念的表述，也越来越多，仁者见仁，智者见智，各有千秋。我则认为："编辑，是根据一定的指导思想，以相应的信息或著述材料为基础，进行优选创意和优化组合等综合性的精神生产过程，使精神成果适合于制作特定载体的创造性智力劳动。"此诚一家之言，表个心迹，目的在引玉求教。江泽民同志在《关于党的新闻工作的几个问题》中曾指出："社会主义的新闻事业同社会主义的文学、艺术、出版等事业一样，虽然各有自己的特点和具体发展规律，但是它们作为意识形态领域的组成部分，都要为社会主义服务，为人民服务。尽管服务的具体形式、内容、方法不尽相同，但都必须遵循这个基本方针。"江泽民同志这个指示告诉我们，尽管媒体不同，但它们之间都有共同的东西，都有普遍起作用的规律，这是我们建立不同媒体编辑学的基础，即建立普通编辑学的基础。

编辑学是编辑实践经验的升华，是我们编辑自己的学问。因此，我们必须自觉地投入到编辑学研究活动中去，自觉地勇敢地负担起编辑学学科建设的任务，这是一种责任，也是一种义务。自己的事情自己做，自己的学问自己研究，这是一种负责精神，表示自己没有虚度当编辑的年华。编辑自己研究编辑学，既有已有经验的优势，又有再实践检验理论的条件，这是其他人所不具备的。更何况在编辑这一行里，各种各样的人才都有，这也是非常难得的。当然，这样说，只是为强调编辑研究编辑学的责任，并不是排斥学术界、教育界、文化界、史学界和其他知识界的同仁共同来研究编辑学，没有各界的参与、支持，编辑学是不可能顺利地成熟起来，达到令人满意的目的的。因为建立一门学科，是一项系统工程，众人拾柴火焰高，是需要依靠各方面的努力才能办成的。

新的世纪是美好的，新的形势、新的任务、高新科技的迅猛发展，将给我们带来发展的机遇，也会向我们提出新的挑战，《编辑学刊》将大有作为，让我们衷心地祝贺：

祝《编辑学刊》更好地贴近编辑，更大地扩大自己的作者队伍，为编辑学的学科建设贡献更大的力量，为传媒事业的健康繁荣做出更大的贡献！

1999 年 2 月

《编辑的心力所向》P394，贵州人民出版社 2004 年 10 月版

对科技期刊编辑学专著的期待

　　20 世纪 40 年代末，我国第一本编辑学专著在广州问世，新中国成立以来，特别是改革开放以来，随着新闻出版等文化传播事业的迅猛发展，作为媒体生产重要环节的编辑工作也被推到了空前重要的地位。编辑理论和编辑实践的研究日趋活跃，截至 1999 年初，出版的书籍数以百计，发表的论文、研究资料和经验总结等更是数以千计。随之而来的是编辑学研究应运而生，而且迅速崛起。据不完全统计，到 1999 年 3 月，以"编辑学"命名的著作已出版 64 种，其中含港台地区出版的 5 种（由于信息不是很灵，这个数字，只会少——遗漏，不会多），已发表的编辑学方面的论文，亦数以千计。这说明研究编辑学有深厚的社会基础，有迫切的实际需要。

　　科技编辑学，科技期刊编辑学，也有很大的发展，前面提到的几十种书中，就有 4 种是科技编辑学。引起大家关注的是十多年来，我们科技期刊编辑学会做了许多工作，不仅团结和引导了一大批科技期刊工作者积极从事这方面工作，而且围绕科技编辑工作中的一些难点、疑点，做了扎实的研究和探索，尤其是在坚持不断提高科技期刊的总体质量方面，在编排格式标准化方面，在编辑工作程序规范化方面，在科技编辑方法论方面，等等，都取得了长足的进步，获得了可喜的成果。目前，我国科技期刊的编辑质量，明显地高于一般的社会文化刊物，正是和这种努力分不开的。尽管在标准化问题上，由于视角不同，还存在这样那样的不协调，甚至某种矛盾现象，但是科技期刊在这方面还是最讲究的。从总体上看也是好的和比较好的。这应该归功于科技期刊编辑学会这些年来孜孜不倦、始终不渝的努力。

　　科技期刊编辑学会是一个严肃认真的学术团体，科技期刊编辑是一支有朝气有实力的队伍，治学严谨，善于克服困难，敢于攀登科学高峰。我在这里衷心地祝愿：具有现代科学形态的、理论和实践相结合的科技期刊编辑学能够早日问世。这样的专著，当然不仅要解决"术"的问题，而且要解决"学"的问题，要揭示科技编辑工作的客观规律，要阐明科技期刊编辑学的基本原理。很希望有论有史、有理有据的论述，使有学有术的科技期刊编辑学能早日矗立在学科之林。这不仅对整个编辑学学科建设将是重大的促进，对科技期刊编辑出版事业也是莫大的推动。

我所言也许不妥，但愿意向科技期刊编辑学界的同仁求教！

1999 年 5 月

《编辑学报》1999 年第 3 期；《编辑的心力所向》P273，贵州人民出版社 2004 年 10 月版

向《交通职业教育》杂志致贺

《交通职业教育》杂志已出版了 100 期，这是一件可喜可贺的事。在报刊如林的今天，一本专业性很强的杂志，持之以恒，连续发行 100 期，并且被读者誉为"良师益友"，在职教期刊中连续两次被评为"全国优秀职教期刊一等奖"，编辑部也多次被交通中专教育研究会评为"先进集体"，多名编辑被评为"优秀编辑"，刊物的质量更越办越好，这很不容易。所以取得这些成就，我想，肯定有它的内部因素和外部条件，这里充满着办刊人的智慧和能量。我们应该发掘，应该总结，应该不断地积累这些在实践中创造的新经验，并且努力升华，使之成为编辑学理论的重要渊源。

1999 年 5 月

《编辑的心力所向》P409，贵州人民出版社 2004 年 10 月版

实践的需要、时代的呼唤
——建立普通编辑学漫议

前些天,《编辑之友》期刊要我编一个以"编辑学"命名的书籍的书目,换句话说,也就是在书名上开门见山打出"编辑学"旗号的图书的书目汇编。我翻箱倒柜,着实忙了一通,屈指一数,从1949年到1999年3月,共出版了67种,内含港台地区5种。尽管我是使劲地收集了,但是我敢说,这仍是一个不完全统计,因为限于信息,有的书即使出版了,但没有信息,无法知道,这是完全可能的。我只能说,这60多种是绝大部分,用一句保险一点的话:是基本上包括了。

这67种书,我根据其内容,简单地、很不科学地划分了一下,其分类情况,大体上是这样的(见下表)。

从另一角度看,这67种书中,社科的书居多,有62种,科技读物编辑学5种,电脑编辑、美术编辑等方面也有涉及。

以上情况说明:已出版的60多种编辑学著作所涉及的面还是相当广泛的。如果加上那些不以编辑学命名的探讨编辑工作的理论实践、研究历史、探索未来的论著,范围就更宽阔了。不要小看这60多种编辑学著作,它是我国出版界、新闻界、教育界、学术界和其他有关方面许多同仁几十年来艰苦奋斗的结果,也是当代中国编辑学研究成果的重要组成部分。正因为有了这60多种编辑学著作,它为编辑学学科建设奠定了坚实的基础,并且使我们有可能在这个基础上走向更高的阶段,或者说,为今后着手去研究并建立普通编辑学做了有效的准备工作。

分类	种数	分类	种数
书籍编辑学	16	书报刊电视编辑学	8
期刊（杂志）编辑学	10	文艺编辑学	1
报纸（新闻）编辑学	8	英文书籍编辑学	1
影视编辑学	1	论文集	12
书刊编辑学	1	编辑学理论专著	3
报刊编辑学	3	工具性书籍	3
合计			67

在这 60 多种编辑学著作中，我们注意到最多的是书籍编辑学，有 16 种，这说明我们在 90 年代初提出的从图书编辑学入手，以此为突破口，求得编辑学研究的进展这个意见是正确的。现在看来，在短短几年中，有这么一些编辑学的专著问世，论文更不用说了，应该说，是和大家的重视分不开的。正因为有这几年取得的成果，奠定的基础，今天才有可能来提出建立普通编辑学的问题，并且把它作为编辑学研究下一步的具体目标。

从现在起，把建立普通编辑学作为下一阶段研究工作的共同目标，这不是主观瞎想，而是有根据的。

首先，是有了前面这些专著的基础，而且这些专著，实际上已经不仅限于图书编辑学，而是包括了报纸编辑学、期刊编辑学、影视编辑学，还有专业书刊编辑学，如文艺编辑学、科技期刊编辑学等，涉及许多领域，这就为我们探索编辑活动本质，揭示编辑活动的共性要素或普遍规律提供了基本的条件。

其次，一支热心于编辑学研究，有志于探索编辑学科学真理的队伍已经基本形成。近几年来，尤其是一批中青年积极分子投身到这个队伍中来，使这支队伍增加了朝气，增添了对现代科学的敏感，加强了对学术难点的搏击能量。而且这支队伍，分布在文化传播业的各个领域，具有广泛的社会性，同时也充分了解各种编辑活动的不同个性，因此就有可能总结概括出具有普遍意义的规律和原理。有人担心，由于编辑活动的多样性，以及它分布的广泛性，大家都来探索共同规律，是不是会出现分散、无序和低层次的重复。我们认为这种顾虑是不必要的。第一，是由于编辑活动的多样性。编辑活动分布在各种媒体的精神生产过程当中，各有各的特殊性，本来就是多样的，不同的研究者从各自的个性出发，加以研究，只要确实根据自己的体会进行思考探索，不是蓄意抄袭，或者按照他人的葫芦画瓢，就不可能出现明显的重复。我们已有的 60 多种书，就是各方面努力下出版的，但它们在经验上、理论上并无多大的重复，即使都谈编辑过程，也各有不同。偶尔有一些都在某个具体问题上做文章，也不是简单的重复。至于那种抄袭、剽窃行为，即使有，也是极个别的，而且只能蒙混于一时。事实证明，这种做法是站不住脚的。第二，是由于编辑学的实践性。编辑学是一门应用学科，有很强的实践性，它是从总结各种具体经验入手，逐步地升华为理论思维，最后总结概括为普遍的东西。因此，不能没有一个分散的过程，要想一开始就集中起来，高屋建瓴，提出若干普遍规律，无论是哪个人和单位恐怕也是很难的。试想图书编辑或者报纸编辑，他们能根据自己的具体经验，提出适用于各种媒体的普遍规律吗？至于教育界、学术界，如果不总结各种编辑活动的实践经验，要想获得成功，恐怕也是很难奏效的。由分散到集中，由经验到理论，由具体到抽象，这是编辑学不断成熟发展的客观规律。这与研究断代史所依据的历史档案和文献资料不同，作为应用科学的编辑学，更需要注重实践中的创造。由此看来，编辑学研究队伍分布广泛，是件好事。正因为他们活跃在不同的编辑活动岗位上，他们才有可能从切身经验出发，为建立普通编辑学做出自己的贡献。当然，这里重要的是组织工作，促进相互交流，不断提高认识。

以上我们说的是建立普通编辑学的有利条件，或者说是可能性。

下面，我们要说，现在提出建立普通编辑学，不仅是有可能，而且有客观的需要。

首先，编辑活动的发展非常迅速。随着文化传媒事业的发展，编辑活动已经越出了图书、报纸、期刊、广播、电影、电视、戏剧、音乐等领域，开始向电脑软件、多媒体和网络出版发展，而这些编辑活动又迫切需要编辑学的理论指导，或者说需要普通编辑学的指导，以免少走弯路。这已经成为一种普遍的强烈的要求。

其次，以信息产业为支柱的知识经济已见端倪。它把以审视、选择、加工、整理组合为手段，达到知识创新的编辑活动推到空前重要的地位，从而也对编辑学的理论研究提出了更高的要求。这是时代的需要，也是当代人不可推诿的历史责任，是不能忽视的。

复次，编辑教育的需要。这不仅因为我国现在有几万编辑人员，还因为新陈代谢，每年涌进编辑队伍的大量的新鲜血液，需要定期培训。更由于我国目前有近20所大学设有编辑学专业，培养本科生和研究生，他们离开学校以后，就要走上不同的编辑工作岗位，因此必须事先掌握能够适应各种编辑工作的普通编辑学，不然他们将很难工作。他们如果仅仅掌握某个部门编辑学的知识，就很难说一定能与他们将分配的编辑工作岗位对上口径，只有掌握普通编辑学，才能比较好地适应各种编辑工作的需要。这是一种现实的需要，也是我国编辑学界迫切需要完成的研究课题。

再次，是编辑学学科建设本身的需要。从上述60多本书可以看到，书、报、刊等各种部门编辑学已经相当繁茂。但是，迫切需要相互交流，互相学习，取长补短，融会贯通，提高各自的研究水平。这就需要共同努力，用共同的经验来充实编辑学的知识内容，总结出普遍规律和理论原理并用之来指导工作实践。

综上所说，可见建立普通编辑学已经不是要不要的问题，而是必须切实抓紧的当务之急，这是实践的需要，时代的需要，也是编辑学学科建设的基本目标，或者是编辑学界在21世纪初需要共同奋斗的目标。

普通编辑学，或曰理论编辑学，它仍然是应用科学，但是是理论层次的应用科学。它主要结合实际阐明理论原理、指导原则、基本知识、编辑活动的要素、方法论和人才素养及其塑造等。它应该是理论和实际紧密结合，史论结合，有自己的概念系统和理论范畴的科学。它要阐明编辑活动的客观规律和普遍原理，是能够涵盖各种编辑活动，并指导实践的科学。它应具有充分的实践性，又是具有现代科学形态的科学理论。总之，普通编辑学应该站得更高一点，不能仅仅站在图书编辑或期刊编辑或报纸编辑的角度来考虑问题，而要从各种编辑工作的共性、普遍性来考虑问题，不能囿于某一门类的编辑工作。如出版界有的研究图书编辑学的专家，比较注意图书的知识性、系统性和它的内容的稳定性，而不太强调舆论的导向和编辑在社会稳定方面的功能，这是和他们长期从事书籍编辑工作有关的。而有的研究新闻编辑学的专家，则比较注意舆论导向和新闻的时效性，这也是和他们长期从事新闻工作分不开的。本来这些职业的敏感，在研究书籍编辑学或新闻编辑学时，都是难得的优势，但是真理都是相对的，在研究普通编辑学时，他们应该站在更广阔的世界，看到更大范围内共通的东西，提出更高层次的理论和学说。

总之，建立普通编辑学是编辑学学科建设的一个基本任务，是学科建设的一个重要标志，目前已经有一些同行在这方面做出了努力，并且取得了可观的成果。我们希望有更多的专家和学者来做这方面的工作，并且取得丰硕的成果，把编辑学的学科建设推向新的高峰。

1999 年 7 月

《出版科学》1999 年第 3 期；《编辑的心力所向》P47，贵州人民出版社 2004 年 10 月版

谈谈编辑室的工作

编辑室的工作，过去很少有人谈论，编辑理论和实践研究中也很少谈到它，似乎这个工作没有什么好谈的。其实不然，编辑室的工作十分重要，过去不谈或少谈，只是没有认识到它的重要性罢了。经过这几年在市场经济条件下的运作，许多人对这项工作的认识越来越清楚了，于是，对编辑室的机构、职责、功能做了许多改革、调整的尝试，应该说，其结果有成功的，也有不成功的。所以，人们很希望有机会来讨论这个问题，交流有关的经验，这就是提出和讨论这个问题的缘由。

让我们先从出版工作的成就谈起。党的十一届三中全会以来，在马列主义、毛泽东思想和邓小平理论的指导下，我国的出版事业发展很快，特别是最近10多年来，在党中央的正确领导下，始终保持着持续、稳定、快速发展的良性势头。坚持发挥着其他媒体难以取代的社会作用，深为社会各界所关注，而且被称为欣欣向荣的"朝阳产业"。

根据最近的统计，我国目前有正式的图书出版机构566家（不含200多家音像出版社），1998年出书品种是13.25万种，其中：新书7.48万种，再版书5.77万种，总印数72.7亿册，总印张数为377.6亿。图书发行网点已由1950年的742处，发展到1998年的79869处，增长了100倍以上。这几年，我们推出了一批有很高科学、文化、艺术价值的标志性图书，出版了一批为我国社会主义建设和经济发展服务的科技专著和科普读物。科技图书在整个出版物品种中的比重日益加大，已由过去每年出版三五千种，发展到现在一年出版近3万种，这说明科技（包括高科技和科技创新）成果，在国家社会发展中的作用愈来愈大，正在逐步成为一种起决定性作用的因素。

另一方面，扫黄打非工作取得了很好的效果。据统计，今年上半年，在扫黄打非的集中行动中，查缴非法音像制品 1919 万盘，非法书刊 809.4 万册，查处取缔非法店档 14870 家，查处非法印刷案件 1514 件，包括一些大案要案的破获，并且积累了丰富的经验。扶正祛邪，大大改善了正式出版物的营销环境，促进了我国社会主义出版事业的健康发展。尽管扫黄打非不能毕其功于一役，斗争将是长期的，但这几年的努力，已经使我们掌握了斗争的主动权，和过去相比，已有足够的力量保证在今后的斗争中取得不断的胜利。

改革开放以来，我国的编辑和出版队伍，也得到了成倍的增长，回想 1981 年，我国出版工作的从业人员不足 2 万人（不含港、澳、台）。可是，到 1998 年，已超过 4 万人，不仅队伍壮大，人员的素质也得到了很大的提高。出版业的利润也不断增长，10 年前，1990 年图书出版全行业的利润是 8 个亿，1995 年达到 18.6 亿元，1996 年是 27.3 亿元，1997 年是 37.6 亿元，1998 年是 45 亿元（这里有图书涨价的因素）。这个数字虽然不能说明出版已成为我国经济发展的支柱产业，但是它的发展势头是出人意料的。这些成绩的取得，是党的出版方针的胜利，是与踏实工作、艰苦奋斗的广大出版工作者的努力分不开的。其中许多成就，正是我们广大编辑奋斗的结果，是各出版社编辑室同志的贡献。大家都知道，编辑室的工作，尤其是编辑室主任的工作是很辛苦的，说是承上启下，上传下达，好像只是一种中介，其实是大小事情都要具体落实、兑现的一个非常重要的支点，是承受来自上下压力的环节，是发挥编辑工作创造性、塑造出版物特色、坚持出版导向的第一个关键部位。所以，出版社的领导同志，要理解编辑室同志的苦衷，并且帮助他们克服各种困难。我们应该感谢编辑室同志的劳作，要满腔热情地支持他们的工作。

在取得很大成就的同时，有一些问题和不足是不奇怪的，这里我略举一些与编辑室工作关系比较密切的问题，和大家一起来讨论。

一、图书出版的结构不合理。我们现在的图书总印数中，有一半以上是品种只占五分之一的教学用书，占品种五分之四的一般图书，在总印数中不到一半。所以，有人说"现在出版是吃孩子的饭"。

二、重复出版严重。比如古典名著每一种都有上百个版本。其他方面的重复出版也很普遍，首先是选题雷同，或者模仿跟踪，缺乏创新，你出一，我出二，他出三，这样，就不能不走重复出版之路，也就影响了图书的综合效益。

三、有一部分人仍然不重视农村读物，为"三农"服务的书不少地方没有形成气候。结果是只有 1/3 的城镇人口，占了消费图书总量的 70%，2/3 的农村人口，只占图书消费总量的 30%，而且其中很大部分是教学用书。城乡有点差别是可以理解的，但差别太大就成了问题。目前为"三农"出版的图书虽然有所增加，但仍然很少，除了一些科技读物和少量的少儿读物之外，其他方面实在少得可怜。

四、出书品种增长，重版率减低。1998 年全国出版的图书品种突破了 13 万种大关，其中新书品种增长比 1997 年高出 8.1 个百分点，重版书增长幅度比 1997 年下降了 2.9 个百分点，重版率也下降了。这个问题说明什么，说明我们在贯彻"阶段性转移"的战略方针上认识不够清醒。本来，从提出"阶段性转移"的方针以后，出书品种得到了有效的控制，新书品种的增长减缓，重版率明显提高，总印数也持续上升，出现了良性循环的局面，这是来之不易的。可是到 1998 年却出现了反弹。这反映了我们有些同志的思想上对这个问题有所放松。

五、编校质量滑坡，平庸书过多，差错率过高。这些老问题领导上也经常抓，但情况并不令人满意。现在又风行追星、逐名（人）、抢炒热点，如死了一个戴安娜，一下子多少个选题报送到有关管理部门，从她的幼年到死亡、从宫廷生活到社交活动，从车祸还是谋杀，应有尽有。戴安娜何许人也？她与中国的深化改革和社会主义现代化建设，究竟有多大关系？ 12 亿中国人民究竟有多少人关心这件事？要如此大动干戈，实在令人费解。正是这种发疯似的炒作，加剧了图书快餐化、商品化和平庸化，编校质量问题更加突出。

六、一些出版单位丧失警惕，为封建迷信、伪科学、反科学甚至政治上反动的出版物开绿灯，仅在这次取缔"法轮功"非法组织的斗争中，据开头七天的统计：就收缴了"法轮功"类出版物155万件。我们有10家出版社（含2家音像出版社）出了16种"法轮功"图书，还有几种音像出版物。在这些出版物中，竭力宣传唯心论、有神论、伪科学、反科学的歪理邪说和"政府无用论"等反动的政治主张。说什么"人类真是十恶俱全"，"现在的科学不算科学"，说各种社会问题，"哪个政府都头痛，谁也解决不了"，"宇宙中不好的人往下掉，掉到宇宙的中心——地球。地球就是宇宙的一个垃圾站"。胡说"石头、墙、什么东西都会跟你说话，打招呼"。这些胡言乱语，居然能印在书上，编辑能开绿灯，这实在是太不可思议了。

问题当然不止这些，但这些问题和编辑室工作有直接的关系。因为出版社的编辑室，跟部队的连队一样，是最基本的战斗单位，所不同是部队以服从为天职，编辑室的工作当然也是在社长、总编辑的领导下有序进行的，但它有很大的自主性和创造性。因为信息要编辑室来提供，选题要编辑室先考虑，许多社会活动又要由编辑室来安排和参与，审稿、加工也是以编辑室为基础进行的。总编辑虽然要负领导责任和终审的责任，但总编辑再能干，他能看多少稿子？责任编辑的初审，编辑室主任的复审，稿件的命运已经基本决定，所以编辑室对某一具体书稿的取舍，对这个编辑室全年出书计划的安排，出书面貌的描绘，整个编辑室形象的塑造，具有决定性的意义。有人说，编辑室就像一个小出版社，从一定的意义上说，是很有道理的。一个编辑室如果能够控制总量，能够保证质量，能够注意出书的结构，避免选题雷同，不搞或少搞重复出版等等，那么这个出版社就会减少许多麻烦，就能进入良性循环，就能持续、稳定、健康地发展。反之，就会不断地出现麻烦，甚至使整个出版社陷入难以自拔的泥坑，有时也可以使整个出版界都跟着受到社会舆论的谴责。由此可见一个编辑室的工作，一个编辑室主任工作的重要。我们千万不要以为它无足轻重，实际上它可以牵一发而动全身。为此，我们请一些做编辑室工作的同志，一起讨论如何做好编辑室的工作，互相学习，总结交流经验，畅谈工作中的成败得失，提高队伍素质，保证图书质量，坚持改革、发展、开拓进取，认真落实新闻出版署颁布的《图书质量保障体系》和新闻出版署图书司转发的《图书编辑工作基本规程》，更好地为建设有中国特色社会主义出版事业服务，为社会主义精神文明和物质文明建设而努力，是十分有意义的。

党的十四大以后，中央批准了建设有中国特色社会主义出版事业发展的思路，就是以建立适应社会主义市场经济体制和符合社会主义精神文明和出版自身规律要求的出版体制为目标，同时，又进一步提出了我国出版业从规模数量为主要特征向优质高效为主要特征的阶段性转移的战略方针。这些对中国出版的改革发展具有极为重要的意义，这是和党的十五大提出的"加强管理、优化结构、提高质量"完全一致的，也是和党的出版宗旨——"两为"方向完全相吻合的，是和"质量第一"的方针相一致的。可是，有人或许以为现在再提发展思路是旧话重提，这说明有的人以为这些方针原则已经过时了，或者有什么新的战略方针和思路代替它了，这是一种误解。我们有些地方、有些单位所以出现我们前面提到的问题，正是他们忽视或者忘记了这些方针和原则，这是值得我们牢牢记取的。作为出版社的一个重要组成部分——一个编辑室的工作，更不能离开这些方针和原则。不然，就会迷失方向，出现这样那样的问题。编辑室主任在这里更有不可推诿的责任，不要以为"加强管理、优化结构、提高质量"这三句话和上面提到的方针原则，只是对出版领导机关讲的，对出版社的社长、总编辑讲的，事实上，它也是对编辑室主任、对广大编辑讲的。

在社会主义市场经济条件下，出版工作要面向市场，引导市场，编辑要加强市场意识、策划意识、竞争意识，这是无可非议的。但是，我们不能否认，加强市场意识，不能忽视精品意识；强调策划意识，不能忘记把关意识；强调竞争意识，不能没有质量意识；强调双效意识，不能忽视创新意识。作为编辑室主任要加强管理，搞好经营，同时又对选题、审稿把关，对保证图书质量负有重要的责任。如此种种，两者不可偏废。出书是给读者看的，所谓市场意识，归根到底是要加强读者意识，有的人只看发行单位订货多少，而不切切实实地做读者调查，掌握读者真正需要什么书，或者仅凭公关以后，书店、书贩报的订数印书。这是造成市场疲软，库存积压，退货率上升，回款率下降的重要原因之一。那种只强调市场——实际上是只看书商脸色行事，而不顾读者实际需要的做法，是十分有害的。

因为有的人简单地把书店、书商的订货当作读者的需要，并据此决定自己的选题和出书取向，结果增加了许多可出可不出的平庸书，无益无害的、休闲的甚至是封建迷信的东西，弄得有些书名非常严肃的书，也成了乱七八糟的东西。这种东西，现在书摊上不少，书店里也有，这种书的出版，只能说低估了读者的觉悟水平和文明水准。出版多了，量变可能转化为部分质变或整体质变，那就会破坏文化氛围，甚至对读者形成误导，表面上是无益无害，实际上成了无益有害，而且其害无穷。编辑室主任们、编辑同志们，不要以为你经手的只是一本两本无伤大雅、可出可不出的书，可是加起来，就成了一种气候，一种文化环境。所以，做好编辑室工作不容易。那么，究竟怎样做，才能收到比较好的效果呢？我个人的体会是：明辨方向，服务读者，加强学习，注意信息，开拓创新，讲究特色，严格把关，保证质量，高瞻远瞩，埋头苦干。这些，说起来容易做起来难，仅供参考而已。

我认为，当前困扰我们出版工作的有三个问题，必须解决。一、买卖书号、刊号。领导机关对此可以说已经不止三令五申，但在有些地区和单位，照卖不误，只是手法变化、做法不同而已。现在我们要下一个决心，把这个问题认真解决好。二、盗印盗版甚嚣尘上。盗版盗得我们一些重要的出版机构大大减少了收入，甚至影响到职工的待遇，有些事还没法查，若要查也查不下去，多和地方（部门）保护主义有关。我国的出版业是在计划经济体制下，按条条块块建立起来的，而且是垄断经营。所以，一接触到实际利益，就有人出来保护，你想解决也解决不了。对此，要采取严厉的手段，把法律手段和行政手段结合起来多管并举，对非法印刷决不能手软，决不能以牺牲精神文明建设为代价，来满足地方保护主义者的利益。要用有效的方法，首先要抑制它并逐步加以解决。三、编校质量滑坡和平庸书过多。这就要发动编辑自觉自律，认真坚持"三审制"等措施来解决，要把真正坚持"三审制"作为看一个出版社是否合格的基本标准。编辑同志们，编辑工作是神圣的事业，编辑的自觉，他们的责任性和使命感是重要的，编辑人员的世界观、人生观、价值观，对于精神产品质量具有重要的决定意义。编辑室主任的作用更是不应该低估。

我们相信，我们的编辑队伍是一支好的和比较好的队伍，许多好人好事和先进事迹，令人感动，给人教育。只要我们认真学习马列主义、毛泽东思想和邓小平理论，坚持贯彻党的出版方针，真正落实《图书质量保障体系》和《图书编辑工作基本规程》，我们一定能够在编辑工作这个舞台上，演出一幕又一幕感人的好戏来。

1999 年 9 月

《编辑的心力所向》P100，贵州人民出版社 2004 年 10 月版